Elogios para *La audacia de la esperanza*

"[Barack Obama] es un político distinto, uno que realmente sabe escribir —de forma conmovedora y genuina— acerca de sí mismo... En estas páginas, intenta desgranar sus ideales políticos en un lenguaje sencillo que habla desde el sentido común... Eso ya es especial de por sí, no solamente en estas épocas pre-electorales tan venenosas, sino también en estos tiempos cada vez más polarizados y polémicos".
—MICHIKO KAKUTANI, *The New York Times*

"Uno de los mejores escritores que ha entrado en el terreno de la política". —JONATHAN ALTER, Newsweek.com

"La capacidad de Obama para mezclar una retórica conmovedora acerca del bien y del mal con sus ideas políticas es algo novedoso en la historia de la política estadounidense... En esta era despreciable y desalentadora, el talento de Obama para proponer soluciones humanas y sensatas con prosa elegante e inspiradora lo llena a uno de esperanza". —MICHAEL KAZIN, *The Washington Post*

"*La audacia de la esperanza* ofrece a los lectores —y a los votantes de la nación— una visión positiva del potencial de este país, y una biografía política que concentra los valores esenciales del Senador y al mismo tiempo ofrece, más ampliamente, la alternativa de cómo abordaría él las grandes cuestiones de nuestro tiempo".
—MIKE DORNING, *Chicago Tribune*

"Pocas personas podrían ser consideradas sinceras al utilizar el término 'esperanza' en un contexto político. Obama es una de esas pocas personas, y lo demuestra utilizando un vocabulario refrescante y deslumbrante, que borra muchas de las toxinas que alimentan el debate político contemporáneo. Obama nos recuerda que esas categorías de votantes que pretenden definir las amplias distancias que nos separan no terminan por abarcar la suma total de nuestras preocupaciones, o adivinar dónde se encuentran nuestros corazones".
—JOHN BALZAR, *Los Angeles Times*

Barack Obama
La audacia de la esperanza

Barack Obama es el senador junior del estado de Illinois. Empezó su carrera como organizador comunitario en algunas de las comunidades más pobres de Chicago. Asistió a la Facultad de Derecho de Harvard, donde fue elegido el primer presidente afro-americano del *Harvard Law Review*. En 1992, dirigió el proyecto VOTE de Illinois, donde se registraron en el censo 150.000 nuevos votantes. Desde 1997 hasta 2004, fue senador estatal durante tres legislaturas por el South Side de Chicago. Además de sus deberes legislativos, ha sido profesor de derecho constitucional en la Facultad de Derecho de la Universidad de Chicago, ha ejercido como abogado en el campo de los derechos civiles y pertenece al comité de varias organizaciones benéficas.

El Senador Obama vive en el vecindario de Hyde Park en Chicago, con su esposa Michelle y sus dos hijas, Malia y Sasha.

TAMBIÉN ESCRITO POR BARACK OBAMA

Dreams from My Father

La
AUDACIA
de la
ESPERANZA

La
AUDACIA
de la
ESPERANZA

—

*Reflexiones sobre cómo restaurar
el sueño americano*

—

Barack Obama

Vintage Español
Una división de Random House, Inc.
Nueva York

PRIMERA EDICIÓN VINTAGE ESPAÑOL, JUNIO 2007

Biblioteca del Congreso de los Estados Unidos
Información de catalogación de publicaciones

Obama, Barack.
[Audacity of hope. English]
La audacia de la esperanza : reflexiones sobre cómo restaurar el sueño americano /
by Barack Obama ; traducción de Claudia Casanova.—1. ed.
p. cm.
ISBN 978-0-307-38711-0
1. Obama, Barack. 2. Legislators—United States—Biography. 3. African American
legislators—Biography. 4. United States. Congress. Senate—Biography. 5. Obama,
Barack—Philosophy. 6. National characteristics, American. 7. Ideals (Philosophy)
8. United States—Politics and government—Philosophy. 9. United States—
Politics and government—2001– I. Title.
E901.1.O23A3 2007
973'.04960730092—dc22
[B] 2007004653

Traducción de Claudia Casanova y Juan Eloy Roca

www.grupodelectura.com

Impreso en los Estados Unidos de América

10 9 8 7 6 5 4 3 2 1

A las mujeres que me criaron:

MI ABUELA MATERNA, TUTU,
que ha sido una roca de estabilidad durante toda mi vida,

y

MI MADRE,
cuyo espíritu cariñoso aún me sustenta

Hope. Hope in the face of difficulty. Hope in the face of uncertainty. The audacity of hope! In the end, that is God's greatest gift to us, the bedrock of this nation. A belief in things not seen. A belief that there are better days ahead.

—Barack Obama, Keynote Speech,
2004 Democratic National Convention

Esperanza. Esperanza frente a la dificultad. Esperanza frente a la incertidumbre. ¡La audacia de la esperanza! En definitiva, ése es el mayor regalo que Dios puede darnos, el cimiento de esta nación. Creer en aquello que no se ve. Creer que nos espera un futuro mejor.

—Barack Obama, Discurso de apertura de la
Convención Nacional Democrática de 2004

Contenido

La
AUDACIA
de la
ESPERANZA

Prólogo

HA PASADO CASI una década desde la primera vez que me presenté a unas elecciones a cargo público. Tenía entonces treinta y cinco años, hacía cuatro que me había licenciado en Derecho, acababa de casarme y en general me mostraba impaciente ante la vida. Se abrió una vacante en la legislatura de Illinois y muchos de mis amigos me animaron a presentarme, convencidos de que mi trabajo como abogado de derecho civil y la red de contactos que había creado trabajando como organizador comunitario me convertían en un candidato viable. Después de hablarlo con mi mujer, entré en la carrera electoral e hice lo que todo candidato novato hace: hablé con cualquiera que quisiera escucharme. Acudí a reuniones de vecinos y a fiestas de iglesia, a salones de belleza y a barberías. Si había dos tipos charlando en una esquina, yo cruzaba la calle para entregarles folletos de mi campaña. Y fuera donde fuera, siempre me encontraba con una u otra versión de las mismas dos preguntas. La primera:

—¿De dónde es ese nombre tan curioso?

Y la segunda:

—Parece usted un tipo decente. ¿Por qué quiere meterse en algo tan sucio y desagradable como la política?

Estaba acostumbrado a esa pregunta, me la habían hecho muchas veces años atrás, cuando llegué a Chicago y empecé a trabajar en los barrios de bajos recursos. Era una pregunta que sugería una desconfianza profunda no sólo en la política, sino en la misma noción de vida pública. Una desconfianza que —al menos en algunos de los barrios del sur de la ciudad que intentaba representar— se alimentaba de toda una generación de promesas incumplidas. Yo sonreía y contestaba que comprendía su escepticismo, pero que había —y siempre había habido— otra forma de hacer política, una tradición que venía de los tiempos en que se fundó nuestra nación y llegaba a la gloria del movimiento por los derechos civiles. Una tradición basada en la sencilla idea de que lo que le suceda a nuestro vecino no debe sernos indiferente, en la noción básica de que lo que nos une es mucho más importante que lo que nos separa, y en el convencimiento de que si suficientes personas creen realmente en esto y viven según esos preceptos, es posible que aunque no podamos resolver todos los problemas, sí podemos avanzar en cosas importantes.

Era un discurso bastante convincente, o al menos eso creía yo. Y aunque no estoy seguro de que impresionase mucho a quienes lo escucharon, a bastantes de ellos debió gustarles mi sinceridad o mi arrogancia juvenil, porque alcancé la legislatura de Illinois.

Seis años después, cuando decidí presentarme como candidato al Senado de los Estados Unidos, no estaba tan seguro de mí mismo.

Parecía ser que había acertado al escoger mi carrera. Después de dos legislaturas en que trabajé con la minoría, los demócratas tomaron el control del senado estatal, lo que hizo posible que se aprobaran muchas de mis propuestas de ley, desde reformas del sistema de pena capital de Illinois hasta una expansión del programa estatal de sanidad pública para niños. Seguía dando clases en la Facultad de Derecho de la Universidad de Chicago, un trabajo que disfrutaba enormemente, y a menudo me invitaban a pronunciar conferencias en la ciudad. Conservaba mi independencia, mi buena reputación y mi matrimonio, tres cosas que, al menos estadísticamente, había arriesgado desde el instante en que puse pie en la capital del estado.

Pero esos años habían tenido un precio. Supongo que parte de ese precio puede atribuirse a que me fui haciendo mayor. Si presta atención, cada año que pasa establece un contacto más íntimo con todas sus imperfecciones, con esos puntos ciegos y esas formas de pensar recurrentes que puede que sean genéticas o creadas por el entorno, pero que casi con toda seguridad empeorarán con el tiempo, al igual que ese ligero problema al caminar acaba convirtiéndose en un dolor persistente en la cadera. En mi caso, una de esas imperfecciones era una inquietud crónica; una incapacidad para apreciar, sin importar lo bien que me fuera, las bendiciones que la vida me ofrecía. Creo que se trata de un defecto endémico de la vida moderna —endémico también al carácter americano— que en ningún otro campo es tan evidente como en la política. No está claro si la política acentúa ese rasgo o si simplemente atrae a quienes ya lo poseen. Alguien dijo una vez que todo hombre está siempre tratando de no decepcionar a su padre o de no repetir los errores de su progenitor, y supongo que en lo que a mí se refiría, esa explicación es tan válida como cualquier otra.

En cualquier caso, fue por esa inquietud que decidí enfrentarme al congresista demócrata en las elecciones del año 2000. Fue una mala decisión y perdí estrepitosamente. Fue el tipo de paliza que nos recuerda que la vida no tiene porqué salir como la hemos planeado. Un año y medio después, con las heridas de esa derrota ya curadas, comí con un consultor de medios que me venía animando desde hacía un tiempo a presentarme a un cargo estatal. La comida tuvo lugar a finales de septiembre de 2001.

—Espero que te des cuenta de que las dinámicas políticas han cambiado —dijo mientras picaba en su plato de ensalada.

—¿Qué quieres decir? —pregunté, sabiendo perfectamente a qué se refería. Ambos miramos el periódico que él tenía a su lado. Allí, en primera página, estaba Osama bin Laden.

—Es algo terrible, ¿no? —dijo, sacudiendo la cabeza—. Es auténtica mala suerte. No puedes cambiarte el nombre, claro. Los votantes siempre desconfían de ese tipo de cosas. Si estuvieras al principio de tu carrera quizá podrías usar algún apodo o algo. Pero ahora... —su voz se apagó y se encogió de hombros como disculpándose antes de pedirle al camarero que nos trajera la cuenta.

Supuse que el consultor tenía razón y esa idea me carcomía por dentro. Por primera vez en mi carrera empecé a sentir la envidia de ver cómo políticos más jóvenes que yo tenían éxito donde yo había fracasado, alcanzando puestos más altos y consiguiendo poner más cosas en marcha. Los placeres de la política —la adrenalina de los debates, el calor animal de los apretones de manos entre la multitud— empezaron a palidecer ante los aspectos más desagradables del trabajo: el mendigar dinero, el largo trayecto de vuelta a casa después de una cena que se había prolongado dos horas más de lo previsto, el comer mal, el aire viciado y las conversaciones telefónicas demasiado cortas con una esposa que hasta entonces me había apoyado, pero que estaba harta de tener que criar sola a nuestros hijos y que empezaba a preguntarse si mis prioridades eran las adecuadas. Incluso la labor legislativa, la capacidad de diseñar e implementar nuevas políticas, que fue en un principio el principal motivo que me impulsó a presentarme a las elecciones, empezó a parecerme poca cosa, algo demasiado alejado de las auténticas grandes batallas —sobre los impuestos, la seguridad, la salud y el empleo— que se luchaban a nivel nacional. Empecé a albergar dudas sobre el camino que había escogido. Empecé a sentirme como supongo que se siente un actor o un atleta cuando, tras años de esfuerzo y trabajo para conseguir su sueño, tras años de trabajar de camarero entre audiciones o de arañar bateos en las ligas menores, se da cuenta de que su talento o su suerte ya no lo llevarán más lejos. Su sueño no se cumplirá y ahora se enfrenta al dilema de aceptarlo como adulto y dedicarse a algo más sensato o negarse a aceptar la realidad y acabar siendo una persona amargada, pendenciera y algo patética.

NEGACIÓN, IRA, NEGOCIACIÓN, desesperación... No estoy seguro de haber pasado por todas las fases descritas por los expertos. En algún punto, sin embargo, llegué a aceptar mis límites y, en cierto modo, mi mortalidad. Me volví a concentrar en el trabajo en el senado estatal y a disfrutar emprendiendo las reformas e iniciativas que mi cargo me permitió poner en marcha. Pasé más tiempo en casa, vi crecer a mi hija, disfruté de más tiempo con mi mujer y reflexioné sobre mis obligaciones financieras a largo plazo. Hice deporte, leí novelas y llegué a disfrutar sintiendo cómo la Tierra giraba alrededor del Sol y las estaciones se sucedían sin que yo tuviera que hacer nada.

Y fue esa aceptación, creo, la que me permitió concebir la absolutamente disparatada idea de presentarme al Senado de los Estados Unidos. Le describí la estrategia a mi esposa diciéndole que era cuestión de subir o salir, una última oportunidad de poner a prueba mis ideas antes de acomodarme en una vida más calmada, estable y mejor pagada. Y ella, quizá más por piedad que por convencimiento, accedió a esta última campaña, aunque también me dijo que, puesto que ella prefería que nuestra familia llevara una vida tranquila, no necesariamente pensaba votar por mí.

Dejé que se consolara pensando en las pocas probabilidades que tenía de ganar. El republicano titular del cargo, Peter Fitzgerald, se había gastado diecinueve millones de dólares de su fortuna personal para desbancar a la anterior senadora, Carol Moseley Braun. Él no era muy popular. De hecho, no parecía que la política le gustase demasiado. Pero aun así, su familia tenía fondos ilimitados y él podía enorgullecerse de ser un hombre íntegro, lo que le había valido el respeto a regañadientes de los votantes.

Por un momento reapareció Carol Moseley Braun, de vuelta de su puesto como embajadora en Nueva Zelanda y con la intención de recuperar su antiguo puesto. Su posible candidatura hizo que paralizara mis planes. Cuando finalmente prefirió presentarse a la presidencia y no a su antiguo cargo, todos los demás posibles candidatos volvieron la vista a la campaña por el Senado. Para cuando Fitzgerald anunció que no iba a presentarse a la reelección, yo me enfrentaba a seis competidores en las primarias, entre ellos el entonces interventor del estado; un empresario multimillonario; el ex jefe de gabinete de Richard Daley, el alcalde de Chicago; y una profesional de la salud que los expertos en el tema decían que iba a dividir el voto negro y acabar con las ya pocas posibilidades que yo tenía de ganar.

No me importaba. Mis expectativas eran muy bajas, lo que me ahorró preocupaciones. Mi credibilidad era alta, gracias al respaldo de varias personas importantes, así que me lancé a la campaña con una energía y una alegría que creía perdidas. Contraté a cuatro empleados, todos ellos muy listos, de veintitantos o treinta y pocos años, y convenientemente baratos. Encontramos una pequeña oficina, imprimimos un membrete, instalamos líneas de teléfono y varios computadores. Yo me pasaba cuatro o cinco horas al día llamando a donantes demócratas y tratando de que me devolvieran las llamadas. Celebraba conferencias de prensa a las que no acudía nadie. Nos apuntamos al desfile anual del día de San Patricio y nos dieron literalmente el último puesto del desfile, así que mis diez voluntarios y yo desfilamos sólo unos pocos pasos por delante de los camiones de basura de la ciudad, saludando a los pocos despistados que seguían en la ruta mientras los barrenderos recogían la basura y despegaban de las farolas los adhesivos verdes en forma de trébol.

La mayor parte del tiempo, no obstante, la pasaba viajando, a menudo conduciendo solo, primero de sala en sala en Chicago, luego de condado en condado y de ciudad en ciudad y finalmente de arriba a abajo por todo el estado, a través de kilómetros y kilómetros de campos de maíz y de frijoles y de ferrocarriles y silos. No fue un proceso eficiente. Al no contar con la maquinaria del partido demócrata del estado ni con una lista de direcciones postales a las que pudiera enviar mi propaganda y sin una fuerte presencia en el Internet, tuve que confiar en que mis amigos o conocidos abrieran las puertas a quien fuera de mi equipo que llegase o que organizasen una visita mía a su iglesia, ayuntamiento, agrupación de bridge o Club de Rotarios. En ocasiones, después de muchas horas al volante, encontraba sólo dos o tres personas esperándome sentadas en la mesa de una cocina. En esos casos tenía que tranquilizar a los anfitriones, asegurarles que no había problema en que fuéramos pocos y felicitarles por el refrigerio con el que nos agasajaban. Otras veces asistía a un servicio religioso entero y el pastor se olvidaba de mencionarme o el líder del sindicato local me daba la palabra justo antes de anunciar que el sindicato había decidido dar su apoyo a algún otro candidato.

Pero estuviera con dos personas o con cincuenta, estuviera

cómodamente a la sombra en una de las señoriales mansiones de la orilla norte de Chicago, en un apartamento sin ascensor del lado oeste de Chicago o en una granja cerca de la ciudad de Bloomington, fuera la gente amable, indiferente o —en pocas ocasiones— hostil, me esforcé por mantener la boca cerrada y aplicarme en escuchar lo que tenían para decirme. Me hablaron de sus trabajos, de sus empresas, de las escuelas locales; de lo enfadados que estaban con Bush y también con los demócratas; de sus perros, de su dolor de espalda, de sus experiencias en la guerra y de las cosas que recordaban de su infancia. Algunos tenían teorías muy completas para explicar la pérdida de trabajos en el sector industrial o el alto costo de los cuidados de salud. Algunos repetían lo que habían oído decir en el programa de Rush Limbaugh, el popular locutor de radio conservador, o en NPR, la cadena nacional de radio pública. Pero la mayoría estaban demasiado ocupados con sus trabajos o sus hijos para prestar atención a la política y hablaban de lo que habían visto con sus propios ojos: una fábrica que cerraba, un ascenso, una factura de calefacción altísima, su padre en una residencia para ancianos, o los primeros pasos de su hijo.

De aquellos meses de conversaciones no surgió ninguna epifanía deslumbrante. Si acaso, lo que me sorprendió es lo modestas que eran las esperanzas de la gente y lo mucho que tenían en común independientemente de su raza, procedencia, religión y clase social. La mayoría creía que cualquiera que estuviera dispuesto a trabajar debería poder encontrar un trabajo con el cual ganarse la vida. Pensaban que la gente no debería tener que declararse en bancarrota por el sólo hecho de enfermarse. Pensaban que todos los niños tenían derecho a recibir una buena educación —que eso no debía quedarse sólo en palabras vanas— y que esos mismos niños debían poder ir a la universidad aunque sus padres no fueran ricos. Querían sentirse seguros, a salvo tanto de delincuentes como de terroristas; querían aire limpio, agua limpia y poder pasar tiempo con sus hijos. Cuando fueran ancianos querían poder jubilarse con dignidad y respeto.

Y básicamente, eso era todo. No era pedir demasiado. Y aunque

comprendían que les iba a ir bien o mal en la vida según se esfor-
zasen más o menos; aunque no esperaban que el gobierno resol-
viese todos sus problemas y aunque, desde luego, no querían que
se malgastase el dinero de sus impuestos, creían que el gobierno
tenía que poder ayudarles.

Les dije que tenían razón: el gobierno no podía resolver todos
sus problemas. Pero que cambiando simplemente un poco nuestras prioridades, podríamos garantizar que todos los niños tuvieran la oportunidad de salir adelante en la vida y mejorar nuestra
posición ante los desafíos a los que nos enfrentamos como nación.
La mayoría de las veces la gente asentía con la cabeza y preguntaban qué podían hacer ellos para ayudar. Y cuando acababa la reunión y me encontraba otra vez en la carretera, con un mapa
abierto sobre el asiento del pasajero, de camino a la siguiente cita,
una vez más recordaba por qué había decidido ser político.

Sentía ganas de trabajar más duro de lo que jamás había trabajado en toda mi vida.

ESTE LIBRO es el producto de todas aquellas conversaciones
que mantuve durante la campaña. Mis encuentros con los votantes no sólo me confirmaron que el pueblo americano es fundamentalmente decente y honesto, sino que también me recordaron que
al centro de la experiencia americana existen una serie de ideales
que siguen tocando nuestra conciencia colectiva. Son un conjunto
de valores comunes que nos unen a pesar de todas nuestras diferencias; un hilo continuo de esperanza que hace funcionar este improbable experimento que llamamos democracia. Esos valores e
ideales no sólo se encuentran en las losas de mármol de los monu-
mentos o en los relatos de los libros de historia. Siguen vivos en las
mentes y los corazones de la mayoría de los americanos y hacen
que nos sintamos orgullosos, cumplamos con nuestro deber y, si es
necesario, aceptemos sacrificios.

Sé que es arriesgado hablar así. En esta era de globalización y
vertiginosos cambios tecnológicos, de política encarnizada e ince-
santes guerras culturales, parece que ya ni tan siquiera tenemos un

lenguaje común con el cual podamos discutir nuestros ideales y mucho menos las herramientas necesarias para alcanzar un consenso general sobre cómo trabajar juntos, como nación, para hacer realidad aquellos ideales. La mayoría de nosotros somos conscientes de los misterios de la publicidad, las encuestas, los redactores de discursos y los analistas políticos. Sabemos que las grandes palabras pueden utilizarse para objetivos cínicos y el poder, la necesidad, la avaricia o la intolerancia pueden subvertir hasta los sentimientos más nobles. Incluso los manuales de historia más sencillos muestran hasta qué punto, desde su misma concepción, la realidad de la vida en los Estados Unidos ha diferido de sus mitos. En este clima, cualquier afirmación de ideales compartidos o de valores comunes, parece extremadamente ingenua, cuando no directamente peligrosa. Puede parecer un intento de encubrir diferencias importantes respecto a políticas o actuaciones o, peor aún, un medio de callar a quienes creen que nuestras instituciones actuales no les ofrecen nada.

Mi postura, no obstante, es que no tenemos opción. No hace falta ninguna encuesta para saber que la inmensa mayoría de los americanos —sean republicanos, demócratas o independientes— están hartos de la zona muerta en la que se ha convertido la política, en la que intereses que representan a muy pocos tratan de conseguir ventajas y las minorías ideológicas intentan imponer su particular versión de la verdad. Seamos de estados rojos o azules, sentimos en nuestras entrañas la falta de honestidad, rigor y sentido común del debate político y nos disgusta lo que parece una retahíla continua de alternativas falsas o idénticas. Religiosos o laicos, negros, blancos o latinos, sentimos —y con razón— que no se atiende a los desafíos más importantes de la nación y que si no cambiamos de rumbo pronto, puede que seamos la primera generación en mucho tiempo que deje a sus hijos un país más débil y dividido que el que heredó de sus padres. Quizá más que en ningún otro momento de nuestra historia reciente, necesitamos una nueva forma de hacer política, que sea capaz de basarse y construir sobre lo que nos une como americanos.

De eso se trata este libro: de cómo iniciar el cambio de nuestra política y nuestra vida cívica. No digo que yo sepa exactamente cómo hacerlo. No lo sé. Aunque en cada capítulo trataré de algunos de nuestros desafíos políticos más urgentes, y aunque sugeriré a grandes rasgos el camino que creo que deberíamos tomar, soy consciente de que mi tratamiento de los temas es a menudo parcial e incompleto. No ofrezco ninguna gran teoría unificada del gobierno americano ni tampoco son estas páginas una llamada a la acción con cuadros, gráficos, calendarios y planes de diez puntos.

Lo que ofrezco es algo más modesto: reflexiones personales sobre los valores e ideales que me han llevado a la vida pública, algunos pensamientos sobre cómo el discurso político actual nos divide innecesariamente, y mi explicación personal —basada en mi experiencia como senador y como abogado, como marido y como padre, como cristiano y como escéptico— de cómo podemos hacer que nuestra política vuelva a cimentarse en la noción del bien común.

Permítame que explique con más detalle cómo se organiza este libro. El Capítulo Uno trata de nuestra historia política reciente e intenta de explicar algunas de las causas del obstinado partidismo que vemos hoy. En el Capítulo Dos hablaré sobre los valores comunes que pueden servir de base para un nuevo consenso político. El Capítulo Tres explora la Constitución no sólo como fuente de derechos individuales sino también cómo medio para organizar el debate democrático acerca de nuestro futuro colectivo. En el Capítulo Cuatro trato de detallar algunas de las fuerzas institucionales —dinero, medios, grupos de interés y el proceso legislativo— que asfixian hasta al político con las mejores intenciones. Y en los siguientes cinco capítulos apunto cómo creo que podemos ir más allá de nuestras diferencias y solucionar de forma efectiva algunos problemas concretos: la cada vez mayor inseguridad económica de muchas familias americanas, las tensiones raciales y religiosas dentro del cuerpo político, y las amenazas transnacionales —del terrorismo a las pandemias— que se avecinan desde más allá de nuestras costas.

Sospecho que algunos lectores pensarán que mi exposición no es objetiva. Me declaro culpable de antemano. Después de todo, soy un demócrata y mis puntos de vista acerca de la mayoría de temas están más de acuerdo con las editoriales del *New York Times* que con las del *Wall Street Journal*. Me molestan las políticas que favorecen a los ricos y poderosos y no al americano medio, y creo firmemente que el gobierno tiene un papel importante que jugar para que todo el mundo tenga oportunidades en la vida. Creo en la evolución, en la investigación científica y en el calentamiento global. Creo en la libertad de expresión, se digan cosas políticamente correctas o no, y recelo de utilizar el gobierno para imponer las creencias religiosas de nadie —ni siquiera las mías— a los no creyentes. Más aún, soy prisionero de mi propia biografía: no puedo evitar contemplar la experiencia americana desde el punto de vista de un hombre negro con una herencia mixta, consciente de que generaciones de gente con mi aspecto fueron subyugadas y estigmatizadas al igual que de los modos sutiles y no tan sutiles en que la raza y la clase social siguen dando forma a nuestras vidas.

Pero eso no es todo lo que soy. También creo que, a veces, mi partido puede ser petulante, distante y dogmático. Creo en el libre mercado, en la competición y en la capacidad emprendedora y creo también que muchos programas del gobierno no funcionan tal y como se anunciaron. Me gustaría que los Estados Unidos tuviera menos abogados y más ingenieros. Creo que nuestro país ha utilizado su poder en el mundo para el bien más que para el mal; me hago pocas ilusiones sobre nuestros enemigos y reverencio el valor y la eficacia de nuestras fuerzas armadas. Rechazo la política basada solamente en la identidad racial, el género, la orientación sexual o cualquier tipo de victimismo. Creo que muchos de los males que aquejan a las ciudades proceden de una quiebra cultural que no puede curarse sólo con dinero y que nuestros valores y nuestra vida espiritual son al menos tan importantes como nuestro producto nacional bruto.

Estoy seguro de que algunos de estos puntos de vista me meterán en líos. Soy lo suficientemente nuevo en la escena política nacional como para ser una pantalla en blanco sobre la cual personas de tendencias políticas muy distintas proyectan sus propias ideas. Por ello es inevitable que decepcione a muchos, si no a todos. Lo que quizá indica un segundo tema de este libro, un tema más íntimo: cómo yo, o cualquiera que se presente a cargo público, puede evitar caer en las trampas de la fama, de la voluntad de complacer, y del miedo a perder y, por tanto, retener esa pizca de autenticidad, esa voz singular que dentro de cada uno de nosotros nos recuerda aquello en lo que creemos más profundamente.

Recientemente, una de las periodistas que cubren el Capitolio me paró cuando iba camino de mi despacho y me comentó lo mucho que había disfrutado leyendo mi primer libro.

—Me pregunto —dijo ella— si el próximo que escriba será tan interesante.

Lo que de verdad quería decir es que se preguntaba si ahora que yo era senador de Estados Unidos, podría ser tan honesto en mi segundo libro como en el primero.

A veces yo también me lo pregunto. Espero que la escritura de este libro me ayude a encontrar la respuesta.

Capítulo Uno

Republicanos y demócratas

L A MAYORÍA DE los días entro al Capitolio por el sótano. Me subo a un pequeño tren subterráneo que me lleva desde el edificio Hart, donde está mi despacho, a través de un túnel subterráneo decorado con las banderas y los sellos de los cincuenta estados. El tren se detiene chirriando y yo sigo mi camino, pasando junto a bulliciosos oficinistas, empleados de mantenimiento y a algún ocasional grupo de turistas, hasta los viejos ascensores que llevan al segundo piso. Al salir, me abro camino entre el enjambre de periodistas que habitualmente se congrega allí, saludo a la Policía del Capitolio y entro, por unas señoriales puertas dobles, a la cámara del Senado de Estados Unidos.

La cámara del Senado no es el espacio más bello del Capitolio, pero aun así es imponente. Paneles de seda azul y columnas de mármol finamente veteado decoran las paredes de color pardo. Por encima, el techo forma un cremoso óvalo blanco con un águila americana grabada en el centro. A lo largo de la galería de visitantes, los bustos de los primeros veinte vicepresidentes descansan en solemne reposo.

En las gradas, cien escritorios de caoba están dispuestos en cuatro filas concéntricas con forma de herradura. Algunos de estos escritorios se remontan a 1819 y en todos ellos hay un pequeño receptáculo para tinteros y plumas. Al abrir el cajón de cualquier escritorio dentro encontrará los nombres de los senadores que lo usaron —Taft y Long, Stennis y Kennedy— grabados en la madera o escritos de puño y letra por el propio senador. A veces, cuando estoy en la cámara, me imagino a Paul Douglas o Hubert Humphrey en uno de esos escritorios, instando de nuevo a sus colegas a aprobar la legislación sobre derechos civiles; o a Joe McCarthy, unos pocos escritorios más allá, pasando el pulgar por una lista, dispuesto a empezar a leer nombres; o a Lyndon B. Johnson andando por los pasillos, agarrando solapas y reuniendo votos. En ocasiones me acerco al escritorio en el que una vez se habrá sentado Daniel Webster y lo imagino levantándose ante la abarrotada galería y sus colegas para, con fuego en los ojos, defender con voz de trueno a la Unión contra las fuerzas secesionistas.

Pero esos momentos duran poco. Aparte de los pocos minutos que llevan las votaciones, mis colegas y yo pasamos poco tiempo en la sala del Senado. La mayoría de las decisiones —acerca de cuáles leyes presentar y cuándo hacerlo, sobre cómo se tramitarán las enmiendas y cómo se hará cooperar a los senadores que no quieren cooperar— las han tomado con mucha antelación el líder de la mayoría, el presidente del comité que corresponda, sus gabinetes, y (según el grado de controversia que la propuesta conlleve y la magnanimidad del republicano que esté a cargo de su tramitación) sus homólogos demócratas. Para cuando llegamos a la sala y el secretario empieza a pasar lista, todos los senadores han decidido ya —tras consultar con su gabinete, el líder de su Caucus, cabilderos preferidos, grupos de interés, correos de los electores y tendencias ideológicas— cómo van a votar.

Desde luego, el proceso es eficiente, cosa que les gusta particularmente los senadores, pues sus jornadas duran doce o trece horas diarias y quieren volver cuanto antes a sus despachos a reunirse con sus electores o a devolver llamadas, o quizás tengan que ir a un hotel a cultivar su relación con los donantes o a un estudio de televisión para una entrevista en directo. Sin embargo, si se queda por ahí, puede que vea a algún senador solitario ponerse en pie en su escritorio después de que los demás se hayan marchado, buscando que la presidencia le conceda la palabra. Puede que quiera explicar una propuesta de ley que presenta o que quiera hacer algún comentario general sobre algún desafío al que se enfrenta la nación. Puede que el senador hable henchido de pasión; puede que sus razones —sobre recortes a los programas de ayuda a los pobres, o sobre el obstruccionismo en los nombramientos a puestos de la judicatura, o sobre la necesidad de conseguir la independencia energética— sean sólidas. Pero ese senador habla a una cámara casi vacía: sólo lo escuchan quien esté ejerciendo en esos momentos la presidencia de la cámara, unos pocos ayudantes, el periodista del Senado y el ojo siempre alerta de C-SPAN, la cadena de televisión que transmite las sesiones del Senado. El senador terminará su discurso. Un mensajero de uniforme azul recogerá en silencio la declaración para incluirla en las actas oficiales. Puede que cuando este senador acabe y se marche, entre otra senadora, que a su vez también se pondrá de pie tras su escritorio para pedir la palabra, le será concedida y pronunciará su discurso, repitiendo el ritual.

En el cuerpo deliberativo más importante del mundo, nadie escucha.

RECUERDO EL 4 de enero de 2005 —el día en que un tercio del Senado y yo juramos el cargo como miembros del 109º Congreso— envuelto en una bella bruma. Brillaba el sol en un día anormalmente agradable. Mi familia y amigos habían acudido desde Illinois, Hawai, Londres y Kenia y estaban en la abarrotada galería de visitantes del Senado aplaudiendo cuando mis colegas y yo nos pusimos en pie junto a la tarima de mármol y levantamos la mano derecha para jurar el cargo. En la Antigua Cámara del Senado me reuní con mi esposa, Michelle, y nuestras dos hijas para una recreación de la ceremonia y una sesión de fotos con el vicepresidente Cheney (como era de esperar, Malia, que entonces tenía seis años, le dio la mano recatadamente al vicepresidente, mientras que Sasha, que sólo tenía tres, prefirió hacer palmitas con él y luego girarse y saludar a las cámaras). Más tarde las chicas bajaron por la escalera este del Capitolio, con sus vestidos rojos y rosas levantándose suavemente en el aire y las columnas blancas del Tribunal Supremo dibujando un fondo majestuoso para sus juegos. Michelle y yo las tomamos de la mano y los cuatro juntos caminamos hasta la Biblioteca del Congreso, donde nos reunimos con unos cuantos centenares de personas que habían viajado expresamente para felicitarnos. Pasamos las siguientes horas envueltos en un sinfín de apretones de manos, abrazos, fotografías y autógrafos.

A los visitantes que acudieron al Capitolio les debió parecer un día de sonrisas y gracias, de pompa y decoro. Pero aunque todo Washington mostraba entonces su mejor cara, haciendo una pausa colectiva para reafirmar la continuidad de nuestra democracia, seguía habiendo cierta estática en el aire, una sensación de que aquello no iba a durar. Después de que la familia y los amigos volvieran a casa, después de que terminaran las recepciones y el sol se envolviera otra vez en el gris invierno, lo que permaneció en la ciudad fue la certeza de un único y al parecer inalterable hecho: el país estaba dividido y por tanto Washington estaba dividido, más dividido políticamente que en ningún otro momento desde antes de la Segunda Guerra Mundial.

Tanto las elecciones presidenciales como varias mediciones estadísticas parecían apoyar la opinión general. En todo el espectro de temas, los americanos estaban en desacuerdo: disentían sobre Irak, sobre los impuestos, sobre el aborto, las armas, los Diez Mandamientos, el matrimonio homosexual, la inmigración, el comercio, la educación, el medio ambiente, el tamaño del gobierno y el papel de los tribunales. No sólo no nos poníamos de acuerdo, sino que disentíamos vehementemente y ambos bandos tenían elementos radicales que lanzaban todo tipo de invectivas contra sus oponentes sin que nadie les contuviera. Disentíamos respecto al alcance de nuestras diferencias, respecto a la naturaleza de esas diferencias y respecto a las razones por las que teníamos esas diferencias. Todo se podía discutir, fuera la causa del cambio climático o el hecho mismo del cambio climático, el tamaño del déficit o los culpables de que el déficit existiera.

Nada de esto supuso una sorpresa absoluta para mí. Aunque desde lejos, yo había seguido las cada vez más cruentas batallas políticas de Washington: Irán-Contra y Oliver North; la nominación de Bork y Willie Horton; Clarence Thomas y Anita Hill; la elección de Clinton y la revolución de Gingrich; Whitewater y la investigación de Starr; el congelamiento del gobierno y el proceso de destitución del presidente, el escándalo de las papeletas mal perforadas durante las elecciones del 2000 y *Bush vs. Gore*. Como el resto del público, vi cómo la cultura de la campaña electoral se metastatizaba en todo el cuerpo político y cómo surgía toda una industria del insulto —perpetuo y de algún modo rentable— que se hacía con el dominio de la televisión por cable, los debates de la radio y la lista de más vendidos del *New York Times*.

Durante ocho años en la legislatura de Illinois había visto cómo se jugaba el juego. Para cuando llegué a Springfield, en 1997, la mayoría republicana del Senado de Illinois había adoptado las mismas reglas que utilizaba Gingrich para mantener un control absoluto sobre la Cámara de Representantes de los Estados Unidos. Privados de la capacidad de conseguir no ya que se debatiera, sino que tan sólo se aprobara la más modesta enmienda, los demócratas gritaban, chillaban y despotricaban y luego veían con impotencia cómo los republicanos aprobaban enormes recortes de impuestos para las empresas, apretaban las tuercas a los trabajadores o eliminaban servicios sociales. Con el tiempo, una furia implacable se extendió en el Caucus Demócrata y mis colegas tomaron nota de todos y cada uno de los abusos y desaires del partido republicano. Seis años después, los demócratas se hicieron con el control de la cámara y a los republicanos no les fue mejor como oposición. Algunos de los más veteranos recordaban con nostalgia los días en que republicanos y demócratas quedaban por las noches para cenar y llegaban a acuerdos frente a un buen bistec y un par de cigarros puros. Pero incluso los veteranos olvidaban pronto esos recuerdos en cuanto se encontraban en el punto de mira de los operativos políticos del otro bando, que inundaban sus distritos con cartas acusándoles de malversación, corrupción, incompetencia y bajeza moral.

No digo que yo fuera un testigo inocente de todo esto. Comprendía que la política era como un deporte de contacto y, por tanto, no me importaban ni los habituales codazos ni el esporádico golpe bajo. Pero mi distrito era totalmente demócrata y eso me ahorró los peores ataques republicanos. En ocasiones me asociaba incluso con mis colegas más conservadores para trabajar en alguna propuesta de ley y jugando una partida de póquer o bebiendo una cerveza podíamos llegar a admitir que teníamos más en común de lo que decíamos públicamente. Lo que quizá explique por qué, a lo largo de todos mis años en Springfield, me aferré a la noción de que la política podía ser distinta, y de que los votantes querían que fuera distinta; que estaban cansados de las distorsiones, de los insultos y de las soluciones de una sola frase a problemas complejos; que si podía llegar a aquellos votantes directamente, si podía formular los temas tal y como los sentía, explicar las opciones de forma tan sincera como fuera capaz, entonces la tendencia natural de la gente hacia el juego limpio y el sentido común haría que se sumasen al proyecto. Si nos arriesgábamos los suficientes, estaba seguro de que no sólo mejoraría la política del país, sino también las decisiones de su gobierno.

Fue con esa predisposición con la que entré a la campaña electoral de 2004 para el Senado de los Estados Unidos. Durante toda la campaña me esforcé por decir lo que pensaba, jugar limpio y centrarme en el contenido de mi mensaje. Cuando gané las primarias demócratas y luego las elecciones generales, en ambas ocasiones con un margen holgado, resultó tentador creer que había demostrado mi tesis.

Pero había un problema: mi campaña había ido tan bien que parecía que hubiera ganado de un golpe de suerte. Los comentaristas políticos tomaron nota de que ninguno de los siete candidatos de las primarias demócratas emitió ningún anuncio negativo en televisión. El candidato más rico de todos —un inversor cuya fortuna era de al menos trescientos millones de dólares— se gastó veintiocho millones de dólares en su campaña, básicamente en un aluvión de anuncios positivos, sólo para venirse abajo en las últimas semanas debido a una demanda de divorcio poco halagüeña que desenterró la prensa. Mi oponente republicano, un rico y buen mozo ex socio de la financiera Goldman Sachs convertido en profesor de la parte pobre de la ciudad, atacó mi historial desde el principio pero antes de que su campaña pudiera tomar impulso le tumbó también un escándalo de divorcio. Viajé por Illinois durante casi un mes entero sin que nadie me atacase y luego me escogieron para pronunciar el discurso principal de la Convención Nacional Demócrata —diecisiete minutos en directo, sin interrupciones, en televisión nacional. Y por último el Partido Republicano de Illinois, de forma incomprensible, escogió como mi oponente a Alan Keyes, un ex candidato a la presidencia que jamás había vivido en Illinois y que sostenía posturas tan radicales e intransigentes que hasta los republicanos conservadores le tenían miedo.

Más adelante algunos periodistas me proclamarían como el político con más suerte de los cincuenta estados. En privado, algunos miembros de mi equipo se enfurecían por ello, pues sabían que habíamos trabajado duro y que nuestro mensaje era atractivo. Sin embargo, era inútil negar que había tenido una suerte asombrosa. Yo era un desconocido, un fenómeno puntual. Para los expertos políticos, mi victoria no demostraba nada.

No es sorprendente que aquel enero, al llegar a Washington, me sintiera como el novato que se presenta cuando ya ha acabado el partido, con su uniforme perfecto, ansioso por jugar incluso a pesar de que sus embarrados compañeros de equipo están ya curándose las heridas. Mientras yo andaba ocupado con mis entrevistas y sesiones de fotos, predicando la necesidad de reducir el partidismo y la agresividad del debate político, los demócratas habían perdido por todas partes —habían perdido la presidencia y puestos en el Senado y en la Cámara de Representantes. Mis nuevos colegas demócratas me recibieron con entusiasmo; yo era uno de las pocas buenas noticias que podían celebrar e iban a hacerlo. Por los pasillos, sin embargo, o durante una pausa de la acción en la sala del Senado, me sacaban a un lado para recordarme en qué se había convertido la típica campaña al Senado.

Me hablaron de su líder caído, Tom Daschle de Dakota del Sur, contra el cual se habían emitido anuncios negativos por valor de millones de dólares: páginas enteras de periódicos y anuncios en televisión que repetían a sus vecinos, día tras día, que estaba a favor del asesinato de bebés y de los hombres en vestido de novia, y unos cuantos sugiriendo incluso que había maltratado a su primera mujer, a pesar de que ella viajó hasta Dakota de Sur para ayudarle a ser reelegido. Los votantes también habían decidido no confiar en Max Cleland, anterior senador de Georgia, un veterano de guerra que había sufrido tres amputaciones y que había perdido su puesto en el ciclo anterior tras ser acusado de falta de patriotismo, y de ayudar y apoyar a Osama bin Laden.

Luego está la cuestión de los Veteranos de la Lancha Rápida por la Verdad: la sorprendente eficacia con la que unos pocos anuncios bien ubicados y el altavoz que ofrecen los medios conservadores pueden transformar a un héroe condecorado de Vietnam en un timorato apaciguador.

No hay duda de que hubo republicanos que se sintieron igual de maltratados. Y quizá las editoriales que aparecieron en los periódicos durante aquella primera semana tenían razón. Quizá había llegado el momento de dejar atrás las elecciones, de que los dos partidos olvidaran su animosidad, guardaran la munición y, al menos durante un año o dos, se dedicaran a gobernar el país. Quizá hubieran podido hacerlo si las elecciones no hubieran estado tan cerca o si la guerra en Irak no hubiera seguido siendo igual de devastadora o si los grupos de presión, expertos políticos y los medios de comunicación no hubieran tenido tanto que ganar agitando el avispero. Quizá hubiera estallado la paz si hubiéramos tenido otro tipo de Casa Blanca, una menos dispuesta a estar perpetuamente en campaña, una Casa Blanca que viera en una victoria de 51 a 48 una llamada a la humildad y al compromiso en lugar de un mandato irrefutable.

Pero fueran cuales fueran las condiciones necesarias para un relajamiento general, no se produjeron en 2005. No iba a haber concesiones, no iba a haber gestos de buena voluntad. Dos días después de las elecciones, el Presidente Bush apareció ante las cámaras y declaró que contaba con capital político de sobras y que pensaba usarlo. Ese mismo día el activista conservador Grover Norquist, sin que el decoro del cargo público le detuviera, afirmó, en relación a la situación de los demócratas que «todo granjero le

dirá que hay ciertos animales que se desmandan y son poco agradables, pero en cuanto se les castra, son felices y se vuelven tranquilos». Dos días después de jurar el cargo, la congresista Stephanie
Tubbs Jones, de Cleveland, se levantó en la Cámara de Representantes para impugnar los resultados de Ohio, citando la letanía de
irregularidades que habían sucedido en aquel estado el día de las
elecciones. Los congresistas republicanos la miraron con el ceño
fruncido («No saben perder» oí a unos pocos murmurar), pero el
Portavoz Hastert y el Líder de la Mayoría, DeLay, la miraban con
rostro impertérrito desde las alturas del estrado, tranquilos sabiendo que tenían de su parte a la mayoría y al martillo de la presidencia. La senadora Barbara Boxer, de California, aceptó firmar
la impugnación, y cuando regresamos a la cámara del Senado me
vi emitiendo mi primer voto, junto con otros setenta y tres de los
setenta y cuatro que votaron aquel día, para dar inicio al segundo
mandato de George W. Bush como Presidente de Estados Unidos.

Aquel voto me valió mi primera andanada de cartas y llamadas
de recriminación. Devolví la llamada a algunos de mis decepcio-
nados partidarios demócratas y les aseguré que sí, que conocía los
problemas que había habido en Ohio y que sí, que aunque desde
luego tendría que haber una investigación, creía de todas formas
que George Bush había ganado las elecciones y que no, que hasta
donde yo sabía ni me había vendido ni me habían reclutado los
otros tras sólo dos días en el puesto. Esa misma semana me encontré con el senador Zell Miller, que se jubilaba. El senador Miller era un demócrata de Georgia, miembro del consejo de la
ANR, la Asociación Nacional del Rifle. Delgado y con vista de
lince, se había distanciado del partido demócrata, había apoyado
a George Bush en las elecciones y había pronunciado el virulento
discurso principal de la Convención Nacional Republicana, una
diatriba tremenda contra la perfidia de John Kerry y su supuesta
debilidad en cuestiones de seguridad nacional. Nuestro encuentro
fue breve, teñido de una ironía implícita: él era el anciano sureño
que se jubilaba y yo el joven negro del norte que acababa de llegar,
un contraste que la prensa ya había destacado acerca de nuestros
respectivos discursos en las convenciones. El senador Miller fue

muy amable y me deseó suerte en mi nuevo trabajo. Más adelante daría con un fragmento de su libro, A Deficit of Decency (Un déficit de decencia), en el que decía que mi discurso en la convención demócrata fue uno de los mejores que había oído nunca, para después añadir —imagino que con una sonrisa taimada— que puede que no hubiera sido el discurso más efectivo para ayudar a ganar unas elecciones.

En otras palabras: mi candidato había perdido. El de Zell Miller había ganado. Esa era la fría y dura realidad política. Todo lo demás era sólo sentimentalismo...

MI ESPOSA LE DIRÁ que no soy de los que dejan que las cosas le saquen de sus casillas. Cuando veo a Ann Coulter o a Sean Hannity aullando por televisión me cuesta mucho tomármelos en serio; doy por sentado que dicen las cosas que dicen para mejorar las ventas de sus libros o la audiencia de sus programas, aunque en ocasiones me pregunto quién querrá pasar sus valiosas tardes con esos amargados. Cuando los demócratas se abalanzan sobre mí en algún acto y me dicen y repiten que vivimos en el peor momento político de la historia, que un fascismo incipiente está apretando el nudo alrededor de nuestros cuellos, puede que les mencione el internamiento de japoneses americanos bajo Roosevelt, las Leyes de Extranjería y Sedición bajo John Adams, o los cien años de linchamientos bajo varias decenas de administraciones y trato de hacerles ver que probablemente fueron momentos peores para a continuación sugerirles que respiremos hondo y nos tranquilicemos. Cuando la gente en las fiestas del partido me pregunta cómo puedo trabajar en el actual ambiente político, con tantas campañas negativas y ataques personales, les hablo de Nelson Mandela, Aleksandr Solzhenitsyn o algún tipo en una prisión china o egipcia. Después de todo, que te llamen cosas feas no es lo peor que te puede pasar.

Aun así, no soy inmune a la angustia y, al igual que la mayoría de los americanos, me cuesta librarme de la sensación de que algo va muy mal en nuestra democracia.

No se trata simplemente de la distancia que hay entre los ideales que profesamos como nación y la realidad que contemplamos cada día. De una forma u otra, esa distancia ha existido desde el mismísimo nacimiento de nuestra nación. A lo largo de nuestra historia se han luchado guerras, aprobado leyes, reformado sistemas, creado sindicatos y organizado protestas para acercar la realidad a las promesas.

No es eso lo preocupante, sino la enorme distancia entre los grandes desafíos a los que nos enfrentamos y la pequeñez de nuestros políticos. Lo preocupante es la facilidad con la que nos distrae lo insignificante y trivial, nuestro pavor crónico a las decisiones difíciles, nuestra aparente incapacidad de alcanzar un consenso para acometer los grandes problemas.

Sabemos que la competencia global —por no hablar ya de cualquier voluntad auténtica de hacer realidad la igualdad de oportunidades y la movilidad social ascendente— obliga a reformar el sistema educativo de arriba a abajo, a reforzar el cuerpo docente, a apretar a fondo en matemáticas y ciencia, y a rescatar del analfabetismo a los chicos de los barrios pobres de las ciudades. Y, sin embargo, el debate reciente sobre educación parece atascado en la disputa entre los que quieren desmantelar el sistema de educación pública y los que pretenden defender un indefendible *status quo*, entre los que dicen que el dinero no es la solución y aquellos que piden más dinero sin dar garantías de que lo utilizarán bien.

Sabemos que el sistema de salud no funciona: es brutalmente costoso, terriblemente ineficiente y no está adaptado a una economía en la que ya no hay empleos para toda la vida. Se ha convertido en un sistema que somete a los americanos que trabajan duro a una inseguridad crónica y quizá a la indigencia. Pero año tras año, toda la esgrima ideológica y política alrededor de su reforma acaba en nada o en algo peor, como en 2003, cuando se aprobó una ley sobre recetas médicas que combinaba lo peor del sector público y lo peor del sector privado: precios abusivos e incomprensible burocracia, amplios sectores sin cobertura y un coste descomunal para los contribuyentes.

Sabemos que la batalla contra el terrorismo internacional es a la vez un conflicto armado y una batalla ideológica; sabemos que nuestra seguridad a largo plazo depende no sólo de que utilicemos nuestro poder militar de forma acertada sino también de que aumentemos la cooperación con otras naciones, y sabemos que acabar con la pobreza vital no es sólo un acto de caridad, sino algo vital para nuestros intereses como nación. En cambio, si se sigue el debate sobre la política exterior, parece que los Estados Unidos sólo tenga dos opciones: la guerra o el aislacionismo.

Vemos la fe como una fuente de consuelo y comprensión, pero nuestras expresiones de fe a menudo siembran la discordia; nos creemos un pueblo tolerante a pesar de que las tensiones raciales, religiosas y culturales se perciben por doquier. Y en lugar de mitigar esas tensiones o de mediar en esos conflictos, nuestros políticos los alimentan y se aprovechan de ellos a pesar de que así aumentan la enorme brecha que nos separa.

En privado, los que participamos del gobierno de este país reconocemos la distancia entre la política que tenemos y la política que necesitamos. Ciertamente, los demócratas no están contentos con la situación actual ya que, al menos de momento, estamos en el bando perdedor, dominados por los republicanos que, gracias a unas elecciones en las que el ganador se lo lleva todo, controlan todas las ramas del gobierno y no se sienten obligados a pactar en nada con los demás. Los republicanos reflexivos no deberían confiarse demasiado, pues aunque los demócratas no hayan podido ganar las últimas elecciones, parece que los republicanos —habiéndolas ganado gracias a promesas que muchas veces desafiaban lo posible (bajas de impuestos sin recortes de servicios, privatización de la Seguridad Social sin pérdida de cobertura, guerra sin sacrificios)— no han podido gobernar.

Aun así apenas hay examen de conciencia en ninguno de los dos bandos. De hecho, nadie reconoce su parte de culpa por haber llegado al actual punto muerto. Tanto en las campañas editoriales como en las editoriales de los periódicos, las librerías o incluso desde el universo en expansión de los *blogs*, sólo vemos a gente que no acepta la menor crítica y siempre echa la culpa de todo a otro. Según el gusto de cada uno, la situación actual es el resultado natural del conservadurismo radical o del liberalismo perverso, de Tom DeLay o Nancy Pelosi, de las grandes petroleras o de los avariciosos abogados, de los fanáticos religiosos o de los activistas *gay*, de Fox News o del *New York Times*. Según quien las cuente, estas historias están mejor o peor contadas y sus argumentos son más o menos sutiles. No negaré que prefiero la historia que cuentan los demócratas ni tampoco mi convencimiento de que los liberales basan más sus argumentos en la razón y en los hechos que sus adversarios. Pero si se les desnuda de todo artificio, las explicaciones que da la izquierda y la derecha son el mero reflejo la una de la otra. Son teorías conspirativas que afirman que los Estados Unidos ha sido secuestrado por un conciliábulo malvado. Como todas las buenas teorías conspirativas, ambas historias contienen la brizna de verdad suficiente como para satisfacer a aquellos predispuestos a creer en ellas sin plantearse las contradicciones que podrían poner en duda sus convicciones. El propósito de estas historias no es de convencer al otro bando, sino de motivar a los suyos y garantizarles que su causa es la correcta, al tiempo que atraen suficientes nuevos adeptos como para forzar al otro bando a someterse.

Por supuesto, los millones de americanos que cada día se ocupan de sus asuntos cuentan una historia distinta. Están trabajando o buscando en qué trabajar, fundando negocios o empresas, ayudando a sus hijos a hacer sus deberes y lidiando con la alta factura del gas, la insuficiente cobertura de salud y una pensión que una bancarrota decretada por un juzgado ha convertido en incobrable. En ocasiones miran el futuro con esperanza y en otras con temor. Sus vidas están llenas de contradicciones y ambigüedades. Y puesto que la política parece tener tan poco que ver con lo que les sucede a ellos —puesto que comprenden que la política es hoy un negocio y no una vocación y que lo que pasa por debate es poco más que entretenimiento—, se vuelcan sobre sí mismos y se alejan de todo ese ruido y furia y palabrería interminable.

Un gobierno que realmente representa a estos americanos —que realmente trabaja para ellos— necesita una forma distinta de hacer política. Esa forma de hacer política tendrá que reflejar nuestras vidas tal y como las vivimos hoy. No será prefabricada, lista para usar. Habrá que construirla a partir de lo mejor de nuestras tradiciones y tendrá que tener en cuenta los aspectos más oscuros de nuestro pasado. Será necesario que comprendamos cómo hemos llegado a la situación actual, cómo nos hemos convertido en una tierra de facciones enfrentadas y odios tribales. Y tendremos esforzarnos por recordar lo mucho que tenemos en común a pesar de todas nuestras diferencias: tenemos esperanzas comunes, sueños comunes y nos une un vínculo indestructible.

UNA DE LAS PRIMERAS cosas que me sorprendieron al llegar a Washington fue la relativa cordialidad que existía entre los miembros mayores del Senado: la indefectible cortesía que gobernaba cualquier contacto entre John Warner y Robert Byrd, o la sincera amistad que existía entre el republicano Ted Stevens y el demócrata Daniel Inouye. Es lugar común decir que esos hombres son los últimos representantes de una especie en extinción, hombres que no sólo aman el Senado sino que encarnan una forma de hacer política menos radical y partidista. Y de hecho esa es una de las pocas cosas en las que coinciden los comentaristas conservadores y liberales, en esa idea de que hubo un tiempo antes de la caída, una era dorada en Washington, en la que gobernara el partido que gobernara, reinaba la cortesía y el gobierno funcionaba.

Una noche, en una recepción, empecé a hablar con un veterano de Washington que había trabajado en el Capitolio y su entorno durante casi cincuenta años. Le pregunté cuál creía que era el factor que explicaba la diferencia entre la atmósfera de entonces y la de ahora.

—Es generacional —me dijo sin dudarlo un instante—. En aquellos tiempos casi todo el que tuviera algún tipo de poder en Washington había luchado en la Segunda Guerra Mundial. Puede que nos peleáramos como perros y gatos por casi todo. Procedíamos de lugares distintos, de barrios distintos, y teníamos filosofías políticas distintas. Pero la guerra hizo que todos tuviéramos algo en común. Esa experiencia compartida hizo que pudiéramos desarrollar cierto respeto y confianza. Nos ayudó a solucionar nuestras diferencias y a hacer que las cosas avanzaran.

Mientras escuchaba a aquel hombre explicar sus recuerdos sobre Dwight Eisenhower y Sam Rayburn, Dean Acheson y Everett Dirksen, era difícil no dejarse arrastrar por el difuso retrato que esbozaba de una época anterior a los ciclos de noticias de veinticuatro horas y a la perpetua recaudación de fondos, una época de hombres serios que trabajaban en serio. Tuve que recordarme a mí mismo que esa imagen idílica de una época pasada comportaba olvidos selectivos: había eliminado de la foto las imágenes del Caucus del Sur denunciando las propuestas de legislación sobre derechos civiles en la sala del Senado; el insidioso poder del macartismo; la desoladora pobreza que Bobby Kennedy ayudaría a señalar hasta su muerte; la ausencia de mujeres y minorías en las altas esferas del poder.

Me di cuenta, además, que una serie de peculiares circunstancias habían ayudado mantener la estabilidad del consenso de gobierno del que él había formado parte: no sólo la experiencia compartida de la guerra, sino también la casi unanimidad que provocó la Guerra Fría y la amenaza soviética y, quizá más importante aún, el dominio hegemónico de la economía americana durante los cincuenta y sesenta, mientras Europa y Japón estaban desenterrándose de sus escombros.

Aun así, no se puede negar que en los años después de la Segunda Guerra Mundial, la política americana estaba mucho menos ideologizada —y la afiliación a un partido tenía mucho menos significado— que ahora. La coalición demócrata que controló el Congreso durante la mayor parte de esos años era una amalgama de liberales norteños como Hubert Humphrey, demócratas conservadores sureños como James Eastland y todos los partidarios que las maquinarias del partido en las grandes ciudades quisieran elevar. Lo que mantenía unida a esa coalición era el populismo económico del New Deal —una visión de sueldos más justos y de mejor cobertura, ayudas y obras públicas y un nivel de vida en constante crecimiento. Más allá de eso, el partido tenía una filosofía de vive y deja vivir: una filosofía anclada en la tolerancia

o promoción activa de la opresión racial en el sur; una filosofía
que dependía de un marco cultural en el que las normas sociales
—la naturaleza de la sexualidad, por dar un ejemplo, o el papel de
las mujeres— no se cuestionaban; una cultura que todavía no disponía del vocabulario necesario para provocar malestar, y mucho
menos disputas políticas sobre esos temas.

Durante los años cincuenta y los sesenta el partido republicano
también toleró todo tipo de fisuras filosóficas —entre el libertaria-
nismo del oeste de Barry Goldwater y el paternalismo del este de
Nelson Rockefeller; entre aquellos que recordaban el republica-
nismo de Abraham Lincoln y Teddy Roosevelt y abogaban por el
activismo federal, y aquellos que seguían el conservadurismo de
Edmund Burke, con su preferencia por la tradición frente a la experimentación social. El acomodo de esas diferencias regionales y
temperamentales acerca de derechos civiles, reglamentación federal o incluso sobre los impuestos no era fácil ni elegante. Pero al
igual que para los demócratas, eran básicamente los intereses económicos los que mantenían unido al partido republicano, una filosofía de mercados libres y contención fiscal que resultaba atractiva
a todos los que componían el partido, desde el tendero de un pequeño pueblo hasta el gerente de empresas socio de un club de
campo. (Puede que los republicanos también adoptaran el antico-
munismo con más fervor en los cincuenta, pero como lo ayudó a
demostrar John F. Kennedy, los demócratas estaban más que dispuestos a subir la apuesta de los republicanos en esa mano siempre que se acercaban unas elecciones.)

Fueron los sesenta los que acabaron con estos alineamientos
políticos, de un modo y por unos motivos que ya han sido bien ex-
plicados. Primero llegó el movimiento por los derechos civiles, que
incluso en sus idílicos comienzos supuso un desafío fundamental
a las estructuras sociales existentes y obligó a los americanos a
tomar partido. Al final Lyndon Johnson escogió el bando correcto,
pero como buen sureño que era, comprendió mejor que muchos el
coste de su decisión: al firmar la Ley de Derechos Civiles de 1964
le dijo a su asistente Bill Moyers que con un simple trazo de un bolígrafo había entregado el Sur al partido republicano.

Luego vinieron las protestas de los estudiantes contra la guerra de Vietnam y la posibilidad de que los Estados Unidos no siempre tuviera razón, de que nuestras acciones no estuvieran siempre justificadas, de que una nueva generación no estuviera dispuesta a pagar cualquier precio o sobrellevar cualquier carga que sus mayores dictaran.

Y luego, una vez derribadas las murallas del *status quo*, todo tipo de «forasteros» se abalanzaron sobre las puertas: feministas, latinos, *hippies*, panteras, madres dependientes de la asistencia social, *gays*, todos afirmando sus derechos, todos insistiendo en ser reconocidos, todos pidiendo una silla en la mesa y un trozo del pastel.

Tardaría años para que la lógica de estos movimientos se llevara a cabo. La estrategia que Nixon aplicó en el Sur, su desafío a los autobuses decretados por los juzgados y su apelación a la mayoría silenciosa, le dieron resultados electorales inmediatos. Pero su filosofía de gobierno nunca se solidificó en una ideología firme. Después de todo, fue también Nixon quien inició los primeros programas de discriminación positiva y sancionó la creación de la Agencia de Protección del Medio Ambiente y de la Administración de Seguridad y Salud Laboral. Jimmy Carter demostraría que era posible combinar el apoyo a los derechos civiles con un mensaje demócrata más tradicional y, a pesar de las deserciones en sus filas, la mayoría de los congresistas demócratas sureños que decidieron permanecer en el partido retuvieron sus puestos gracias a la ventaja que suponía ser los titulares del cargo, permitiendo que los demócratas mantuvieran el control de, al menos, la Cámara de Representantes.

Pero las placas tectónicas del país se habían movido. La política ya no era sólo algo que afectara el bolsillo, sino también una cuestión moral, sujeta a imperativos morales y categorías absolutas. Era decididamente personal y se insinuaba en cada interacción —fuera entre negros y blancos o entre hombres y mujeres— y aparecía en cada afirmación de respeto o rechazo de la autoridad.

En consecuencia, en la imaginación popular el liberalismo y el conservadurismo empezaron a definirse menos por la clase social y más por la actitud, y la postura que se adoptaba frente a la cultura tradicional y a la contracultura. Lo que importaba no era sólo lo que opinabas sobre el derecho a la huelga o el impuesto de sociedades, sino lo que opinabas sobre el sexo, las drogas, el *rock and roll*, la misa en latín o el canon occidental. Para los votantes étnicos blancos del norte, y para los blancos en el sur, ese nuevo liberalismo no tenía sentido. Todo cuanto veían con sus propios ojos —la violencia en las calles y las excusas para esa violencia se daban en los círculos intelectuales; negros mudándose a la casa de al lado y chicos blancos llevados en autobús a la otra punta de la ciudad; la quema de banderas y los escupitajos a los veteranos—, todo parecía insultar y despreciar, si no atacar abiertamente, a aquellas cosas —familia, fe, bandera, vecindario y, para algunos al menos, los privilegios de los blancos— que consideraban las más importantes. Y cuando, justo en esa época en que todo estaba patas arriba, en la estela de asesinatos, ciudades en llamas y la amarga derrota de Vietnam, la expansión económica cesó y dio paso a las colas en las gasolineras y la inflación y los cierres de fábricas, y lo mejor que Jimmy Carter pudo ofrecer fue bajar el termostato, incluso mientras una banda de iraníes radicales añadía sal a la herida que había abierto la OPEP, un buen trozo de la coalición del New Deal empezó a buscar otro hogar político.

SIEMPRE HE SENTIDO los sesenta de manera curiosa. En cierto sentido, soy un producto puro de aquella época: hijo de un matrimonio mixto, la vida que he llevado hubiera sido imposible y no hubiera disfrutado de las oportunidades que tuve sin los trastornos sociales que tuvieron lugar en ese entonces. Pero en aquellos tiempos yo era demasiado joven para comprender por completo la naturaleza de esos cambios, estaba demasiado lejos —viviendo en Hawai e Indonesia— para ver las secuelas que dejarían en la psique americana. Mucho de lo que absorbí de los sesenta me llegó filtrado a través de mi madre, que a lo largo de toda su vida se enorgullecería de considerarse una liberal recalcitrante. El movimiento por los derechos civiles le inspiraba una particular reverencia; siempre que se presentaba la oportunidad me inculcaba los valores que veía en él: tolerancia, igualdad y defensa de los menos favorecidos.

En muchos modos, sin embargo, la forma en que mi madre comprendía los años sesenta estaba limitada tanto por la distancia (no vivía en la parte continental de Estados Unidos desde 1960) como por su incorregible y dulce romanticismo. Puede que intelectualmente tratara de entender al Poder Negro o al SDS, la asociación estudiantil por una sociedad democrática, o a esas amigas suyas que habían dejado de depilarse las piernas, pero carecía de ira, de espíritu contestatario. Emocionalmente, su liberalismo siempre sería de una cosecha anterior a 1967 y su corazón una cápsula del tiempo llena de imágenes del programa espacial, los Cuerpos de Paz y las Marchas por la Libertad, Mahalia Jackson, la cantante de gospel, y Joan Baez.

Por eso, no fue sino hasta que me hice mayor, durante los años setenta, que comprendí el grado hasta el cual, para quienes experimentaron directamente algunos de los acontecimientos más importantes de los sesenta, las cosas parecieron estar fuera de control. En parte lo comprendí a través de las quejas de mis abuelos maternos, demócratas de toda la vida que nunca admitieron haber votado por Nixon en 1968, un acto de traición que mi madre jamás dejó de recordarles. No obstante, comprendí los sesenta principalmente a través de mis propias pesquisas, cuando mi rebeldía adolescente buscaba justificarse en los cambios políticos y culturales que para entonces ya habían empezado a amainar. Siendo adolescente me fascinaba la cualidad dionisiaca y disponible de la época, y a través de libros, películas y música me fui empapando de una visión de los sesenta muy distinta de la que había recibido de mi madre: imágenes de Huey Newton, de la Convención Nacional Demócrata del 68, de la evacuación aérea de Saigón, y de los Stones en Altamont. Aunque no tenía motivos inmediatos para empezar una revolución, decidí que en estilo y actitud yo también iba a ser un rebelde, libre de las ideas y prejuicios de quienes tenían más de treinta años.

Al final mi rechazo a la autoridad me convirtió en una persona caprichosa y autodestructiva. Para cuando ingresé en la universidad ya había comprendido cómo cualquier cambio de las convenciones existentes contenía en su seno la posibilidad del exceso y de crear su propia ortodoxia. Empecé a revisar mis ideas y recordé los valores que mi madre y mis abuelos me habían enseñado. En este lento e irregular proceso de definir aquello en lo que creía, empecé silenciosamente a darme cuenta del punto en que, en nuestras conversaciones de dormitorio, mis amigos universitarios y yo dejábamos de pensar y nos deslizábamos hacia la hipocresía. Era aquel punto en el que denunciábamos el capitalismo o el imperialismo americano con demasiada ligereza, en el que proclamábamos la liberación de las limitaciones de la monogamia o la religión sin comprender realmente el valor de dichos límites, y en el que tantas veces se adoptaba el papel de víctima como medio de eludir responsabilidades, exigir derechos o afirmar una superioridad moral sobre quienes no eran víctimas.

Por todo ello, por mucho que me disgustara la elección de Ronald Reagan en 1980 y a pesar de lo poco que me convencían su estilo a la John Wayne, su pose de *Father Knows Best*,* su manera de hacer política a través de la anécdota y sus ataques gratuitos a los pobres, comprendía por qué resultaba atractivo. Su atractivo era el mismo que para mí habían tenido las bases militares en Hawai cuando era niño, con sus calles ordenadas y su maquinaria bien engrasada, con sus uniformes almidonados y sus todavía más almidonados saludos. Tenía que ver con el placer que todavía siento al ver un partido de béisbol bien jugado o el que siente mi mujer al ver los viejos capítulos del *Dick Van Dyke Show*. Reagan conectó con el deseo de orden que sienten los americanos, con nuestra necesidad de creer que no estamos dominados por fuerzas ciegas e impersonales sino que podemos decidir nuestro destino individual y colectivo si redescubrimos las virtudes tradicionales del trabajo duro, el patriotismo, la responsabilidad personal, el optimismo y la fe.

---

*(N. de la t.) *Father Knows Best* (Padre sabe lo que conviene) fue una popular serie de televisión y radio americana de las décadas de 1950 y 1960, que presentaba una visión idealizada de la vida de la clase media americana de la época.

Que el mensaje de Reagan calara tanto en su audiencia no fue sólo gracias a sus habilidades como comunicador, sino también a que durante un periodo de estancamiento económico, los gobiernos liberales fallaron en transmitirles a los votantes de clase media la sensación de que estaban luchando por ellos. La cuestión era que el gobierno, en todos los niveles, se había acostumbrado a gastar el dinero del contribuyente con demasiada facilidad. Muchas veces las burocracias no eran conscientes del costo de sus disposiciones. La retórica liberal parecía valorar los derechos y prestaciones más que los deberes y las responsabilidades. Pero aunque puede que Reagan exagerase los pecados del estado del bienestar, los liberales sin duda tenían razón cuando se quejaban de que su política doméstica favorecía descaradamente a la élite económica, pues los tiburones empresariales se llenaron los bolsillos durante los ochenta mientras se acosaba a los sindicatos y el salario de los trabajadores promedio se congelaba.

Sin embargo, al prometer ponerse de parte de quienes trabajaran duro, obedecieran la ley, cuidaran de sus familias y amaran a su país, Reagan brindó a los americanos una idea de propósito común que los liberales parecían incapaces de ofrecer. Y entre más le atacaban los críticos, más encajaban esos críticos en el papel que Reagan había diseñado para ellos: el de ser una élite políticamente correcta que había perdido el contacto con la gente, una banda que lo único que sabía hacer era culpar a los Estados Unidos de todos los males, subir impuestos y malgastar dinero.

LO QUE ME PARECE notable no es que la fórmula política creada por Reagan funcionara en aquella época, sino lo duradero que se ha demostrado el discurso que él ayudó a difundir. A pesar de haber transcurrido cuarenta años, los disturbios de los sesenta y el subsiguiente resultado siguen dominando nuestro panorama político. Ello demuestra, en parte, lo profundamente que vivieron esos conflictos los hombres y mujeres que se hicieron adultos en aquella época y cómo los entendieron no sólo como disputas políticas sino como elecciones individuales que definían la identidad personal y la posición moral de cada uno.

Supongo que también demuestra que los temas más candentes de los sesenta nunca se resolvieron del todo. Puede que la furia de la contracultura se haya disipado en el consumismo, los estilos de vida diversos y las preferencias musicales en lugar de centrarse en compromisos políticos; pero los problemas de la raza, la guerra, la pobreza y las relaciones entre los sexos no han desaparecido.

Y puede que todo se deba simplemente al enorme tamaño de la generación del *Baby Boom*, una fuerza demográfica que ejerce la misma fuerza gravitacional en la política que en cualquier otro campo, desde el marketing de Viagra al número de portavasos que los fabricantes de automóviles instalan en sus coches.

Sea cual sea la explicación, después de Reagan la línea entre republicanos y demócratas, entre liberales y conservadores, se dibujó en términos mucho más ideológicos. Fue así, por supuesto, en los temas más explosivos, como la discriminación positiva, la delincuencia, la asistencia social, el aborto y la oración en las escuelas, temas que no eran más que la continuación de batallas anteriores. Pero sucedió lo mismo con todos los demás. Se tratara de temas importantes o insignificantes, domésticos o internacionales, todos se vieron reducidos a un menú de frases prefabricadas a favor o en contra. La política económica dejó de ser una cuestión de decidir en qué punto fijar la frontera entre la productividad y la justicia distributiva, de decidir entre hacer crecer más el pastel o repartirlo mejor. Tenías que estar a favor de bajar impuestos o de subir impuestos, a favor de un gobierno pequeño o de un gobierno grande. La política medioambiental dejó de ser una cuestión de equilibrar una tutela sensata de nuestros recursos naturales con las exigencias de una economía moderna: o bien apoyas el desarrollo, con sus pozos y sus minas a cielo abierto, sin ningún tipo de control o bien apoyas a la asfixiante burocracia y el papeleo que estrangula el crecimiento. En orientación política como en política pública, la simplicidad era una virtud.

A veces sospecho que ni siquiera los líderes republicanos que siguieron inmediatamente a Reagan se sintieron completamente a gusto con la dirección que había tomado la política. En boca de hombres como George H. W. Bush y Bob Dole la retórica polarizante y la política del resentimiento siempre parecieron una manera forzada de arrancar votos a las bases demócratas y no una receta de gobierno.

Pero para la generación más joven de operativos conservadores que pronto se haría con el poder, para Newt Gingrich y Karl Rove y Grover Norquist y Ralph Reed, la retórica radical era algo más que una simple estrategia para la campaña electoral. Creían de verdad en lo que decían, ya fuera «No más impuestos» o «Somos una nación cristiana». De hecho, con sus rígidas doctrinas, su estilo de rompe y rasga y una sensación exagerada de haber sido atacados, estos nuevos líderes conservadores recordaban extrañamente a algunos de los líderes de la Nueva Izquierda de los sesenta. Igual que sus homólogos de la izquierda, esta nueva vanguardia de la derecha contemplaba la política como una contienda no sólo entre visiones políticas distintas, sino entre el bien y el mal. Los activistas de ambos partidos empezaron a crear exámenes de fidelidad, listados con las opiniones ortodoxas, dejando a un demócrata que cuestionara el aborto cada vez más solo y a cualquier republicano que abogase por el control de armas totalmente abandonado. En esta lucha maniquea, la voluntad de pacto empezó a verse como una debilidad y se castigaba o perseguía. Estabas con nosotros o contra nosotros. Tenías que escoger bando.

La contribución más singular de Bill Clinton a la política es que trató de trascender este estancamiento ideológico. Reconoció que las etiquetas de «conservador» y «liberal» habían adoptado unos significados que beneficiaban a los republicanos y, además, supo ver que estas categorías no eran las adecuadas para enfrentarse a los problemas actuales del país. En ocasiones, durante su primera campaña, sus gestos a los demócratas *reaganianos* desafectos podían parecer torpes u obvios (¿qué se hizo de la hermana Souljah?*) o sobrecogedoramente despiadados (permitir que se produjera la

---

*(N. de la t.) La cantante de hip hop y activista política Sister Souljah dijo, en una respuesta a una pregunta sobre los disturbios que se habían producido en Los Ángeles, que «Si los negros matan negros todos los días, ¿por qué no toman una semana y la dedican a matar blancos?». En junio de 1992, Bill Clinton respondió a esa cita diciendo: «Si se toman las palabras "blancos" y "negros" y se cambian, parecería un discurso de David Duke». De esa forma se distanció de la postura de Sister Souljah y apareció como moderado ante los electores.

ejecución de un preso mentalmente discapacitado la víspera de unas importantes primarias). Durante los primeros dos años de su presidencia se vio obligado a abandonar algunos de los puntos principales de su programa —cobertura de salud universal, fuerte inversión en educación y formación— que podrían haber contribuido decisivamente a revertir las tendencias a largo plazo que socavaban la posición de las familias trabajadoras en la nueva economía.

Aun así, Clinton entendió instintivamente que las opciones que se le presentaban al pueblo americano eran falsas. Vio que el gasto público y el control público podían, si se utilizaban bien, no sólo no disminuir el crecimiento económico sino fomentarlo, y vio también cómo el mercado y la disciplina fiscal podían ayudar a impulsar la justicia social. Reconoció que para combatir la pobreza no bastaba con que la sociedad se comprometiese colectivamente en la lucha, sino que también era necesario apelar a la responsabilidad personal de los ciudadanos. En su programa —si bien no siempre en el día a día de su gobierno— la Tercera Vía de Clinton no sólo consistió en llegar a un punto común partiendo la diferencia, sino que conectó con la actitud pragmática y desideologizada de la mayoría de los americanos.

De hecho, a finales de su presidencia, las políticas de Clinton —claramente progresistas, aunque con objetivos modestos— contaban con un amplio apoyo popular. Políticamente supo expurgar del partido demócrata algunos de los excesos que le habían impedido ganar elecciones. Que no lograra, a pesar del *boom* económico, traducir sus políticas populares en algo semejante a una coalición de gobierno se debió a las dificultades demográficas a las que se enfrentaban los demócratas (en particular, el traslado del crecimiento de la población a un Sur cada vez más sólidamente republicano) y las ventajas estructurales de las que disfrutaban los republicanos en el Senado, donde los votos de dos senadores republicanos de Wyoming (población de 493.782) valían lo mismo que los votos de dos senadores demócratas de California (población de 33.871.648).

Pero ese fracaso también fue debido a la habilidad con la que

Gingrich, Rove, Norquist y demás supieron consolidar e institucionalizar el movimiento conservador. Recurrieron a los recursos ilimitados de sus patrocinadores empresariales y de sus donantes ricos para crear una red de *think tanks* y medios de comunicación. Movilizaron sus bases utilizando tecnología de última generación y centralizaron el poder en la Cámara de Representantes para fomentar la disciplina de partido.

Y comprendieron perfectamente la amenaza que Clinton suponía para su plan de una mayoría conservadora a largo plazo, lo que explica la agresividad con la que le atacaron. También explica por qué invirtieron tanto tiempo en criticar la moralidad de Clinton, pues aunque sus políticas no fueron nada radicales, su biografía (la saga de la carta de reclutamiento, las caladas de marihuana, su intelectualismo de universidad élite, su esposa profesional que no hacía galletas y, sobre todo, el sexo) se demostró perfecta para volver contra él a las bases conservadoras. A base de repetir las cosas una y otra vez, de tratar los hechos sin rigurosidad y, por último, con la innegable ayuda de los propios defectos personales del Presidente, consiguieron hacer que Clinton pareciese la reencarnación de los mismos rasgos del liberalismo de los años sesenta que habían contribuido a crear el movimiento conservador. Clinton logró maniobrar contra ellos hasta forzar unas tablas, pero el movimiento conservador salió reforzado de la lucha y, en el primer mandato de George W. Bush, se haría con el gobierno de Estados Unidos.

ESTOY SIMPLIFICANDO la historia, lo sé. Mi forma de contarla ignora algunos fragmentos críticos de la narrativa histórica: cómo el declive de la industria y el despido por parte de Reagan de los controladores aéreos hirió gravemente a los sindicatos americanos; la forma en que la creación de distritos del congreso de mayoría de minorías en el Sur aseguró a la vez que hubiera más congresistas negros y menos congresistas demócratas en la región; la falta de cooperación que Clinton hubo de sufrir por parte de los demócratas del Congreso, que se habían vuelto complacientes y perezosos y no se dieron cuenta de lo que estaba en juego. Mi relato tampoco refleja el grado hasta el cual el recrudecimiento de las maniobras políticas polarizó el Congreso ni la eficacia con la que el dinero y las campañas de anuncios de televisión negativos envenenaron la atmósfera.

Aun así, cuando pienso en lo que aquel veterano de Washington me contó aquella noche, cuando reflexiono sobre el trabajo de George Kennan o George Marshall, cuando leo los discursos de Bobby Kennedy o Everett Dirksen, no puedo evitar pensar que la política de hoy padece de un caso de desarrollo interrumpido. Para aquellos hombres las cuestiones a las que se enfrentaban los Estados Unidos nunca fueron abstractas y, por tanto, nunca fueron simples. Puede que la guerra fuera el infierno y aun así fuera lo correcto. La economía podía derrumbarse a pesar de que se planificara su futuro cuidadosamente. La gente podía trabajar duro toda su vida y aun así perderlo todo.

Para la generación de líderes que les siguió, que creció con cierto nivel de comodidad, una experiencia diferente generó una actitud distinta hacia la política. En el tira y afloja entre Clinton y Gingrich y en las elecciones de 2000 y 2004, a veces me sentí como si estuviera presenciando un psicodrama de la generación del *Baby Boom* —un cuento que bebía de viejas riñas y de conspiraciones forjadas en un puñado de campus universitarios hacía mucho tiempo— interpretado a escala nacional. Las victorias conseguidas por la generación de los sesenta —los derechos para las minorías y mujeres, el fortalecimiento de las libertades individuales y una saludable predisposición a cuestionar a la autoridad— han hecho de los Estados Unidos un lugar mejor para todos. Pero lo que se perdió en el proceso y no hemos sido capaces de reemplazar fueron las creencias comunes —esa confianza y sensación de compañerismo— que nos unen como americanos.

Así pues, ¿dónde nos lleva todo esto? Teóricamente el partido republicano podría haber generado a su propio Clinton, un líder de centro-derecha que siguiera la estela del conservadurismo fiscal de Clinton y que además acometiera con más fuerza la reforma de la chirriante burocracia federal y experimentara soluciones de política social basadas en el mercado o en la fe. Y, de hecho, ese líder todavía podría surgir. No todos los republicanos que ostentan cargos electos están alineados a las ideas del movimiento conservador. Tanto en la Cámara de Representantes como en el Senado, y en las capitales de los estados de todo el país, hay aquellos que siguen siendo fieles a las virtudes tradicionales conservadoras de la moderación y la contención, hombres y mujeres que reconocen que acumular deuda para financiar bajas de impuestos a los ricos es una actitud irresponsable, que la reducción del déficit no puede cargarse a espaldas de los más pobres, que la separación de la iglesia y el estado protege a la iglesia además de al estado, que el ecologismo y el conservadurismo no tienen por qué estar en conflicto, y que la política exterior debe basarse en hechos y no en ilusiones.

Pero estos republicanos no son los que han liderado el debate público durante los últimos seis años. En lugar del «conservadurismo compasivo» que George Bush prometió en su campaña de 2000, lo que define el núcleo ideológico del partido republicano de hoy no es el conservadurismo, sino el absolutismo. Está el absolutismo del mercado libre, una ideología de pocos impuestos, poca regulación y ninguna red de seguridad, una ideología que, de hecho, propugna la ausencia de gobierno más allá de lo necesario para proteger la propiedad privada y financiar la defensa nacional.

Está el absolutismo religioso de la derecha cristiana, un movimiento que ganó impulso gracias al innegablemente difícil tema del aborto, pero que pronto floreció en algo mucho más amplio; un movimiento que no sólo insiste en que el cristianismo es la fe dominante de los Estados Unidos sino que una rama concreta y fundamentalista de esa fe debe dirigir la política pública y que ante ella debe descartarse cualquier otro tipo de fuente de saber, sean los escritos de los teólogos liberales, los descubrimientos de la Academia Nacional de las Ciencias o las palabras de Thomas Jefferson.

Y está la fe absoluta en la autoridad de la voluntad de la mayoría, o al menos de aquellos que detentan el poder en nombre de la mayoría; desprecio por aquellas garantías institucionales (los tribunales, la Constitución, la prensa, la Convención de Ginebra, las reglas del Senado o las tradiciones que gobiernan el rediseño de las circunscripciones electorales) que podrían demorar la inexorable marcha hacia la Nueva Jerusalén.

También en el partido demócrata, por supuesto, existen quienes tienden a un grado similar de fanatismo. Pero nunca se han acercado a tener el poder que tiene un Rove o un DeLay, el poder de hacerse con el mando del partido, llenarlo de partidarios suyos y convertir en leyes algunos de sus principios más radicales. La importancia de las diferencias regionales, étnicas y económicas dentro del partido, el mapa electoral y la estructura del Senado y la necesidad de recaudar dinero de las élites para financiar las elecciones, todas estas cosas tienden a impedir que los demócratas elegidos a cargo público se aparten mucho del centro. De hecho, conozco muy pocos demócratas electos que encajen en la caricatura del liberal; que yo sepa, John Kerry cree en mantener la hegemonía de las fuerzas armadas estadounidenses, Hillary Clinton defiende las virtudes del capitalismo y casi todos los miembros del Caucus Negro del Congreso creen que Jesucristo murió para redimir sus pecados.

Lo que sucede es que nosotros los demócratas estamos, bueno, confundidos. Hay aquellos que todavía defienden la religión de los viejos tiempos y defienden todos y cada uno de los programas del New Deal y la Gran Sociedad de los recortes republicanos, consiguiendo puntuaciones de cien por cien de los grupos de presión liberales. Pero esta táctica no parece llevar a ninguna parte, pues estos demócratas se encuentran como si jugasen un partido siempre a la defensiva y carecen de la energía y las ideas nuevas necesarias para adaptarse a las cambiantes circunstancias de la globalización o al terco aislamiento de los barrios pobres. Otros demócratas adoptaron un punto de vista más «centrista» y creyeron que lo razonable era partirse la diferencia que los separaba de los conservadores, sin darse cuenta de que cada año que pasaba cedían más y más terreno. Individualmente, los legisladores y candidatos demócratas proponen una serie de ideas prácticas que suponen pequeños cambios a mejor en política energética y educación, en salud y en seguridad interior, y esperan que de alguna manera la suma de todas esas pequeñas ideas formen algo similar a una filosofía de gobierno.

En su mayoría, sin embargo, el partido demócrata se ha convertido en el partido de la reacción. En reacción a una guerra mal concebida, parece que recelemos de toda actividad militar. En reacción a aquellos que proclaman que el mercado puede solucionar todos los problemas, nos resistimos a usar principios de mercado para enfrentarnos a los problemas más acuciantes. En reacción a la extralimitación religiosa, igualamos tolerancia con secularismo y renunciamos al lenguaje moral que ayudaría a darle mayor significado a nuestras políticas. Perdemos elecciones y esperamos que los tribunales desbaraten los planes de los republicanos. Perdemos los tribunales y esperamos que se produzca un escándalo en la Casa Blanca.

Y cada vez más, sentimos que es necesario ser tan estridentes y jugar igual de sucio que la derecha republicana. La opinión general por la que se rigen muchos grupos de presión y activistas demócratas hoy en día es algo así: el partido republicano ha conseguido ganar repetidas elecciones no a través de la expansión de su base de votantes sino vilipendiando a los demócratas, creando división entre el electorado, motivando a su ala derecha y disciplinando a aquellos que se aparten de la línea del partido. Si los demócratas quieren volver alguna vez al poder, tendrán que adoptar la misma estrategia.

Comprendo la frustración de estos activistas. La capacidad que han demostrado los republicanos de ganar una y otra vez mediante campañas polarizantes es, desde luego, impresionante. Reconozco que la sutileza y los matices son peligrosos frente a la intensidad apasionada del movimiento conservador. Y en mi opinión, al menos, hay una serie de políticas de la Administración Bush que justifican su indignación.

Al final, sin embargo, creo que los intentos de los demócratas por adoptar una estrategia ideológica más partidista no cuadran correctamente con el momento en que nos hallamos. Estoy convencido de que siempre que exageramos o demonizamos, simplificamos excesivamente o ponemos demasiado énfasis en nuestras propuestas, perdemos. Siempre que rebajamos el nivel intelectual del debate político, perdemos. Es precisamente la búsqueda de la pureza ideológica, la rígida ortodoxia y lo previsible de nuestro actual debate político lo que nos impide encontrar nuevas maneras de acometer los desafíos a los que nos enfrentamos como nación. Es lo que nos mantiene atascados en el pensamiento «a favor o en contra»: la noción de que sólo podemos tener un gobierno grande o ningún gobierno; la asunción de que debemos o bien tolerar que haya cuarenta y seis millones de personas sin cobertura de salud o aceptar la «medicina socializada».

Es ese pensamiento doctrinario y ese partidismo crudo lo que ha hecho que los americanos se aparten de la política. A la derecha eso no le preocupa. Un electorado polarizado —o que rechace a ambos partidos por el tono desagradable y deshonesto del debate— les va a las mil maravillas a los que quieren desgastar la idea misma del gobierno. Después de todo, un electorado cínico es un electorado egocéntrico.

Pero para aquellos que creemos que el gobierno tiene que promover la igualdad de oportunidades y la prosperidad de todos los americanos, un electorado polarizado no es suficiente. Lograr una mayoría demócrata por los pelos no es suficiente. Lo que hace falta es una amplia mayoría de americanos —demócratas, republicanos e independientes bien intencionados— que se reenganche en un proyecto de renovación nacional y que vea que sus propios intereses están inexorablemente ligados a los de los demás.

No me hago ilusiones. Sé que no será fácil conseguir construir ese tipo de mayoría. Pero es lo que debemos hacer, precisamente porque la tarea de resolver los problemas de todo el país tampoco será fácil. Deberemos tomar decisiones difíciles y deberemos hacer sacrificios. A menos que los líderes políticos estén abiertos a nuevas ideas y no se limiten a envolver las antiguas de forma distinta, no podremos captar las suficientes mentes y corazones como para impulsar una política energética seria o reducir el déficit. No contaremos con el apoyo popular necesario para forjar una política exterior que se enfrente a los retos de la globalización o el terrorismo sin recurrir al aislacionismo o a la erosión de las libertades civiles. No tendremos un mandato para cambiar por completo un sistema de salud que no funciona. Y no contaremos con el amplio apoyo político y las estrategias efectivas necesarias para sacar de la pobreza a un gran porcentaje de nuestros conciudadanos.

Hice estas mismas reflexiones en una carta que envié al blog de izquierda llamado *Daily Kos* en septiembre de 2005, después de que cierto número de grupos de presión y activistas hubieran atacado a algunos de mis colegas demócratas por confirmar con sus votos la elección del Presidente del Tribunal Supremo, John Roberts. La idea ponía un poco nerviosos a los miembros de mi equipo, pues yo había votado en contra de la confirmación de Roberts y no entendían por qué tenía que hablar y molestar a una parte tan notoria de la base demócrata. Pero a mí me gusta el intercambio que permiten los blogs y en los días que siguieron a la publicación de mi carta, de manera muy democrática, más de seiscientas personas enviaron sus comentarios. Algunos estaban de acuerdo conmigo. Otros creían que yo era demasiado idealista, que el tipo de política que yo sugería se vendría abajo frente a la máquina de relaciones públicas de los republicanos. Buena parte de los que hicieron comentarios creían que me habían «enviado» las élites de Washington a apagar los focos de disensión en las filas y/o había estado demasiado tiempo en Washington y estaba perdiendo el contacto con el pueblo americano y/o era —como diría más adelante un *blogger*— simplemente un «idiota».

Quizá tuvieran razón quienes me criticaban. Quizá sea imposible escapar de la división política que nos castiga, inútil intentar detener el choque de ambos ejércitos y fútil cualquier iniciativa para cambiar las reglas del enfrentamiento. O quizá la trivialización de la política haya llegado al punto de no retorno y la mayoría de la gente la vea ya sólo como una diversión más, como un deporte, en el cuál los políticos serían como nuestros barrigudos gladiadores y todos los demás que se molestan en prestarles atención como meros espectadores en las gradas: nos pintamos las caras de rojo o de azul y animamos a nuestro equipo y chiflamos al otro, y si hacen falta un tanto injusto o un golpe bajo para vencer al otro equipo, que así sea, porque ganar es lo único que importa.

Pero yo no creo que sea así. En algún lado, pienso, están esos ciudadanos corrientes que han crecido en medio de todas estas batallas políticas y culturales pero que han descubierto una forma —en sus propias vidas, al menos— de hacer las paces con sus vecinos y con ellos mismos. Me imagino al sureño blanco que creció oyendo a su padre hablar de negratas por aquí y negratas por allá pero que ha establecido una sólida amistad con los negros de su oficina y trata de inculcar a su hijo valores distintos de los que le enseñaron a él, que cree que la discriminación está mal pero que no entiende por qué el hijo de un doctor negro debe tener preferencia frente a su hijo para entrar en la facultad de Derecho. O el antiguo Pantera Negra que ha decidido entrar en el negocio inmobiliario, ha comprado unos pocos edificios de su barrio y está tan harto de los vendedores de droga que hay frente a esos edificios como de los banqueros que le niegan un crédito para ampliar su negocio. Está la feminista de mediana edad que todavía siente haber tenido que abortar y la mujer cristiana que pagó el aborto de su hija adolescente, y las millones de camareras y secretarias temporales y enfermeras asistentes y trabajadoras de Wal-Mart que aguantan la respiración cada mes con la esperanza de tener suficiente dinero para mantener a los hijos que sí trajeron al mundo.

Imagino que esperan una política que sea lo suficientemente madura como para equilibrar el idealismo y el realismo, para distinguir entre lo que puede y lo que no puede ponerse en entredicho, para admitir la posibilidad de que el otro equipo, a veces pueda tener razón. No siempre entienden los debates entre derecha e izquierda, conservadores y liberales, pero reconocen la diferencia entre el dogma y el sentido común, entre la responsabilidad y la irresponsabilidad, entre aquellas cosas que perduran y aquellas otras que son efímeras.

Esa gente está ahí fuera, esperando a que tanto republicanos como demócratas los alcancen.

Capítulo Dos

Valores

LA PRIMERA VEZ que vi la Casa Blanca fue en 1984. Me acababa de licenciar en la universidad y trabajaba como organizador comunitario desde el campus en Harlem del City College de Nueva York. El Presidente Reagan propuso varias veces un recorte de las ayudas a los estudiantes, así que colaboré con un grupo de líderes estudiantiles —la mayoría de ellos negros, puertorriqueños o de ascendencia del este de Europa, casi todos ellos los primeros miembros de sus respectivas familias en ir a la universidad— para recoger firmas en oposición a los recortes y entregarlas a la delegación de congresistas de Nueva York.

Fue un viaje corto. Nos pasamos la mayor parte del tiempo navegando por los interminables pasillos del edificio Rayburn y reuniéndonos con empleados del Capitolio no mucho mayores que yo que nos atendían cortés pero superficialmente. Pero al final del día los estudiantes y yo caminamos por el Mall y frente al Monumento a Washington y luego pasamos unos pocos minutos contemplando la Casa Blanca. De pie en Pennsylvania Avenue, cerca del puesto de guardia de los marines en la entrada principal, con transeúntes caminando arriba y abajo por la acera y el tráfico silbando detrás de nosotros, me maravillé no por la elegancia de la Casa Blanca, sino por el hecho de que estuviera tan expuesta al ajetreo y bullicio de la ciudad; de que nos permitieran estar tan cerca de la entrada y luego pudiéramos dar la vuelta hasta el otro lado del edificio para ver el famoso jardín de rosas y la residencia más allá. Lo abierta que estaba la Casa Blanca decía mucho de nuestra confianza como democracia, pensé. Encarnaba la noción de que nuestros líderes no eran diferentes de nosotros y seguían sometidos a las leyes y a nuestro consentimiento colectivo.

Veinte años después, acercarse a la Casa Blanca ya no era tan fácil. Controles, guardias armados, furgonetas, espejos, perros y barricadas móviles sellaban ahora un perímetro de dos manzanas alrededor del edificio. Los coches sin autorización ya no podían circular por Pennsylvania Avenue. Aquella fría tarde de enero, el día antes de jurar el cargo en el Senado, el parque Lafayette estaba casi vacío y cuando le indicaron a mi auto que pasara a través de las rejas de la Casa Blanca y ascendiera por la carretera de entrada, me sentí triste por lo que se había perdido.

El interior de la Casa Blanca no tiene esa cualidad luminosa que esperas después de haberla visto por televisión o en el cine; está bien mantenida pero parece algo gastada, una casa vieja y grande en la que uno imagina que debe haber corrientes de aire en las frías noches de invierno. Sin embargo, mientras estaba en el vestíbulo dejando volar la mirada por los pasillos, era imposible olvidar la historia que se había hecho allí —John y Bobby Kennedy hablando sobre la crisis de los misiles; Roosevelt haciéndole cambios de última hora a uno de sus discursos radiofónicos; Lincoln solo, caminando por los pasillos y llevando sobre sus hombros el peso de toda una nación. (No sería hasta muchos meses después que podría ver el dormitorio Lincoln, un espacio modesto con muebles antiguos, una cama con dosel y un ejemplar original del discurso de Gettysburg discretamente expuesto bajo un cristal... y una gran pantalla plana de televisión colocada sobre uno de los escritorios. ¿Quién, me preguntaba yo, sería capaz de dedicarse a ver *SportsCenter* al pasar la noche en el dormitorio Lincoln?

Me recibió inmediatamente un miembro del equipo legislativo de la Casa Blanca que me llevó hasta la Sala Dorada, donde ya se habían reunido la mayoría de los congresistas y senadores que iban a acceder al cargo. A las dieciséis cero cero, puntualmente, fue anunciado el Presidente Bush, quien caminó hasta el podio, trasmitiendo vigor y buen estado físico, con ese andar desenfadado y decidido que da a entender que tiene un horario que cumplir y que quiere reducir las distracciones al mínimo. Durante unos diez minutos nos habló a los que estábamos en la sala, hizo unos pocos chistes, llamó a la unidad de la nación y luego nos invitó a pasar al otro extremo de la Casa Blanca para tomar un refrigerio y hacernos fotos con él y la Primera Dama.

Yo estaba muerto de hambre en ese momento, así que mientras los demás legisladores empezaron a hacer cola para las fotografías, yo me dirigí al buffet. Mientras comía entremeses y entablaba conversación con un puñado de congresistas, recordé mis dos anteriores contactos con el Presidente, el primero una breve llamada de felicitación tras las elecciones, el segundo un pequeño desayuno en la Casa Blanca conmigo y los demás senadores electos. En ambas ocasiones el Presidente me pareció un hombre agradable, astuto y disciplinado pero con el mismo trato franco que le había ayudado a ganar dos elecciones. Podías imaginártelo fácilmente como el propietario del concesionario de coches de la esquina, como un entrenador de un equipo de las Ligas Menores o haciendo una barbacoa en el jardín, la clase de persona que resulta una compañía agradable mientras la conversación verse sobre deportes o los niños.

Hubo un momento durante ese desayuno, sin embargo, después de los golpecitos en la espalda y la charla trivial y cuando ya estábamos todos sentados, con el vicepresidente Cheney comiéndose sus huevos a la benedictina y Karl Rove en uno de los extremos de la mesa consultando discretamente su BlackBerry, en el que entreví un aspecto distinto de ese hombre. El Presidente había empezado a hablar de sus planes para el segundo mandato, básicamente una repetición de los temas sobre los que había hablado durante la campaña —la importancia de mantener el rumbo en Irak y de renovar el Patriot Act, la necesidad de reformar la Seguridad Social y de cambiar por completo el sistema de impuestos, su determinación de conseguir una votación de sí o no para sus nominados a puestos judiciales— cuando de súbito pareció como si alguien en la trastienda hubiera apretado un interruptor. La mirada del Presidente se congeló, su voz adoptó el tono agitado y rápido de quien no está acostumbrado ni quiere que le interrumpan; su afabilidad cedió ante una certeza casi mesiánica. Al ver a mis colegas del Senado, la mayoría republicanos, pendientes de todas y cada una de sus palabras, recordé el peligroso aislamiento que puede producir el poder y aprecié la sabiduría de los Fundadores al diseñar un sistema con el objetivo de establecer límites al poder.

—¿Senador?

Levanté la mirada y volví al presente. Frente a mí estaba uno de los hombres negros de cierta edad que componen la mayor parte del servicio de la Casa Blanca.

—¿Quiere que le reciba ese plato?

Asentí, tratando de tragar un bocado de pollo a la no sé qué y me di cuenta de que la cola para saludar al Presidente había desaparecido. Quería agradecer su atención a mis anfitriones y me dirigí a la Sala Azul. Un joven marine en la puerta me indicó educadamente que la sesión fotográfica había acabado y que el Presidente tenía que ir a su siguiente cita. Pero antes de que pudiera darme media vuelta y marcharme, el Presidente en persona sacó la cabeza y me hizo un gesto para que entrara.

—¡Obama! —dijo el Presidente, estrechándome la mano—. Ven aquí a que te presente a Laura. Laura, ¿te acuerdas de Obama? Le vimos por televisión la noche de las elecciones. Una familia preciosa. Y esa esposa tuya... es una dama impresionante.

—Ambos tenemos esposas mejores de lo que merecemos, señor Presidente —le dije, dándole la mano a la Primera Dama y esperando secretamente haberme limpiado bien las migas de la cara. El Presidente se giró hacia un asistente que había cerca, que le echó una buena dosis de desinfectante en las manos.

—¿Quieres un poco? —me preguntó el Presidente—. Es fantástico. Evita que pilles resfriados.

Por no parecer poco higiénico, tomé un poco.

—Acompáñame un segundo —dijo, llevándome al otro lado de la habitación—. Sabes —dijo en voz baja—, espero que no te importe que te dé un consejo.

—Por supuesto que no, señor Presidente.

Él asintió.

—Tienes un futuro brillante —dijo—. Muy brillante. Pero llevo tiempo en esta ciudad y, permíteme que te lo diga, puede ser muy dura. Cuando llamas mucho la atención, como la has llamado tú, la gente empieza a ponerte en su punto de mira. Y no será algo que venga sólo de mi lado, compréndelo. También vendrá del tuyo. Todo el mundo espera que tropieces, ¿sabes lo que quiero decir? Así que ándate con cuidado.

—Gracias por el consejo, señor Presidente.

—Está bien. Me tengo que ir. ¿Sabes que tú y yo tenemos algo en común?

—¿Qué?

—Los dos tuvimos que debatir con Alan Keyes. Este tipo es todo un personaje, ¿verdad?

Me reí, y mientras caminábamos hacia la puerta le conté algunas anécdotas de la campaña. No fue hasta que hubo abandonado la sala que comprendí que durante unos instantes le había puesto el brazo sobre el hombro mientras hablábamos, una costumbre inconsciente mía que supongo que no habría gustado a muchos de mis amigos, por no hablar de los agentes del Servicio Secreto que había en la sala.

DESDE MI LLEGADA al Senado he criticado de forma constante y en ocasiones furibunda las políticas de la Administración Bush. Creo que las bajas de impuestos para los ricos que ha implementado Bush son fiscalmente irresponsables y moralmente problemáticas. He criticado a la administración por carecer de una política de salud significativa, por no tener ninguna política energética seria ni una estrategia para hacer a América más competitiva. En 2002, justo antes de anunciar mi candidatura al Senado, pronuncié un discurso en una de las primeras manifestaciones contra la guerra en Chicago. En el discurso puse en duda las pruebas con las que contaba la Administración sobre la existencia de armas de destrucción masiva y sugerí que una invasión de Irak podría resultar

siendo un error muy caro. Nada en las recientes noticias procedentes de Bagdad o del resto de Oriente Medio me ha hecho cambiar de opinión.

Por eso los demócratas se sorprenden cuando digo que no creo
que George Bush sea una mala persona, y que estoy convencido de
que él y los miembros de su administración tratan de hacer lo que
creen mejor para el país.

No digo esto porque me seduzca la proximidad del poder.
Comprendo que me invitan a la Casa Blanca por mera cortesía política y soy consciente de lo rápido que las sonrisas pueden vol-
verse cuchillos cuando el programa de la administración se ve
seriamente amenazado. Más aún, siempre que escribo una carta a
una familia que ha perdido un ser amado en Irak, o leo un e-mail
de un elector que ha abandonado la universidad porque se ha sus-
pendido la beca que recibía, recuerdo de nuevo las enormes consecuencias que tienen las acciones de aquellos que estamos en el
poder, consecuencias que raramente hemos de afrontar nosotros
mismos.

Lo que quiero decir es que desprovisto de todos los símbolos
del cargo —los títulos, el personal, los miembros del equipo de
seguridad— creo que el Presidente y los que le rodean son bastante parecidos a cualquier otra persona y poseen la misma mezcla
de virtudes y defectos que el resto de nosotros. Por muy insensatas
que me parezcan sus políticas —y por mucho que insista en que se
les considere responsables del resultado de esas políticas— todavía
creo posible, al hablar con esos hombres y mujeres, comprender
sus motivos y ver en ellos valores que comparto.

No es fácil sostener esta postura en Washington. En los debates
políticos de la capital suele haber tanto en juego —si enviamos a
nuestros jóvenes a la guerra, si continuamos la investigación con
células madre— que incluso las diferencias de perspectiva más pequeñas se ven magnificadas. Las exigencias de la lealtad al partido,
el imperativo de las campañas y la amplificación de los conflictos
por parte de los medios contribuyen a alimentar una atmósfera de
sospecha. Más aún, la mayoría de los que trabajan en Washington
han sido formados como abogados o como operadores políticos,

profesiones ambas que tienden a poner el énfasis en ganar las discusiones más que en solucionar los problemas. Puedo comprender cómo, tras cierto tiempo en la capital, es tentador pensar que los que no están de acuerdo contigo tienen valores fundamentalmente distintos a los tuyos, pensar que, de hecho, actúan de mala fe y que quizá sean malas personas.

Fuera de Washington, sin embargo, el país parece estar mucho menos dividido. Illinois, por ejemplo, ya no se considera un estado barómetro. Desde hace más de una década se ha vuelto cada vez más demócrata, en parte porque el conservadurismo social del actual partido republicano no es bien recibido en la tierra de Lincoln. Pero Illinois sigue siendo un microcosmos que refleja a todo el país, una mezcla del Norte y el Sur, Este y Oeste, de lo urbano y lo rural, que tiene negro, blanco y todos los colores de por medio. Puede que Chicago posea toda la sofisticación de una gran ciudad como Los Ángeles o Nueva York, pero geográfica y culturalmente el sur de Illinois tiene más en común con Little Rock o Louisville, y grandes áreas del estado tienen, según la moderna terminología política, un marcado color rojo.

Viajé por primera vez por el sur de Illinois en 1997. Fue el verano después de mi primer mandato en la legislatura de Illinois, y Michelle y yo todavía no éramos padres. Acabada la temporada de sesiones, sin clases que dar en la facultad de Derecho y con Michelle ocupada con su trabajo, convencí a mi ayudante legislativo, Dan Shomon, de que metiéramos un mapa y algunos palos de golf en el coche y viajamos por el estado durante una semana. Dan había sido periodista de la agencia de prensa UPI (United Press International), y coordinador de campo de varias campañas en el sur del estado, así que conocía la zona muy bien. Pero conforme se acercaba la fecha de partida se hizo evidente que no estaba seguro de cómo me recibirían en los condados que teníamos pensado visitar. Cuatro veces me recordó qué ropa debía llevar —sólo pantalones caquis y polos, dijo, nada de pantalones modernos de lino ni camisas de seda. Le aseguré que no tenía nada de lino ni de seda. Conduciendo hacia allí nos detuvimos en una sucursal del restaurante TGI Friday, y pedí una hamburguesa con queso. Cuando la camarera la trajo le pregunté si tenía mostaza de Dijon. Dan negó con la cabeza.

—No quiere mostaza de Dijon —insistió, haciendo una señal a la camarera para que se marchase—. Aquí tienes —empujó una botella amarilla de mostaza en mi dirección—, aquí mismo tienes mostaza.

La camarera nos miró confundida.

—Tenemos mostaza de Dijon si quiere —me dijo.

Yo sonreí.

—Sí me gustaría, gracias —le dije.

Cuando la camarera se hubo alejado, me incliné hacia Dan y le susurré que no creía que hubiera fotógrafos cerca.

Y proseguimos el viaje, deteniéndonos una vez cada día para jugar un poco al golf bajo el sofocante calor, conduciendo a través de kilómetros de campos de maíz y espesos bosques de robles y fresnos y lagos relucientes bordeados por tocones y juncos, pasando a través de ciudades grandes como Carbondale y Mount Vernon, llenas de centros comerciales y Wal-Marts y pequeñas ciudades como Sparta y Pinckneyville, muchas de ellas con juzgados de ladrillo en el centro de la ciudad y las calles mayores colgando de un hilo, con muchas tiendas cerradas, y de vez en cuando con algún vendedor ambulante en el borde de la carretera con una parada de melocotones frescos o maíz o, en el caso de una pareja que vi «Armas y espadas de oferta».

Nos detuvimos en una cafetería donde comimos un poco de pastel y cambiamos chistes con el alcalde de Chester. Posamos frente a la estatua de cuatro metros y medio de Superman en el centro de Metrópolis. Nos hablaron de toda la gente joven que se estaba mudando a las grandes ciudades porque los trabajos en la industria y en las minas de carbón estaban desapareciendo. Nos enteramos de las perspectivas que había para la siguiente temporada de los equipos de fútbol americano de los institutos locales y de las enormes distancias que los veteranos tenían que recorrer para llegar a las instalaciones más cercanas del Departamento de Veteranos. Conocimos a mujeres que habían sido misioneras en Kenia y me saludaron en *swahili* y granjeros que revisaban las páginas financieras del *Wall Street Journal* antes de subirse a sus tractores. Varias veces al día le señalé a Dan la cantidad de hombres que nos cruzábamos que vestían pantalones deportivos de lino o camisas hawaianas de seda. En el pequeño comedor de un funcionario del partido en Du Quoin le pregunté al abogado del estado local cómo estaba la criminalidad en aquella zona mayoritariamente rural y casi uniformemente blanca, esperando que me hablara sólo de algún conductor temerario o de gente que cazaba fuera de temporada.

—Los Discípulos del Gangster —dijo masticando una zanahoria—, tienen una delegación aquí, todos ellos blancos: chicos sin empleo que venden droga y *speed*.

Al final de la semana me dio pena marcharme. No sólo porque había hecho muchos nuevos amigos, sino porque en los rostros de todos los hombres y mujeres que conocí había reconocido una parte mía. Tenían la franqueza de mi abuelo, el carácter práctico de mi abuela, la bondad de mi madre. El pollo frito, la ensalada de patatas, las uvas partidas en moldes de gelatina... Todo me resultaba familiar.

Es esa sensación de familiaridad lo que más me sorprende cuando viajo por Illinois. La percibo cuando me siento a cenar en el West Side de Chicago. La percibo al ver hombres latinos jugando a fútbol mientras sus familias les animan en un parque de Pilsen. La percibo cuando asisto a una boda india en uno de los barrios del norte de Chicago.

Creo que, mucho más cerca de la superficie de lo que parece, nos estamos volviendo cada vez no menos, sino más parecidos.

No quiero exagerar ni decir que las encuestas se equivocan y que nuestras diferencias —raciales, religiosas, regionales o económicas— son de algún modo triviales. En Illinois, como en todas partes, el aborto es controvertido. En ciertas partes del estado la sola mención del control de armas constituye un sacrilegio. Las actitudes hacia todo, desde el impuesto sobre la renta hasta el sexo en la televisión difieren ampliamente de un lugar a otro.

Pero debo insistir en que por todo Illinois y por todos los Estados Unidos se está produciendo una constante polinización

cruzada, una colisión entre gentes y culturas que, aunque no siempre es ordenada—suele ser pacífica. Las identidades se mezclan y
se reconfiguran. Resulta cada vez más difícil prever en qué cree la
gente. Las expectativas fáciles y las explicaciones simples se de-
rrumban constantemente. Pase algún tiempo hablando con americanos y descubrirá que la mayoría de los evangelistas son más
tolerantes de lo que los medios de comunicación nos hacen creer, y
la mayoría de los secularistas mucho más espirituales de cómo
esos mismos medios los retratan. La mayoría de los ricos quieren
que los pobres triunfen y la mayoría de los pobres son más críticos
de sí mismos y tienen aspiraciones más altas de lo que la cultura
popular les atribuye. La mayoría de los bastiones republicanos tienen un 40 por ciento de demócratas y viceversa. Las etiquetas políticas de liberal y conservador raramente consiguen plasmar los
atributos personales de la gente.

Lo cual conlleva a una pregunta: ¿Cuales son los valores nucleares que, como americanos, tenemos en común? Por supuesto,
así no es como solemos plantearnos esta cuestión; nuestra cultura
política se centra en los puntos en los que nuestros valores colisionan. Justo después de las elecciones de 2004, por ejemplo, se
publicó una gran encuesta realizada a la salida de las urnas en la
que los votantes dijeron que los «valores morales» habían sido
claves para decidir su voto. Los comentaristas se aferraron a ese
dato para defender que las cuestiones sociales más controvertidas
de la elección —en particular el matrimonio *gay*— habían hecho
cambiar de color a cierto número de estados. Los conservadores
proclamaron esos números a los cuatro vientos, convencidos de
que demostraban el creciente poder de la derecha cristiana.

Cuando, más adelante se analizaron los resultados de esa encuesta, resultó que los expertos y pronosticadores habían exagerado un poco. De hecho, los votantes habían considerado que el
tema clave de las elecciones había sido la seguridad nacional y
aunque un gran número de votantes consideraron los «valores
morales» como un factor importante en su voto, el significado del
término era tan amplio que lo incluía todo, desde el aborto a la corrupción empresarial. Algunos demócratas suspiraron aliviados,

como si una disminución del peso del «factor valores» fuera buena para la causa liberal; como si la discusión acerca de los valores fuera una distracción innecesaria y peligrosa de los temas que caracterizaban el programa del partido demócrata.

Creo que los demócratas se equivocan al rehuir el debate sobre valores, como también se equivocan los conservadores que sólo ven en los valores un medio para arrancar votantes de clase trabajadora a la base demócrata. La gente concibe el mundo a partir del lenguaje de los valores. Es lo que puede llevarles a pasar a la acción y hacer que salgan de su aislamiento. Puede que las encuestas postelectorales estuvieran mal diseñadas, pero la cuestión más amplia de los valores comunes —los estándares y principios que la mayoría de americanos consideran importantes en sus vidas y en la vida del país— debe estar al centro de nuestra política y convertirse en la piedra angular de cualquier debate significativo sobre presupuestos y proyectos, reglamentos y políticas.

«SOSTENEMOS COMO EVIDENTES estas verdades: que todos los hombres son creados iguales; que son dotados por su creador de ciertos derechos inalienables; que entre éstos están la vida, la libertad y la búsqueda de la felicidad.»

Estas simples palabras son nuestro punto de partida como americanos; describen no sólo los cimientos de nuestro gobierno sino la esencia de nuestro credo. No todos los americanos las conocen; pocos alcanzan a saber que la génesis de la Declaración de Independencia se halla en el pensamiento liberal y republicano del siglo XVIII. Pero la idea básica tras la Declaración —que en este mundo todos nacemos libres; que cada uno posee desde su nacimiento una serie de derechos de los que no puede ser privado por ninguna persona o estado sin mediar causa justa; que a través de nuestros actos podemos, y debemos, hacer lo que queramos con nuestras vidas— es algo que todo americano entiende. Son unos principios que nos sirven de orientación y cada día marcan el rumbo de nuestra vida.

De hecho, tenemos tan asumido el valor de la libertad individual que tendemos a darla por hecho. Es fácil olvidar que cuando se fundó esta nación era una idea radical, tan radical como las tesis que Martín Lutero colgó en la puerta de la iglesia. Es una idea que una parte del mundo todavía rechaza, y de la cual una parte todavía mayor de la humanidad encuentra pocas pruebas en su vida diaria.

De hecho, valoro tanto nuestra Declaración de Derechos por haber pasado parte de mi infancia en Indonesia y por el hecho de tener todavía familia en Kenia, países en los que los derechos individuales están sometidos casi por completo a la buena voluntad de los generales del ejército o a los caprichos de algunos burócratas corruptos. Recuerdo la primera vez que llevé a Michelle a Kenia, poco antes de que nos casáramos. Como afroamericana, a Michelle le hacía mucha ilusión visitar el continente de sus antepasados. Lo pasamos muy bien, visitamos a mi abuela en el interior del país, paseamos por las calles de Nairobi, acampamos en el Serengeti y pescamos frente a la isla de Lamu.

Pero durante el viaje Michelle también percibió —como yo había percibido en mi primer viaje a África— la terrible sensación de que la mayoría de los keniatas no controlaban su destino. Mis primos le contaron lo difícil que era encontrar trabajo o fundar un negocio sin pagar sobornos. Los activistas nos explicaron que los encarcelaban por expresar su oposición a las políticas del gobierno. Incluso en mi propia familia, Michelle vio lo asfixiantes que podían ser las exigencias de los lazos familiares y las lealtades tribales, con primos lejanos constantemente pidiendo favores y tíos y tías presentándose sin previo aviso. En el vuelo de vuelta a Chicago, Michelle admitió que estaba deseando volver a casa.

—Hasta ahora no me había dado cuenta de lo americana que soy —dijo.

No se había dado cuenta de lo libre que era y lo mucho que apreciaba esa libertad.

En su nivel más elemental, interpretamos nuestra libertad de un punto de vista negativo. Como regla general creemos que tenemos derecho a que nos dejen en paz y recelamos de aquellos —ya sea *Big Brother* o los vecinos fisgones— que quieren meterse en nuestros asuntos. Pero también comprendemos nuestra libertad en un sentido más positivo, en la idea de la oportunidad y de los valores subsidiarios que nos ayudan a que esas oportunidades se materialicen —todas esas virtudes caseras que Benjamin Franklin popularizó primero en su *Poor Richard's Almanack** y a las que seguimos fieles generaciones después. Los valores de la confianza en uno mismo, del mejoramiento de uno mismo y de la asunción de riesgos. Los valores del empuje, la disciplina, la templanza y el trabajo duro. Los valores del ahorro y de la responsabilidad personal.

Esos valores se basan en un optimismo básico ante la vida y en la fe en el libre albedrío —en la confianza en que a través del trabajo, el sudor y la inteligencia, todos nosotros podemos elevarnos más allá de las circunstancias de nuestro nacimiento. Pero esos valores también demuestran confianza en que mientras los hombres y las mujeres individuales sean libres para perseguir sus propios intereses, toda la sociedad prosperará. Nuestro sistema de autogobierno y nuestra economía de libre mercado dependen de que la mayoría de los americanos comparta estos valores. La legitimidad de nuestro gobierno y de nuestra economía dependen del grado en que esos valores se vean recompensados, lo que explica por qué los valores de igualdad de oportunidades y de no discriminación complementan, y no vulneran, nuestras libertades.

Aunque los americanos somos individualistas de corazón, aunque nos apartamos instintivamente de un pasado de lealtades tribales, tradiciones, costumbres y castas, sería un error suponer que eso es lo único que somos. Nuestro individualismo siempre se ha visto matizado por una serie de valores comunitarios, que son el pegamento que mantiene unida a cualquier sociedad. Valoramos la familia y las obligaciones intergeneracionales que conlleva. Valoramos nuestra comunidad y esa buena vecindad se expresa a través

*(N. de la t.) Literalmente, *El almanaque del pobre Richard,* un almanaque publicado anualmente por Benjamin Franklin entre 1732 y 1757. Incluía el típico calendario, información sobre el clima, astronomía y astrología habitual en el género, pero se lo recuerda más por los aforismos y proverbios de Franklin, muchos de los cuales perviven en el inglés de Estados Unidos.

de la construcción en común del granero o del voluntario que entrena al equipo de fútbol local. Valoramos el patriotismo y las obligaciones cívicas, poseemos un sentido del deber y nos sacrificamos por nuestra nación. Valoramos la fe en algo mayor que nosotros mismos, se exprese ese algo a través de una religión formal o en preceptos éticos. Y valoramos la constelación de actitudes que expresan el respeto mutuo hacia el otro: honestidad, justicia, humildad, bondad, cortesía y compasión.

En toda sociedad (y en todo individuo) esas dos vetas —la individualista y la comunitaria, la autónoma y la solidaria— están en tensión, y una de las bendiciones de los Estados Unidos es que las circunstancias del nacimiento de nuestra nación nos permitieron negociar la tensión entre estos dos polos mejor que en muchos otros países. No tuvimos que pasar por los violentos trastornos que sufrió Europa para desembarazarse de su pasado feudal. Nuestro paso de una sociedad agrícola a una sociedad industrial resultó fácil por el enorme tamaño de nuestro país, por la abundancia de tierras disponibles y por la presencia de abundantes recursos naturales que permitieron a los nuevos inmigrantes reinventarse continuamente a sí mismos.

Pero es imposible evitar por completo esas tensiones. A veces nuestros valores chocan porque en manos de los hombres, pueden llevarse al extremo o distorsionarse. La confianza en uno mismo y la independencia se pueden transformar en egoísmo y libertinaje, la ambición se puede convertir en avaricia y en un deseo frenético de triunfar a toda costa. Más de una vez en nuestra historia hemos visto cómo el patriotismo derivaba en jingoísmo, xenofobia y en la represión de los disidentes. Hemos visto cómo la fe se calcificaba hasta convertirse en fariseísmo, estrechez de miras y crueldad hacia el prójimo. Incluso el impulso de la caridad puede transformarse en un paternalismo asfixiante y en un no querer reconocerles a los demás la capacidad de valerse por sí mismos.

Cuando esto sucede —cuando se apela a la libertad para defender la decisión de una empresa de verter toxinas en nuestros ríos, o cuando nuestro interés colectivo en construir un nuevo y moderno centro comercial nos lleva a destruir el hogar de alguien—

dependemos de que aquellos valores se compensen el uno al otro para atemperar nuestro juicio y mantener a raya esos excesos.

A veces encontrar el punto de equilibrio es relativamente sencillo. Todos estamos de acuerdo, por ejemplo, en que la sociedad tiene derecho a limitar la libertad individual de una persona cuando ésta amenaza con hacer daño a otros. La Primera Enmienda no da derecho a gritar «¡Fuego!» en un teatro abarrotado; el derecho que se tiene a practicar su religión no autoriza la celebración de sacrificios humanos. De igual modo, todos coincidimos en que hay que limitar el poder del estado para controlar nuestra conducta, aunque el estado actúe por nuestro propio bien. Muy pocos americanos estarían de acuerdo en que el gobierno supervisase lo que comen, no importa cuántas muertes cause la obesidad ni el porcentaje de nuestro gasto de salud que suponga.

Pero lo más habitual es que encontrar el equilibrio adecuado entre nuestros valores opuestos sea difícil. No se producen tensiones porque hayamos tomado un camino equivocado, sino simplemente porque vivimos en un mundo complejo y contradictorio. Yo creo firmemente, por ejemplo, que desde el 11 de septiembre hemos forzado demasiado nuestros principios constitucionales en nombre de la guerra contra el terrorismo. Pero reconozco que incluso el presidente más sabio y el Congreso más prudente tendrían problemas para equilibrar las exigencias de nuestra seguridad colectiva y la necesidad de mantener nuestras libertades civiles. Creo que nuestras políticas económicas prestan muy poca atención al desplazamiento de los trabajadores industriales y a la desaparición de las ciudades industriales. Pero es imposible hacer desaparecer el dilema entre las exigencias de seguridad económica y la competitividad.

Muchas veces, por desgracia, en nuestros debates nacionales ni siquiera llegamos al punto de sopesar esas complicadas alternativas. En lugar de ello o exageramos el punto hasta el cual las políticas que nos disgustan atacan nuestros valores más sagrados o nos hacemos los tontos cuando nuestras políticas favoritas colisionan con valores contrapuestos importantes. A los conservadores, por ejemplo, se les ponen los pelos de punta cuando el gobierno interviene en el mercado o cuestiona su derecho a llevar armas. Sin embargo, a muchos de esos conservadores no les preocupa en lo más mínimo las escuchas del gobierno sin orden judicial o las intromisiones gubernamentales en las prácticas sexuales de cada cual. A su vez, es fácil enojar a los liberales citando los recortes del gobierno a la libertad de prensa o a las libertades reproductivas de la mujer. Pero si conversa con estos mismos liberales sobre los potenciales costos que tendría una reglamentación para un pequeño empresario, a menudo verá que se quedan con los ojos en blanco.

En un país tan diverso como el nuestro siempre habrá discursos apasionados sobre dónde dibujar la frontera de la acción del gobierno. Así es como funciona nuestra democracia. Pero nuestra democracia funcionaría un poco mejor si reconociéramos que todos poseemos valores que son dignos de ser respetados: si los liberales al menos reconocieran que el que pasa su tiempo libre cazando siente lo mismo por su escopeta que lo que ellos sienten por los libros de su biblioteca y si los conservadores reconocieran que la mayoría de las mujeres protegen tan celosamente su derecho a la libertad de reproducción como los evangelistas el suyo a profesar su culto.

Los resultados de ese ejercicio son muy sorprendentes. El año en que los demócratas recuperaron la mayoría en el senado estatal de Illinois, yo impulsé una propuesta de ley que hiciese obligatoria la grabación de los interrogatorios y las confesiones en los casos en que se pedía la pena de muerte. Aunque los hechos afirman claramente que la pena de muerte no contribuye a disminuir la delincuencia, creo que hay algunos crímenes —asesinatos en masa, violación y asesinato de un menor— tan atroces, tan abyectos, que la comunidad tiene derecho a expresar su ultraje imponiendo la pena capital. Por otra parte, en aquellos tiempos los juicios con pena de muerte en Illinois estaban tan llenos de errores, de tácticas policiales cuestionables, de prejuicios raciales y de trucos sucios de los abogados, que trece presos condenados a muerte habían sido exonerados y un gobernador republicano se había visto obligado a instituir una moratoria en todas las ejecuciones.

A pesar de que parecía claro que el sistema de la pena de muerte necesitaba una reforma, pocos creían que esa reforma fuera a salir adelante. Los fiscales del estado y las organizaciones de policías estaban categóricamente en contra, pues creían que las grabaciones serían caras y difíciles de llevar a cabo y les dificultarían cerrar los casos. Algunos de los que estaban a favor de abolir la pena de muerte temían que si ahora apostaban por una reforma, luego tendrían menos posibilidades de conseguir la abolición total. A mis colegas legisladores les asustaba parecer demasiado laxos contra el crimen. Y en el transcurso de su campaña, el gobernador demócrata recién elegido había anunciado que se oponía a la grabación de los interrogatorios.

Lo típico en la política actual hubiera sido que cada bando se atrincherara en sus posiciones, que los opositores a la pena de muerte insistieran en el racismo y en la mala conducta de la policía y que las fuerzas de la ley dieran a entender que mi propuesta de ley mimaba a los criminales. En lugar de eso, durante varias semanas, concertamos reuniones a veces diarias entre fiscales, abogados defensores, organizaciones de policía y opositores a la pena de muerte, manteniendo siempre la negociación, en la medida de lo posible, alejada de los medios.

En lugar de centrarme en las profundas desavenencias que existían entre los que estábamos sentados en aquella mesa, me puse a hablar del valor común que creía que todos compartíamos, opináramos lo que opináramos sobre la pena de muerte, es decir, el principio básico de que ningún inocente debía acabar jamás camino a la pena de la muerte y que nadie culpable de un delito capital debía quedar libre. Cuando los representantes de la policía señalaron defectos concretos en el proyecto de ley que hubieran perjudicado sus investigaciones, la modificamos para corregirlos. Cuando los representantes de la policía ofrecieron grabar sólo las confesiones, nos mantuvimos firmes, señalando que el propósito de la ley era ofrecer al público garantías de que las confesiones se obtenían sin coacción. Al final del proceso, la ley contó con el apoyo de todas las partes implicadas. Fue aprobada unánimemente por el Senado de Illinois y sancionada como ley.

Está claro, por supuesto, que esta forma de hacer política no siempre funciona. A veces los políticos y los grupos de presión fomentan el conflicto porque mejora sus posibilidades de conseguir un objetivo mayor. La mayoría de los activistas contrarios al aborto, por ejemplo, han pedido abiertamente a sus aliados en los cuerpos legislativos que ni siquiera apoyen las medidas de compromiso que hubieran reducido de forma significativa la incidencia del procedimiento conocido como aborto por parto parcial, pues la imagen que el procedimiento evoca en la mente del público les ayuda a ganar seguidores.

Y a veces nuestros prejuicios ideológicos están tan firmemente asentados que nos cuesta trabajo ver lo obvio. Una vez, cuando todavía estaba en el Senado de Illinois, vi cómo un colega republicano se puso histérico por una propuesta para ofrecer desayunos a los alumnos de preescolar. Ese plan, insistía él, aplastaría el espíritu de independencia de los niños. Me vi obligado a decirle que no conocía a muchos niños de cinco años que fueran independientes, pero que los niños que pasaban hambre durante sus años de formación y por ello no podían aprender, solían acabar siendo una carga para el estado.

A pesar de todos mis esfuerzos, la propuesta fue derrotada, lo que por un momento salvó a los preescolares de Illinois de los nocivos efectos de los cereales y la leche (más adelante, se aprobaría otra versión de esa misma ley). Pero el discurso de mi colega legislador nos sirve para subrayar una de las diferencias entre ideología y valores: los valores se aplican fielmente a los hechos que se encuentran ante nosotros, mientras que la ideología invalida los hechos si la ponen en duda.

BUENA PARTE DE la confusión entorno al debate sobre valores procede de que los políticos y el público creen que la política y el gobierno son lo mismo. Decir que un valor es importante no quiere decir que deba someterse a reglamentación ni que haya que crear un nuevo departamento para gestionarlo. Y, al revés, que no se deba o no se pueda legislar sobre algo no quiere decir que ese algo no sea un tema legítimo de ser debatido públicamente.

Yo, por ejemplo, valoro mucho los buenos modales. Siempre que conozco a un niño que habla claramente y me mira a los ojos, que dice «Sí, Señor» y «Gracias» y «Por favor» siento que renace en mí la esperanza por el futuro de este país. No creo que sea el único al que le sucede. No puedo legislar sobre buenos modales, pero sí puedo defenderlos e impulsar su adopción siempre que me dirijo a un grupo de jóvenes.

Lo mismo sucede con el profesionalismo. Nada me alegra más el día que encontrarme con alguien, quien sea, que se enorgullece de su trabajo y que va más allá de su deber —un contable, un plomero, un general de tres estrellas, la persona al otro lado del teléfono a la que parece que de verdad le interesa resolver tu problema. Me parece como si mis encuentros con ese tipo de profesionalismo se estuvieran volviendo más esporádicos últimamente; tengo la sensación de que me paso más tiempo buscando en la tienda a alguien que me ayude o esperando a que aparezca el repartidor. Estoy seguro de que hay más personas que se han dado cuenta de ello. Es algo que nos pone a todos de mal humor y los que estamos en el gobierno, no menos que lo están en el mundo de los negocios, corremos un grave riesgo si ignoramos esa percepción. (Estoy convencido —aunque no tengo estadísticas que lo demuestren— que el sentimiento antiimpuestos, antigobierno y antisindicatos crece cada vez que la gente tiene que hacer cola en una dependencia del gobierno en la que sólo hay una ventanilla abierta mientras que tres o cuatro funcionarios charlan entre ellos a la vista de todos.)

Los progresistas, en particular, parecemos no tener claro este punto, motivo por el cual nos llevamos tantas tundas en las elecciones. Recientemente pronuncié un discurso en la Kaiser Family Foundation después de su publicación de un estudio que demostraba que en los últimos años se había duplicado la cantidad de sexo en televisión. Yo disfruto de HBO tanto como cualquier hijo de vecino y, por lo general, no me importa lo que vean los adultos en la privacidad de sus hogares. En el caso de los niños, creo que son sus padres quienes tienen que vigilar qué ven en televisión, y en mi discurso llegué incluso a sugerir que todos saldríamos ganando si —Dios no lo quiera— los padres simplemente apagaran la TV de vez en cuando y trataran de hablar con sus hijos.

Una vez dicho eso, señalé que no me hacía particularmente feliz ver aparecer cada quince minutos anuncios de medicamentos contra la disfunción eréctil mientras miraba un partido de fútbol americano con mis hijas. Añadí que un programa muy popular dirigido a adolescentes llamado "The Real World", en el cual un grupo de jóvenes sin medio aparente de ganarse la vida se pasan varios meses emborrachándose y dándose baños calientes desnudos con desconocidos no era «el mundo real». Acabé sugiriendo que las empresas de televisión y cable adoptaran mejores criterios y mejor tecnología para ayudar a los padres a controlar lo que entra en sus casas.

Ni que hubiera hablado Cotton Mather. En respuesta a mi discurso, la editorial de un periódico proclamó que no era asunto del gobierno regular la libertad de expresión, a pesar de que yo nunca había abogado por tal regulación. Los periodistas me acusaron de virar cínicamente hacia el centro como preparación para presentarme a una campaña a nivel nacional. Varios de mis seguidores escribieron a mi oficina quejándose de que habían votado por mí para que combatiera las políticas de Bush, no para que me convirtiese en el gruñón del pueblo.

Y, sin embargo, todos los padres que conozco, ya sean liberales o conservadores, se quejan de que la cultura es cada vez más ordinaria, de que se fomenta el materialismo fácil y la gratificación inmediata y de que la sexualidad se ha desligado de la intimidad. Puede que rechacen la censura gubernamental, pero quieren que se reconozcan sus preocupaciones, que se valoren sus experiencias. Cuando, por miedo de parecer censores, nuestros líderes políticos progresistas ni siquiera reconocen la existencia del problema, estos padres empiezan a escuchar a los líderes que sí lo reconocen, líderes que puede que no sean tan sensibles a los límites constitucionales como lo son los progresistas.

Los conservadores, por supuesto, también tienen sus puntos ciegos en lo que se refiere a enfrentarse a los problemas de la cultura actual. Hablemos, por ejemplo, del salario de los ejecutivos.

En 1980 el presidente típico de una compañía cobraba cuarenta y dos veces lo que ganaba el trabajador asalariado típico. En 2005 esa proporción era de 262 a 1. Los medios conservadores, como la página editorial del *Wall Street Journal*, justifican los salarios extravagantes y las opciones sobre acciones como necesarios para atraer a las personas de mayor talento y sugieren que la economía funciona mejor cuando quienes dirigen las empresas americanas están gordos y contentos. Pero la explosión de los salarios de los presidentes no ha llevado a una mejora en su rendimiento. De hecho, algunos de los presidentes mejor pagados en todo el país durante la última década presidieron sus empresas en épocas de marcados descensos de beneficios, pérdidas de valor para el accionista, despidos masivos y provisión insuficiente de fondos en los planes de pensiones de sus trabajadores.

Lo que explica el cambio en el salario de los presidentes de empresa no es ningún imperativo del mercado. Es algo cultural. Mientras los trabajadores experimentan una subida escasa o nula en su poder adquisitivo, muchos de los presidentes de empresas estadounidenses no sienten la menor vergüenza por tomar todo cuanto sus complacientes consejos de administración, escogidos a dedo, les permiten. Los americanos por su parte, ven el daño que esa ética de la avaricia le está haciendo a nuestra vida colectiva. En un estudio reciente situaron la corrupción en el gobierno y la empresa privada y la avaricia y el materialismo como dos de los tres retos morales más importantes a los que se enfrenta la nación («educar a los hijos con los valores correctos» quedó el primero). Es posible que los conservadores tengan razón cuando dicen que el gobierno no debe intentar definir lo que deben cobrar los directivos. Pero los conservadores deberían al menos estar dispuestos a criticar las conductas deshonestas en los consejos de administración de las empresas privadas con la misma fuerza moral, con el mismo ultraje, con el que lanzan sus invectivas contra las letras obscenas de las canciones de rap.

Por supuesto, la tribuna pública tiene sus límites. A veces sólo la ley puede reivindicar nuestros valores, particularmente cuando están en juego los derechos y las oportunidades de las personas menos favorecidas de nuestra sociedad. Así ha sucedido, sin duda, en el esfuerzo por acabar con la discriminación racial. Por importantes que fueran, las exhortaciones morales para cambiar la mente y el corazón de los americanos blancos durante la era de los derechos civiles, lo que acabó por tumbar a Jim Crow y dio paso a una nueva era en las relaciones entre las razas fueron aquellos casos presentados ante la Corte Suprema que culminaron con *Brown vs. Board of Education*, la Ley de Derechos Civiles de 1964 y la Ley de Derecho al Voto de 1965. Durante el debate de estas leyes hubo quienes argumentaron que el gobierno no debía interferir en la sociedad civil y que ninguna ley podría obligar a los blancos a entablar contacto con los negros. Al oír estas razones, el doctor King dijo: «Quizá sea verdad que la ley no pueda hacer que un hombre me ame, pero puede evitar que me linche, y creo que eso también es bastante importante».

A veces necesitamos que se produzca tanto una transformación cultural como una acción del gobierno —un cambio en valores y en políticas— para impulsar el tipo de sociedad que queremos. El estado de las escuelas de los barrios pobres de las ciudades es el caso más obvio. Podemos meter en ellas todo el dinero del mundo y no conseguiremos mejorar el rendimiento de los estudiantes si los padres no se esfuerzan por inculcar en sus hijos los valores del trabajo duro y de la postergación de la gratificación. Pero si como sociedad, nosotros pretendemos que los niños pobres desarrollen su potencial en escuelas destartaladas e inseguras cuyos equipamientos están anticuados y cuyos profesores no han recibido formación en las materias que imparten, estamos mintiéndoles a esos niños y nos estamos mintiendo a nosotros mismos. Estamos traicionando nuestros valores.

Supongo que ese es uno de los motivos por el que soy demócrata: esa idea de que nuestros valores comunitarios, nuestro sentido de la responsabilidad mutua y de la solidaridad social, no debe expresarse solamente en la iglesia, en la mezquita o en la sinagoga; no sólo en los edificios en los que vivimos, en los lugares en los que trabajamos o en el seno de nuestras familias, sino también a través de nuestro gobierno. Como muchos conservadores, creo en el poder de la cultura como herramienta para lograr tanto el éxito individual como la cohesión social, y creo que corremos un grave riesgo si ignoramos los factores culturales. Pero también creo que nuestro gobierno tiene un papel que jugar en dar forma a nuestra cultura para mejor... o para peor.

MUCHAS VECES ME pregunto por qué a los políticos les resulta tan difícil hablar de valores sin parecer calculadores o falsos. Creo que, en parte, se debe a que quienes participamos en la vida pública nos hemos vuelto tan esclavos del guión, y los gestos que los candidatos utilizan para denotar sus valores se han estandarizado hasta tal punto (una parada en una iglesia negra, la excursión a cazar, la visita a un circuito de la NASCAR, la lectura en una clase de kinder) que al público le resulta cada vez más difícil distinguir entre el sentimiento honesto y la técnica escénica política.

Además está el hecho de que parece que la propia práctica de la política moderna carece por completo de valores. La política (y el comentario político) no sólo permite sino que a menudo recompensa una conducta que normalmente consideraríamos escandalosa: inventarse historias, distorsionar lo que otras personas obviamente querían decir, insultarles o cuestionar sus motivos o meterse en su vida personal en busca de información que pueda perjudicarles.

Durante mi campaña en la elección general al Senado de los Estados Unidos, por ejemplo, mi oponente republicano hizo que un joven siguiera todas mis apariciones públicas y las grabara con una cámara. Eso ya se ha vuelto rutinario en muchas campañas, pero fuera porque el joven era demasiado diligente o porque se le había dicho que tratara de provocarme, su seguimiento empezó a convertirse en acoso. De la mañana a la noche, me seguía a todas partes, habitualmente a no más de metro y medio o tres metros. Me grabó bajando en un ascensor. Me grabó saliendo del baño. Me grabó hablando por teléfono con mi esposa y mis hijos.

Al principio traté de razonar con él. Me paré a preguntarle su nombre, le dije que comprendía que tenía un trabajo que hacer y

Exalta la importancia de corregir el sistema anticuado y destartalado de la EDUCACION
Valores
Educacion

le sugerí que mantuviera una distancia suficiente como para permitirme mantener una conversación sin que él la escuchase. Permaneció básicamente mudo ante mis ruegos, sin decirme más que su nombre, Justin. Le sugerí que llamara a su jefe para averiguar si de verdad eso que estaba haciendo es lo que su campaña quería que hiciera. Me dijo que podía llamar yo mismo y me dio el número de teléfono. Tras dos o tres días de esta dinámica, decidí que ya era suficiente. Con Justin pegado a mis talones, entré en la sala de prensa del capitolio estatal y les pedí a algunos de los periodistas que estaban comiendo allí que se reunieran a mi alrededor.

—Hola amigos —les dije—. Quiero presentarles a Justin. Aquí donde lo ven, la campaña de Ryan ha encargado a Justin que me acose vaya a donde vaya.

Mientras explicaba la situación, Justin se quedó allí en pie, sin dejar de grabar. Los periodistas se volvieron hacia él y empezaron a acribillarle a preguntas.

—¿Le sigues también al baño?

—¿Siempre estás tan pegado a él?

Al poco tiempo llegaron equipos de televisión con cámaras que empezaron a grabar cómo Justin me grababa. Como si fuera un prisionero de guerra, lo único que Justin repetía era su nombre, su rango y el número de teléfono del cuartel electoral de su candidato. Para las seis de la tarde, la historia de Justin estaba en la mayoría de los medios locales. La historia acabó repitiéndose por todo el estado durante una semana. Aparecieron caricaturas, editoriales y hasta fue tema en las tertulias deportivas en la radio. Tras varios días de actitud desafiante, mi oponente sucumbió a la presión, le pidió a Justin que grabara desde unos cuantos pasos más atrás y emitió una disculpa oficial. Aun así, el daño a su campaña ya estaba hecho. Puede que la gente no entendiera nuestros puntos de vista enfrentados en Medicare o sobre la situación diplomática en Oriente Medio, pero sabían que la campaña de mi oponente había violado un valor —el de comportarse con corrección— que para ellos era importante.

La brecha entre lo que consideramos una conducta correcta en la vida cotidiana y lo que se necesita hacer para ganar una campaña electoral es sólo uno de los diversos modos en que se ponen a prueba los valores de un político. Hay muy pocas profesiones en las que te veas obligado, todos y cada uno de los días, a sopesar alternativas opuestas, a escoger entre distintos conjuntos de tus electores, entre los intereses de tu estado y los de la nación, entre la lealtad al partido y tu independencia, entre el valor del servicio público y tus obligaciones familiares. Constantemente existe el peligro de que en la cacofonía de voces un político pierda su rumbo moral y acabe gobernado por completo por los vientos de la opinión pública.

Quizá ello explique por qué buscamos en nuestros líderes una cualidad sumamente elusiva: la autenticidad, la capacidad de ser quienes dicen ser, de poseer una sinceridad que vaya más allá de las palabras. Mi amigo Paul Simon, difunto senador de Estados Unidos, tenía esa cualidad. Durante la mayor parte de su carrera dejó atónitos a los expertos consiguiendo el apoyo de gente que estaba en desacuerdo, a veces totalmente en desacuerdo, con sus políticas liberales. Le ayudó que su apariencia inspiraba confianza, pues parecía un doctor de familia con sus gafas y su pajarita y su cara de perrito inofensivo. Pero además la gente percibía que era un hombre que vivía según le dictaban sus valores, que era honesto, que defendía aquello en lo que creía y, quizá lo más importante de todo, que se preocupaba por ellos y por lo que les sucedía.

El último aspecto del carácter de Paul —la empatía— es algo que voy apreciando cada vez más conforme me hago mayor. Está en el corazón mismo de mi código moral y lo que yo considero ser la Regla de Oro: no simplemente una llamada a la simpatía o a la caridad, sino algo más exigente, una invitación a ponerse en el lugar de otro y ver la situación desde su punto de vista.

Como la mayoría de mis valores, la empatía la aprendí de mi madre. A ella le disgustaba cualquier tipo de crueldad, falta de consideración o abuso de poder, sin importarle que se tratase de prejuicios raciales, un matón de patio de escuela o trabajadores mal pagados. Siempre que veía algún indicio de ese tipo de conducta en mí me miraba a los ojos y me preguntaba: «¿Cómo te sentirías tú si te hicieran eso?»

Pero fue en la relación con mi abuelo cuando creo que internalicé por primera vez el verdadero significado de la empatía. El trabajo de mi madre hacía que estuviera muchas veces fuera del país y durante mis años de escuela secundaria, pasé largos períodos de tiempo viviendo con mis abuelos y, sin un padre presente en la casa, mi abuelo tuvo que soportar la peor parte de mi rebeldía adolescente. No siempre era fácil convivir con él. Era una persona cálida pero irascible y, en parte porque no había tenido demasiado éxito en su carrera, se sentía herido con facilidad. A mis dieciséis años nos pasábamos el día discutiendo, habitualmente sobre mi incapacidad de vivir según una serie de reglas que yo consideraba absurdas y arbitrarias: echar gasolina siempre que tomara prestado su auto, por ejemplo, o doblar el cartón de leche antes de tirarlo a la basura.

Con cierto talento para la retórica, además de una certeza absoluta en los méritos de mi punto de vista, descubrí que habitualmente podía ganar esas discusiones, ganarlas en el sentido mezquino de dejar a mi abuelo nervioso, enfadado y diciendo cosas incoherentes. Pero en algún punto, quizá en mi último año de escuela, esas victorias empezaron a parecerme cada vez menos satisfactorias. Empecé a pensar en todo lo que mi abuelo había tenido que luchar a lo largo de su vida y en las decepciones que había sufrido. Empecé a comprender la necesidad que tenía de sentirse respetado en su propia casa. Me di cuenta de que respetar sus reglas me costaría muy poco, y que significaría mucho para él. Y reconocí que a veces tenía razón y que al insistir en salirme siempre con la mía, sin prestar atención a sus sentimientos o necesidades, estaba de algún modo atentando contra mi propia dignidad.

Hay algo extraordinario en un despertar como ese; de una forma u otra es algo por lo que todos tenemos que pasar si queremos madurar. Y, sin embargo, siento que vuelvo una y otra vez a la simple admonición de mi madre —«¿Cómo te sentirías tú si te hicieran eso?»— como guía para mis políticas.

No es una pregunta que nos hagamos muy a menudo. Como país, pareciera que sufrimos de un déficit de empatía. No toleraríamos escuelas que no enseñan, que sufren una falta crónica de fondos, de personal y de motivación, si pensáramos que los niños que van a ellas son como nuestros hijos. Es difícil imaginar que el presidente de una empresa pueda concederse a sí mismo un *bono* multimillonario y a la vez recortar el seguro de salud de sus trabajadores si creyera que en algún sentido eran sus iguales. Y es bastante seguro asumir que los que están en el poder se lo pensarían más y mejor antes de lanzar una guerra si imaginaran en el frente a sus propios hijos e hijas.

Creo que una mayor empatía cambiaría el equilibrio de la política actual a favor de aquellos que sufren para salir adelante en esta sociedad. Después de todo, si son como nosotros, entonces su lucha es la nuestra, sus sufrimientos son nuestros sufrimientos. Si no les ayudamos, atentamos contra nuestra propia dignidad.

Pero eso no quiere decir que los que sufren para salir adelante —o quienes decimos hablar en su nombre— no tengan a su vez que intentar comprender la perspectiva de aquellos a los que les va mejor. Los líderes negros tienen que hacerse cargo de los legítimos miedos que hacen que algunos blancos se resistan a la discriminación positiva. Los representantes de los sindicatos no pueden darse el lujo de no comprender las presiones a las que la competitividad está sometiendo a sus empleadores. Yo estoy obligado a intentar ver el mundo desde el punto de vista de George Bush, sin importar lo muy en desacuerdo que esté con él. Eso es lo que hace la empatía: todos tenemos que trabajar para lograrla, los conservadores y los liberales, los que tienen poder y los que no, los oprimidos y el opresor. Evita que nos volvamos complacientes. Nos obliga a ir más allá de nuestro limitado punto de vista. Nadie está exento de la llamada a encontrar un terreno común.

Es cierto, sin embargo, que al final del día, la comprensión mutua no basta. Después de todo, las palabras se las lleva el viento; como cualquier valor, la empatía tiene que plasmarse en acciones. Cuando yo era organizador comunitario en los años ochenta solía retar a los líderes de los barrios preguntándoles en qué invertían su tiempo, energía y dinero. Esa es la verdadera prueba de qué cosas valoramos, les decía, no lo que nos guste decirnos a nosotros mismos. Si no estamos dispuestos a pagar un precio por nuestros valores, si no estamos dispuestos a realizar algunos sacrificios para hacerlos realidad, quizá debamos plantearnos si realmente creemos en ellos.

Según estos estándares, al menos, parece que los americanos de hoy lo que más valoran es ser ricos, delgados, jóvenes, famosos, estar seguros y que les entretengan. Decimos que valoramos el legado que vamos a dejarle a la próxima generación, sin embargo cargamos a esa generación con montañas de deudas. Decimos que creemos en la igualdad de oportunidades pero permanecemos sin hacer nada mientras millones de niños americanos malviven en la pobreza. Insistimos en que valoramos la familia, pero luego estructuramos nuestra economía y organizamos nuestras vidas de forma que con cada día que pasa le dedicamos menos tiempo.

Pero hay una parte de nosotros que sabe lo que es correcto. Nos aferramos a nuestros valores incluso si a veces parecen empañados y gastados; incluso si como nación y en nuestras propias vidas los hemos traicionado más veces de las que quisiéramos recordar. ¿Qué más nos puede guiar? Esos valores son nuestra herencia, lo que nos hace ser lo que somos como pueblo. Y aunque reconozcamos que pueden desafiarse, que pueden ser golpeados y zarandeados y demolidos o puestos patas arriba por los intelectuales y los críticos culturales, se han demostrado sorprendentemente duraderos y constantes a través de las clases sociales, razas, credos y generaciones. Podemos reclamar cosas en su nombre, siempre que entendamos que nuestros valores deben medirse contra los hechos y la experiencia, siempre que recordemos que exigen hechos y no sólo palabras.

Hacer otra cosa sería renunciar a lo mejor de nosotros.

Capítulo Tres

Nuestra Constitución

HAY UN DICHO al que los senadores recurren a menudo para describir su primer año en el Capitolio: «Es como beber de una manguera de bomberos.»

La descripción es afortunada, porque durante mis primeros meses en el Senado me pareció que todo sucedía a la vez. Tuve que contratar personal y abrir oficinas en Washington y en Illinois. Tuve que negociar los nombramientos a los comités y ponerme al día en los asuntos pendientes ante ellos. Tenía trabajo atrasado con diez mil cartas de mis electores que se habían acumulado desde el día de las elecciones y con las trescientas invitaciones a pronunciar conferencias que llegaban cada semana. En bloques de media hora, me llevaban y traían de la Sala del Senado a las salas de los comités, de allí a vestíbulos de hoteles y de allí a emisoras de radio. Dependía por completo de una serie de empleados recién contratados que tenían veintitantos o treinta y pico años para mantener mi calendario, entregarme el informe adecuado, recordarme con quién iba a reunirme o conducirme al baño más cercano.

Luego, por las noches, venía la adaptación a vivir solo. Michelle y yo habíamos decidido mantener a la familia en Chicago, en parte porque nos gustaba la idea de que las niñas crecieran fuera del invernadero que era Washington, pero también porque así Michelle tenía todo un círculo de personas que la apoyaban —su madre, hermano, demás familia y amigos— y que podían ayudarle a sobrellevar las largas ausencias que mi trabajo implicaría. Así que para las tres noches a la semana que pasaba en Washington alquilé un pequeño apartamento de una sola habitación cerca de la Facultad de Derecho de Georgetown, en un bloque de apartamentos situado entre el Capitolio y el centro de la ciudad.

Al principio traté de alegrarme por mi recuperada soledad y me obligué a recordar los placeres de la soltería —recoger comida para llevar en todos los restaurantes del barrio, mirar partidos de baloncesto o leer hasta altas horas de la noche, ir al gimnasio para levantar pesas un rato a medianoche, dejar los platos en el fregadero y no hacer la cama. Pero no me sirvió de nada; tras trece años de matrimonio descubrí que estaba totalmente domesticado, ablandado y desvalido. Mi primera mañana en Washington me di cuenta de que me había olvidado de comprar una cortina para la ducha y me tuve que duchar pegado a la pared para no inundar el suelo del baño. La noche siguiente me quedé despierto a ver un partido tomándome una cerveza, me quedé dormido durante el descanso y me desperté en el sofá dos horas después con tortícolis. La comida para llevar ya no me sabía tan bien; el silencio me fastidiaba. Llamaba constantemente a casa sólo para escuchar las voces de mis hijas, ansiando el calor de sus abrazos y el dulce olor de su piel.

—¡Hola, dulzura!

—¡Hola Papá!

—¿Qué hay de nuevo por allí?

—¿Desde la última vez que llamaste?

—Sí.

—Nada. ¿Quieres hablar con Mamá?

Había un puñado de senadores que también tenían familias jóvenes y siempre que nos veíamos comparábamos nuestras experiencias sobre las ventajas y las desventajas de mudarse a Washington, así como lo difícil que era proteger el tiempo dedicado a la familia del celo del propio equipo político. Pero la mayoría de mis nuevos colegas eran bastante mayores que yo —la edad promedio era sesenta años— y, por tanto, cuando pasaba por sus despachos, sus consejos se solían centrar en los asuntos del

Senado. Me explicaron las ventajas de los diferentes comités y el carácter de los diversos presidentes de comité. Me sugirieron formas de organizar a mis empleados, con quién hablar si necesitaba más espacio de oficina y cómo gestionar las peticiones de mis electores. Encontré útiles la mayoría de los consejos, aunque algunos fueron contradictorios. Pero al menos con los demócratas mis reuniones acababan siempre con la misma recomendación: tan pronto como pudiera, me decían, tenía que concertar una reunión con el senador Byrd, no sólo por una cuestión de cortesía senatorial, sino también porque la posición veterana del senador Byrd en el Comité de Apropiaciones y su puesto en el Senado le conferían una influencia considerable.

A sus ochenta y siete años, el senador Robert C. Byrd no era sólo el decano del Senado, sino que prácticamente se había convertido en su encarnación, un fragmento de historia viva. Criado por su tíos en las duras ciudades mineras de West Virginia, poseía un talento natural que le permitía recitar de memoria largos fragmentos de poesía y tocar el violín con una destreza impresionante. Como no tenía medios de conseguir dinero para matricularse en la universidad, trabajó como cortador de carne, como vendedor de verduras y como soldador de barcos de guerra durante la Segunda Guerra Mundial. Cuando regresó a West Virginia después de la guerra, consiguió ganar un puesto en la legislatura estatal y fue elegido al Congreso en 1952.

En 1958 dio el salto al Senado y durante los cuarenta y siete años siguientes ocupó prácticamente todos los cargos existentes —incluyendo el de líder de la mayoría durante seis años y otros seis como líder de la minoría. Durante todo ese tiempo mantuvo el impulso populista que le llevaba a buscar beneficios tangibles para los hombres y mujeres de su estado: cobertura de salud para las enfermedades pulmonares producidas en las minas de carbón y protección sindical para los mineros; carreteras, edificios y proyectos de electrificación para las comunidades pobres. Consiguió su título de licenciado en Derecho asistiendo —a lo largo de diez años— a clases nocturnas mientras servía en el Congreso, y su dominio de las reglas del Senado era legendario. Con el tiempo escribió una historia del Senado en cuatro tomos que reflejaba no sólo erudición y disciplina sino también el amor sin par que sentía por la institución a la que había dedicado su vida. De hecho, se decía que la pasión que el senador Byrd sentía por el Senado sólo era superada por la ternura que sentía por su esposa enferma de sesenta y ocho años (que por desgracia falleció más adelante), y quizá por la reverencia que le tenía a la Consitución, de la cual siempre llevaba una copia de bolsillo que sacaba y agitaba a veces en medio de los debates.

Ya había dejado un mensaje en el despacho del senador Byrd pidiéndole una reunión cuando tuve la oportunidad de verlo en persona por primera vez. Fue el día de nuestra jura del cargo. Estábamos en la Antigua Cámara del Senado, un lugar oscuro y recargado, dominado por una enorme águila parecida a una gárgola que, encaramada sobre un toldo rojo sangre oscuro, despliega sus alas sobre la silla de la presidencia. El sombrío escenario encajaba bien con la ocasión, pues se trataba de una reunión del Caucus Demócrata para reorganizarse después de las difíciles elecciones que acababan de pasar y de la pérdida de su líder. Después de que se nombrase al nuevo equipo de dirección, el líder de la minoría, Harry Reid, le preguntó al senador Byrd si quería decir algunas palabras. Lentamente, el veterano senador se levantó de su silla, un hombre delgado que conservaba todavía una espesa melena blanca, unos acuosos ojos azules y una nariz afilada y prominente. Durante unos instantes permaneció en silencio, sosteniéndose con su bastón, con la cabeza vuelta hacia arriba y los ojos fijos en el techo. Luego empezó a hablar en un tono sombrío y mesurado que me recordó a los apalaches igual que me los recuerda un pequeño nudo en la madera en una superficie pulida y barnizada.

No recuerdo los detalles de su discurso, pero sí los temas que trató, que descendieron por las gradas de la Antigua Cámara del Senado con ritmo shakespeariano, cogiendo cada vez más fuerza. Habló del mecanismo de relojería que era nuestra Constitución y de cómo el Senado representaba la esencia de las promesas que hacía esa carta; la peligrosa erosión que, año tras año, el ejecutivo venía haciendo de la valiosa independencia del Senado; la necesidad de que todo senador releyera nuestros documentos fundacionales, para que así pudiera respetar fielmente el significado de la República. Mientras hablaba, su voz fue cobrando fuerza, gesticulaba con su dedo en el aire; pareció como si la oscura sala se cerrase sobre él confiriéndole la apariencia de un espectro, un espíritu del pasado del Senado, como si sus casi cincuenta años en esas cámaras se remontasen hasta entrar en contacto con los cincuenta anteriores e incluso cincuenta más y cincuenta más, hasta el momento en que Jefferson, Adams y Madison recorrían las salas del Capitolio y la ciudad entera no era más que campo y tierras de cultivo y pantanos.

Unos tiempos en que ni yo ni los que tienen mi aspecto podrían haber tenido un puesto dentro de esas paredes.

Oyendo hablar al senador Byrd sentí con plena fuerza todas las contradicciones esenciales que suponía que yo estuviera en ese lugar, con sus bustos de mármol, sus antiguas tradiciones, sus recuerdos y sus fantasmas. Medité sobre el hecho que, según su propia biografía, el senador Byrd había probado el liderazgo por primera vez cuando tenía veintipocos años como miembro del Ku Klux Klan del condado de Raleigh, una asociación de la que hacía tiempo había renegado, un error que atribuyó —sin duda correctamente— al tiempo y al lugar en el que había sido criado, pero que continuó emergiendo una y otra vez a lo largo de toda su carrera. Pensé en cómo se había unido a otros gigantes del Senado, como J. William Fulbright de Arkansas y Richard Russell de Georgia, en la resistencia sureña contra la legislación de los derechos civiles. Me pregunté si eso les importaba a los liberales que ahora idolatraban al senador Byrd por su resoluta oposición a la resolución para la guerra de Irak, si le importaba a la gente de MoveOn.org, herederos de la contracultura política que el senador se había pasando buena parte de su carrera despreciando.

Me pregunté si debía importarme a mí. La vida del senador Byrd —como la mayor parte de nuestras vidas— ha consistido en el enfrentamiento de impulsos opuestos, en un maridaje de luz y oscuridad. Y en ese sentido comprendí que en efecto era un símbolo perfecto para el Senado, cuyas reglas y diseño reflejan el gran compromiso que está a la base de la fundación de los Estados Unidos: la negociación entre los estados del Norte y del Sur; el papel del Senado como guardián contra las pasiones del momento, como defensor de los derechos de las minorías y de la soberanía estatal, pero también como una herramienta para proteger a los ricos de la masa y garantizar a los propietarios de esclavos que nadie se entrometiera en su peculiar institución. Grabado en la misma fibra del senado, en su código genético, estaba la misma disputa entre el poder y los principios que había caracterizado a los Estados Unidos como un todo, una expresión perdurable de aquel gran debate entre unos pocos hombres brillantes e imperfectos que concluyó con una forma de gobierno de un genio sin igual, pero que apartaba la mirada para no ver el látigo y las cadenas.

El discurso terminó; mis colegas senadores aplaudieron y felicitaron al senador Byrd por su magnífica capacidad oratoria. Yo fui a presentarme y me dio la mano con calidez, diciéndome las muchas ganas que tenía de que nos viéramos. De vuelta a mi despacho, decidí desempaquetar mis viejos libros de derecho constitucional esa noche y releer el mismísimo documento. El senador Byrd tenía razón: para comprender lo que estaba pasando en Washington en 2005, para comprender mi nuevo trabajo y para comprender al senador Byrd, necesitaba ir al inicio, a los primeros debates de este país y a sus documentos fundacionales, para descubrir cómo se habían desarrollado a lo largo del tiempo y así poder emitir juicios a la luz de la historia posterior.

Si le pregunta a mi hija de ocho años qué hago para ganarme la vida, quizá diga que hago leyes. Sin embargo, una de las cosas más sorprendentes de Washington es la cantidad de tiempo que pasamos discutiendo no sobre cómo debería ser la ley, sino sobre como es la ley. El estatuto más simple —la exigencia, por decir algo, de que las empresas garanticen una pausa para ir al baño a sus trabajadores por horas— puede ser objeto de interpretaciones radicalmente distintas según si hablas con el congresista que impulsó la moción, el empleado que la redactó, el director de departamento que tiene la misión de hacer que se cumpla, el abogado a cuyo cliente le molesta o el juez al que se puede recurrir para que se aplique.

Parte de esta ambigüedad es deliberada y resulta de la compleja maquinaria de equilibrio de poderes. El reparto del poder entre sus diversas ramas y entre los gobiernos estatales y federal, conlleva a que ninguna ley sea jamás definitiva ni a que ninguna batalla termine jamás del todo. Siempre existe la oportunidad de fortalecer o debilitar aquello que parece ya estar hecho, de aguar una regulación o de bloquear su aplicación, de reducir el poder de una agencia cortándole el presupuesto o de hacerse con el control de algún aspecto que haya quedado sin cubrir.

En parte así son las leyes por naturaleza. Por lo general la ley está consolidada y está clara, pero la vida va presentando nuevos problemas y los abogados, los funcionarios públicos y los ciudadanos vuelven a debatir el significado de términos que parecían claros unos años o tan sólo unos meses atrás. Después de todo, las leyes sólo son palabras escritas en una hoja de papel, palabras que a veces son maleables, opacas o dependen del contexto o de la confianza, al igual que las de un cuento, un poema o una promesa, palabras cuyo significado se erosiona, palabras que a veces se desmoronan en un abrir y cerrar de ojos.

Pero las controversias legales que sacudían a Washington en 2005 iban más allá de los problemas habituales de interpretación legal. Planteaban la cuestión de si los que estaban en el poder estaban sujetos a las leyes o no.

Tras el 11 de septiembre, en cuestiones de seguridad nacional, la Casa Blanca se ha negado a responder de sus actos ante el Congreso o los tribunales. Durante las sesiones de confirmación de Condoleezza Rice como Secretaria de Estado se lanzaron ideas sobre todo, desde el alcance de la resolución del Congreso autorizando la guerra en Irak, a la disposición de los miembros del poder ejecutivo a testificar bajo juramento. En el debate que rodeó a la confirmación de Alberto Gonzales, revisé informes redactados por la oficina del fiscal general que sugerían que técnicas como la privación de sueño o la asfixia repetida no constituían tortura mientras no causasen «dolor severo» del tipo que «acompaña al fallo de un órgano, pone en peligro el buen funcionamiento del cuerpo o causa la muerte». Vi también transcripciones que sugerían que la Convención de Ginebra no se aplicaba a los «combatientes enemigos» capturados en una guerra en Afganistán; opiniones en el sentido de que la Cuarta Enmienda no se aplicaba a los ciudadanos estadounidenses declarados «combatientes enemigos» y capturados en territorio estadounidense.

La Casa Blanca no fue la única en adoptar esa actitud. Recuerdo que un día, a principios de marzo, me dirigía hacia la cámara del Senado cuando me detuvo un hombre de pelo oscuro. Me llevó hasta sus padres y me explicó que habían viajado desde Florida como medida desesperada para salvar a una joven —Terri Schiavo— que había entrado en un coma profundo y cuyo marido planeaba desconectarla de la máquina que mantenía sus constantes vitales. Era una historia conmovedora, pero les expliqué que había pocos precedentes de que el Congreso interviniera en casos como ese. Entonces no había comprendido todavía que a Tom DeLay y Bill Frist los precedentes les importaban muy poco.

El alcance del poder presidencial en tiempos de guerra. La ética en torno a la decisión de terminar una vida. No eran cuestiones sencillas. Aun estando en desacuerdo con las políticas republicanas, yo creía que eran temas que merecían un debate serio. Lo que me preocupaba era el procedimiento —o, más bien, la falta de procedimiento— por el cual la Casa Blanca y sus aliados en el Congreso se deshacían de las opiniones que no les gustaban; la sensación de que el gobierno estaba exento de cumplir las reglas y que ya no había estándares ni medios fijos a los que pudiéramos apelar. Era como si los que estaban en el poder hubieran decidido que el *habeas corpus* y la separación de poderes eran sutilezas que no hacían más que estorbar y que complicaban lo que era obvio (la necesidad de detener a los terroristas) o impedían lo que era correcto (la santidad de la vida) y por tanto se podían descartar, o al menos torcerse si se ponía empeño.

La ironía de todo esto, claro, era que ese desprecio por las reglas y esa manipulación del lenguaje para conseguir el resultado deseado era precisamente aquello de lo que los conservadores siempre habían acusado a los liberales. Era uno de los raciocinios tras el Contrato con América de Newt Gingrich, la noción de que los barones demócratas que controlaban la Cámara de Representantes abusaban constantemente de los procedimientos en beneficio propio. Fue la base del procedimiento de *impeachment* contra Bill Clinton, con las infinitas burlas que cayeron sobre la desafortunada frase «todo depende de cual es el significado de la palabra "es"». Fue la base de las andanadas conservadoras contra los académicos liberales, esos sumos sacerdotes de la corrección política que, se decía, se negaban a aceptar que existieran verdades universales o jerarquías en el conocimiento y que adoctrinaban a la juventud americana en un peligroso relativismo moral.

Y estaba en el mismísimo centro del asalto conservador a los tribunales federales.

Hacerse con el control de los tribunales en general y de la Corte Suprema en particular se ha convertido en el Santo Grial para toda una generación de activistas conservadores —y no sólo, decían, porque vieran los tribunales como el último bastión pro aborto, pro discriminación positiva, pro homosexuales, pro criminales, pro reglamentos y pro elitismo liberal anti religioso. Según estos activistas, los jueces liberales se habían situado a sí mismos por encima de la ley y basado sus sentencias no en la Constitución, sino en sus propios caprichos y deseos, afirmando que había derechos al aborto y a la sodomía que no estaban en el texto, subvirtiendo el proceso democrático y pervirtiendo las intenciones originales de los Padres Fundadores. Para que los tribunales volvieran a jugar el papel que les correspondía y no se extralimitasen, había que nombrar «intérpretes literales» para la judicatura federal, hombres y mujeres que comprendieran la diferencia que existía entre interpretar la ley y crear la ley, hombres y mujeres que se atuvieran al significado original de las palabras de los Fundadores. Hombres y mujeres que siguieran las reglas.

La izquierda veía la situación de forma distinta. Con los republicanos conservadores ganando terreno en las elecciones al Congreso al igual que en las presidenciales, muchos liberales veían los tribunales como el único dique que contenía la marea que trataba de recortar los derechos civiles, los derechos de las mujeres, las libertades civiles, la regulación del medio ambiente, la separación entre Iglesia y Estado y todo el legado del New Deal. Durante la nominación del juez Bork, grupos de presión y líderes demócratas organizaron su oposición con una sofisticación como jamás se había visto en una confirmación judicial. Cuando la nominación fue rechazada, los conservadores comprendieron que ellos también tendrían que crear su propio ejército activista.

Desde entonces, cada bando ha conseguido victorias menores (Scalia y Thomas para los conservadores, Ginsburg y Breyer para los liberales) y ha sufrido derrotas (para los conservadores, lo que muchos consideran una evolución hacia el centro de O'Connor, Kennedy y especialmente de Souter; para los liberales, ver cómo se llenaban los tribunales federales de menor rango con jueces nominados por Reagan y Bush I). Los demócratas se alzaron a gritos cuando los republicanos utilizaron su dominio del Comité del Poder Judicial para bloquear sesenta y un jueces nominados por Clinton a puestos en los tribunales de distrito o de apelación, pero durante el breve momento en el que contaron con la mayoría, usaron las mismas tácticas para impedir el acceso de los nominados por George W. Bush.

Pero cuando los demócratas perdieron la mayoría en el Senado en 2002, sólo les quedaba una flecha en el carcaj, una estrategia que se puede resumir en una palabra, el grito de guerra con el que se congregaban los fieles demócratas:

¡*Obstruccionismo!*

La Constitución no menciona el obstruccionismo; es una regla del Senado que se remonta a tiempos del mismísimo primer Congreso. La idea básica es sencilla: puesto que todos los asuntos del Senado avanzan por consentimiento unánime, cualquier senador puede detener los procedimientos ejerciendo su derecho a que el debate continúe indefinidamente y negándose a pasar al siguiente punto del orden del día. En otras palabras, puede hablar sin parar. Tanto tiempo como desee. Puede hablar sobre el contenido de la ley que se está tramitando o sobre la moción a votar por la ley pendiente. Puede, si quiere, leer las setecientas páginas enteras de la ley que autoriza el presupuesto de defensa, línea por línea, para que consten en acta, o relacionar algún aspecto de la ley con el auge y la caída del Imperio Romano, el vuelo del colibrí o el listín telefónico de Atlanta. Y mientras él o los colegas que piensan como él estén dispuestos a quedarse en la cámara y hablar, todo lo demás tiene que esperar, cosa que da a cada senador individual una enorme capacidad de negociación y hace que una minoría decidida pueda ejercer un derecho efectivo de veto sobre cualquier ley.

La única forma de poner fin a una maniobra obstruccionista es si tres quintas partes del Senado invocan un procedimiento conocido como clausura, es decir, la finalización del debate. A efectos prácticos, eso quiere decir que todo lo que está pendiente en el Senado —toda ley, resolución o nominación— necesita de hecho el apoyo de sesenta senadores y no de la simple mayoría. Con el tiempo han surgido una serie de complejas reglas que han hecho que tanto el obstruccionismo como las votaciones de clausura se produzcan sin mucha fanfarria: la simple amenaza de obstruccionismo suele bastar para que el líder de la mayoría preste atención y organice un voto de clausura sin que nadie tenga que pasarse la tarde durmiendo en sillones y catres. Pero a lo largo de toda su historia, el Senado ha defendido celosamente la prerrogativa del obstruccionismo. Es una de las características que distinguen —junto con los mandatos de seis años y la existencia de dos senadores por estado, independientemente de la población— al Senado de la Cámara de Representantes y que sirven como cortafuegos ante el peligro de que la mayoría abuse de su posición.

Sin embargo, hay otra historia un poco más turbia del obstruccionismo, una historia que me resulta especialmente relevante. Durante casi un siglo, el obstruccionismo fue el arma que esgrimió el Sur en sus esfuerzos para proteger a Jim Crow de la intervención federal, la barricada legal que en la práctica, ahogó las Décimocuarta y Décimoquinta Enmiendas. Década tras década, caballeros eruditos y corteses como el senador Richard B. Russell de Georgia (cuyo nombre lleva la suite más elegante de las oficinas del Senado) utilizaron el obstruccionismo para ahogar todas y cada una de las propuestas de legislación sobre derechos civiles que llegaron al Senado, fueran leyes por el derecho al voto, leyes por un empleo justo, o leyes para evitar linchamientos. Con palabras, con reglas, con procedimientos y precedentes —con la ley— los senadores del Sur consiguieron perpetuar la subyugación de los negros en el Sur de una forma que la mera violencia no hubiera sido capaz de lograr. El obstruccionismo no sólo acabó con leyes: para muchos negros del Sur, el obstruccionismo acabó con sus esperanzas.

Los demócratas usaron poco el obstruccionismo durante el primer mandato de George Bush: de los más de doscientos nominados judiciales del Presidente sólo diez no llegaron a la votación de aprobación o rechazo. Aun así, los diez eran nominados a tribunales de apelación, los tribunales importantes; los diez marcaban los estándares de la causa conservadora y si los demócratas mantenían su obstrucción a estos diez buenos juristas, razonaban los conservadores, nada impediría que se trataran de salirse con la suya con las futuras nominaciones a la Corte Suprema.

Sucedió que el Presidente Bush, animado por una mayoría republicana más amplia en el Senado y por su autoproclamado mandato, decidió en las primeras semanas de su segundo mandato volver a nominar a siete jueces cuya nominación anterior ya había sido objeto de obstruccionismo. Como si hubiera sido un golpe al ojo de los demócratas, produjo el efecto deseado. El líder demócrata Harry Reid dijo que era «un largo y húmedo beso a la extrema derecha» y amenazó de nuevo con el obstruccionismo. Los grupos de presión de izquierda y derecha corrieron a sus puestos de combate y empezaron a hacer sonar las alarmas a los cuatro vientos, enviando e-mails y cartas implorando a los donantes que les ayudaran a financiar la guerra mediática que se avecinaba. Los republicanos, presintiendo que había llegado el momento de entrar a matar, anunciaron que si los demócratas proseguían con sus tácticas obstruccionistas, no tendrían otro remedio que invocar la temida «opción nuclear», una nueva maniobra procesal que daría poder al funcionario público que presidiera el Senado (posiblemente el mismo vicepresidente Cheney) para ignorar la opinión de cualquier parlamentario del Senado, rompiendo así doscientos años de tradición y precedentes y decidiendo, con un simple golpe de su martillo, que las reglas del Senado ya no permitían el uso del obstruccionismo... al menos en lo que se refería a nombramientos judiciales.

En mi opinión, la amenaza de eliminar el obstruccionismo en los nombramientos judiciales fue sólo un ejemplo más de cómo los republicanos cambian las reglas a mitad del partido. Más aun, se podía argumentar con buena base que era precisamente en las votaciones de las nominaciones judiciales cuando la mayoría cualificada que requería el obstruccionismo tenía más sentido. Después de todo, los jueces federales son nombrados de por vida y a menudo sirven bajo los mandatos de varios presidentes, así que es el deber de un Presidente —y beneficia a nuestra democracia— encontrar nominados moderados que puedan contar hasta cierto punto con el apoyo de ambos partidos. Pocos de los nominados en cuestión podían considerarse «moderados»; más bien mostraban una pauta de hostilidad hacia los derechos civiles, el derecho a la intimidad y los límites del poder ejecutivo, lo que los situaba a la derecha de incluso la mayoría de los jueces republicanos (un nominado particularmente problemático se burló de la Seguridad Social y de otros programas del New Deal llamándolos «el triunfo de nuestra propia revolución socialista»).

Aun así, recuerdo que tuve que contener la risa la primera vez que oí la expresión «opción nuclear». Me pareció que resumía perfectamente la manera en que habíamos perdido la perspectiva en las nominaciones judiciales. Era un paso más en la fiesta mediática que hacía posible que grupos de izquierda emitieran anuncios en los que aparecían escenas del *Caballero sin espada* con Jimmy Stewart, sin mencionar que Strom Thurmond y Jim Eastland habían hecho lo mismo que el protagonista en la vida real; la desvergonzada mitificación que permitía a los republicanos sureños levantarse en la cámara del Senado y perorar sobre la falta de decoro del obstruccionismo sin el menor atisbo de reconocimiento de que fueron políticos de sus estados —sus antepasados políticos directos— quienes perfeccionaron el arte en nombre de una causa malvada.

No muchos de mis colegas demócratas apreciaron esta ironía. Conforme el proceso de confirmación judicial fue calentándose, sostuve una conversación con una amiga en el transcurso de la cual admití cierta preocupación por algunas de las estrategias que estábamos usando para desacreditar y bloquear a los nominados. No tenía la menor duda acerca del daño que podían causar algunos de los jueces nominados por Bush e iba a apoyar el obstruccionismo a algunos de estos jueces aunque sólo fuera pasa enviar el mensaje a la Casa Blanca de que los próximos candidatos debían ser más moderados. Pero las elecciones, después de todo, significan algo, le dije a mi amiga. En lugar de confiar en los procedimientos del Senado había otra forma de asegurarnos de que los jueces escogidos reflejaran nuestros valores, y esa forma era ganando en las urnas.

Mi amiga negó vehementemente con la cabeza:

—¿Crees que si la situación fuera al revés, los republicanos tendrían algún reparo en recurrir al obstruccionismo? —me preguntó.

No lo pensaba. Y sin embargo, dudaba que la manera en la que estábamos usando el obstruccionismo despejaría algún día la imagen de los demócratas como un partido siempre a la defensiva, la sensación de que usábamos los tribunales y los trucos procesales para conseguir nuestros objetivos sin necesidad de ganarnos a la opinión pública. Esa percepción no era del todo justa: los republicanos le habían pedido a los tribunales no menos veces que los demócratas que rechazaran decisiones democráticas (como la ley de financiación de las campañas electorales) que no les gustaban. Sin embargo, me pregunté si llevados por nuestra confianza en que los tribunales no sólo defenderían nuestros derechos sino también nuestros valores, los progresistas no habíamos perdido la fe en la democracia.

Al igual que los conservadores, que parecían haber perdido el sentido de que la democracia debía ser algo más que la voluntad de la mayoría. Pensé en una tarde varios años atrás en la que, siendo miembro de la legislatura de Illinois, argumenté para que una enmienda incluyera una excepción en atención a la salud de la madre en una propuesta de ley republicana para prohibir el aborto por parto parcial. La enmienda fue rechazada en una votación en la que se impuso la disciplina de partido y, poco después, salí al pasillo con uno de mis colegas republicanos. Sin la enmienda, dije, la ley será derogada por los tribunales, que la considerarán inconstitucional. Se volvió hacia mí y me dijo que no importaba qué enmiendas se aprobasen, los jueces harían lo que les diera la gana de todas formas.

—Es una cuestión de política —dijo, volviéndose para marcharse—, y en este momento, somos nosotros quienes tenemos los votos.

¿Importan estas peleas? A muchos las discusiones sobre procedimientos del Senado, separación de poderes, nominaciones judiciales y reglas de interpretación constitucional les parecen bastante esotéricas, distantes de sus preocupaciones cotidianas, sólo otro ejemplo de la contienda partidista.

Pero la verdad es que sí importan. No sólo porque las reglas procedimentales de nuestro gobierno contribuyen a definir los resultados —en todas las cuestiones, desde si el gobierno puede regular las actividades contaminantes hasta si puede pincharle a usted el teléfono—, sino porque son una parte fundamental de nuestra democracia, igual que las elecciones. Nuestro sistema de autogobierno es muy delicado. Es a través de ese sistema, a través de su respeto, que le damos forma a nuestros valores y compromisos comunes.

Sobra decir que no soy objetivo. Antes de ir a Washington, fui profesor de derecho constitucional en la Universidad de Chicago durante diez años. Me encantaba la clase de la facultad de Derecho: su simplicidad, el acto de funambulismo que suponía estar en frente de una sala al principio de cada clase armado sólo de una pizarra y una tiza, con los estudiantes tomándole la medida al profesor, algunos atentos o inquietos, otros que no se molestaban en ocultar su aburrimiento. Y romper la tensión con mi primera pregunta: «¿Sobre qué va este caso?» Ver las manos que se levantan tentativamente, escuchar las primeras respuestas e ir refutando los argumentos que van apareciendo hasta que, poco a poco, se dejaban a un lado las palabras desnudas y lo que antes parecía seco y muerto de repente cobraba vida y los ojos de mis estudiantes se animaban al ver que el texto frente a ellos se convertía no sólo en parte de su pasado sino también en parte de su presente y de su futuro.

En ocasiones imaginaba que mi trabajo no debía ser muy distinto del de los profesores de teología que daban clase en el otro extremo del campus pues, como imagino que les sucedía a los que enseñaban las Escrituras, me encontraba a menudo con que mis estudiantes creían conocer la Constitución pero no la habían leído. Parecían acostumbrados a tomar de ellas frases sueltas que habían oído para reforzar el razonamiento que estaban elaborando y a ignorar los párrafos que parecían contradecir sus opiniones.

Pero lo que más me gustaba de enseñar derecho constitucional, lo que quería que apreciaran mis estudiantes, era lo accesibles que los documentos relevantes seguían siendo dos siglos después. Puede que mis alumnos me usaran como guía, pero no necesitaban ningún intermediario, pues a diferencia del Evangelio de Lucas o las Epístolas a Timoteo, nuestros documentos fundacionales —la Declaración de la Independencia, los Documentos Federalistas y la Constitución— se presentan como producto de hombres. Conocemos las intenciones de los Fundadores, les decía a mis alumnos, conocemos sus debates y las intrigas palaciegas que rodearon la elaboración de estos documentos. Aunque no siempre podemos adivinar lo que sentían, podemos al menos atravesar las brumas del tiempo y tener cierto entendimiento de los ideales básicos que motivaron su trabajo.

Así pues, ¿cómo debemos interpretar nuestra constitución y qué es lo que nos dice sobre las actuales controversias en torno a los tribunales? Para empezar, una lectura cuidadosa de nuestros documentos fundacionales nos permite comprobar hasta qué punto han influido en nosotros. Tomemos, por ejemplo, la idea de derechos inalienables. Más de doscientos años después de que se escribiera la Declaración de la Independencia y se ratificara la Declaración de Derechos, seguimos discutiendo qué se puede considerar un registro «razonable» o si la Segunda Enmienda prohíbe todo tipo de regulación de las armas, o si la profanación de la bandera es o no un acto que deba proteger la libertad de expresión. Debatimos si derechos consuetudinarios tan básicos como el derecho al matrimonio y el derecho a mantener la integridad de nuestro cuerpo están implícitamente, aunque no explícitamente, reconocidos en la Constitución, y si estos derechos alcanzan a decisiones personales como el aborto, la eutanasia o las relaciones homosexuales.

Y aun así, a pesar de todas nuestras diferencias, nos costaría mucho encontrar un conservador o un liberal en los Estados Unidos actuales, sea republicano o demócrata, académico o lego, que no subscriba el conjunto básico de libertades individuales identificadas por los Fundadores y encapsuladas en nuestra Constitución y en nuestro derecho consuetudinario: el derecho a decir lo que pensamos; el derecho a profesar o no nuestra fe y a hacerlo como queramos; el derecho a reunirnos pacíficamente para presentar demandas a nuestro gobierno; el derecho a poseer, comprar y vender nuestras propiedades y a que no nos las arrebaten sin compensación justa; el derecho a no sufrir registros ni detenciones injustificadas; el derecho a no ser detenidos por el estado sin ser puestos bajo la tutela de un juez; el derecho a un juicio justo y rápido, y el derecho a tomar nuestras propias decisiones, con las mínimas restricciones, sobre nuestra vida familiar y la forma en que educamos a nuestros hijos.

Creemos que estos derechos son universales —una codificación del significado de la libertad— que el gobierno, en todos sus niveles, debe someterse a ellos y que se aplican a todas las personas que habiten dentro de las fronteras de nuestra comunidad política. Más aún, reconocemos que el mismo concepto de estos derechos universales supone que todas las personas valen lo mismo. En ese sentido, estemos donde estemos en el espectro político, todos nos subscribimos a las enseñanzas de los Fundadores.

También comprendemos que una declaración no es un gobierno,

que un credo no basta. Los Fundadores comprendieron que la libertad individual llevaba implícita la semilla de la anarquía y que tras la igualdad se agazapaba un embriagador peligro, pues, si todo el mundo es libre de verdad, sin restricciones causadas por nacimiento o clase o orden social heredado —si mi noción de fe ya no es ni mejor ni peor que la suya y mis nociones de lo que es verdad y lo que es bueno o bello son tan ciertas, buenas y bellas como las suyas— entonces ¿cómo evitaremos que se desintegre la sociedad en mil facciones? Los pensadores de la Ilustración, como Hobbes y Locke, creían que los hombres libres formaban gobiernos como una manera de garantizar que la libertad de un hombre no se convirtiera en tiranía para otro; que sacrificaban la soberanía individual total para así preservar su libertad. Y, elaborando sobre ese mismo concepto, los teóricos de la política que escribieron antes de la Revolución Americana concluyeron que sólo una democracia —una forma de gobierno en la que los gobernados dan su consentimiento al gobierno y en la que las leyes que recortan libertades son universales, predecibles y transparentes y afectan por igual a gobierno y gobernados— sería capaz de satisfacer las necesidades tanto de libertad como de orden.

Los Fundadores estaban empapados de estas teorías y, aun así, se enfrentaban a un hecho descorazonador: en la historia del mundo hasta ese momento había muy pocos ejemplos de democracias que funcionasen y ninguna había sido mayor que las ciudades estado de la antigua Grecia. Con trece estados dispersos y una población diversa de tres o cuatro millones de habitantes, era impensable implantar el modelo de democracia ateniense y la democracia directa de las reuniones de vecinos de las ciudades de Nueva Inglaterra no era practicable. Una forma republicana de gobierno, en la que el pueblo elegía representantes, parecía más factible, pero incluso los más optimistas partidarios de la República asumían que un sistema de ese tipo sólo podía funcionar en una comunidad política geográficamente compacta y homogénea, una comunidad en la que una cultura común, una fe común y un sentido muy desarrollado de las virtudes cívicas en cada ciudadano individual ayudasen a limitar los enfrentamientos y las luchas internas.

La solución a la que llegaron los Fundadores, después de un enconado debate y de muchos borradores, terminaría siendo una contribución novedosa al mundo. El esquema de la arquitectura constitucional que diseñó Madison nos resulta tan familiar que hasta los niños de la escuela primaria lo pueden recitar de memoria: no sólo el imperio de la ley y gobierno representativo, no sólo una declaración de derechos, sino también la separación del gobierno nacional en tres ramas de igual importancia, un Congreso bicameral y el concepto del federalismo, que conservaba la autoridad de los gobiernos estatales. Todo esto fue pensado para dispersar el poder, mantener bajo control a las facciones, equilibrar intereses contrapuestos e impedir la tiranía tanto de la minoría como de la mayoría. Más aun, nuestra historia ha confirmado una de las principales premisas de nuestros Fundadores: que el autogobierno republicano puede de hecho funcionar mejor en una sociedad grande y diversa en la que, en palabras de Hamilton, las «discordias entre partidos» y las diferencias de opinión podrían «fomentar la deliberación y la circunspección». Al igual que en nuestra interpretación de la Declaración, también debatimos los detalles de la construcción constitucional: puede que no nos guste cómo el Congreso abusa de los poderes que le da la cláusula de expansión del comercio en detrimento de las competencias de los estados, o que lamentemos la erosión del poder del Congreso para declarar la guerra. Pero confiamos en la solidez fundamental de los planos que nos legaron los Fundadores y en la fortaleza de la casa democrática que hemos construido con ellos. Conservadores o liberales, todos somos constitucionalistas.

Así que si todos creemos en las libertades individuales y en las reglas de la democracia, ¿en qué consiste realmente el debate moderno entre conservadores y liberales? Si somos honestos con nosotros mismos, admitiremos que la mayor parte del tiempo discutimos acerca de los resultados, de las decisiones que los tribunales y los legisladores acaban tomando sobre las cuestiones complicadas que dan forma a nuestras vidas. ¿Debemos dejar que nuestros maestros dirijan a nuestros hijos en oración y dejar abierta la posibilidad de que los cultos minoritarios de algunos niños se vean despreciados? ¿O debemos prohibir tales plegarias y obligar a los padres que profesan una fe a que sus hijos pasen ocho horas al día en un mundo secular? ¿Proceden las universidades de un modo justo al tener en cuenta la historia de discriminación y exclusión racial que tiene este país al reservar cierto número de plazas en sus facultades de Medicina? ¿O exige la justicia que esas universidades traten todas las solicitudes por igual, sin tener en cuenta el color de piel del estudiante? La mayoría de las veces, si una regla procesal en particular —como por ejemplo el derecho al obstruccionismo o la forma en la que la Corte Suprema interpreta la Constitución— nos ayuda a ganar el debate y nos ofrece el resultado que queremos, entonces, al menos por el momento, nos parece que es una regla fantástica. Si no nos ayuda a ganar, no suele gustarnos tanto.

En ese sentido, mi colega de la legislatura de Illinois estaba en lo cierto al decir que los argumentos constitucionales hoy en día no pueden separarse de la política. Pero en el actual debate sobre la Constitución y el papel de los tribunales hay mucho más en juego que tan sólo los resultados. También debatimos cómo debatir, discutimos sobre cómo resolver nuestras disputas pacíficamente en una democracia tan grande, poblada y ruidosa como la nuestra. Queremos salirnos con la nuestra, pero la mayoría también reconocemos que existe una necesidad de consistencia, previsibilidad y coherencia. Queremos que las leyes que gobiernan nuestra democracia sean justas.

Y así, cuando nos echamos los trastos a la cabeza por el aborto o por la quema de banderas, apelamos a una autoridad mayor —los Padres Fundadores y los que ratificaron la Constitución— para que nos guíe. Algunos, como el juez Scalia, concluyen que debemos seguir la interpretación original y que si obedecemos fielmente esa regla, estamos respetando la democracia.

Otros, como el juez Breyer, no quitan importancia al significado original de las cláusulas constitucionales, pero insisten en que el significado original de los textos sólo llega hasta cierto punto, que en los casos verdaderamente difíciles, en los debates realmente importantes, tenemos que tener en cuenta el contexto, la historia y los resultados prácticos que tendrá cada decisión. Según este punto de vista, los Padres Fundadores y los ratificadores originales nos indicaron *cómo* debíamos pensar pero ya no están por aquí para decirnos *qué* pensar. Estamos solos y sólo contamos con nuestra razón y buen juicio para tomar decisiones.

¿Cuál de los dos jueces está en lo cierto? La posición del juez Scalia no me resulta antipática; después de todo, en muchos casos el lenguaje de la Constitución es perfectamente claro y se puede aplicar directamente. No tenemos que interpretar, por ejemplo, cada cuánto hay que celebrar elecciones ni la edad mínima para ser Presidente, y siempre que sea posible los jueces deben ceñirse al significado claro del texto tanto como les sea posible.

Más aun, comprendo la reverencia que sienten por los Fundadores los literalistas estrictos; de hecho, muchas veces me he preguntado si los propios Fundadores se dieron cuenta en su momento de la magnitud de su hazaña. No sólo diseñaron la Constitución en la estela de una revolución, sino que escribieron los Documentos Federalistas para reforzarla, guiaron el texto durante el proceso de ratificación y lo enmendaron con la Declaración de Derechos, todo ello en el transcurso de unos pocos años. Cuando hoy leemos esos documentos nos parecen tan increíblemente acertados que es fácil creer que son producto del derecho natural si no de la inspiración divina. Así pues, comprendo perfectamente la tentación del juez Scalia y de otros de asumir que nuestra democracia debería considerarse como fija e inmutable; la fe fundamentalista en que si nos ceñimos al significado original de la Constitución sin cuestionarlo ni desviarnos de su rumbo y si respetamos las reglas que los Fundadores establecieron, tal y como ellos pretendían, seremos recompensados y lloverán bendiciones sobre nosotros.

Pero al final prefiero la interpretación del juez Breyer de la Constitución cuando afirma que no es un documento estático sino un documento vivo y que debe leerse en el contexto de un mundo cambiante.

¿Cómo podría ser de otra manera? El texto constitucional nos ofrece el principio general de que no debemos sufrir registros injustificados por parte del gobierno. Difícilmente nos puede decir cuál era la opinión concreta de los Fundadores sobre si estaba o no justificada la minería informática que lleva a cabo la Agencia Nacional de Seguridad. El texto constitucional nos dice que se debe proteger la libertad de expresión, pero no nos explica qué significa esa libertad en el contexto de Internet.

Más aún, aunque buena parte del lenguaje de la Constitución es claro y puede aplicarse estrictamente, nuestra comprensión de muchas de sus disposiciones más importantes —como la cláusula del debido proceso o la de igual protección— ha evolucionado con el tiempo. La Décimocuarta Enmienda, por ejemplo, permitía en su origen la discriminación sexual y quizá incluso la segregación racial, una interpretación de la igualdad a la que muy pocos de nosotros deseamos retornar.

Por último, cualquiera que trate de resolver nuestras disputas constitucionales modernas a través de la interpretación literal de la Constitución se enfrenta a otro problema: los propios Fundadores y los ratificadores tenían desacuerdos profundos y álgidas disputas sobre el significado de su obra maestra. Antes de que se secara la tinta en el pergamino constitucional ya habían empezado las discusiones, no sólo sobre disposiciones menores, sino sobre los principios básicos del texto, no sólo entre figuras de menor rango sino entre los grandes líderes de la Revolución. Discutían sobre cuánto poder debía tener el gobierno nacional para regular la economía, para derogar leyes estatales, para formar un ejército permanente o para endeudarse. Discutían sobre qué papel debía jugar el Presidente en la negociación y firma de tratados con las potencias extranjeras y sobre el papel de la Corte Suprema en la definición de la ley. Discutían sobre el significado de los derechos básicos como la libertad de expresión y de reunión, y en varias ocasiones, cuando el frágil estado se vio amenazado, no dudaron en ignorar por completo esos derechos. Dado lo que sabemos de esos enfrentamientos, con los constantes cambios de alianzas y sus ocasionales tácticas rastreras, es poco realista pretender que un juez, doscientos años después, pueda de alguna forma discernir las intenciones originales de los Fundadores o ratificadores.

Algunos historiadores y teóricos de la ley llevan el razonamiento contra la interpretación literal un paso más allá. Concluyen que la Constitución en sí fue en su mayor parte una casualidad afortunada, un documento forjado no como consecuencia de unos principios sino como resultado del poder y la pasión; que jamás podremos descifrar cuáles fueron las «intenciones originales» de los Fundadores porque las intenciones de Jefferson eran muy distintas a las de Hamilton y las de Hamilton muy diferentes a las de Adams; que puesto que las «reglas» de la Constitución estaban atadas al tiempo y al lugar y a las ambiciones de los hombres que la diseñaron, nuestra interpretación de esas reglas necesariamente estará atada a esos mismos factores, a la misma competición descarnada, a los mismos imperativos —disfrazados con frases altisonantes— de las facciones que al final se llevan el triunfo. Y de la misma manera en que reconozco el encanto de la interpretación literal, también veo cierto atractivo a esta desmitificación, a la tentación de creer que el texto constitucional no nos limita en casi nada, de modo que somos libres para afirmar nuestros propios valores sin necesariamente permanecer fieles a las aburridas tradiciones de un lejano pasado. Es la libertad del relativista, del iconoclasta, del adolescente que ha descubierto que sus padres no son perfectos y ha aprendido a enfrentarles el uno al otro. Es la libertad del apóstata.

Y sin embargo, en último término, esa apostasía también me deja insatisfecho. Quizá le tengo demasiado apego al mito de la fundación de este país como para abandonarlo por completo. Quizá, igual que los que rechazan a Darwin en favor del diseño inteligente, prefiero creer que hay alguien que lleva el timón. La pregunta que no dejo de hacerme es por qué, si la Constitución habla sólo de poder y no de principios, si lo único que hacemos es irnos inventando las reglas a medida que avanzamos, nuestra República no sólo ha sobrevivido sino que se ha convertido en el modelo básico sobre el que se han edificado tantas de las sociedades exitosas de este mundo.

La respuesta que me parece más adecuada —que no es de ninguna manera originalmente mía— requiere de una metáfora distinta, una metáfora que no vea nuestra democracia como una casa que construimos sino como una conversación que mantenemos. Según esta concepción, el genio del diseño de Madison no es que nos ofrezca unos planos para la acción, como un arquitecto dibuja los planos sobre los que se construirá una casa, sino que nos brinda un marco y unas reglas. Cierto es que la fidelidad a esas reglas no garantiza automáticamente una sociedad justa ni asegura que nos pongamos de acuerdo en lo que está bien y lo que está mal. No nos dirá si el aborto es bueno o malo, si es una decisión que deba tomar la mujer o el legislador. Tampoco nos dirá si la oración en las escuelas es mejor que la ausencia total de oración.

Lo que el marco de nuestra Constitución sí puede hacer es organizar la forma en la que debatimos sobre nuestro futuro. Toda su elaborada maquinaria —su separación de poderes y sus garantías y contrapesos y sus principios federalistas y su Declaración de Derechos— está diseñada para obligarnos a conversar, para llevarnos a una «democracia deliberativa» en la que todos los ciudadanos contrasten sus ideas contra una realidad exterior, traten de convencer a otros de su punto de vista y creen alianzas que pueden cambiar con el tiempo. Es precisamente porque el poder en nuestro gobierno está tan disperso, que el proceso de hacer una ley en América nos obliga a considerar la posibilidad de que no siempre llevemos razón. Hace que a veces cambiemos de opinión; nos obliga a analizar nuestras motivaciones y nuestros intereses constantemente y sugiere que todos los juicios, tanto individuales como colectivos, son a la vez legítimos y falibles.

La historia apoya este punto de vista. Después de todo, si existía un impulso que compartían todos los Fundadores, era el de rechazar a todas las formas de autoridad absoluta, se tratase de un rey, de un teócrata, de un general, de un oligarca, de un dictador, de la mayoría o de cualquiera que quiera tomar decisiones por nosotros. George Washington no quiso la corona de César por este motivo y abandonó el poder después de dos mandatos. Los planes de Hamilton de dirigir un Nuevo Ejército se derrumbaron y la reputación de Adams tras las leyes de Extranjería y Sedición sufrió por no permanecer fiel a ese impulso. Fue Jefferson, no un juez liberal cualquiera de los sesenta, el que exigió que se levantara un muro entre Iglesia y Estado... y si no hemos seguido el consejo de Jefferson de hacer una revolución cada dos o tres generaciones es sólo porque la propia Constitución se ha demostrado defensa suficiente contra la tiranía.

No sólo era el poder absoluto lo que los Fundadores trataban de prevenir. Implícita en su estructura, en la propia idea de libertad ordenada, existe un rechazo de las verdades absolutas, de la infalibilidad de cualquier ideología o teología o «-ismo», de cualquier consistencia tiránica que pudiera atar a las generaciones futuras en un único e inalterable curso o llevar tanto a las minorías como a las mayorías a las crueldades de la Inquisición, el pogrom, el gulag o la jihad. Puede que los Fundadores creyeran en Dios, pero fieles al espíritu de la Ilustración, creían también en las mentes y los sentidos que Dios les había dado. Sospechaban de la abstracción y les gustaba hacer preguntas, motivo por el cual durante los primeros años de nuestra historia, la teoría cedió ante los hechos y las necesidades del momento. Jefferson ayudó a consolidar el poder del gobierno nacional a pesar de que declaraba deplorar y rechazar tal poder. El ideal de Adams de una política basada solamente en el interés público —una política sin políticos— se demostró imposible en cuanto Washington abandonó la presidencia. Puede que la visión que animó a los Fundadores nos inspire, pero fue su realismo, su sentido práctico, su flexibilidad y su curiosidad, lo que hizo que la Unión sobreviviera.

Confieso que esta lectura de la Constitución y de nuestro proceso democrático es profundamente humilde. Parece abogar por el compromiso, la modestia y el sacar las cosas adelante a trancas y barrancas; parece justificar el amiguismo, los trapicheos, la búsqueda del interés propio, el despilfarrar dinero en partidas presupuestarias, la parálisis y la ineficiencia, todo ese proceso de fabricar las salchichas que nadie quiere ver y que los editorialistas a lo largo de toda la historia han calificado tantas veces de corrupto. Y sin embargo creo que nos equivocamos al asumir que el debate democrático exige que abandonemos nuestros ideales más elevados o que impida que nos comprometamos por el bien común. Después de todo, la Constitución no sólo asegura la libertad de expresión para que podamos gritarnos los unos a los otros tan fuerte como nos plazca haciendo oídos sordos a lo que nos quieran decir los demás (aunque, desde luego, esa parte la tenemos todos clarísima). También nos ofrece la posibilidad de crear un auténtico mercado de ideas, uno en el que las «discordias de los partidos» contribuyan a «fomentar la deliberación y la circunspección»; un mercado en el que, a través del debate y la competición podamos expandir nuestras miras, cambiar de opinión y al final alcanzar no meros acuerdos, sino acuerdos sólidos y justos.

Puede que el sistema constitucional de garantías y contrapesos, la separación de poderes y el federalismo hagan que muchas veces grupos con intereses prefijados maniobren y peleen para conseguir unas mínimas ventajas, pero no tiene por qué ser así. Es también posible que esa misma dispersión del poder obligue a esos grupos a tener en cuenta otros intereses y, de hecho, puede que con el tiempo llegue a cambiar la forma en que esos grupos piensan e interpretan sus propios intereses.

Es posible que este rechazo del absolutismo implícito en nuestra estructura constitucional haga que en ocasiones parezca que nuestra política no tiene principios. Pero durante la mayor parte de nuestra historia ese mismo rechazo ha animado el proceso de recogida de información, análisis y debate que nos permite tomar decisiones que, si no son perfectas, sí son mejores que las que habríamos tomado de otra forma. Decisiones que no sólo versan sobre los medios con los que alcanzamos nuestros fines sino también sobre los fines mismos. Estemos a favor o en contra de la discriminación positiva, o de la oración en las escuelas, por fuerza tenemos que contrastar nuestros ideales, nuestra visión del futuro y nuestros valores contra la realidad de la vida en común, de modo que con el tiempo refinemos, descartemos o reemplazemos esos ideales por otros nuevos, ajustando nuestra visión de futuro y adoptando valores más profundos. De hecho, es ese proceso, según Madison, el que produjo la propia Constitución en una convención en la «que ningún hombre se sintió obligado a mantener su opinión si dejaba de considerarla pertinente o cierta y todos estaban abiertos a la fuerza de los argumentos.»

EN RESUMEN, la Constitución dibuja un mapa que produce el maridaje de la pasión y la razón, del ideal de la libertad individual con las exigencias de la comunidad. Y lo más increíble es que ha funcionado. Funcionó durante los primeros y difíciles tiempos de la Unión, funcionó durante depresiones y guerras mundiales, funcionó durante las múltiples transformaciones de la economía y durante la expansión al Oeste y durante la llegada a nuestras orillas de millones de inmigrantes. Y no sólo funcionó: nuestra democracia no se limitó a sobrevivir, sino que prosperó. La Constitución ha sido puesta a prueba en tiempos de guerra y miedo y sin duda volverá a ser puesta a prueba en el futuro.

Sólo una vez se interrumpió por completo la conversación, y fue debido a la única cosa sobre la que nuestros Fundadores no quisieron hablar.

Es posible que la Declaración de Independencia fuera, en palabras del historiador Joseph Ellis «un momento de transformación en la historia del mundo, en el que todas las leyes y relaciones humanas basadas en la coerción fueron barridas para siempre». Pero ese espíritu de libertad no incluía, en la mente de los Fundadores, a los esclavos que trabajaban en sus campos, les hacían la cama y cuidaban de sus hijos.

La exquisita maquinaria de la Constitución aseguraba los derechos de los ciudadanos, de los considerados miembros de la comunidad política americana. Pero no ofrecía protección alguna a aquellos que quedaban fuera del círculo constitucional: los nativos americanos cuyos tratados se demostraron inválidos en los tribunales de los conquistadores, o Dred Scott, un hombre negro que entró en la Corte Suprema siendo un hombre libre y salió siendo un esclavo.

Puede que el debate democrático hubiera bastado para ampliar la ciudadanía hasta incluir en ella a los hombres blancos que no tenían tierras y con el tiempo hasta a las mujeres; puede que la razón, el diálogo y el pragmatismo americano hubieran suavizado los males del crecimiento económico y ayudado a mitigar las tensiones religiosas y de clase que azotarían a otras naciones. Pero el debate por sí mismo no bastaba para liberar al esclavo ni para redimir a los Estados Unidos de su pecado original. Al final habría de ser la espada la que rompiese sus cadenas.

¿Qué dice esto de nuestra democracia? Hay una escuela de pensamiento que sólo ve a los Padres Fundadores como unos hipócritas y a la Constitución como una traición a los grandes ideales que había enunciado la Declaración de Independencia. Esa escuela de pensamiento coincide con los primeros abolicionistas en afirmar que el Gran Compromiso entre Norte y Sur fue un pacto con el Diablo. Otros, los representantes de una tradición más convencional y menos controvertida, insisten en que todos los compromisos constitucionales sobre la esclavitud —la omisión de las ideas abolicionistas que existían en el borrador original de la Declaración, la Cláusula de Tres Quintos,* la de Esclavos Fugitivos y la de Importación, el silencio sobre la esclavitud que se autoimpuso el vigésimo cuarto Congreso y la misma estructura del federalismo y el Senado— fueron un requisito imprescindible, aunque desafortunado, para formar la Unión; que con su silencio los Fundadores sólo buscaron posponer lo que consideraban que sería la desaparición final de la esclavitud; que ese único fallo no puede empañar la genialidad de la Constitución, que abrió un espacio en el que los abolicionistas pudieron agruparse y continuar su lucha, y creó un marco en el cual, después de terminada la Guerra Civil, se pudieron aprobar la Décimotercera, Décimocuarta y Décimoquinta Enmiendas y con ellas perfeccionar por fin la Unión.

¿Como puedo yo, un americano que tiene sangre africana corriendo por sus venas, escoger bando en esta disputa? No puedo. Amo demasiado a este país, estoy totalmente inmerso en el país en

___

*(N. de la t.) La Cláusula de Tres Quintos fue un compromiso al que se llegó entre los estados del Norte y del Sur durante la convención constitucional de 1787. En ella se declaraba que un esclavo contaría como tres quintos de persona a efectos de contabilidad para la distribución de impuestos y el número de miembros con los que contaría el estado en la Cámara de Representantes. Esta solución fue propuesta por James Wilson.

el que se ha convertido, me identifico tanto con sus instituciones, con su belleza y también con su parte desagradable, que me resulta imposible centrarme sólo en las circunstancias de su nacimiento. Pero no puedo apartar de mí la magnitud de la injusticia cometida, ni borrar los fantasmas de las generaciones pasadas, ni ignorar la herida abierta, el espíritu adolorido que todavía aqueja a este país.

Lo mejor que puedo hacer a la luz de nuestra historia es recordar que no siempre ha sido el pragmatismo, la voz de la razón o la fuerza de los compromisos lo que ha creado las condiciones necesarias para la libertad. Los fríos y duros hechos me recuerdan que fueron idealistas indomables como William Lloyd Garrison los que primero tocaron a rebato en nombre de la justicia; que fueron esclavos y ex esclavos, hombres como Denmark Vesey y Frederick Douglass y mujeres como Harriet Tubman, los primeros en reconocer que el poder no concedería nada sin plantear batalla. Fueron las profecías desaforadas de John Brown, su disposición a verter sangre y no sólo palabras por el futuro que quería, las que obligaron a enfrentar a la cuestión de una nación mitad libre y mitad esclava. Todo ello me recuerda que la deliberación y el orden constitucional puede a veces convertirse en un lujo de los poderosos, y que en ocasiones han sido los excéntricos, los celotes, los profetas, los agitadores y las personas poco razonables —en otras palabras, los absolutistas— los que han luchado por conseguir cambiar las cosas. Sabiendo todo esto, me cuesta ignorar a los que hoy en día exhiben ese mismo grado de certeza —el activista antiaborto que monta un piquete frente al ayuntamiento en el que voy a dar una charla o el activista por los derechos de los animales que asalta un laboratorio— por mucho que esté totalmente en desacuerdo con ellos. Me veo desprovisto hasta de la certeza de la incertidumbre, pues puede que en algunos casos las verdades absolutas sean de verdad absolutas.

QUEDO ENTONCES CON Lincoln, que como ningún otro hombre antes o después que él comprendió que nuestra democracia cumplía una función deliberativa, pero que esa deliberación tenía límites. Le recordamos por sus convicciones firmes y profundas, por su inflexible oposición a la esclavitud y su convencimiento de que una casa dividida no podía mantenerse en pie. Pero su presidencia se guió por un sentido práctico que hoy en día nos dejaría consternados, un sentido práctico que le llevó a plantear diversos tratos al Sur para conservar la Unión y evitar la guerra; que le permitió nombrar y destituir general tras general y probar y descartar sucesivas estrategias una vez hubo estallado la guerra; que le llevó a doblar la Constitución hasta casi romperla para asegurar la victoria militar. Me gusta creer que para Lincoln nunca fue una cuestión de abandonar sus convicciones porque le convenía en un determinado momento. Creo que se trataba más bien de mantener el equilibrio entre dos ideas contradictorias: que debemos hablar y esforzarnos por encontrar un terreno común, precisamente porque todos somos imperfectos y nunca podemos comportarnos como si tuviéramos la certeza de que Dios está de nuestro lado pero que también a veces debemos pasar a la acción de todas formas, como si estuviéramos seguros de acertar, protegidos del error sólo por la providencia.

Esa conciencia de sí mismo, esa humildad, llevó a Lincoln a impulsar sus principios a través del marco de nuestra democracia, a través de discursos y debates, a través de los argumentos razonados que apelan a la mejor parte de nuestra naturaleza. Fue esa misma humildad la que le permitió, una vez que las conversaciones entre el Norte y el Sur se rompieron y la guerra se hizo inevitable, resistir la tentación de demonizar a los padres e hijos que combatieron en el otro bando, o esconder el horror de la guerra, por más justa que fuera. La sangre de los esclavos nos recuerda que nuestro pragmatismo puede ser a veces pura cobardía moral. Lincoln y los que descansan eternamente en Gettysburg nos recuerdan que debemos ser fieles a nuestras verdades personales absolutas sólo si somos conscientes de la posibilidad de tener que pagar un altísimo precio por ello.

TODAS ESTAS MEDITACIONES nocturnas se demostraron irrelevantes en mi decisión inmediata acerca de los nominados por George W. Bush al tribunal de apelación federal. Al final se evitó, o al menos se pospuso, la crisis en el Senado: siete senadores demócratas acordaron no obstruir la confirmación de tres de los cinco controvertidos nominados de Bush y se comprometieron a reservar el obstruccionismo, en el futuro, para «circunstancias extraordinarias». A cambio, siete republicanos aceptaron votar en contra de una «opción nuclear» que acabaría para siempre con el obstruccionismo, también ellos con la salvedad de que podrían cambiar de opinión en «circunstancias extraordinarias». En qué podían consistir esas «circunstancias extraordinarias» nadie lo dijo y tanto los activistas demócratas como los republicanos, que querían pelea, se quejaron amargamente de lo que interpretaron como una capitulación de su bando.

No quise formar parte de lo que acabaría llamándose «la Banda de los Catorce»; dado el perfil de algunos de los jueces implicados, creía difícil que jamás se presentara a confirmación un caso peor y, por tanto, si no era con ellos ¿cuándo se iban a dar esas «circunstancias extraordinarias» que justificarían el obstruccionismo? Aun así no quise afear a mis colegas por sus esfuerzos. Los demócratas implicados tomaron una decisión pragmática. Si no hubieran alcanzado ese trato, probablemente se hubiera aprobado la «opción nuclear».

A nadie complació más el desarrollo de los acontecimientos que al Senador Byrd. El día en que se anunció al pacto, caminó triunfante por los pasillos del Capitolio junto el republicano John Warner, de Virginia, con los miembros más jóvenes de la Banda desfilando detrás de los dos viejos leones.

—¡Hemos salvado a la República! —anunció el senador Byrd a un grupo de periodistas, y yo sonreí para mis adentros, pensando en la visita que por fin habíamos logrado concertar unos meses atrás.

Fue en la guarida del senador Byrd en el primer piso del Capitolio, un lugar escondido entre una serie de pequeñas salas bellamente pintadas donde antiguamente se solían reunir los comités del Senado. Su secretaria me había conducido a su oficina privada, que estaba llena de libros y de lo que parecían manuscritos antiguos y tenía las paredes llenas de fotos y recuerdos de las campañas electorales. El senador Byrd me preguntó si me parecía bien que nos hicieran unas pocas fotografías juntos y nos dimos la mano y sonreímos para el fotógrafo que las tomó. Después de que la secretaria y el fotógrafo se hubieran marchado, nos sentamos en un par de viejas sillas. Le pregunté por su mujer cuya salud, según había oído, no iba a mejor, y sobre algunos de los personajes que aparecían en las fotos. Al final, le pregunté qué consejo me daría como nuevo miembro del Senado.

—Aprende las reglas —dijo—. Y no sólo las reglas, sino también los precedentes. —Señaló una serie de gruesos archivadores tras él, cada uno de ellos identificado con una etiqueta manuscrita—. Muy pocos se molestan en hacerlo hoy en día. Todo corre prisa y los senadores tienen que dedicarse a muchas cosas al mismo tiempo. Pero estas reglas pueden liberar todo el poder del Senado. Son las llaves de las puertas del reino.

Hablamos del pasado del Senado, de los presidentes que había conocido, de las propuestas de ley que había impulsado. Me dijo que me iría bien en el Senado, pero que no debía precipitarme. Muchos senadores de hoy en día, continuó, se obsesionaban con la Casa Blanca sin comprender que en términos del diseño constitucional el Senado era el poder supremo, el corazón y el alma de la República.

—Hoy casi nadie lee la Constitución —dijo el senador Byrd, sacando su ejemplar del bolsillo de su pechera—. Siempre he dicho que este documento y la Sagrada Biblia son todo lo que necesito para guiarme.

Antes de que me marchara, insistió en que su secretaria me trajera un juego de ejemplares de su historia del Senado para dedicármelo. Mientras puso aquellos libros tan bellamente encuadernados sobre la mesa y buscó un bolígrafo, le dije lo extraordinario que me parecía que hubiera hallado tiempo para escribirlos.

—Oh, he tenido mucha suerte —dijo, asintiendo para sí mismo—. Debo dar gracias por muchas cosas. La verdad es que volvería a hacer casi todo lo que hice —de súbito se detuvo y me miró fijamente—. Sólo me arrepiento de una cosa, sabes. La insensatez de la juventud...

Nos quedamos sentados unos instantes, pensando en la enorme distancia de años y experiencias que había entre nosotros.

—Todos nos arrepentimos de algo —dije yo al final—. Sólo podemos pedir que, al final, Dios nos conceda su gracia.

Estudió mi rostro durante un momento y luego asintió con una levísima sonrisa y abrió uno de los libros.

—La gracia de Dios. Sí, desde luego. Déjame que te los dedique —dijo, y utilizando una mano para afirmar la otra, escribió lentamente su nombre sobre el regalo.

Capítulo Cuatro

Política

UNA DE LAS cosas que más me gusta de ser senador es poder hablar ante los electores en reuniones comunitarias. Durante mi primer año en el Senado celebré treinta y nueve reuniones por todo Illinois, en pequeños pueblos rurales como Anna y en barrios prósperos como Naperville, en iglesias negras de la parte sur de Chicago y en una universidad en Rock Island. Lo cierto es que no conllevan mucha pompa. Mi equipo simplemente llama al instituto, iglesia o centro de preparación universitaria local y pregunta si estarían dispuestos a ser la sede del evento. Con una semana de anticipación ponemos anuncios en el periódico local, en los boletines de las iglesias y en las emisoras locales de radio. El día de la reunión me presento media hora antes para poder charlar con los líderes locales y hablar de los temas que preocupan a la comunidad, como por ejemplo una carretera que hay que volver a asfaltar o los planes para una nueva residencia de ancianos. Después de tomarme unas pocas fotos, entramos en la sala donde espera el público. Doy la mano de camino al escenario, en el que no suele haber nada más que un podio, un micrófono, una botella de agua y una bandera americana en un mástil. Y luego, durante aproximadamente una hora, rindo cuentas ante la gente que me envió a Washington.

La asistencia a estas reuniones es muy variada: a algunas sólo acudieron cincuenta personas, a otras hasta dos mil. Pero independientemente de la gente que acuda, me alegra verles allí. Son una muestra representativa de los condados que visitamos: republicanos y demócratas, ancianos y jóvenes, gordos y delgados, conductores de camión, profesores universitarios, amas de casa, veteranos, maestros de escuela, agentes de seguros, contables, secretarias, doctores y trabajadores sociales. En general, es gente educada y atenta, incluso cuando no están de acuerdo conmigo (o entre ellos). Me preguntan sobre recetas médicas, el déficit, los derechos humanos en Myanmar, el etanol, la gripe aviar, la financiación de las escuelas y el programa espacial. A menudo me sorprenden: una joven rubia que vivía en pleno campo me dirigió un apasionado alegato a favor de la intervención en Darfur y, en otra ocasión, un caballero negro mayor de un barrio pobre de la ciudad me interrogó sobre la conservación de la tierra.

Al mirar a la gente reunida ante mí, siento cómo se me levanta el ánimo. En su porte veo que trabajan duro. En la forma en que educan a sus hijos veo esperanza. El tiempo que paso con ellos es como una zambullida en las aguas frescas y cristalinas de un río. Al irme me siento limpio, feliz de la carrera que he escogido.

Al final de la reunión la gente suele acercarse a estrecharme la mano, tomar fotos o darle un empujonsito al hijo que quiere un autógrafo. Me obsequian cosas —artículos, tarjetas de negocios, notas manuscritas, medallones de las fuerzas armadas, pequeños objetos religiosos y talismanes de buena suerte. Y en ocasiones alguien me toma la mano y me dice que tiene muchas esperanzas puestas en mí, pero que teme que Washington me cambie y que acabe siendo como todos los demás que están en el poder.

Por favor, siga siendo como es, me dicen.

Por favor, no nos decepcione.

Es una tradición americana el atribuir los problemas de nuestra política a la mala calidad de nuestros políticos. En ocasiones, este sentimiento se expresa en términos muy explícitos: el presidente es un imbécil o el congresista tal o cual es un vago. A veces la acusación es más general, al estilo de «Todos están comprados por los grupos de interés». La mayoría de los votantes concluye que todo el mundo en Washington se limita a «jugar a la política», queriendo decir con ello que votan o adoptan posiciones contrarias a su conciencia, basadas en las contribuciones que recibe su campaña o en las encuestas o en su lealtad al partido más que en tratar de hacer lo correcto. Muchas veces las críticas más virulentas se reservan para el político del propio bando, para el demócrata que «no cree en nada» o el «republicano sólo de nombre». Todo lo cual lleva a la conclusión de que si queremos que algo cambie en Washington, tenemos que echar de allí a todos los granujas.

Y, sin embargo, año tras año, mantenemos a los granujas donde están. En la Cámara de Representantes el porcentaje de miembros reelegidos se sitúa alrededor del noventa y seis por ciento.

Los científicos especializados en política enumeran una serie de razones para esta conducta de electorado. En el mundo interconectado de hoy es difícil penetrar en la conciencia de un electorado ocupado y distraído. En consecuencia, triunfar en la política viene a ser básicamente una cuestión de simple reconocimiento de nombre, motivo por el cual la mayoría de los congresistas se pasa una cantidad desproporcionada de su tiempo entre elección y elección asegurándose de que su nombre se repita una y otra vez por todas partes, sea impreso en los lazos de los desfiles del cuatro de julio o en el circuito de tertulias políticas de los domingos por la mañana. También hay que tener en cuenta la conocida ventaja que tienen los poseedores del cargo en la captación de fondos, pues los grupos de interés —sean de derecha o de izquierda— tienden a aumentar o reducir sus contribuciones según las posibilidades de éxito del político. Y luego está el papel que juegan las maniobras políticas para aislar a los miembros de la Cámara de Representantes de cualquier desafío relevante: hoy en día, prácticamente todas las circunscripciones electorales del congreso están diseñadas por el partido que está en el gobierno con alarmante precisión para asegurar que residan en ellas una clara mayoría de demócratas o de republicanos. De hecho, no me parece exagerado decir que los votantes ya no eligen a sus representantes, sino que son los representantes quienes eligen a sus votantes.

Sin embargo, hay otro factor importante en juego, un factor que raramente se menciona pero que ayuda a explicar por qué las encuestas reflejan una y otra vez que los votantes odian el Congreso pero quieren a su congresista. Por difícil que resulte creerlo, la mayoría de los políticos son tipos muy simpáticos.

Ciertamente eso es cierto en lo que se refiere a mis colegas del Senado. Tomados individualmente, son una compañía excelente. Me costaría mucho nombrar a alguien que cuente mejor anécdotas que Ted Kennedy o Trent Lott, o que sea más agudo que Kent Conrad o Richard Shelby, o que sea más cálido que Debbie Stabenow o Mel Martinez. Por regla general son gente inteligente, considerada y trabajadora, gente dispuesta a dedicar sus largas jornadas de trabajo y toda su atención a los temas que afectan a sus estados. Sí, no cabe negarlo, hay algunos que sí ejemplifican el estereotipo, que hablan sin parar o maltratan a sus colaboradores. Cuanto más tiempo paso en la sala del Senado más fácil se me hace identificar en cada senador los defectos que todos tenemos en mayor o menor grado. No es difícil encontrar en algunos un poco de mal humor o una tozudez inflexible o descubrir en otros una exagerada vanidad. En general, no obstante, no creo que la presencia de estos defectos entre los senadores sea mayor de la que encontraríamos en cualquier porcentaje de la población general. Hasta aquellos de mis colegas con los que no he estado de acuerdo son personas realmente sinceras que desean hacer las cosas bien y mejorar al país, que desean representar a sus electores y sus valores tan fielmente como las circunstancias les permitan.

Entonces, ¿cómo se convirtieron estos hombres y mujeres en los personajes lúgubres, intransigentes, falsos y en ocasiones malvados que pueblan la edición nocturna de los noticieros? ¿Por qué el proceso impidió que estas personas razonables y concienzudas se dedicaran a los asuntos del gobierno de la nación? Cuanto más tiempo pasaba en Washington, más me estudiaban el rostro mis amigos en busca de cambios, más me tanteaban para ver si me había vuelto pomposo, más buscaban en mí indicios de que me hubiera vuelto más agresivo o más cauteloso de lo que era antes. Empecé a examinarme a mí mismo en busca de esas mismas cosas. Empecé a ver que tenía ciertas características en común con mis nuevos colegas y me pregunté qué podría hacer para evitar convertirme en el típico político que aparecía en los telefilmes baratos.

UN MODO DE empezar mi investigación era comprender la naturaleza de la ambición, pues al menos en este sentido, los senadores son especiales. Poca gente acaba siendo senador de Estados Unidos por casualidad. Como mínimo, hace falta cierta megalomanía. Hay que tener fe en que de todas las personas capaces de tu estado, tú estás de algún modo especialmente cualificado para hablar en nombre de todos; una fe lo bastante fuerte como para estar dispuesto a soportar el proceso a veces enaltecedor y a veces terrible, pero siempre un poco ridículo que llamamos campaña electoral.

Más aún, la sola ambición no es suficiente. Sea cual sea el manojo de motivos, tanto sagrados como profanos, que nos empujan a convertirnos en senadores, los que tienen éxito deben exhibir una resolución obsesiva, muchas veces ignorando su propia salud, sus parientes, su equilibrio mental y su dignidad. Después de que terminara la campaña de mis primarias, recuerdo que miré al calendario y me di cuenta de que durante un año y medio me había tomado exactamente siete días libres. El resto del tiempo había trabajado entre doce y dieciséis horas al día. No es algo de lo que esté particularmente orgulloso. Como Michelle me señalaba varias veces a la semana durante la campaña, simplemente no era normal.

Ni la ambición ni la determinación, sin embargo, bastan para explicar la conducta de los políticos. Los acompaña otra emoción, quizá más penetrante y ciertamente más destructiva, una emoción que, cuando remite el vértigo que sientes al anunciar oficialmente tu candidatura, te aferra rápidamente y no te abandona hasta después del día de las elecciones. Esa emoción es el miedo. No sólo miedo a perder —aunque eso ya es de por sí bastante malo— sino miedo a la humillación total y absoluta.

Todavía me hierve la sangre, por ejemplo, al pensar en la única vez en que he perdido en política: la paliza que me dio en 2000

Bobby Rush, el congresista demócrata al que aspiraba a arrebatar el puesto en el Senado. Fue una campaña electoral en la que todo lo que podía ir mal, fue mal, en la que mis propios errores se vieron aumentados por la tragedia y la farsa. Dos semanas después de anunciar mi candidatura, con unos pocos miles de dólares recaudados, encargué mi primera encuesta y descubrí que el señor Rush tenía un reconocimiento de nombre de aproximadamente el noventa por ciento, mientras que el mío era de sólo un once por ciento. El nivel de aprobación de su gestión oscilaba alrededor del setenta por ciento. El mío era de ocho. Así fue como aprendí una de las reglas capitales de la política moderna: haz las encuestas antes de anunciar oficialmente tu candidatura.

Desde ahí todo me fue mal. En octubre, de camino a una reunión para conseguir el apoyo de uno de los pocos cargos del partido que no se había comprometido ya con mi rival, oí en un boletín de noticias que el hijo adulto del congresista Rush había sido asesinado a tiros frente a su casa por un par de traficantes de droga. Me sentí conmocionado y triste por el congresista y suspendí mi campaña durante un mes.

Durante las vacaciones de Navidad, después de haber viajado a Hawai para una corta visita de cinco días a mi abuela y para reconectarme con Michelle y Malia, que entonces tenía dieciocho meses, se convocó una sesión especial de la legislatura estatal para votar una ley sobre el de control de armas. Con Malia enferma e incapaz de volar en avión, me perdí la votación y la propuesta de ley fracasó. Dos días después, salía del vuelo matutino en el aeropuerto O'Hare, con un bebé llorando a cuestas y con Michelle sin dirigirme la palabra para encontrarme con un artículo en la portada del *Chicago Tribune* que decía que la ley sobre el control de armas había sido derrotada por unos pocos votos y que el senador estatal y candidato al Congreso Obama «había decidido permanecer de vacaciones» en Hawai. Me llamó mi director de campaña y me mencionó el anuncio que el congresista podría emitir en breve: palmeras, un hombre en una hamaca en la playa con un sombrero de paja y sorbiendo un mai tai, una melodía tocada con una guitarra tradicional hawaiana sonando de fondo, y una voz diciendo

«Mientras Chicago sufría el índice de asesinatos más alto de su historia, Barack Obama...»

Le hice parar. Ya había entendido la idea.

Y así, cuando todavía no habíamos llegado ni a la mitad de la campaña, supe que iba a perder. Desde ese momento, cada mañana me levantaba con una vaga sensación de terror, sabiendo que tendría que pasarme el día sonriendo y estrechando manos y fingiendo que todo estaba yendo según lo previsto. Unas pocas semanas antes de las primarias, mi campaña se recuperó un poco: salí bien en los debates —que poca gente vio—, recibí un poco de cobertura positiva de los medios para mis propuestas sobre salud y educación, e incluso conseguí el apoyo oficial del *Tribune*. Pero fue muy poco y demasiado tarde. Llegué a mi fiesta de la victoria sólo para enterarme de que ya se tenían los resultados de las elecciones y que había perdido por treinta y un puntos porcentuales.

No quiero dar a entender que los políticos seamos los únicos que sufrimos ese tipo de decepción. Lo que sucede es que a diferencia de la mayoría de la gente, que se puede permitir el lujo de lamerse las heridas en privado, las derrotas del político siempre suceden a la vista de todos. Está el alegre discurso de concesión que tienes que pronunciar frente a una sala medio vacía, la cara valiente que tienes que mantener mientras consuelas a tu equipo y a tus partidarios, las llamadas de agradecimiento a aquellos que te han ayudado, y las incómodas llamadas para pedir más ayuda para cubrir las deudas pendientes de campaña. Haces todas esas tareas lo mejor que puedes y, sin embargo, por mucho que te esfuerces en decirte a ti mismo lo contrario —no importa lo convincentemente que puedas atribuir tu derrota a que no era el momento adecuado o a la mala suerte o a la falta de dinero— es imposible no sentir hasta cierto punto que has sido personalmente repudiado por la comunidad entera, que no tienes lo que se necesita, y que no importa a donde vayas, la palabra «perdedor» cruzará la mente de quienes encuentras en tu camino. Se trata de una mezcla de sentimientos que la mayoría de la gente no ha experimentado desde la secundaria, cuando la chica tras la que ibas te rechazaba burlándose de ti delante de sus amigas, o cuando fallabas dos tiros libres que podían haber dado la victoria en aquel partido tan importante. Se trata del tipo de sentimientos que la gran mayoría de adultos sensatos se las arregla para evitar.

Imagine entonces el impacto de estas mismas emociones en el político importante que (a diferencia de mí), casi nunca ha fracasado en nada en su vida, que era el *quarterback* de su equipo de fútbol americano o el número uno de su promoción y cuyo padre era un senador o un almirante, y al que le han dicho desde niño que estaba destinado a hacer grandes cosas. Recuerdo haber hablado en una ocasión con un ejecutivo de una empresa que había sido uno de los mayores partidarios del Vicepresidente Al Gore durante las elecciones presidenciales de 2000. Estábamos en su inevitablemente lujosa oficina con vistas a todo Manhattan y me empezó a contar una reunión que había tenido lugar seis meses después de las elecciones, cuando Gore buscaba inversores para su entonces naciente aventura televisiva.

—Fue extraño —me dijo el ejecutivo—. Allí estaba él, un ex vicepresidente, un hombre que sólo unos pocos meses antes había estado a punto de convertirse en el hombre más poderoso del planeta. Durante la campaña, me ponía al teléfono siempre que llamaba, reorganizaba mi agenda siempre que quería que nos viésemos. Pero de repente, después de las elecciones, cuando entró por esa puerta, no pude evitar la sensación de que la reunión era una lata. Odio decirlo, porque la verdad es que me cae bien. Pero de alguna forma ya no era Al Gore, ex vicepresidente. Era sólo uno de los cientos de tipos que acuden a mí en busca de dinero. Me hizo comprender lo alto que es el precipicio al que se asoman ustedes.

Un precipicio muy alto, una caída muy rápida. Durante los últimos cinco años, Al Gore ha demostrado las satisfacciones y la influencia que puede brindar la vida después de dedicarse a la política, y tengo la sensación de que ese ejecutivo debe estar volviéndose a poner al teléfono siempre que llama el ex vicepresidente. Sin embargo, justo después de su derrota en 2000, imagino que Gore debió notar el cambio en su amigo. Sentado allí, tratando de vender su proyecto televisivo, tratando de sacar lo mejor de una situación que no era buena, debió pensar en lo ridículo que era el predicamento en el que se hallaba; como después de toda una vida de duro trabajo lo podía haber perdido todo por culpa de unas papeletas con perforaciones de mariposa mal alineadas, mientras que su amigo el ejecutivo, sentado al otro lado de la mesa con una sonrisa condescendiente, podía permitirse el lujo de ser el segundo en su negocio año tras año, quizá de ver cómo las acciones de su empresa se derrumbaban y, a pesar de todo, seguir siendo considerado por todos como un hombre exitoso, disfrutar todavía del orgullo del trabajo bien hecho, de un salario generoso y del ejercicio del poder. No era justo, pero eso no cambiaba nada para el ex vicepresidente. Como la mayoría de hombres y mujeres que eligen el camino de la vida pública, Gore sabía a lo que se metía desde el instante mismo en el que decidió presentarse. Puede que la política dé segundas oportunidades, pero en política no hay premio por quedar segundo.

LA MAYORÍA DE los demás pecados de los políticos derivan de este pecado principal: la necesidad de ganar, pero también la necesidad de no perder. Sin duda eso es lo que anima la persecución del dinero. Hubo un tiempo, antes de que existieran las leyes de financiación de las campañas y los periodistas entrometidos, en el que el dinero decidía la política a través del soborno directo; un tiempo en que un político podía manejar su fondo de campaña como si fuera su cuenta bancaria personal y aceptar viajes pagados a sitios de moda; un tiempo en el que era habitual que quienes buscaban influencia la consiguiesen pagando grandes sumas y en el que la legislación se adaptaba a los intereses del mejor postor. Si las últimas noticias están en lo cierto, estas formas tan rancias de corrupción todavía no han desaparecido por completo; al parecer todavía queda gente en Washington que ve la política como un medio para enriquecerse y que, aunque en general no son tan idiotas como aceptar bolsas llenas de billetes pequeños, sí que están dispuestos a cuidar de sus donantes e ir haciéndose un nidito hasta que llegue el momento de pasarse al lucrativo sector privado y empezar a cabildear a favor de aquellos que antes regularon.

Pero esa no es la forma habitual en la que el dinero ejerce su influencia en la política. Muy pocos cabilderos formulan un *quid pro quo* expreso a los cargos públicos. No hace falta. Su influencia llega de forma natural, simplemente porque tienen más acceso a esos cargos públicos que el votante medio, disponen de mejor información que el votante medio e insisten más en lo que se refiere a impulsar una obscura cláusula en los impuestos que puede suponer miles de millones de ahorro para sus clientes y que no le importa a nadie más.

Por lo que a la mayoría de los políticos se refiere, el dinero no les interesa para hacerse ricos. En el Senado, al menos, la mayoría de los miembros ya son ricos. El dinero, en cambio, interesa para mantener el estatus y el poder; interesa para asustar a los que quieren tomar su puesto, y para combatir el miedo. El dinero no puede garantizar la victoria, no puede comprar la pasión, el carisma o la capacidad de contar una anécdota, pero sin dinero, y sin los anuncios televisivos que se comen todo el dinero, la derrota está prácticamente garantizada.

La cantidad de dinero necesaria es casi sobrecogedora, particularmente en las campañas de los estados grandes que tienen múltiples mercados mediáticos. Mientras estuve en la legislatura estatal, jamás me hizo falta gastar más de cien mil dólares en una campaña. De hecho, me gané la reputación de ser un poco intransigente en lo que se refiere a recaudar fondos, ya que fui coautor de la primera legislación sobre finanzas de las campañas electorales que se aprobaba en veinticinco años y rechacé comidas con cabilderos y cheques procedentes de intereses asociados al tabaco o al juego. Cuando decidí presentarme al Senado de los Estados Unidos, mi consultor de medios, David Axelrod, hizo que me sentase con él y empezó a explicarme la verdad de la vida. Nuestro plan de campaña se basaba en un presupuesto muy ajustado, en conseguir apoyo financiero de las bases y en «espacios ganados en los medios», es decir, en nuestra habilidad para generar noticias que tuvieran cobertura gratuita. Aun así, David me informó que una semana de anuncios en el mercado mediático de Chicago costaría aproximadamente medio millón de dólares. Cubrir el resto del estado durante una semana costaría unos doscientos cincuenta mil dólares. Contando con cuatro semanas de televisión y todos los gastos de estructura y personal para una campaña estatal, el presupuesto final para las primarias sería de unos cinco millones de dólares. Asumiendo que ganase las primarias, necesitaría entonces recaudar otros diez o quince millones para las elecciones generales.

Aquella noche me fui a casa y en unas columnas muy ordenadas empecé a escribir el nombre de todas las personas que sabía que podrían contribuir a mi campaña. Junto a sus nombres, escribí la cantidad máxima que me sentiría cómodo pidiéndoles.

El resultado sumó 500.000 dólares.

Si no se posee una gran fortuna personal, básicamente sólo hay una manera de recaudar el dinero necesario para una carrera electoral al Senado: hay que pedírselo a los ricos. Durante los primeros tres meses de mi campaña me encerré en una habitación con mi asistente encargado de la recaudación de fondos y telefoneé a puerta fría a anteriores donantes demócratas. No fue fácil. A veces la gente me colgaba. Lo más habitual era que su secretaria tomara el mensaje, no me devolvieran la llamada y tuviera que llamar dos o tres veces más hasta que lo dejaba por imposible o la persona llamada por fin se ponía al teléfono y tenía la gentileza de decirme que no personalmente. Empecé a desarrollar complejas pautas de huida durante las horas que debía dedicar a las llamadas —frecuentes pausas para ir al baño, largos descansos para el café o sugerencias a mi equipo dedicado a asuntos políticos de que afináramos ese discurso sobre educación por tercera o cuarta vez. Algunas veces, durante estas sesiones, pensaba en mi abuelo, que cuando llegó a la mediana edad se puso a vender seguros de vida aunque no se le daba nada bien. Recordé su angustia cuando intentaba conseguir citas con gente que prefería tener dolor de muelas a hablar con un agente de seguros, así como las miradas de censura que le lanzaba mi abuela, que durante la mayor parte de su matrimonio ganó más dinero que él.

Comprendí mejor que nunca cómo se debió sentir mi abuelo.

Al finalizar los tres meses nuestra campaña sólo había recaudado 250.000 dólares, muy por debajo del umbral necesario para que nos consideraran una candidatura viable. Para empeorar más las cosas, mi campaña se enfrentaba con lo que la mayoría de los políticos consideran su peor pesadilla: un candidato capaz de autofinanciarse y con los bolsillos llenos. Se llamaba Blair Hull y había vendido su empresa de transacciones financieras a Goldman Sachs unos pocos años antes por 531 millones de dólares. Sin duda sentía un deseo sincero, aunque difuso, de servir al pueblo y por lo que se decía era un hombre brillante. Pero en la carretera exhibía una timidez casi dolorosa, con esa conducta extraña y reservada que tienen los que se han pasado la mayor parte de sus vidas solos frente a una computadora. Sospecho que, como mucha gente, imaginó que ser político —a diferencia de ser médico o piloto de avión o plomero— no requería de ninguna experiencia previa en nada útil y que un empresario como él podía hacerlo tan bien, y quizá mejor, que cualquiera de los políticos profesionales que veía en televisión. De hecho, el señor Hull consideraba que su talento con los números era una ventaja valiosísima. En cierto punto de la campaña le explicó a un reportero la fórmula matemática que había desarrollado para ganar campañas electorales, un algoritmo que empezaba así:

Probabilidad = $1/(1 + \exp(-1 \times (-3,9659056 +$
(Peso de las elecciones generales $\times 1,92380219) \ldots$

y terminaba varios indescifrables factores después.

Todo ello hacía fácil descartar al señor Hull como rival, hasta que una mañana de abril o mayo, mientras iba de camino a la oficina por la carretera de circunvalación de la urbanización en la que vivía, me encontré con fila tras fila de grandes carteles rojos, blancos y azules clavados en los jardines de toda la manzana. BLAIR HULL AL SENADO DE ESTADOS UNIDOS decían los carteles y durante los siguientes ocho kilómetros los vi en todas las carreteras y calles importantes, en todas direcciones y hasta en el último rincón, pegados en los escaparates de las barberías o en edificios abandonados, frente a paradas de autobús y tras los mostradores de las tiendas de comestibles. Había carteles de Hull por todas partes, poblando el paisaje como margaritas en primavera.

Hay un dicho en la política de Illinois que afirma que «los car-

teles no votan», es decir, que no se puede determinar cómo acabará una carrera electoral por el número de carteles de cada candidato. Pero en Illinois nadie había puesto en toda una campaña
electoral tantos carteles y vallas publicitarias como el señor Hull
había puesto en un solo día, ni tampoco nadie había visto hasta
entonces la eficiencia con la que sus equipos de trabajadores pagados arrancaron los carteles de todos los demás y los reemplazaron
por carteles de Hull en el lapso de una sola tarde. Empezamos a
leer que ciertos líderes de barrio en la comunidad negra habían decidido de súbito que el señor Hull era un gran apoyo para los barrios pobres, que ciertos líderes del sur del estado cantaban las
maravillas del señor Hull por su apoyo a las granjas familiares. Y
entonces llegaron los anuncios de televisión, que estuvieron emi-
tiéndose seis meses por todas partes hasta el mismo día de las elecciones, en todas las cadenas del estado y a todas horas —Blair
Hull con ancianos, Blair Hull con niños, Blair Hull listo para arrebatar Washington a los grupos de intereses especiales... Hacia
enero de 2004 el señor Hull encabezaba las encuestas y mis partidarios empezaron a inundarme de llamados, insistiéndome en que
hiciera algo, diciéndome que tenía que salir en televisión inmediatamente o que todo estaba perdido.

¿Y qué podía hacer yo? Les expliqué que, a diferencia del señor
Hull, yo prácticamente acumulaba más deudas que fortuna. En el
mejor de los casos mi campaña tendría dinero para sólo cuatro semanas de anuncios en televisión y, teniendo en cuenta eso, no
tenía sentido que nos gastáramos todo el presupuesto de la campaña en agosto. Tienen que ser pacientes, les dije a mis partidarios. No pierdan la confianza. Que no cunda el pánico. Luego
colgué el teléfono, miré por la ventana y por causalidad alcancé a
ver la caravana en la que Hull viajaba por todo el estado, grande
como un crucero y, según se decía, igual de bien equipada, y empecé a preguntarme si después de todo no sería ya el momento de
que cundiera el pánico.

En muchos sentidos, tuve más suerte que la mayoría de los candidatos que se han visto en las mismas. Por las razones que fuera,
en algún momento mi campaña empezó a generar ese misterioso y

elusivo tipo de impulso, de entusiasmo; se puso de moda entre los donantes ricos defender mi causa, y pequeños donantes de todo el estado empezaron a enviar cheques por Internet a un ritmo que jamás hubiéramos creído posible. Irónicamente, mi condición de candidato con menos posibilidades me protegió de algunos de los mayores peligros de la recaudación de fondos: la mayoría de los Comités de Acción Política (CAP) de las empresas me ignoraron y, por tanto, no les debía nada; los pocos CAP que sí donaron algo de dinero, como la Liga de Votantes para la Protección del Medio Ambiente, representaban causas en las que yo creía y por las que llevaba tiempo luchando. El señor Hull acabó gastando seis veces más dinero que yo. Hay que darle el crédito —aunque quizá se arrepienta— de que jamás emitió un anuncio negativo sobre mí. En las encuestas conseguí no descolgarme y en las semanas finales de la campaña, cuando mis propios anuncios de televisión empezaron a emitirse y mis números empezaron a aumentar, su campaña se desmoronó cuando se hicieron públicas alegaciones de que había tenido algunos roces desagradables con una ex esposa.

Así que, al menos para mí, la falta de dinero o de apoyo empresarial significativo no supuso un impedimento para la victoria. Aun así, no puedo asumir que la búsqueda de dinero no me haya cambiado de cierta manera. Ciertamente me hizo perder la vergüenza que en otro tiempo sentí al pedirle a desconocidos grandes sumas de dinero. Hacia el final de la campaña, eliminé las bromas y la charla trivial que acompañaban a mis solicitudes. Iba directo al grano y trataba de no aceptar un no como respuesta.

Pero me preocupa que hubiera otro cambio en marcha. Cada vez pasaba más tiempo con gente pudiente —socios de bufetes de abogados y banqueros, directores de fondos de inversión y gestores de capital-riesgo. En general era gente inteligente e interesante, que dominaba las cuestiones de política pública, de tendencia política liberal y que a cambio de sus cheques no esperaban nada distinto a que escuchara sus opiniones. Pero reflejaban, casi uniformemente, la perspectiva de su clase social: el 1 por ciento más o menos de la escala de ingresos que puede permitirse hacerle un cheque de 2.000 dólares a un candidato político. Creían en el mercado libre y en la meritocracia en la educación; les costaba imaginar que hubiera algún problema social que no pudiera remediar una buena nota en el SAT, el examen de acceso a las universidades americanas. El proteccionismo les agotaba la paciencia, creían que los sindicatos eran molestos y no guardaban especial simpatía hacia aquellos cuyas vidas zarandeaban los movimientos globales de capital. La mayoría defendía firmemente el derecho a escoger de la mujer, estaba en contra de las armas y recelaba del sentimiento religioso.

Y aunque mi visión del mundo y la suya coincidían en muchos aspectos —después de todo yo había asistido a las mismas escuelas, leído los mismos libros y me preocupaba por mis hijos de la misma manera— me sorprendí a mí mismo evitando ciertos temas durante mis conversaciones con ellos, suavizando nuestras posibles diferencias, anticipándome a sus expectativas. En los temas básicos me mostraba muy franco, no me dolían prendas en decirle a partidarios adinerados que las bajas de impuestos que les había dado George Bush tenían que anularse. Siempre que podía trataba de compartir con ellos la perspectiva que me llegaba desde otros sectores del electorado: el papel legítimo de la fe en la política, por decir algo, o la profunda importancia cultural de las armas en algunas zonas rurales del estado.

Aun así, creo que a consecuencia de mi recaudación de fondos me hice más parecido a los donantes ricos que conocí, en el sentido muy particular de que pasé cada vez más y más tiempo lejos de la brecha, lejos del mundo del hambre, el desengaño, el miedo, la irracionalidad y las frecuentes penurias en el que vivía el otro 99 por ciento de la población, es decir, la razón por la cual yo había entrado en política. Y, de un modo u otro, creo que les sucede lo mismo a todos los senadores: cuanto más tiempo llevas siendo senador, más reducido es el ámbito de tus relaciones. Puede que luches contra ello con reuniones comunitarias y giras para escuchar a tus electores y paradas en tu viejo vecindario. Pero tu agenda dicta que te muevas en una órbita distinta a aquella de la mayoría de la gente a la que representas.

Y quizá, cuando se acercan las siguientes elecciones, una voz en tu interior te dice que no quieres volver a pasar por toda la miseria de recaudar dinero en pequeñas cantidades otra vez. Te das cuenta de que ya no tienes el cachet que tenías cuando eras el recién llegado, la cara desconocida. No has cambiado Washington y has defraudado a mucha gente en algunas votaciones difíciles. El camino más fácil —el de las fiestas para recaudar fondos organizadas por los intereses especiales, CAP corporativos y cabilderos más importantes— empieza a parecer diabólicamente tentador, y si sus opiniones no se ajustan demasiado a las que solías defender, aprendes a racionalizar los cambios y decir que son producto del realismo, del pacto, del aprender los trucos del oficio. Los problemas de la gente normal, las voces de las ciudades cuyas industrias cierran o del cada vez más despoblado campo, empiezan a parecer un eco lejano más que una realidad palpable, abstracciones a gestionar de algún modo más que batallas en las que luchar.

OTRAS FUERZAS ACTÚAN sobre un senador. Por importante que el dinero sea en las campañas, no es sólo el recaudar fondos lo que lleva a un candidato a la victoria. Si de verdad quiere ganar en política —si no quiere perder— entonces las organizaciones pueden ser prácticamente tan importantes como el dinero, particularmente en las primarias, que tienen poca participación y que, en el mundo del mapa político injustamente dibujado y de los electorados divididos, a menudo resultan ser las elecciones más significativas a las que se tiene que enfrentar cualquier candidato. Poca gente hoy en día tiene el tiempo o las ganas de participar voluntariamente en una campaña política, particularmente porque el trabajo diario de una campaña suele consistir en lamer sobres y llamar a puertas, no en redactar discursos ni en debatir sobre grandes ideas. Por ende, si eres un candidato que necesita trabajadores para la campaña o listas de votantes, vas a donde la gente ya está organizada de antemano. Para los demócratas, eso suele ser los sindicatos, los grupos de ecologistas y los grupos pro derecho a escoger de la mujer. Para los republicanos, quiere decir la derecha religiosa, la cámara local de comercio, la Asociación Nacional del Rifle (ANR) o las organizaciones anti impuestos.

Nunca me he sentido del todo cómodo con el término «intereses especiales», que junta bajo mismo apelativo a ExxonMobil y a los albañiles, al *lobby* farmacéutico y a los padres de niños con necesidades especiales. La mayoría de los científicos políticos probablemente no estarían de acuerdo conmigo, pero para mí no es lo mismo un grupo de presión empresarial cuya fuerza se basa exclusivamente en el dinero, que un grupo de individuos que sostienen las mismas ideas —ya sean trabajadores textiles, aficionados a las armas, veteranos o familias de granjeros— y que se unen para defender sus intereses. Creo que no son lo mismo aquellos que usan su poder económico para magnificar su influencia política mucho más allá de lo que justificaría su número, que aquellos que simplemente tratan de unir la fuerza de sus votos para conseguir convencer a sus representantes. Los primeros atacan la idea misma de democracia. Los segundos son su esencia.

Aun así, el impacto que tienen los grupos de interés en los candidatos no es siempre agradable. Para mantener a sus socios activos, para que las donaciones no dejen de fluir y para hacerse oír por encima del ruido, los grupos que tienen peso en la política no buscan promover el interés general. No buscan apoyar al candidato más sensato, mejor cualificado o de mayor amplitud de miras. Se centran sólo en cuestiones muy concretas: sus pensiones, sus subvenciones agrarias, su causa. Dicho simplemente, tienen una misión que cumplir. Y quieren que usted, el funcionario público electo, les ayude a cumplirla.

Durante mi campaña de primarias, por ejemplo, debí rellenar al menos cincuenta cuestionarios. Ninguno de ellos fue sutil. Solían constar de diez o doce preguntas, redactadas más o menos con este estilo: «Si resulta elegido, ¿se compromete solemnemente a derogar la Ley Scrooge, que ha hecho que echen a viudas y huérfanos a la calle?»

El tiempo del que disponía dictó que rellenara sólo aquellos cuestionarios enviados por organizaciones que podrían llegar a apoyarme (dado mi historial de votaciones, la ANR y la Asociación Nacional por el Derecho a la Vida, por ejemplo, no pasaron el corte), así que lo normal es que pudiera contestar que «sí» a la mayoría de las preguntas sin demasiado apuro. Pero a cada tanto llegaba alguna pregunta que me daba qué pensar. Puede que estuviera de acuerdo con un sindicato en la necesidad de hacer que nuestras leyes de comercio incorporaran cláusulas laborales y de protección del medio ambiente, pero ¿creía que debía derogarse el NAFTA? Podía estar de acuerdo en que la cobertura de salud universal debía ser una de las principales prioridades de la nación, pero ¿se seguía de ello que el mejor modo de conseguir ese objetivo fuera una enmienda constitucional? Me vi a mí mismo matizando en esas preguntas, escribiendo en los márgenes del cuestionario, explicando las dificultades de las opciones políticas que implicaba la cuestión. Mi equipo me miraba y sacudía la cabeza. Falla en una pregunta, me decían, y el apoyo oficial, los trabajadores y la lista de correo irán al otro tipo. Aciértalas todas, pensaba yo, y te habrás encerrado tú sólo en las pautas de combate partidista que habías prometido contribuir a erradicar.

Di una cosa durante la campaña y haz otra cuando estés en el cargo y eres el típico político con dos caras.

Perdí algunos apoyos por no ir por la respuesta correcta. Un par de veces algún grupo nos sorprendió y nos dio su apoyo a pesar de haber fallado una pregunta.

Y había ocasiones en las que no importaba cómo rellenara el cuestionario. Además del señor Hull, mi más formidable enemigo en las primarias demócratas al Senado de los Estados Unidos era el interventor del estado de Illinois, Dan Hynes, un buen hombre y un funcionario público capaz cuyo padre, Tom Hynes, había sido presidente del senado estatal, asesor del condado de Cook, miembro del comité de su distrito electoral, miembro del Comité Nacional Demócrata y una de las figuras políticas con más contactos en todo el estado. Incluso antes de entrar en campaña, Dan ya había conseguido el apoyo de 85 de los 102 presidentes de condado demócratas del estado, de la mayoría de mis colegas en la legislatura estatal y de Mike Madigan, que tenía el cargo tanto de Portavoz de la Cámara como de presidente del Partido Demócrata de Illinois. Ir bajando por la lista de apoyos que aparecía en la página web de Dan era como ver los créditos al final de una película: te ibas antes de que acabasen.

A pesar de todo, mantenía las esperanzas de conseguir unos pocos apoyos, sobre todo por parte de los sindicatos. Durante siete años había sido su aliado en la legislatura estatal, había impulsado muchas leyes que les eran favorables y había defendido su caso. Sabía que tradicionalmente la AFL-CIO apoyaba a aquellos que tenían un sólido historial de votos a su favor. Pero cuando la campaña se puso en marcha, empezaron a pasar cosas raras. Los camioneros celebraron la reunión para decidir a quién apoyarían en Chicago un día que yo tenía que estar en Springfield para una votación. Se negaron a cambiar la fecha y el señor Hynes se llevó su apoyo sin que ni siquiera hablasen conmigo. Mientras asistíamos a una fiesta de un sindicato en la Feria del Estado de Illinois nos dijeron que no se permitiría ningún tipo de propaganda de campaña; cuando mi equipo y yo llegamos, descubrimos que la sala estaba forrada de carteles de Hynes. La tarde en que la AFL-CIO decidía su apoyo me di cuenta de que algunos de mis amigos sindicalistas bajaron la mirada cuando yo entré en la sala. Un tipo mayor que dirigía una de las asociaciones locales más grandes del estado se acercó a mí y me dio unos golpecitos en la espalda.

—No es nada personal, Barack —dijo con una sonrisa compungida—. Entiéndelo, hace cincuenta años que conozco a Tom Hynes. Crecimos en el mismo barrio. Pertenecíamos a la misma parroquia. Diantre, yo a Danny lo vi crecer.

Le dije que lo comprendía.

—Quizá podrías presentarte al puesto de Danny cuando él se vaya al Senado. ¿Qué te parece? Serías un interventor fantástico.

Me fui hacia mi equipo y les dije que no íbamos a conseguir el apoyo de la AFL-CIO.

Al final las cosas acabaron por mejorar. Los líderes de algunos de los sindicatos más importantes del sector de servicios —la Federación de Profesores de Illinois, SEIU, AFSCME y UNITE HERE, que representaban a trabajadores textiles, de hotelería y alimentación— rompieron filas y decidieron apoyarme a mí y no a Hynes, un gesto que se demostró fundamental para dar a mi campaña una apariencia de viabilidad. Fue un gesto muy arriesgado por su parte. Si yo hubiera perdido, puede que esos sindicatos hubieran pagado un precio muy alto en capacidad de influencia, apoyo y credibilidad frente a sus miembros.

Así que estoy en deuda con esos sindicatos. Cuando me llaman sus líderes, trato de devolverles la llamada en cuanto puedo. No considero que esto sea corrupción de ningún tipo; no me molesta sentirme en deuda con los enfermeros a domicilio que limpian bacinillas cada día por poco más del salario mínimo, ni con los profesores de algunas de las escuelas más difíciles del país, muchos de los cuales tienen que rascarse sus propios bolsillos al inicio de cada año escolar para comprar rotuladores y libros para sus estudiantes. Me metí en política para luchar por esta gente y me gusta que haya un sindicato que me recuerde sus luchas.

Pero también comprendo que vendrán tiempos en que estas obligaciones entrarán en conflicto con otras: la obligación hacia los niños de los barrios pobres de la ciudad que no saben leer, por ejemplo, o las obligaciones hacia los niños que aún no han nacido a los que estamos cargando con enormes deudas. Ya se han producido algunas tensiones. He propuesto, por ejemplo, experimentar con la idea de un pago según méritos a los profesores y he llamado a aumentar los niveles de eficiencia en el consumo de combustible a pesar de la oposición de mis amigos de United Auto Workers. Me gusta decirme a mí mismo que siempre sopesaré los temas según sus méritos, igual que espero que mis homólogos republicanos sopesarán su compromiso en contra de más impuestos o su oposición a la investigación con células madre a la luz de lo que sea mejor para el país, sin atender a lo que quieran sus partidarios. Me gusta pensar que siempre podré ir a ver a mis amigos sindicalistas y explicarles por qué mi posición tiene sentido y por qué es coherente tanto con mis valores como con sus intereses a largo plazo.

Pero sospecho que los líderes de los sindicatos no siempre lo verán de ese modo. Habrá ocasiones en que me considerarán un traidor. Quizá le digan a sus miembros que les he vendido. Puede que reciba cartas y llamadas airadas. Puede que la próxima vez no me concedan su apoyo.

Y quizá, si esto te pasa más veces y si casi pierdes las elecciones porque una parte fundamental del electorado está molesta contigo, o te ves luchando contra un contendiente en las primarias que dice que eres un traidor, empieces a perder las ganas de luchar. Quizá te preguntes qué es exactamente lo que te pide tu conciencia: ¿que evites ser atrapado por los «intereses especiales» o que no dejes tirados a tus amigos? La respuesta no es obvia. Así que empiezas a votar como si estuviera respondiendo a uno de aquellos cuestionarios de preguntas. No te detienes a reflexionar demasiado sobre tu posición. Simplemente contestas que sí en todas las casillas del cuestionario.

POLÍTICOS QUE SON CAUTIVOS de sus contribuyentes ricos o que sucumben a la presión de los grupos de intereses. Ese es el ingrediente principal del periodismo político, el tema que asoma una y otra vez en prácticamente cualquier análisis de lo que no funciona en nuestra democracia. Pero para el político preocupado por mantenerse en el cargo, hay una tercera fuerza que lo empuja y arrastra, que da forma al debate político y define lo que cree que puede hacer y lo que no, las posiciones que puede adoptar y las que no. Hace cuarenta o cincuenta años esa fuerza hubiera sido el aparato del partido: los grandes-jefes de la ciudad, los amañadores políticos, los mandarines de Washington que podían hacer o deshacer una carrera con tan sólo una llamada. Hoy, esa fuerza son los medios de comunicación.

Toca un descargo de responsabilidad: durante tres años, desde que anuncié mi candidatura al Senado hasta el final de mi primer año como senador, fui el beneficiario de una inusual —y en ocasiones inmerecida— cobertura positiva por parte de la prensa. Sin duda parte de ello tuvo que ver con mi condición de candidato con menos posibilidades en mis primarias al Senado, además de con la novedad de que fuera un candidato negro con un pasado exótico. Quizá también tuvo que ver con mi estilo de comunicar, que puede resultar divagante, titubeante y ampuloso (Michelle y mi equipo no dejan de recordármelo) pero que quizá despierta simpatía entre el gremio de los literatos.

Más aun, incluso cuando me he encontrado en el punto de mira de artículos negativos, los periodistas políticos con los que me he encontrado han sido habitualmente muy directos. Han grabado nuestras conversaciones, tratado siempre de aportar el contexto en el que hago mis declaraciones y de llamarme para conseguir mi reacción siempre que era criticado.

Así que, al menos personalmente, no tengo el menor motivo de queja. Eso no quiere decir, no obstante, que me pueda permitir el lujo de ignorar a la prensa. Precisamente porque he visto cómo la prensa me ha alzado a unas cimas a las que puede que me cueste llegar, soy consciente de lo rápido que puede funcionar el proceso inverso.

Los números no engañan. En las treinta y nueve reuniones comunitarias que celebré durante mi primer año en el cargo, la asistencia media fue de entre cuatrocientas y quinientas personas, lo que significa que quizá estuve con entre quince y veinte mil personas. Si mantuviera ese ritmo durante el resto de mi mandato, para cuando volviera a llegar el día de las elecciones habría tenido contacto directo y personal con entre noventa y cinco y cien mil de mis electores.

En cambio, un pequeño reportaje de tres minutos en las noticias de la emisora más pequeña del mercado mediático de Chicago puede llegarle a doscientas mil personas. En otras palabras, yo —como todo político federal— dependo casi exclusivamente de los medios para llegar a mis electores. Es el filtro a través del cual se interpretan mis votos, se analizan mis declaraciones y se examinan mis creencias. Al menos para el gran público, yo soy quien los medios dicen que soy. Digo lo que dicen que digo. Me convierto en quien dicen que me he convertido.

La influencia de los medios en la política de hoy cobra muchas formas. Lo que actualmente llama más la atención es la aparición de una prensa desvergonzadamente partidista: tertulias de radio, Fox News, columnistas de periódicos, el circuito de tertulias del cable y, más recientemente, los *bloggers*, todos ellos intercambiando insultos, acusaciones, rumores e insinuaciones veinticuatro horas al día, siete días a la semana. Como otros han dicho, este estilo de periodismo con opinión no es del todo nuevo; de alguna forma, no es sino un retorno a la tradición dominante del periodismo norteamericano, una forma de acercarse a las noticias que fue forjada por editores como William Randolph Hearst y Colonel McCormick antes de que, después de la Segunda Guerra Mundial, surgiera la más aséptica noción del periodismo objetivo.

Aun así, no se puede negar que todo ese ruido y furia, magnificados a través de la televisión e Internet, vuelven más áspera la cultura política. Hace que los temperamentos se enciendan y contribuye a fomentar la desconfianza. Y, nos guste o no admitirlo a los políticos, la constante virulencia desgasta el espíritu. Lo curioso es que no son las andanadas más groseras las que te preocupan. Si los oyentes de Rush Limbaugh disfrutan oyéndole llamarme «Osama Obama», prefiero dejarles disfrutar. Son los practicantes más sofisticados los que te hacen daño, en parte porque tienen más credibilidad frente al público en general y en parte por la habilidad con la que pueden saltar sobre tus palabras y hacerte quedar como un idiota.

En abril de 2005, por ejemplo, intervine en la inauguración de la nueva Biblioteca Presidencial Lincoln en Springfield. Pronuncié un breve discurso de cinco minutos en el que sugerí que la humanidad de Abraham Lincoln, sus imperfecciones, era lo que le hacía tan cautivador. «En su ascenso de la pobreza», dije en un momento de mi intervención, «en su estudio autodidacta y su dominio absoluto del lenguaje y del derecho, en su capacidad para superar las pérdidas personales y mantener la determinación frente a las repetidas derrotas, en todo eso vemos un elemento fundamental del carácter americano, la fe en que podemos rehacernos a nosotros mismos constantemente para cumplir nuestros mayores sueños.»

Unos pocos meses más tarde, la revista *Time* se puso en contacto conmigo para saber si estaría interesado en escribir un ensayo en un número especial dedicado a Lincoln. No tenía tiempo de escribir nada nuevo, así que le pregunté a los editores de la revista si mi discurso valdría. Me dijeron que sí, pero me pidieron que lo personalizara un poco, que dijera algo sobre el impacto de Lincoln en mi vida. Entre reunión y reunión, garabateé algunos cambios. Uno de esos cambios fue en el párrafo citado anteriormente, que pasó a decir: «En el ascenso de Lincoln de la pobreza, en su dominio absoluto del lenguaje y la ley, en su capacidad para sobreponerse a las pérdidas personales y mantener la determinación ante las repetidas derrotas, en todo eso, me recordó no sólo mi propia lucha.»

Tan pronto como apareció publicado el ensayo, intervino Peggy Noonan, ex redactora de discursos de Reagan y columnista del *Wall Street Journal*. Bajo el título «El engreimiento del gobierno», escribió: «Esta semana el hasta ahora cuidadoso senador Barack Obama, despliega sus alas en la revista *Time* y nos cuenta que se parece muchísimo a Abraham Lincoln, pero que él, Obama, es todavía mejor.» Continuaba diciendo: «El currículo de Barack Obama no está mal, pero no hay en él cabañas de madera. Y hasta ahora, tampoco hay grandeza. Si sigue hablando de sí mismo de ese modo, nunca la habrá.»

¡Ay!

Es difícil decir, por supuesto, si la señora Noonan creía de verdad que me estaba comparando con Lincoln o si simplemente se divirtió haciéndome picadillo de forma tan elegante. Tal y como van las acometidas de la prensa hoy en día, fue una sacudida suave... y no del todo inmerecida.

Sin embargo, me recordó aquello que mis colegas más veteranos ya sabían: que toda declaración que hiciera sería sometida a escrutinio, diseccionada por expertos de todos los colores, interpretada de formas sobre las que yo no tendría ningún control y peinada en busca de un posible error, tergiversación, omisión o contradicción que pudiera ser archivada por la oposición y aparecer en un desagradable anuncio de televisión en algún momento futuro. En un ambiente en el que un sólo comentario desafortunado puede generar más publicidad negativa que varios años de políticas desafortunadas, no fue una sorpresa que en el Capitolio los chistes se revisaran antes de usarlos, que la ironía fuera siempre sospechosa, que se frunciera el ceño ante la espontaneidad, y que la pasión se considerase peligrosa. Me empecé a preguntar cuánto le llevaba a un político internalizar todo esto; cuánto tiempo pasaba antes de que el comité de escribas, editores y censores se asentara en tu cabeza; cuánto tiempo pasaba antes de que hasta los momentos «francos» estuvieran guionizados, de modo que te disgustes o enfades sólo cuando te lo dicte el guión.

¿Cuánto tiempo ha de pasar hasta que empiezas a sonar como un político?

Había otra lección que aprender: tan pronto como la columna de la señora Noonan fue publicada, se propagó rápidamente por Internet y apareció en todas las páginas web de derecha como demostración de que yo era un imbécil arrogante y corto de entendederas (por lo general sólo en estas páginas web aparecía la cita que seleccionó la señora Noonan, y no todo el ensayo entero). En ese sentido, el episodio dejaba entrever otro aspecto más sutil y corrosivo de los medios modernos: cómo una historia en particular, repetida una y otra vez y lanzada al ciperespacio a la velocidad de la luz, acaba convirtiéndose en una realidad; cómo las caricaturas políticas y los fragmentos de ideas preconcebidas se alojan en nuestro cerebro sin que jamás dediquemos tiempo a examinarlos.

Por ejemplo, es difícil encontrar alguna mención a los demócratas hoy en día que no sugiera que somos «débiles» o que «no creemos en nada». Los republicanos, por otra parte, son «fuertes» (aunque un poco malvados), y Bush es «decidido», sin importar cuántas veces cambie de opinión. Un voto o un discurso de Hillary Clinton que no se ajuste a lo esperado es inmediatamente tachado de calculador. Pero si, en cambio, John McCain hace exactamente lo mismo se considera otro ejemplo de su contrastado inconformismo. «Por ley», según un observador mordaz, si aparece mi nombre en un artículo debe ir precedido por las palabras «valor en alza», aunque la columna de Noonan prepara el terreno para una trama distinta aunque igualmente familiar: el cuento con moraleja del joven que viene a Washington, pierde la cabeza con toda la publicidad y al final se vuelve o calculador o partidista (a menos que de algún modo consiga ubicarse de forma clara en el campo de los inconformistas).

Por supuesto, la maquinaría de relaciones públicas de los políticos y de sus partidos contribuye a alimentar todas estas historias y, al menos durante los últimos ciclos electorales, los republicanos han sido mucho mejores en transmitir esos «mensajes» que los demócratas (un cliché que, desafortunadamente para nosotros los demócratas, se ha demostrado cierto). La manipulación funciona, no obstante, precisamente porque los propios medios la acogen con entusiasmo. Todos los periodistas de Washington trabajan bajo la presión que les imponen sus directores y productores, que a su vez responden ante sus editores o ejecutivos de la cadena, que a su vez se pasan el día repasando las audiencias de la semana pasada o las cifras de circulación del año pasado y tratan de sobrevivir a un público que cada vez más prefiere jugar con su PlayStation y ver los *realities*. Para cumplir esa fecha límite, para mantener la cuota de mercado y alimentar a la bestia de las noticias por cable, los periodistas se mueven en manadas, se alimentan de los mismos comunicados de prensa, de las mismas situaciones y actos prefabricados, de las mismas cifras de siempre. El caso es que para los lectores y espectadores que andan siempre muy ocupados y consumen esporádicamente las noticias, las historias más trilladas son hasta cierto punto bienvenidos. Les exigen poco tiempo y esfuerzo; son rápidas y fáciles de digerir. A todo el mundo le resulta más sencillo aceptar la manipulación.

Este factor de conveniencia ayuda a explicar por qué, incluso entre los periodistas más escrupulosos, la objetividad viene a significar publicar los argumentos de ambas partes sin manifestar ninguna perspectiva sobre qué parte pueda llevar razón. Una típica noticia diría: «La Casa Blanca ha informado hoy que a pesar de la última ronda de bajas de impuestos, se prevé reducir el déficit a la mitad para el año 2010». Este titular iría seguido de una cita de un liberal que atacaría las cifras de la Casa Blanca y de un conservador que las defendería. ¿Es un analista más creíble que el otro? ¿Hay en alguna parte un analista independiente que nos pueda aclarar lo que significan las cifras? ¿Quién sabe? Pocas veces el periodista tiene tiempo para todos esos detalles; la noticia no va realmente sobre los méritos de los recortes de impuestos ni sobre los peligros del déficit, sino sobre la disputa entre ambos partidos. Tras unos pocos párrafos, el lector concluye que los republicanos y los demócratas están simplemente peleándose otra vez y pasar a la página de deportes, donde las noticias son menos previsibles y el marcador te deja claro quien ganó.

De hecho, parte de lo que hace que la yuxtaposición de comunicados de prensa contrarios sea tan atractiva para los reporteros es que alimenta el viejo recurso periodístico del conflicto personal. Es difícil negar que la cortesía política ha declinado en la última década y que los partidos difieren radicalmente en cuestiones políticas fundamentales. Pero al menos parte de ese declive de la cortesía puede atribuirse directamente al hecho que, al menos desde el punto de vista de la prensa, la cortesía es aburrida. Si se te ocurre decir «Comprendo el punto de vista de mi rival» o «El tema es muy complejo», no aparecerás en los medios. Ahora bien, si decides atacar, no podrás quitarte de encima las cámaras. En ocasiones los propios periodistas se desviven por crear polémica y hacen preguntas orientadas a provocar una respuesta exaltada. Un periodista televisivo que conocí en Chicago era célebre por darte la cita que quería que dijeras de una forma tan poco sutil que sus entrevistas parecían un número de Laurel y Hardy.

—¿Se siente traicionado por la decisión que tomó el Gobernador ayer? —me preguntaba.

—No. He hablado con el Gobernador y estoy seguro de que podremos solucionar nuestras diferencias antes de que termine la sesión.

—Claro... pero ¿se siente traicionado por el Gobernador?

—Yo no usaría esa palabra. Su punto de vista es que...

—Pero ¿no cree que en realidad el Gobernador le ha traicionado?

El impacto acumulativo de la manipulación, la amplificación del conflicto, la búsqueda indiscriminada de escándalos y deslices es la erosión de cualquier tipo de estándar común para juzgar la verdad. Hay una historia fantástica, quizá apócrifa, que la gente cuenta sobre Daniel Patrick Moynihan, el brillante, quisquilloso e iconoclasta difunto senador de Nueva York. Al parecer Moynihan estaba metido en una acalorada discusión con uno de sus colegas sobre un tema, y el otro senador, viendo que llevaba las de perder, exclamó:

—Bien, puede que no estés de acuerdo conmigo, Pat, pero tengo derecho a tener mi propia opinión.

A lo cual, Moynihan replicó con frialdad:

—Tienes derecho a tener tu opinión, pero no tienes derecho a tener tus propios hechos.

La afirmación de Moynihan ya no se aplica. Ahora no existe ninguna figura con autoridad, ningún Walter Cronkite o Edward R. Murrow al que todos escuchemos y en quien confiemos para que nos diga cual de dos versiones contradictorias es la verdadera. En vez de eso los medios están divididos en mil fragmentos, cada uno de ellos con su propia versión de la realidad, cada uno de ellos pidiendo la lealtad de una nación dividida. Según cuales sean sus preferencias mediáticas, el cambio climático global se está acelerando rápidamente o no; el déficit presupuestario está subiendo o bajando.

Y este fenómeno no se limita a la información en asuntos complicados. A principios de 2005 *Newsweek* publicó alegaciones de que los guardacostas norteamericanos y los interrogadores en el centro de detención de Guantánamo habían acosado y violentado a los prisioneros, por ejemplo tirando un Corán por el retrete. La Casa Blanca insistió en que era totalmente falso. Sin pruebas físicas y en la estela de violentas protestas en Paquistán por ese artículo, *Newsweek* se vio obligado a autoinmolarse en una retractación pública. Varios meses después, el Pentágono publicó un informe que indicaba que parte del personal estadounidense había, en efecto, tenido una conducta inapropiada —incluyendo casos en los que personal femenino estadounidense fingió manchar con sangre menstrual a los detenidos durante los interrogatorios y al menos un caso de un guardia orinando sobre un Corán y un prisionero. Los subtítulos de noticias de Fox News esa noche decían: «El Pentágono no encuentra pruebas de que se haya tirado un Corán por el retrete.»

Comprendo que los hechos no siempre pueden, por sí mismos, resolver nuestras disputas políticas. Nuestra posición sobre el aborto no la determina lo que la ciencia diga sobre el desarrollo fetal, y nuestro juicio sobre si retirar o no las tropas de Irak no tiene otra opción que basarse en probabilidades. Pero en algunos casos unas respuestas son más precisas que otras; a veces hay hechos que no pueden manipularse, igual que una discusión sobre si está o no lloviendo puede resolver con el simple hecho de salir a ver. La ausencia de un mínimo acuerdo sobre los hechos hace que cualquier opinión valga lo mismo y, por tanto, elimina las posibilidades de un compromiso sensato. Recompensa no sólo a los que tienen razón sino a aquellos —como la oficina de prensa de la Casa Blanca— que pueden emitir su mensaje más alto, con mayor frecuencia, mayor obstinación y con mejor telón de fondo.

El político actual sabe todo esto. Puede que no mienta, pero sabe que no se recompensa a quienes dicen la verdad, sobre todo si la verdad es complicada. La verdad puede causar consternación; la verdad será atacada; los medios no tendrán la paciencia necesaria para averiguar los hechos y el público acabará por no conocer la diferencia entre lo que es verdad y lo que es mentira. Lo que cobra importancia entonces es el posicionamiento. Se trata de dar una declaración sobre un tema que evite controversias o genere la publicidad que se necesita, la postura que encajará con la imagen que los chicos de la prensa han elaborado para él y seguirá la línea de una de las historias prefabricadas que los medios aceptan para la política en general. Puede que el político insista, por una cuestión de integridad personal, en contar la verdad tal y como la ve. Pero sabe que el que crea o no en lo que dice importa menos que el que parezca o no creer en ello. Sabe que el hablar francamente cuenta menos que sonar sincero en televisión.

Por lo que he podido observar, hay muchos políticos que han superado todos estos obstáculos y han mantenido su integridad intacta, hombres y mujeres que consiguen contribuciones para sus campañas sin ceder a la corrupción, que concitan apoyos sin caer prisioneros de los intereses especiales y que se relacionan con los medios sin perder de vista su sentido propio. Pero existe un último obstáculo que, una vez te has instalado en Washington, no puedes evitar por completo, un obstáculo que hace inevitable que al menos una parte importante de tus electores acabe pensando mal de ti: la naturaleza absolutamente insatisfactoria del proceso legislativo.

No conozco un sólo legislador que no se angustie regularmente sobre las votaciones en las que tiene que tomar parte. Hay veces en que uno siente que una ley es tan obviamente correcta que casi no amerita debate interno (me viene a la cabeza, por ejemplo, la enmienda de John McCain prohibiendo que el gobierno de los Estados Unidos utilice la tortura). En otros casos, aparece en el pleno una propuesta de ley que es tan descaradamente tendenciosa o está tan mal diseñada que uno se pregunta cómo a su patrocinador no se le cae la cara de vergüenza durante el debate.

Pero la mayoría de las veces el proceso legislativo es un caldo turbio, el producto de cientos de compromisos, grandes y pequeños, una mezcla de intereses políticos legítimos, de pomposidad política, planes legales amañados, trapicheos y las tradicionales partidas de dinero superfluas. Al leer las propuestas de ley que se presentaron a votación durante mis primeros meses en el Senado, comprobé que votar según mis principios no iba a ser tan fácil como había creído; que sentiría remordimientos tanto si votaba que sí como si votaba que no. ¿Debería votar a favor de una propuesta de ley energética que incluye mi enmienda para impulsar la producción de combustibles alternativos y mejora la situación actual pero que es totalmente inadecuada para disminuir la dependencia de Estados Unidos sobre el petróleo extranjero? ¿Debería votar contra un cambio en la Ley de Aire Puro que debilitará la protección en algunas áreas pero que la aumentará en otras y establecerá un sistema más predecible para evaluar el grado de cumplimiento de las empresas? ¿Y si la propuesta de ley aumenta la polución pero aporta fondos a la tecnología del carbón limpio y podría crear puestos de trabajo en zonas pobres de Illinois?

Constantemente me encuentro sopesando los datos en pro y en contra, tan bien como puedo en el limitado tiempo del que dispongo. Mi equipo me informa de que las cartas y las llamadas están divididas por igual entre el sí y el no y que hay grupos de interés a ambos lados que están pendientes de lo que decida.

Conforme se acerca el momento de votar, me acuerdo de algo que John F. Kennedy escribió cincuenta años atrás en su libro *Profiles in Courage:*

> Casi nadie, o nadie, se enfrenta a algo parecido a la terrible decisión que un Senador debe tomar cuando se le llama al voto de una propuesta de ley importante. Puede que quisiera más tiempo para reflexionar, puede que crea que ambos bandos tienen un punto de razón, puede que sienta que una pequeña enmienda podría acabar con todas las dificultades, pero en cuanto se llama a la votación no puede esconderse, no puede dudar, no puede demorarse. Y siente que sus electores, como el cuervo del poema de Poe, están posados en su escritorio en el Senado graznando «Nunca más» mientras emite el voto en el que se juega su futuro político.

Puede que eso sea un poco exagerado. Sin embargo, ningún legislador, estatal o federal, se libra de momentos difíciles como ese, que siempre son mucho peores para el partido que no está en el poder. Como miembro de la mayoría, podrás intervenir en cualquier propuesta de ley que sea importante para ti antes de que llegue a votación. Puedes pedirle al presidente del comité que incluya en ella algunas líneas que ayuden a tus electores o que elimine otras que les molestarán. Puedes incluso pedirle al líder de la mayoría o al principal patrocinador de la propuesta de ley que la retengan hasta que se alcance un compromiso con el que te sientas más a gusto.

Si estás en la minoría no puedes protegerte interviniendo en el proyecto. Tienes que votar sí o no a cualquier ley que se presente, sabiendo que no será un redactado que tú o tus partidarios consideren honesto o justo. En una era de amiguismo indiscriminado y de enormes propuestas de ley presupuestarias que abarcan varios temas, puedes consolarte pensando que no importa cuántos artículos malos haya en la ley, siempre habrá algo —financiación para que nuestros soldados puedan tener mejor blindaje personal o, por decir algo, alguna modesta mejoría en los beneficios que reciben los veteranos— que hará que también te critiquen si votas que no.

En su primer mandato, al menos, la Casa Blanca de Bush demostró un dominio magistral de ese tipo de juegos legislativos. Hay una historia muy instructiva sobre las negociaciones que tuvieron lugar durante la primera ronda de bajas de impuestos de Bush, cuando Karl Rove invitó a un senador demócrata a la Casa Blanca a hablar sobre el potencial apoyo del senador al paquete de medidas de Bush. Bush había ganado claramente en el estado del senador en las elecciones anteriores —en parte por las bajas de impuestos de su programa— y en general, el senador apoyaba unos tipos impositivos más bajos. Sin embargo, le preocupaba el grado en el que los recortes de impuestos propuestos estaban sesgados hacia los más ricos y sugirió unos pocos cambios que podrían moderar el impacto del paquete impositivo.

—Hagan estos cambios —le dijo el senador a Rove— y no sólo votaré a favor de la propuesta de ley sino que les garantizo que conseguirá setenta votos en el Senado.

—No queremos setenta votos —se dice que contestó Rove—. Queremos cincuenta y uno.

Puede que Rove creyera que la propuesta de ley de la Casa Blanca era políticamente buena o puede que no, pero sí algo sabía es reconocer un triunfo político cuando lo tenía al alcance de la mano. O bien el senador votaba que sí y ayudaba a aprobar el programa del Presidente o bien votaba que no y se convertía en un objetivo fácil en las próximas elecciones.

Al final el senador —como varios demócratas de estados rojos— votó que sí, lo que sin duda reflejaba el sentimiento general sobre las bajas de impuestos en su estado. No obstante, historias como esta ilustran algunas de las dificultades con las que un partido en la minoría se encuentra si quiere ser «bipartidista». A todo el mundo le gusta la idea del bipartidismo. Los medios, en particular, están enamorados del término, pues contrasta muy bien con «disputas partidistas», que es la trama principal en la que los periodistas encajan las historias del Capitolio.

El auténtico bipartidismo, sin embargo, requiere de un proceso honesto de toma y deja y asume que la calidad del compromiso al que se llega se mide por lo bien que sirve al objetivo que ambas partes persiguen, ya sea tener mejores escuelas o reducir el déficit. A su vez, la mayoría se verá obligada —por una prensa exigente y, en último término, por un electorado informado— a negociar de buena fe. Si no se dan estas condiciones —si nadie fuera de Washington presta atención de verdad al contenido de la propuesta de ley, si los costes reales de la bajada de impuestos se entierran mediante trucos contables y se infravaloran en aproximadamente un billón de dólares— el partido en la mayoría puede empezar cada negociación pidiendo el 100 por ciento de lo quiere, conceder a continuación un 10 por ciento de terreno y luego acusar a todo miembro de la minoría que se niegue a apoyar este «compromiso» de ser «obstruccionista». Para un partido en minoría que se encuentra en estas condiciones, el «bipartidismo» viene a querer decir verse crónicamente avasallado, aunque algunos senadores puedan disfrutar de ciertas recompensas políticas al alinearse constantemente con la mayoría y por tanto ganarse una reputación de «moderados» o «centristas».

No es sorprendente, pues, que haya activistas que propongan que los senadores demócratas se opongan a todas las iniciativas republicanas —incluso a las iniciativas que tengan algunos méritos— por una cuestión de principios. Es justo añadir que ninguno de los individuos que proponen tal cosa se ha presentado jamás a unas elecciones como demócrata en estados predominantemente republicanos ni ha sido víctima de campañas de anuncios negativos en televisión por valor de varios millones de dólares. Lo que todo senador sabe es que es muy fácil hacer que un voto sobre una propuesta de ley compleja parezca malvado y depravado en un anuncio de treinta segundos en televisión, pero es muy difícil explicar las virtudes de ese mismo voto en menos de veinte minutos. Lo que todo senador sabe es que en el transcurso de un solo mandato tendrá que votar miles de veces. Y eso hace que se acumulen muchísimas cosas que explicar para cuando llegan las siguientes elecciones.

Quizá lo mejor que me sucedió durante mi propia campaña al

Senado fue que ningún candidato emitió ningún anuncio negativo sobre mí. Eso fue debido enteramente a las peculiares circunstancias de mi carrera electoral y no a la ausencia de material con el que trabajar. Después de todo, yo había servido en la legislatura estatal durante siete años antes de presentarme al Senado, había estado en la minoría durante seis de esos siete años y había emitido miles de votos, algunos de ellos complicados. Como sucede rutinariamente en la actualidad, el Comité Nacional Republicano para el Senado había preparado un grueso expediente sobre mí y mi propio equipo de investigación pasó muchas horas revisando mi historial esforzándose por prever qué anuncios negativos podrían sacarse los republicanos de la manga.

No encontraron demasiadas cosas, pero lo que hallaron hubiera bastado: una docena más o menos de votos que, si se mencionaban fuera de contexto, podían sonar bastante mal. Cuando mi consultor de medios, David Axelrod, los probó en una encuesta, mi índice de aprobación bajó inmediatamente diez puntos. Estaba la propuesta de ley penal que tenía como objetivo acabar con el tráfico de drogas en las escuelas, pero que estaba tan mal redactada que concluí que era tanto inefectiva como inconstitucional —«Obama votó para reducir las penas a los traficantes que venden drogas en escuelas», es como se describió en la encuesta. Hubo una propuesta de ley patrocinada por activistas contrarios al aborto que a primera vista parecía muy razonable —ordenaba medidas para salvar la vida de los bebés prematuros (la propuesta no mencionaba que esas medidas ya estaban en vigor en otra ley)— pero también extendía el concepto de «persona» a los fetos antes de que fueran viables, con ello derogando a efectos prácticos *Roe vs. Wade*; en la encuesta se decía que yo había «votado para negar tratamientos para salvar la vida a bebés que nacían vivos». Repasando la lista, encontré una afirmación que decía que cuando estuve en la legislatura estatal, voté en contra de una propuesta de ley que «protegía a nuestros niños de los que querían abusar sexualmente de ellos».

—¡Espera un momento! —dije, arrebatándole la hoja de la encuesta a David—. En esa propuesta de ley me equivoqué de botón.

Quería votar a favor e hice que lo corrigieran inmediatamente en las actas oficiales.

David sonrió.

—Me parece que esa parte de las actas no aparecerá en el anuncio republicano —dijo, tomando amablemente la hoja de mis manos—. De todos modos, alégrate —añadió dándome palmaditas en la espalda—. Estoy seguro que con esto todos los delincuentes sexuales votarán por ti.

A VECES ME pregunto cómo habrían ido las cosas si hubieran llegado a emitir anuncios de ese tipo contra mí. No se trata tanto de si habría perdido o ganado —para cuando acabaron las primarias, le llevaba veinte puntos de ventaja a mi oponente republicano— sino de la percepción que habrían tenido de mí los electores, de cómo, al entrar al Senado, hubiera contado con un colchón mucho menos grueso de buena voluntad. Porque es así como la mayoría de mis colegas, republicanos o demócratas, entran en el Senado, con sus errores proclamados a los cuatro vientos, sus palabras tergiversadas y sus motivaciones puestas en duda. Se les bautiza en ese fuego y eso les persigue cada vez que emiten un voto, cada vez que hacen un comunicado de prensa o una declaración. Es el miedo no sólo a perder unas elecciones, sino a perder el favor de quienes los enviaron a Washington, de toda esa gente que en un momento u otro les dijo: «Tenemos muchas esperanzas puestas en usted. Por favor, no nos decepcione.»

Por supuesto, hay remedios técnicos que se podrían aplicar en nuestra democracia y que aliviarían parte de esta presión que sufren los políticos, cambios estructurales que reforzarían la conexión entre los votantes y sus representantes. Un diseño no partidista de las circunscripciones electorales, el registro de los votantes el mismo día de las elecciones y el celebrar las elecciones en fin de semana aumentarían la competencia en los enfrentamientos electorales y quizá también la participación del electorado. Y cuanta más atención presta el electorado, más se recompensa la integridad. Si las campañas recibieran financiación pública o los candidatos dispusieran de espacios gratuitos en radio y televisión se moderaría la acuciante necesidad de conseguir dinero y se limitaría la influencia de los intereses especiales. Ciertas modificaciones en la Cámara de Representantes y en el Senado podrían aumentar el margen de maniobra de los legisladores que están en minoría, aumentar la transparencia del proceso y animar a que los periodistas indagaran más sobre los hechos tras las noticias que publican.

Pero ninguno de estos cambios se producirá por sí solo. Se necesita un cambio de actitud de los que están en el poder. Cada uno de ellos exige que los políticos individuales desafíen el orden establecido, que renuncien a la ventaja que les da estar en el cargo al presentarse a la reelección; que se enfrenten con sus amigos además de con sus enemigos en el nombre de ciertas ideas abstractas en las que el público parece tener poco interés. Cada uno de estos cambios exige que hombres y mujeres acepten arriesgar lo que ya poseen.

Al final, pues, todo vuelve a aquella cualidad que Kennedy trató de definir al principio de su carrera mientras se recuperaba de una operación quirúrgica, a sabiendas de que se había comportado heroicamente en batalla pero consciente de que le quedaban por delante desafíos mucho más ambiguos. Me refiero a esa cualidad que llamamos valor. De algún modo, cuanto más llevas en política, más fácil debería resultar reunir el valor necesario, pues en cierta manera es liberador reconocer que, hagas lo que hagas, siempre habrá alguien que se enfadará contigo, que serás víctima de ataques políticos sin importar lo cautelosos que sean tus votos y que tu buen juicio puede ser tomado por cobardía y tu valor interpretado como puro cálculo político. Me consuela el hecho de que cuanto más llevo en política menos satisfactoria se vuelve la popularidad, que la aspiración de conseguir poder y cargos y fama parece traicionar cierta pobreza de ambiciones y que respondo principalmente ante mi propia conciencia.

Y ante mis electores. Después de una reunión en la alcaldía de la localidad de Godfrey, un caballero de cierta edad se presentó ante mí y me dijo que se sentía indignado porque, aunque me había opuesto a la guerra de Irak, no había exigido todavía la retirada total de las tropas. Tuvimos una discusión breve y agradable, en la que le expliqué que me preocupaba que si nos retirábamos precipitadamente, estallaría una guerra civil total en el país y me preocupaban también las posibilidades de que esa guerra civil se extendiera a todo el Oriente Medio. Al final de la conversación nos dimos la mano.

—Sigo creyendo que está usted equivocado —me dijo—, pero al menos veo que ha reflexionado sobre ello. Diablos, seguramente me decepcionaría usted si estuviera siempre de acuerdo conmigo.

—Gracias — le contesté.

Mientras se alejaba me recordó algo que el juez Louis Brandeis me dijo una vez: en una democracia el cargo más importante es el cargo de ciudadano.

Capítulo Cinco

Oportunidades

UNA DE LAS cosas que pasa cuando eres senador de Estados Unidos es que viajas mucho. Vas y vuelves de Washington al menos una vez a la semana. Viajas a otro estados para pronunciar discursos, recaudar dinero o ayudar a tus colegas en sus campañas. Si representas a un estado grande como Illinois, están los viajes al norte o el sur del estado para asistir a reuniones comunitarias o inauguraciones y asegurarte de que tu gente no piense que te has olvidado de ellos.

La mayor parte de las veces viajo en vuelos comerciales o en autobuses, con la esperanza de conseguir un asiento de pasillo o de ventana y cruzando los dedos para que el tipo que se sienta delante no quiera reclinar su silla.

Pero hay ocasiones en que —porque hago varias paradas a lo largo de la Costa Oeste, por decir algo, o porque necesito llegar a otra ciudad cuando ya ha despegado el último avión comercial— viajo en jet privado. Al principio no sabía que tenía esa opción, pues suponía que el costo debía ser altísimo. Pero durante la campaña, mi equipo me explicó que según las reglas del Senado, un senador o candidato podía viajar en el jet de cualquier particular y pagar sólo el equivalente de un billete de avión de primera clase. Después de repasar el calendario de mi campaña y de pensar en todo el tiempo que me podía ahorrar, decidí probar la opción de los jets privados.

Resulta que la experiencia de volar es totalmente distinta en un

jet privado. Los jets privados salen de terminales que son propiedad y están dirigidas por particulares. En las salas de espera hay
sofás cómodos y amplios, grandes pantallas de televisión y las paredes están decoradas con viejas fotografías de aviación. Los
baños suelen estar vacíos e inmaculados y tienen de esas máquinas
para abrillantar los zapatos y enjuague bucal y hasta mentas en un
bol. En esas terminales no hay nunca prisa; el avión te espera si llegas tarde y está listo si llegas antes de la hora. Muchas veces puedes saltarte por completo la sala de espera y hacer que el coche te
lleve directamente a la pista de despegue. Si no es así, los pilotos te
vienen a buscar a la terminal, se llevan tu equipaje y te acompañan
al avión.

Y los aviones, en últimas, están muy bien. La primera vez que
utilicé uno de estos aviones volé en un Citation X, una máquina
brillante, compacta y de diseño elegante con el interior cubierto de
paneles de madera y asientos de cuero que podías unir para formar una cama si querías echar una siesta. El asiento tras de mí lo
ocupaban una ensalada de gambas y un plato de quesos; frente a
mí, el mini bar tenía cuanto uno pudiera desear. Los pilotos me
colgaron el abrigo, me trajeron los periódicos que preferí y me
preguntaron si estaba cómodo. Desde luego que lo estaba.

El avión despegó, con sus motores Rolls-Royce aferrándose al
aire del mismo modo que un coche deportivo bien diseñado se aferra a la carretera. Mientras atravesábamos las nubes, encendí el
pequeño monitor de televisión frente a mi asiento. Apareció un
mapa de los Estados Unidos, con la imagen de nuestro avión diri-
giéndose al oeste, junto con nuestra velocidad, altitud, tiempo que
faltaba hasta llegar a destino y la temperatura en el exterior. A
cuarenta mil pies, el avión se estabilizó, y miré hacia abajo para
ver la curva del horizonte, unas cuantas nubes dispersas y la geografía de la tierra dispuesta frente a mí —primero las planicies de
los campos, partidos en casillas como un tablero de ajedrez, del
oeste de Illinois, luego las curvas de pitón del Mississippi, luego
más granjas y ranchos y finalmente las abruptas Rocosas, todavía
con nieve en las cumbres, hasta que el sol se puso y el cielo pasó
del naranja a una delgada línea roja que acabó consumida por la
noche, las estrellas y la luna.

Me resultaba fácil entender como la gente podía acostumbrarse a todo eso.

El propósito de este viaje en particular era, primordialmente, recaudar fondos. Para preparar mi campaña al Senado, unos amigos y partidarios me habían organizado eventos en Los Ángeles, San Diego y San Francisco. Pero la parte más memorable del viaje fue la visita que hice a la ciudad de Mountain View, California, unos pocos kilómetros al sur de la Universidad de Stanford y Palo Alto, en el corazón mismo de Silicon Valley, donde la empresa del buscador de Internet Google tenía su sede corporativa.

Google ya había alcanzado estatus de icono a mediados de 2004, convirtiéndose en símbolo no sólo del creciente poder de Internet sino de las rápidas transformaciones de la economía global. Durante el viaje de ida desde San Francisco, repasé la historia de la empresa: cómo dos doctorandos en informática de Stanford, Larry Page y Sergey Brin, habían trabajado juntos en una habitación de los dormitorios de la universidad para desarrollar un modo mejor de buscar información en la web. En 1998, después de conseguir un millón de dólares de varios de sus contactos, fundaron Google con tres empleados y trabajando en un garaje. Más tarde Google inventó un modo de publicidad —basado en anuncios de texto no intrusivos y relevantes a la búsqueda que había realizado el usuario— que hizo que la compañía diera beneficios incluso después de pasado el *boom* de las punto-com. En ese momento, seis años después de la fundación de la empresa, Google estaba a punto de salir a bolsa con un precio por acción que convertiría al señor Page y al señor Brin en dos de las personas más ricas del mundo.

Mountain View parecía la típica comunidad suburbana de California, con calles tranquilas y relucientes y bloques de oficinas nuevos y casas nada pretenciosas que, debido al poder adquisitivo único de los residentes de Silicon Valley, probablemente valían un millón de dólares o más. Nos detuvimos frente a un conjunto de modernos edificios modulares y nos recibió el director del departamento jurídico de Google, David Drummond, un afroamericano de mi edad que se había encargado de organizar nuestra visita.

—Cuando Larry y Sergey acudieron a mí con la idea de crear

una empresa, me figuré que serían sólo otra pareja de chicos muy listos con otra idea nueva —dijo David—. No puedo decir que me esperase todo esto.

Me acompañó en una visita por el edificio principal, que parecía más un centro de estudiantes que una oficina, con un café en la planta baja donde el ex chef del grupo de música de los Grateful Dead supervisaba la preparación de comidas gourmet para todos los empleados; máquinas de videojuegos y una mesa de ping-pong y un gimnasio completamente equipado. («La gente se pasa muchísimo tiempo aquí, así que queremos que estén contentos.») En el segundo piso pasamos frente a grupos de hombres y mujeres en jeans y camisetas, todos ellos en la veintena, que trabajaban intensamente frente a sus computadoras o estaban estirados en sofás y sobre grandes pelotas de goma de ejercicio, charlando animadamente.

Al final encontramos a Larry Page, que hablaba con uno de los ingenieros sobre un problema de software. Iba vestido igual que sus empleados y excepto por unas pocas canas, no parecía mayor que ellos. Hablamos sobre la misión empresarial de Google —organizar toda la información del mundo de una forma accesible, práctica y sin filtros— y del índice de sitios web de Google, que ya incluía más de seis mil millones de páginas web. Recientemente la empresa había lanzado un nuevo sistema de e-mail basado en la red que contaba con una función de búsqueda incorporada. Trabajaban en una tecnología que permitiera realizar búsquedas a través de la voz por teléfono y ya habían iniciado su proyecto de libros, el objetivo del cual era escanear todo libro jamás publicado en un formato accesible a través de la red, creando una biblioteca virtual que albergase la totalidad del conocimiento humano.

Hacia el final de la visita, Larry me llevó a una habitación donde una imagen tridimensional de la tierra giraba en una gran pantalla plana. Larry le pidió al joven ingeniero indioamericano que estaba trabajando cerca que explicara qué era lo que estábamos contemplando.

—Esas luces representan todas las búsquedas que están produciéndose en este instante —dijo el ingeniero—. Cada color indica un lenguaje distinto. Si rota la imagen en esta dirección —e hizo que cambiase la imagen de la pantalla— puede ver todas las pautas del tráfico en todo el sistema de Internet.

La imagen era hipnótica, más orgánica que mecánica, como si estuviéramos viendo las primeras fases de un proceso evolutivo cada vez más acelerado en el que las fronteras entre los hombres —nacionalidad, raza, religión, riqueza— se volvían invisibles e irrelevantes, de forma que el físico de Cambridge, el operador de bolsa de Tokio, el estudiante de una remota aldea de la India y el director de una tienda por departamentos de Ciudad de México se mezclaban en una constante y vibrante conversación, con el tiempo y el espacio cediendo ante un mundo tejido enteramente con luz. Y entonces, conforme el globo giraba, reparé en las grandes franjas de oscuridad: la mayor parte de África, trozos del Sur de Asia e incluso algunas zonas de los Estados Unidos en las que los gruesos hilos de luz se disolvían y convertían en unas pocas hebras dispersas.

Me sacó de mis ensoñaciones la aparición de Sergey, un hombre menudo quizá un poco más joven que Larry. Me sugirió que fuera con ellos a su asamblea de los viernes, una tradición que mantenían desde los inicios de la empresa, donde todos los empleados de Google se reunían con comida y cerveza y discutían de lo que quisieran. Cuando entramos en la gran sala ya había sentados grandes grupos de jóvenes, algunos bebiendo y riéndose, otros todavía tecleando en sus computadoras portátiles, y se podía sentir la excitación en el aire. Un grupo de cincuenta o así parecían más atentos que el resto, y David me explicó que eran empleados nuevos, contratados directamente al acabar su posgrado, y hoy era su entrada en el equipo de Google. Se presentó uno a uno a los nuevos empleados mientras aparecían sus rostros en una gran pantalla junto a información de sus titulaciones, aficiones e intereses. Al menos la mitad del grupo tenía aspecto asiático y buena parte de los blancos tenían nombres de Europa del este. Por lo que yo podía ver, no había ni un negro ni un latino. Más tarde, mientras volvíamos al coche, se lo mencioné a David, que asintió.

—Sabemos que existe ese problema —dijo, y mencionó los

esfuerzos que Google estaba haciendo para dar becas que amplia-
ran los estudiantes procedentes de minorías o de sexo femenino
que estudiaban matemáticas o ciencia. Mientras tanto, Google necesita seguir siendo una empresa competitiva, por lo que contrata
a los mejores de los mejores programas de posgrado en matemáticas, ingeniería e informática de todo el país —MIT, Caltech, Stanford, Berkeley. Se pueden contar con los dedos de ambas manos el
total de chicos negros o latinos en esos programas.

De hecho, según David, el mero hecho de encontrar ingenieros
norteamericanos, independientemente de su raza, resultaba cada
vez más complicado, por lo que todas las empresas de Silicon
Valley habían acabado dependiendo mucho de estudiantes extranjeros. Últimamente, las empresas de alta tecnología tenían nuevos
problemas. Desde el 11 de septiembre muchos estudiantes extranjeros se lo pensaban dos veces antes de estudiar en los Estados
Unidos por lo difícil que se había vuelto obtener visa. Los ingenieros brillantes o los programadores de software ya no necesitaban
venir a Silicon Valley para encontrar financiación para fundar una
nueva empresa. Las empresas de alta tecnología estaban abriendo
oficinas en India y China y los fondos de capital-riesgo ahora eran
globales y lo mismo podían invertir en Mumbai o Shanghai que en
California. Y a largo plazo, explicó David, eso podría traerle problemas a los Estados Unidos.

—Nosotros seguiremos atrayendo al talento —dijo— porque
somos una marca muy bien establecida. Pero en lo que se refiere a
las empresas nuevas o algunas de las empresas menos consolida-
das, ¿quién sabe? Sólo espero que en Washington alguien comprenda la enorme competencia que hay en nuestro entorno.
Nuestro dominio no es inevitable.

MÁS O MENOS al mismo tiempo en que visité Google, realicé
otro viaje que me hizo reflexionar sobre lo que sucedía con la economía. Este viaje fue en coche, no en jet privado, atravesando kilómetros de autopistas vacías hasta llegar a una ciudad llamada
Galesburg, en el oeste de Illinois a unos cuarenta y cinco minutos
de la frontera con Iowa.

Fundada en 1836, Galesburg había empezado como una ciudad universitaria cuando un grupo de ministros presbiterianos y congregacionalistas de Nueva York decidieron llevar su particular cóctel de reforma social y educación a la frontera Oeste. La universidad resultante, Knox College, se convirtió en un semillero de actividad abolicionista antes de la Guerra Civil: una rama del Ferrocarril Subterráneo pasaba por Galesburg y Hiram Revels, el primer senador negro de Estados Unidos, asistió a la escuela preparatoria de Knox College antes de regresar a Mississippi. En 1854, la línea de ferrocarril Chicago, Burlington y Quincy se completó pasando por Galesburg, lo que supuso un período de expansión del comercio de la región. Y cuatro años después, unas diez mil personas se reunieron a presenciar el quinto de los debates entre Lincoln y Douglas, durante el cual Lincoln expuso por primera vez su oposición a la esclavitud por motivos morales.

Pero no fue su rica historia lo que me llevó a Galesburg. Fui a reunirme con un grupo de líderes sindicalistas de la planta Maytag, pues la empresa había anunciado el despido de 1.600 trabajadores y el traslado de sus operaciones a México. Como otras muchas ciudades a lo largo del centro y el oeste de Illinois, Galesburg había sido golpeada con dureza por la fuga de las industrias al extranjero. En sólo unos pocos años, la ciudad había perdido a los fabricantes de componentes de automóviles y una fábrica de mangueras de goma; ahora estaba a punto de ver cómo Butler Manufacturing, un fabricante de acero recientemente comprado por unos australianos, cerraba sus puertas. El índice de desempleo en Galesburg ya rondaba el 8 por ciento. Con el cierre de la planta de Maytag la ciudad perdería entre 5 y 10 por ciento más de puestos de trabajo.

Dentro de la sala de reuniones del sindicato de los maquinistas, siete u ocho hombres y dos o tres mujeres se habían reunido en sillas de metal plegables, hablando en voz baja, unos pocos fumando cigarrillos, la mayoría de ellos de cuarenta o cincuenta y pocos años, todos vestidos con jeans o pantalones caquis, camisetas o camisas de cuadros. El presidente del sindicato, Dave Bevard, era un hombre grande, de constitución fuerte, en la cincuentena, con barba oscura, gafas tintadas y un sombrero de ala ancha que le hacía parecer un miembro del grupo ZZ Top. Me explicó que el sindicato había hecho todo lo posible para que Maytag cambiara de parecer. Habían hablado con la prensa, contactado con los accionistas, pedido apoyo de cargos locales y estatales. Nada de eso había conmovido a la dirección de Maytag.

—No es que esos tipos estén perdiendo dinero —me dijo Dave—. Si les preguntas, te dirán que somos una de las plantas más rentables de la empresa. El trabajo es de alta calidad y hay pocos errores. Hemos aceptado recortes de sueldo, recortes del paquete de beneficios y hasta despidos. El estado y la ciudad han concedido a Maytag al menos diez millones de dólares en ventajas fiscales durante los últimos ocho años, basándose en su promesa de quedarse. Pero nunca es suficiente. Algún consejero delegado que ya gana millones de dólares decide que tiene que hacer que se dispare el precio de las acciones de la empresa para así poder cobrar sus opciones sobre acciones y la manera más fácil de conseguirlo es enviar las fábricas a México y pagarle a los obreros de allí una sexta parte de lo que nos pagan a nosotros.

Les pregunté qué pasos habían dado las instituciones locales o federales para ofrecerles formación, y la sala se echó a reír casi al unísono.

—La recapacitación es un chiste —dijo Doug Dennison, el vicepresidente del sindicato— ¿Para qué vamos a formarnos para otro trabajo si no hay ofertas de empleo?

Me contó que un asesor de empleo le había sugerido que intentase trabajar como enfermero de residencia de ancianos, con un sueldo no mucho mayor al que Wal-Mart le pagaba a sus dependientes. Uno de los miembros más jóvenes del grupo me contó una historia particularmente cruel: decidió volver a estudiar para convertirse en técnico informático, pero cuando llevaba una semana en el curso, Maytag le volvió a llamar. El trabajo en Maytag era temporal, pero según las reglas, si rechazaba la oferta de Maytag perdería el derecho a percibir subvenciones para formarse. Si, por otra parte, abandonaba los cursos y volvía a Maytag, la agencia federal consideraría que ya había usado la única oportunidad de formación que le ofrecían y no pagarían por ningún curso de recapacitación en el futuro.

Le dije al grupo que hablaría de su situación durante la campaña y les planteé una serie de nuevas propuestas que mi equipo había desarrollado: reformar los impuestos para que las empresas que se trasladaban al extranjero perdieran las ventajas fiscales y rehacer por completo y buscar mejor financiación para los programas federales de recapacitación. Cuando me disponía a marcharme, un hombre grande y fuerte que llevaba una gorra de béisbol se levantó y empezó a hablar. Dijo que se llamaba Tim Wheeler y que había sido el director del sindicato en la cercana fábrica de acero de Butler. Allí los trabajadores ya habían sido despedidos y Tim cobraba el subsidio de desempleo mientras trataba de figurarse qué hacer a continuación. Lo que más le preocupaba ahora era la cobertura de salud.

—Mi hijo Mark necesita un transplante de hígado —dijo en tono grave—. Estamos en la lista de espera aguardando un donante, pero ya hemos agotado la cobertura del paquete de beneficios de salud que tenía y estamos tratando de ver si Medicaid va a cubrir los costos. Nadie me da una respuesta clara y ya sabe, vendería cuanto tengo por Mark, me endeudaría lo que fuera necesario, pero aun así...

Tim no pudo continuar. Su esposa, sentada junto a él, se hundió la cara entre las manos. Intenté asegurarle de que descubriríamos exactamente qué cubriría Medicaid. Tim asintió, poniendo el brazo sobre los hombros de su mujer.

En el camino de vuelta a Chicago, traté de ponerme en el lugar de Tim e imaginar la desesperación que sentía: sin trabajo, con un hijo enfermo y los ahorros acabándose.

Esas son las historias que te pierdes en un jet privado a cuarenta mil pies de altura.

HOY NADIE DISCUTE, ni en la derecha ni en la izquierda, que estamos pasando por una transformación económica fundamental. Los avances en tecnología digital, fibra óptica, Internet, satélites y transporte han borrado de forma efectiva las barreras económicas entre países y continentes. El capital recorre la Tierra en busca de los mayores beneficios, con billones de dólares atravesando fronteras con el simple pulsar de unas teclas. El desmoronamiento de la Unión Soviética, la institución de reformas orientadas a liberalizar el mercado en la India y la China, la reducción de los aranceles y el advenimiento de grandes superficies como Wal-Mart han hecho que miles de millones de personas pasen a competir directamente con las empresas y los trabajadores americanos. Sea o no sea todavía el mundo plano, como dice el columnista y escritor Thomas Friedman, sin duda se está volviendo cada día más plano.

No hay duda de que la globalización ha traído beneficios significativos a los consumidores americanos. Ha bajado los precios de productos que eran considerados de lujo, desde pantallas de televisión gigantes hasta melocotones en invierno, y ha aumentado el poder adquisitivo de los americanos con ingresos bajos. Ha contribuido a mantener bajo control la inflación, ha disparado los beneficios de los millones de americanos que invierten en el mercado de valores, ha franqueado nuevos mercados a los productos y servicios estadounidenses y ha permitido que países como la China y la India reduzcan dramáticamente la pobreza, lo que a largo plazo hace que el mundo sea más estable.

Pero no se puede negar que la globalización también ha aumentado la inestabilidad económica de millones de americanos corrientes. Para seguir siendo competitivas y tener contentos a sus inversores en el mercado global, las empresas con sede en los Estados Unidos se han automatizado, reducido su número de empleados, externalizado procesos y trasladado fábricas al extranjero. Se han apretado el cinturón en incrementos salariales y han cambiado los planes de jubilación y los seguros de salud definidos por 401(k)s y las cuentas de ahorro de salud que trasladan una porción mayor del riesgo y de los costos a los trabajadores.

La consecuencia ha sido la emergencia de lo que algunos han denominado como una economía de «todo a ganador», en la que la marea ascendente de la prosperidad económica no necesariamente empuja a todos los barcos. Durante la década pasada hemos visto un fuerte crecimiento económico pero un anémico crecimiento del empleo; un gran salto de la productividad pero una congelación de los salarios; grandes beneficios para las empresas pero un traspaso cada vez menor de esos beneficios a los trabajadores. Para aquellos como Larry Page y Sergey Brin, para aquellos con habilidades y talentos únicos y para los trabajadores especializados —los ingenieros, abogados, consultores y creativos de marketing— que facilitan su trabajo, las potenciales recompensas que ofrece el mercado global nunca han sido mayores. Pero para aquellos, como los trabajadores de Maytag, cuyas habilidades pueden ser automatizadas, digitalizadas o trasladadas a países con salarios más bajos, las consecuencias pueden ser muy graves: un futuro en la cada vez mayor bolsa de trabajos mal pagados del sector de servicios, con paquetes de beneficios escasos o inexistentes, el riesgo de arruinarse en caso de enfermedad y la imposibilidad de ahorrar para la jubilación o para enviar a los niños a la universidad.

La cuestión es qué debemos hacer al respecto. Desde principios de los años noventa, cuando empezaron a aparecer estas tendencias, un ala del partido demócrata —encabezada por Bill Clinton— ha apoyado la nueva economía y ha defendido el libre comercio, la disciplina fiscal y las reformas en educación y formación que ayuden a los trabajadores a competir por los puestos de mayor valor añadido y mayor retribución en el futuro. Pero una parte importante de las bases demócratas —y muy en particular los trabajadores industriales sindicalistas, como Dave Bevard— se han resistido a aceptar ese programa. En lo que a ellos respecta, el libre mercado sirve muy bien a los intereses de Wall Street pero ha hecho muy poco para detener la hemorragia de trabajos bien pagados que sufre los Estados Unidos.

El partido republicano tampoco es inmune a estas tensiones. El reciente alboroto por el tema de la inmigración puede provocar que resurja dentro del partido republicano el estilo conservador de «América primero» típico de Pat Buchanan, lo que pondría en entredicho las políticas de libre comercio de la Administración Bush. Y en su campaña de 2000 y a principios de su primer mandato, George W. Bush dejó entrever que creía que el gobierno tenía cierto papel que jugar en lo que llamó el «conservadurismo compasivo» que, según la Casa Blanca, se ha plasmado en el plan de

recetas de Medicare y en el programa de reforma educativa conocido como No Child Left Behind.* Esa tendencia provoca ardor de
estómago a los conservadores partidarios de reducir el gobierno al
mínimo.

En su mayor parte, no obstante, el programa económico republicano bajo el Presidente Bush ha consistido en bajas de impuestos, desregulación, privatización de servicios públicos... y más
bajas de impuestos. Los altos cargos de la Administración lo llaman la Sociedad de la Propiedad, pero la mayoría de sus principios básicos son los mismos que han defendido los economistas
partidarios del *laissez-faire* desde al menos la década de 1930: el
convencimiento de que la reducción radical —o, en algunos casos,
la eliminación— de los impuestos sobre los ingresos, grandes propiedades, ganancias de capital y dividendos impulsa la formación
de capital, tasas de ahorro más altas, más inversión en empresas
y mayor crecimiento económico; el convencimiento de que la
regulación del gobierno distorsiona o impide el funcionamiento
eficiente del mercado, genera dependencia y reduce la responsabilidad individual, la iniciativa y la capacidad de elección.

O, como Ronald Reagan dijo lacónicamente: «El gobierno no
es la solución del problema; el gobierno es el problema».

Hasta la fecha, la Administración Bush sólo ha hecho buena la
mitad de su ecuación. El Congreso controlado por los republicanos ha impulsado sucesivas rondas de recortes fiscales, pero se ha
negado a tomar las decisiones duras necesarias para controlar el
gasto: las partidas presupuestarias destinadas a intereses especiales, también conocidas como asignaciones, han aumentado un
64 por ciento desde que Bush accedió al cargo. Mientras tanto, los
legisladores demócratas (y el público) han conseguido impedir recortes drásticos en inversiones vitales y han rechazado de plano la
propuesta de la Administración de privatizar la Seguridad Social.
No está claro si la Administración cree de verdad que los déficit federales y la desbocada deuda nacional que se han generado son

---

*(N. de la t.) Una traducción libre del programa sería «Que ningún niño se quede
atrás».

graves. Lo que sí está claro es que el océano de números rojos que ha creado esta administración hará que sea más difícil para futuras administraciones para invertir dinero en hacer frente a los desafíos económicos de la globalización o en reforzar la red de Seguridad Social del país.

No quiero exagerar las consecuencias de este punto muerto. La estrategia de no hacer nada y dejar que la globalización siga su curso no provocará el colapso inminente de la economía de los Estados Unidos. El PIB de los Estados Unidos sigue siendo mayor que el de China e India sumados. Por ahora, al menos, las compañías con sede en los Estados Unidos siguen liderando sectores de la economía del conocimiento como la creación de software o la investigación farmacéutica, y nuestra red de universidades y escuelas sigue siendo la envidia del mundo entero.

Pero a largo plazo, no hacer nada nos lleva a convertirnos en un país muy distinto de aquel en el que crecimos. Será una nación mucho más estratificada económica y socialmente de lo que es ahora: una nación en la que una clase social basada en el conocimiento cada vez más próspera y que vivirá en enclaves exclusivos podrá comprar lo que quiera en el mercado —escuelas privadas, salud privada, seguridad privada y jets privados— mientras que un número cada vez mayor de sus conciudadanos se verá obligado a aceptar trabajos mal pagados del sector de servicios en los que será más vulnerable a traslados, se verá obligado a trabajar más horas, dependerá de un sistema público mal financiado, sobrecargado y que ofrecerá un mal servicio para su salud, no será fiable para sus pensiones y no ofrecerá a sus hijos la educación que necesitan.

Supondrá un país en el que seguiremos hipotecando nuestros activos a prestamistas extranjeros y estaremos expuestos a los caprichos de los productores de petróleo; un país en el que no se invertirá lo necesario en la investigación científica básica y en la formación de fuerza de trabajo para asegurar la prosperidad económica a largo plazo y superar las potenciales crisis medioambientales que se produzcan. Supondrá un país que estará más polarizado políticamente y será más inestable, conforme la frustración económica se acumule y haga que unos ciudadanos se vuelvan contra otros.

Y, lo peor de todo, será un país en el que los jóvenes tendrán menos oportunidades que hoy, en el que no se producirá la movilidad social ascendente que ha sido esencial a la promesa de este país desde su fundación.

Ese no es el país que queremos para nosotros o para nuestros hijos. Y estoy seguro de que tenemos el talento y los recursos necesarios para crear un futuro mejor, un futuro en que la economía crezca y la prosperidad se reparta entre los ciudadanos. Lo que nos impide dar forma a ese futuro no es la falta de ideas, sino la falta de un compromiso nacional para adoptar los difíciles pasos que hay que dar para hacer de los Estados Unidos un país más competitivo, y la ausencia de un consenso nuevo sobre el papel apropiado del gobierno en el mercado.

PARA CREAR ESE consenso hace falta conocer cómo ha evolucionado nuestro sistema de mercado con el tiempo. Calvin Coolidge dijo en una ocasión que «el negocio principal del pueblo americano son los negocios» y, de hecho, es difícil encontrar otro país del mundo que haya sido más consistentemente hospitalario a la lógica del mercado. Nuestra Constitución sitúa la propiedad privada en el centro de nuestro sistema de libertades. Nuestras tradiciones religiosas celebran el valor del trabajo duro y expresan la convicción de que una vida virtuosa conllevará recompensas materiales. No sólo no vilipendiamos a los ricos, sino que los tenemos como modelo de conducta, y nuestra mitología está poblada de historias de hombres que se han hecho a sí mismos: inmigrantes que vienen a este país sin nada y logran triunfar, jóvenes que se van al Oeste en busca de fortuna. Como dijo Ted Turner en una frase célebre, en América el dinero es nuestra manera de saber cómo va el marcador del partido.

La consecuencia de esta cultura de negocios ha sido una prosperidad sin igual en la historia del hombre. Hace falta viajar al extranjero para ver lo bien que vivimos los americanos; incluso nuestros pobres dan por sentados bienes y servicios —electricidad, agua potable, alcantarillado y fontanería en las casas, teléfonos, televisiones y electrodomésticos— que en la mayor parte del mundo todavía son imposibles de conseguir. Puede que los Estados Unidos haya sido bendecido con algunos de los mejores territorios del mundo, pero claramente nuestros recursos naturales no pueden explicar por sí solos nuestro éxito económico. Nuestro principal valor ha sido nuestro sistema de organización social, un sistema que durante generaciones ha fomentado la innovación, la iniciativa individual y la distribución eficiente de los recursos.

Por tanto no puede resultar sorprendente que tendamos a dar por sentado nuestro sistema de libre mercado, a asumir que se deriva de forma natural de las leyes de la oferta y la demanda y de la mano invisible de Adam Smith. Y una vez asumido esto no se está muy lejos de pensar que cualquier intromisión del gobierno en el mágico funcionamiento del mercado —ya sea a través de los impuestos, la reglamentación, los pleitos, las tarifas, la protección laboral o el gasto en programas sociales— va necesariamente en detrimento de la empresa privada e impide el crecimiento económico. La bancarrota del comunismo y el socialismo como medios alternativos de organización económica ha contribuido a reforzar esta asunción. En nuestros textos de economía y en los debates políticos modernos, el *laissez-faire* es el sistema por omisión y cualquiera que lo desafíe nada contra corriente.

No está de más recordar, pues, que nuestro sistema de libre mercado no es resultado ni del derecho natural ni de la divina providencia, sino que surgió a través de un doloroso proceso de prueba y error, a través de una serie de difíciles elecciones entre la eficiencia y la justicia, entre la estabilidad y el cambio. Y aunque los beneficios de nuestro sistema de libre mercado han procedido de los esfuerzos individuales de generaciones de hombres y mujeres que perseguían su propia visión de la felicidad, en todos y cada uno de los momentos de grandes trastornos económicos y de transición, hemos dependido de las acciones del gobierno para volver a ofrecer oportunidades a todos, para facilitar la libre competencia y para hacer que el mercado funcione mejor.

En resumidas cuentas, las acciones del gobierno han sido de tres tipos. En primer lugar el gobierno ha tenido, a lo largo de nuestra historia, que construir las infraestructuras, formar a la fuerza laboral y disponer todas las demás condiciones fundamentales y necesarias para el crecimiento económico. Todos los Padres Fundadores reconocieron la conexión entre propiedad privada y libertad, pero fue Alexander Hamilton quien reconoció el enorme potencial que tenía la economía nacional, una economía no basada en el pasado agrario sino en el futuro comercial e industrial. Para hacer realidad ese potencial, defendía Hamilton, el país necesitaba un gobierno fuerte y activo, y como primer Secretario del Tesoro de los Estados Unidos puso en práctica sus ideas. Nacionalizó la deuda de la Guerra de la Revolución, lo que no sólo contribuyó a unir las economías de los estados individuales sino que también ayudó a que surgiera un sistema de crédito y un mercado fluido de capitales. Impulsó medidas —desde leyes de patentes muy severas hasta fuertes aranceles— para impulsar las manufacturas americanas, y propuso que se invirtiera en las carreteras y puentes necesarios para trasladar productos al mercado.

Hamilton se enfrentó a una resistencia feroz de Thomas Jefferson, que temía que un gobierno nacional fuerte vinculado a los intereses de los ricos comerciantes fuera en contra de su visión de una democracia igualitaria vinculada a la tierra. Pero Hamilton comprendió que los Estados Unidos sólo podría acceder a su recurso más valioso, es decir, a la energía y capacidad emprendedora del pueblo americano, a través de la liberación del capital de los intereses de los terratenientes locales. Esta idea de movilidad social constituyó uno de los primeros grandes pactos del capitalismo americano; para mitigar la inestabilidad que puede conllevar el capitalismo industrial y comercial; sería un sistema dinámico en el que cualquiera que tuviera energía y talento podría llegar hasta la cima. Y, al menos en este punto, Jefferson estuvo de acuerdo. Fue basándose en su fe en la meritocracia en detrimento de la aristocracia hereditaria por lo que Jefferson defendería la creación de una universidad nacional financiada por el gobierno que pudiera educar y formar a las personas con talento en toda la nueva nación, y fue por ese mismo motivo por lo que siempre consideró la fundación de la Universidad de Virginia uno de sus mayores logros.

Esta tradición de que el gobierno americano invierta en la infraestructura física del país y en el pueblo americano fue adoptada completamente por Abraham Lincoln y el partido republicano en sus primeros tiempos. Para Lincoln, la esencia de los Estados Unidos era la oportunidad, el hecho de que el «trabajo libre» te hiciera avanzar en la vida. Lincoln creía que el capitalismo era el mejor sistema para crear esas oportunidades, pero también se dio cuenta de que la transición de una sociedad agraria a una sociedad comercial estaba distorsionando vidas y destruyendo comunidades.

Así que, en plena guerra civil, Lincoln tomó una serie de medidas que no sólo abonaron el terreno para que la economía nacional se integrase por completo sino que ampliaron la escala de oportunidades hacia abajo para que estuviera al alcance de un mayor número de personas. Impulsó la construcción del primer ferrocarril transcontinental. Constituyó la Academia Nacional de las Ciencias para fomentar las investigaciones básicas y los descubrimientos científicos que llevaran a nuevas tecnologías y sus correspondientes aplicaciones comerciales. Aprobó la fundamental Ley de Cesión de Terreno a los Colonos de 1862 que entregó grandes franjas de tierra por todo el oeste de los Estados Unidos a colonos del este e inmigrantes de todo el mundo de modo que ellos también pudieran participar en la próspera economía de la nación. Y entonces, en vez de dejar que esos colonos se las apañasen como pudieran, creó un sistema de universidades financiadas mediante concesiones de tierras o capital para que instruyeran a los granjeros en las últimas tecnologías agrícolas y les diesen también la educación liberal que les permitiría soñar con ir más allá de los confines de la vida en la granja.

Lo que Hamilton y Lincoln comprendieron —que bien utilizados los recursos y el poder del gobierno nacional no suplantan, sino que facilitan un libre mercado próspero— sigue siendo una de las bases de las políticas republicanas y demócratas en todas las fases del desarrollo de los Estados Unidos. El Hoover Dam, la Autoridad del Valle Tennessee, el sistema de autopistas interestatales, Internet, el proyecto del genoma humano... una y otra vez las inversiones del gobierno han ayudado a allanar el camino para que la actividad económica privada pueda desarrollarse y prosperar. Y a través de la creación de un sistema de escuelas públicas e instituciones de educación superior, además de programas como la Ley de los GI* que puso la educación universitaria al alcance de millones de personas, el gobierno ha contribuido a dar a los individuos las herramientas que necesitan para adaptarse e innovar en un clima de constantes cambios tecnológicos.

Además de hacer las inversiones necesarias que la empresa privada no quiere o no puede hacer por sí misma, la intervención del gobierno nacional ha sido imprescindible para hacer frente a los fallos del mercado, a esas recurrentes enganchadas de todo sistema capitalista que o bien impiden que el mercado funcione de forma eficiente o bien resultan dañinas para los ciudadanos. Teddy Roosevelt se dio cuenta de que el poder de los monopolios podía restringir la competencia e hizo de la ruptura de monopolios uno de los ejes de su administración. Woodrow Wilson creó el Banco de la Reserva Federal para controlar el suministro de dinero y moderar los pánicos periódicos que sufrían los mercados financieros. El gobierno federal y los gobiernos estatales aprobaron las primeras leyes en defensa de los consumidores —la Ley de Comida y Medicamentos Puros y la Ley de Inspección de la Carne— para proteger a los americanos de productos dañinos.

Pero fue durante el crack de la bolsa en 1929 y la subsiguiente Depresión cuando el papel vital del gobierno en la regulación del mercado se hizo obvio en toda su magnitud. Con la confianza de los inversores por los suelos, con la gente agolpándose en la puerta

---

*(N. de la t.) Se trata de una ley cuyo nombre oficial fue *Servicemen's Readjustment Act* (Ley de Reajuste de los soldados). La ley, promulgada en 1944, pagaba la universidad o la formación profesional a los soldados que habían luchado en la Segunda Guerra Mundial, además de darles un año de subsidio de desempleo y facilitarles préstamos para comprar casas y empezar negocios. Estos soldados se suelen denominar G.I. y de ahí el apelativo por el que se conoce la ley.

de los bancos presa de un pánico que amenazaba con demoler el sistema financiero, y con un círculo vicioso que hacía que la demanda de los consumidores y las inversiones industriales fueran cada vez menores, Roosevelt diseñó una serie de intervenciones gubernamentales que detuvieron la contracción de la economía. Durante los siguientes ocho años, la administración del New Deal experimentó con diversas medidas para restablecer la salud de la economía y aunque no todas produjeron los resultados deseados, sí dejaron tras de sí una estructura reguladora que hoy en día ayuda a disminuir el riesgo de que se produzca otra crisis económica: una Comisión del Mercado de Valores para asegurar que los mercados financieros sean transparentes y para proteger a los inversores más pequeños del fraude y la manipulación de los que cuentan con información privilegiada; un seguro FDIC (Corporación Federal Aseguradora de Depósitos, por sus siglas en inglés) para dar garantías a quienes depositan sus fondos en los bancos; y políticas monetarias y fiscales contra cíclicas, fueran en la forma de rebajas fiscales, aumento de la liquidez o de gasto gubernamental directo, para estimular la demanda cuando los negocios y los consumidores se retiraban del mercado.

Por último, en lo que quizá haya sido su función más controvertida, el gobierno ha contribuido a estructurar el pacto entre la empresa y el trabajador americano. Durante los primeros ciento cincuenta años de existencia de los Estados Unidos, mientras el capital se agrupaba en fondos de inversión y en sociedades de responsabilidad limitada, a los trabajadores se les prohibió legalmente y mediante la fuerza que formaran sindicatos que aumentaran su poder de negociación. Los trabajadores, pues, prácticamente no tuvieron medios de protegerse de condiciones de trabajo inhumanas, estuvieran en fábricas o en plantas de procesamiento de carne. La cultura americana, por otra parte, no contemplaba con simpatía a los trabajadores que acababan sumidos en la pobreza por culpa de las ráfagas periódicas de «destrucción creativa» que azotaban al capitalismo, pues la receta para el éxito individual era trabajar todavía más arduamente, no esperar ayuda por parte del estado. La única red de seguridad con la que contaban los trabajadores la ofrecía la caridad privada, cuyos recursos eran magros y desiguales.

De nuevo fue necesaria la conmoción que supuso la Gran Depresión, que dejó a un tercio de la población sin trabajo y sin casa, sin ropa y sin comida, para que el gobierno corrigiera ese desequilibrio. Cuando llevaba dos años de mandato, Roosevelt logró que el Congreso aprobara la Ley de la Seguridad Social de 1935, el auténtico eje del nuevo estado de bienestar social. Esa ley instituyó una red de seguridad que sacó a casi la mitad de todos los ciudadanos de la tercera edad de la pobreza, aportó un subsidio de desempleo a aquellos que habían perdido su trabajo y también unos modestos pagos a los discapacitados y a los ancianos desfavorecidos. Roosevelt también introdujo leyes que cambiaron de forma decisiva la relación entre el capital y el trabajo: la semana laboral de cuarenta horas, las leyes sobre trabajo infantil y leyes sobre salario mínimo, además de la Ley Nacional de Relaciones Laborales, que hizo posible que se organizaran sindicatos industriales con amplias bases sociales y obligó a los empresarios a negociar con ellos de buena fe.

Parte de la lógica que aplicó Roosevelt al hacer aprobar esas leyes venía marcada por la economía keynesiana, que prescribe que uno de los remedios para la depresión económica es hacer que los trabajadores americanos dispongan de más dinero en el bolsillo. Pero FDR comprendió también que, en una democracia, el capitalismo necesita del consentimiento del pueblo y que las reformas que emprendió, al darle a los trabajadores una porción mayor del pastel de la economía, harían que los sistemas totalitarios —el fascismo, el socialismo o el comunismo—, que estaban ganando terreno en toda Europa, resultasen menos atractivos a los americanos. Como explicaría en 1944, «La gente hambrienta y sin trabajo es el sustento de las dictaduras».

Durante un tiempo pareció que la historia acabaría así, con Roosevelt salvando al capitalismo de sí mismo a través de un gobierno federal activo que invertía en los ciudadanos y en infraestructura, regulaba el mercado y protegía a los trabajadores de las privaciones crónicas. Y, de hecho, durante los siguientes veinticinco años, gobernasen administraciones republicanas o demócratas, ese modelo del estado americano de bienestar social gozó de un apoyo muy amplio. Cierto que había quienes en la derecha lo criticaban por abrir la puerta al socialismo y quienes desde la izquierda creían que Roosevelt se había quedado a medio camino en sus reformas, pero el brutal crecimiento de la economía de producción en masa americana y la enorme distancia en capacidad productiva entre los Estados Unidos y las economías de Europa y Asia, destrozadas por la guerra, amortiguó la mayoría de las batallas ideológicas. Sin rivales de entidad, las empresas norteamericanas pudieron traspasar rutinariamente sus crecientes costos laborales e impositivos a sus clientes. El empleo total hizo posible que los trabajadores sindicados de las fábricas se incorporaran a la clase media, mantuvieran a una familia con un sólo sueldo y disfrutaran de un sistema de salud y una jubilación estables y seguras. Y en ese ambiente de beneficios empresariales estables y salarios cada vez más altos, los gobernantes encontraron una resistencia política mínima a las subidas de impuestos y a las leyes para hacer frente a nuevos problemas sociales. De ahí la creación de los programas de la Gran Sociedad bajo la presidencia de Johnson, entre los que se cuentan Medicare, Medicaid y la asistencia social, y de ahí también la creación de la Agencia de la Protección del Medio Ambiente y de la Administración de Salud y Seguridad Laboral bajo la presidencia de Nixon.

El único problema de este triunfo liberal es que el capitalismo no se está quieto. Llegados los setenta, el crecimiento de la productividad estadounidense, el verdadero motor de la economía de posguerra, empezó a flaquear. La OPEP cada vez era más exigente y eso hizo que los países productores de petróleo se llevaran una parte mucho mayor de la economía global, dejando al descubierto, en el proceso, la vulnerabilidad del país a los trastornos en el suministro de energía. Las empresas estadounidenses empezaron a verse amenazadas por la competencia de las empresas asiáticas que podían producir a bajo costo y en los ochenta una auténtica avalancha de productos de importación baratos —textiles, zapatos, aparatos electrónicos e incluso automóviles—

empezó a quedarse con porciones importantes del mercado doméstico. Mientras tanto, las empresas multinacionales estadounidenses comenzaron a trasladar a algunas de sus fábricas al extranjero, en parte para acceder a nuevos mercados, pero también para disfrutar de los beneficios de una mano de obra más barata.

En este entorno global más competitivo, la vieja fórmula empresarial de beneficios constantes y administración pesada ya no funcionaba. Al ver reducida su capacidad de traspasar sus costes más altos o sus productos de mala calidad a los consumidores, los beneficios y la cuota de mercado de las empresas se desplomaron y los accionistas empezaron a exigir más valor añadido. Algunas empresas descubrieron formas de aumentar la productividad a través de la innovación y la automatización. Otras basaron su estrategia en brutales despidos masivos, resistencia a los sindicatos y un traslado cada vez mayor de su producción al extranjero. Los ejecutivos que no se adaptaron quedaron expuestos a los tiburones de las finanzas y a los artistas de las compras con financiación ajena, que hicieron esos cambios por ellos sin ningún respeto por los empleados cuyas vidas trastornaban, ni por las comunidades que destrozaban. De un modo u otro, las empresas americanas se hicieron más eficientes y agresivas y fueron los trabajadores de la línea de producción y las ciudades industriales tradicionales los que pagaron el precio de esa transformación.

No fue sólo el sector privado el que tuvo que adaptarse a este nuevo ambiente. Como lo dejó claro la elección de Ronald Reagan, el pueblo también quería que el gobierno cambiase.

En su retórica, Reagan tenía tendencia a exagerar el grado en el que el estado de bienestar social había crecido durante los veinticinco años anteriores. En su punto más alto, el porcentaje que representaba el presupuesto federal sobre el total de la economía estadounidense siguió muy por debajo del porcentaje de Europa Occidental, incluso teniendo en cuenta el enorme presupuesto de defensa de Estados Unidos. Aun así, la revolución conservadora de Reagan prosperó porque su idea básica —que el estado liberal de bienestar social se había vuelto demasiado complaciente y burocrático y que los políticos demócratas estaban más preocupados por cómo se repartía el pastel que por hacer crecer ese pastel— era en gran parte cierta. Igual que muchos directivos de empresas privadas, al verse libres de competencia, habían dejado de crear valor para sus consumidores, demasiados departamentos del gobierno ya no se preguntaban si sus accionistas (los contribuyentes americanos) y sus consumidores (los que utilizaban los servicios del gobierno) recibían un servicio que estuviera a la altura del dinero que pagaban por él.

No todos los programas gubernamentales funcionaron como debían. En algunos casos su labor podía llevarla a cabo mejor el sector privado, en otros casos no hacía falta una regulación gubernamental total, pues se podían conseguir los mismos resultados a un costo menor y mayor flexibilidad mediante incentivos al mercado. Y es posible que las altas tasas impositivas en vigor cuando Reagan accedió al cargo no desincentivaran el trabajo o la inversión, pero sí distorsionaron las decisiones de inversión e hicieron que surgiera toda una industria dedicada a evitar el pago de impuestos mediante refugios fiscales. Y aunque la asistencia social alivió las necesidades de muchos americanos empobrecidos, también creó incentivos perversos en lo relativo a la ética del trabajo y a la estabilidad familiar.

Obligado a pactar con un Congreso controlado por los demócratas, Reagan no logró llevar a cabo gran parte de sus planes más ambiciosos para reducir el gobierno. Pero cambió los términos del debate político de forma trascendental. La revuelta fiscal de la clase media se convirtió en un tema habitual en la política nacional y estableció un límite a la expansión del gobierno. Para muchos republicanos el no interferir en el mercado se convirtió en un artículo de fe.

Por supuesto, muchos votantes seguían volviendo la vista hacia el gobierno cuando la economía iba mal. La llamada de Bill Clinton a que el gobierno adoptara una actitud más agresiva sobre la economía le ayudó a alcanzar la Casa Blanca. Después de la derrota, políticamente desastrosa, de su plan de cobertura de salud y de la elección de un Congreso republicano en 1994, Clinton tuvo que limitar sus ambiciones, pero aun así pudo dar un sesgo

progresista a algunos de los objetivos de Reagan. Clinton declaró
que la era del gran gobierno había terminado y firmó la aprobación de la ley de la reforma de la asistencia social, impulsó bajas
de impuestos para la clase media y los trabajadores más pobres y
se esforzó por reducir la burocracia y el papeleo. Y fue Clinton
quien logró el objetivo que Reagan jamás alcanzó: puso las cuentas fiscales de la nación en orden al mismo tiempo que reducía la
pobreza y aumentaba modestamente las inversiones en educación
y formación laboral. Para cuando Clinton dejó el cargo parecía
que se había alcanzado un punto de equilibrio. Teníamos un gobierno más pequeño, pero era un gobierno que mantenía en pie la
red de seguridad social que Roosevelt había creado.

Pero el capitalismo sigue sin estarse quieto. Puede que las políticas de Reagan y Clinton le quitaran un poco de grasa al estado liberal de bienestar social, pero lo que no podían hacer era cambiar
las realidades subyacentes de la cada vez mayor competencia global y de la revolución tecnológica. Todavía hay puestos de trabajo
que se van al extranjero, no sólo en la industria, sino cada vez más
trabajos del sector de servicios que pueden transmitirse de forma
digital, como programación informática básica. Las empresas
siguen luchando contra costos médicos muy altos. El país sigue
importando mucho más de lo que exporta y tomando prestado
mucho más dinero del que presta.

La Administración Bush no tiene ninguna filosofía de gobierno
clara para responder a esta situación y se ha limitado a llevar la revolución conservadora a sus conclusiones lógicas: impuestos todavía más bajos, todavía menos regulación y todavía menos red de
seguridad. Pero al hacerlo, los republicanos luchan una guerra pasada, la guerra que ganaron en los ochenta, mientras que los demócratas se ven obligados a acciones de retaguardia defendiendo
los programas que el New Deal creó en los años treinta.

Ambas estrategias han dejado de funcionar. Los Estados Unidos no puede competir con China e India simplemente reduciendo
costos y reduciendo el gobierno, a menos que estemos dispuestos a
tolerar una caída en picado del nivel de vida de los americanos,
con ciudades ahogadas en *smog* y hordas de mendigos en las ca-

lles. Los Estados Unidos tampoco puede competir sólo con barreras proteccionistas y subiendo el salario mínimo, a menos que confisquemos todas las computadoras del mundo.

Nuestra historia, sin embargo, nos da la confianza de que no tenemos que escoger entre una economía opresiva dirigida por el gobierno y un capitalismo caótico y despiadado. Nuestra historia nos dice que podemos salir más fuertes de los períodos de perturbaciones económicas, en lugar de más débiles. Como aquellos que nos precedieron, debemos preguntarnos qué políticas nos llevarán hacia un libre mercado dinámico en el que predomine la seguridad económica, la innovación empresarial y la movilidad social ascendente. Y en ese proceso nos puede guiar la sencilla máxima de Lincoln: que haremos colectivamente, a través de nuestro gobierno, sólo aquellas cosas que no podamos hacer tan bien o no podamos hacer en absoluto individual y privadamente.

En otras palabras, debemos guiarnos por aquello que funcione.

¿En qué consistiría ese nuevo consenso económico? No pretendo conocer todas las repuestas y una discusión detallada de la política económica de los Estados Unidos llenaría varios tomos. Pero puedo ofrecer unos pocos ejemplos de donde podemos liberarnos del punto muerto en la política actual; temas en los que, en la tradición de Hamilton y Lincoln, podemos invertir nuestra infraestructura y nuestra gente; formas en que podemos empezar a modernizar y reconstruir el contrato social que Roosevelt hilvanó por primera vez a mediados del siglo pasado.

Empecemos con las inversiones que pueden hacer que el país sea más competitivo en la economía global: inversiones en educación, ciencia y tecnología e independencia energética.

A lo largo de nuestra historia la educación ha sido el punto central del pacto que esta nación ha hecho con sus ciudadanos: si trabajas duro y aceptas tus responsabilidades, tendrás la oportunidad de llevar una vida mejor. Y en un mundo en el que el conocimiento determina el valor en el mercado laboral, donde un niño en Los Ángeles tiene que competir no sólo con un niño de Boston sino también con millones de niños de Bangalore y Pequín, hay muchas escuelas americanas que no están cumpliendo su parte del pacto.

En 2005 visité la escuela secundaria Thornton Township, una escuela mayoritariamente negra en un barrio del sur de Chicago. Mi equipo trabajó con profesores de esa escuela para organizar una charla y, a fin de conocer las inquietudes de los estudiantes, los representantes de cada una de las clases habían realizado encuestas durante varias semanas para averiguar cuáles eran los temas que más preocupaban a sus compañeros de estudios. Me presentaron los resultados en forma de una batería de preguntas. En la reunión hablaron de la violencia en sus barrios y de que había pocos computadores en las clases. Pero la cuestión que más les preocupaba era la siguiente: el distrito escolar no podía permitirse pagar a los profesores la jornada completa, así que en Thornton las clases acababan cada día a la 1:30 de la tarde. Con tan pocas horas, no había tiempo para que los estudiantes trabajasen en el laboratorio de ciencias o aprendieran idiomas extranjeros.

Cómo puede ser que nos traten de modo tan injusto, me preguntaron. Pareciera que nadie cree que podemos ir a la universidad, dijeron.

Querían más clases.

Nos hemos acabado acostumbrando a historias de ese tipo, de niños pobres negros y latinos que se aburren en escuelas que no están en condiciones de prepararlos ni siquiera para la vieja economía industrial y mucho menos para la era de la información. Pero los problemas de nuestro sistema educativo no se limitan a los barrios pobres de las ciudades. Estados Unidos tiene hoy en día uno de los índices de abandono de los estudios en la secundaria más altos de todo el mundo industrializado. En su último año, los estudiantes de secundaria norteamericanos sacan peores notas en matemáticas y ciencia que la mayoría de los jóvenes de otros países. La mitad de los adolescentes no entienden las fracciones básicas, la mitad de los niños de nueve años no sabe multiplicar o dividir y aunque más estudiantes americanos que nunca están presentándose a los exámenes de admisión a la universidad, sólo el

22 por ciento de ellos están en condiciones de participar en clases a nivel universitario de inglés, matemáticas y ciencia.

No creo que el gobierno, por sí solo, pueda dar la vuelta a estas estadísticas. Los padres son los principales responsables de inculcar en sus hijos la ética del trabajo y del esfuerzo escolar. Pero los padres tienen todo el derecho a esperar que su gobierno, a través de las escuelas públicas, colabore en pie de igualdad con ellos en el proceso educativo, igual que ha hecho hasta ahora para las generaciones anteriores de americanos.

Por desgracia, en lugar de innovaciones y reformas radicales en nuestras escuelas —la clase de reformas que harían que los chicos de Thornton pudieran competir por los puestos de trabajo de Google—, durante casi dos décadas nuestro gobierno sólo ha hecho pequeñas chapuzas y ha tolerado la mediocridad. En parte, esta actitud gubernamental ha sido la consecuencia de batallas ideológicas pasadas de moda y previsibles. Muchos conservadores dicen que el dinero no sirve para aumentar el rendimiento educativo, que los problemas de las escuelas públicas los crean las absurdas burocracias y los intransigentes sindicatos de profesores, y que la única solución es quebrar el monopolio que el gobierno tiene sobre la educación entregando vales a los padres. Mientras tanto, la izquierda a menudo se ve defendiendo un indefendible *status quo* e insistiendo en que bastaría un gasto mayor en educación para mejorar los resultados de nuestros estudiantes.

Ambas posturas están equivocadas. El dinero sí importa en la educación —si no es así, ¿por qué pagan tanto los padres para vivir en barrios con distritos escolares bien financiados?— y muchas escuelas urbanas y rurales siguen teniendo clases con demasiados alumnos, libros desfasados, material inadecuado y profesores que se ven obligados a pagar de su bolsillo los suministros más básicos. Dicho esto, es innegable que la forma en que muchas escuelas públicas están dirigidas supone un problema al menos igual de grave que la falta de financiación.

Nuestra tarea, pues, es identificar aquellas reformas que tengan mayor incidencia en los resultados de los alumnos, financiarlas adecuadamente y eliminar los programas que no logren resultados. Y, de hecho, ya tenemos ejemplos claros de reformas que funcionan: un currículo más riguroso y difícil que ponga el énfasis en las matemáticas, la ciencia y la alfabetización; más horas y más días de clase para dar a los niños el tiempo y la atención continua que necesitan para aprender; educación desde una edad temprana para todos los niños, de modo que no empiecen ya desde una posición de desventaja su primer día de escuela; evaluaciones sensatas y centradas en el rendimiento que ofrezcan una imagen clara de cómo van los estudios del alumno, y la contratación y formación de profesores más efectivos y de directores de escuela capaces de cambiar las cosas.

Este último punto —la necesidad de buenos maestros— es fundamental. Estudios recientes demuestran que lo que más determina el rendimiento de un alumno no es el color de su piel o de dónde viene, sino quién es su profesor. Por desgracia, demasiadas de nuestras escuelas dependen de profesores sin experiencia con poca formación en las materias que imparten, y demasiadas veces ese tipo de profesor se concentra en escuelas a las que ya les costaba salir adelante. Más aun, la situación no mejora, sino que va a peor: cada año los distritos escolares pierden profesores experimentados conforme la generación del *Baby Boom* alcanza la jubilación, de modo que habrá que contratar dos millones de profesores en la próxima década sólo para cubrir las necesidades que plantea la inscripción de un número cada vez mayor de alumnos.

El problema no es que no haya interés en enseñar. Constantemente me encuentro con jóvenes recién licenciados en las mejores universidades que se han apuntado, a través de programas como *Teach for America* (Enseñar por América), a un período de dos años como maestros en algunas de las escuelas públicas más difíciles del país. Creen que es un trabajo extremadamente gratificante y los niños a los que enseñan se benefician de su creatividad y entusiasmo. Pero hacia el final de los dos años, la mayoría o bien han cambiado de carrera o bien se han mudado a escuelas de barrios mejores como consecuencia de los bajos sueldos, de la falta de apoyo por parte de la burocracia educativa y de una sensación cada vez más penetrante de aislamiento.

Si de verdad queremos construir el sistema escolar del siglo XXI, tenemos que tomarnos la carrera de profesor en serio. Eso implica cambiar el sistema de certificación para permitir que un estudiante de química que quiera enseñar se evite los caros cursos adicionales; juntar a los nuevos profesores con otros que tengan más experiencia para que no se sientan aislados, y dar a los profesores que hayan demostrado su valor más control sobre lo que sucede en sus aulas.

Pero también implica pagar a los profesores el sueldo que se merecen. No hay razón para que un profesor muy cualificado, experimentado y efectivo no gane cien mil dólares anuales en la cima de su carrera. Los profesores con más experiencia en campos clave como las matemáticas y la ciencia —además de aquellos dispuestos a enseñar en las escuelas urbanas más difíciles— deberían cobrar todavía más.

Sólo hay una condición. A cambio de ese dinero, los profesores tienen que responsabilizarse por completo del rendimiento y efectividad de su trabajo, y los distritos escolares tienen que poder librarse con más facilidad de los profesores que no funcionan.

Hasta ahora, los sindicatos de profesores se han opuesto a la idea de vincular el sueldo al rendimiento, en parte porque podría dejarles a merced de los caprichos del director del centro. Los sindicatos sostienen, además, —y creo que con razón— que la mayoría de los distritos escolares se basan solamente en los resultados de los exámenes para medir el rendimiento de los profesores y que los resultados de esos exámenes pueden depender en gran parte de factores que están más allá del control de cualquier profesor, como el número de estudiantes procedentes de familias con ingresos bajos o de estudiantes con necesidades especiales que haya en su clase.

Pero no son problemas insolubles. Trabajando conjuntamente con los sindicatos de profesores, los estados y los distritos escolares pueden desarrollarse mejores formas de medir el rendimiento de un docente, formas que combinen los resultados de los exámenes con un sistema de evaluación por los mismos colegas del maestro (la mayoría de los profesores saben perfectamente cuáles son los mejores profesores de su escuela y cuáles son los peores). Y con estas medidas podríamos garantizar que los profesores que no rinden en su trabajo dejen de perjudicar a los niños que quieren aprender.

De hecho, si vamos a hacer las inversiones necesarias para poner al día a nuestras escuelas, tenemos que recuperar nuestra fe en que todos los niños *pueden* aprender. Hace poco tuve ocasión de visitar la escuela elemental Dodge, en el lado oeste de Chicago, una escuela que estuvo de última en todos los indicadores de calidad educativa pero que ahora está experimentando un giro radical. Al hablar con algunos de los maestros sobre los retos a los que se enfrentaban, un profesor joven mencionó lo que denominó el «síndrome de estos niños»: lo fácilmente que la sociedad encuentra un millón de excusas por las cuales «estos niños» no pueden estudiar; porque «estos niños proceden de entornos muy duros» o porque «estos niños están demasiado atrasados».

—Me vuelve loco oír esa expresión —me dijo el profesor—. No son «estos niños». Son nuestros niños.

Lo bien o mal que funcione la economía americana en los años que están por venir dependerá en buena medida de si por fin comprendemos la veracidad de esas palabras.

NUESTRA INVERSIÓN EN educación no puede limitarse a mejorar nuestro sistema de escuelas elementales y secundarias. En una economía basada en el conocimiento donde ocho de las nueve profesiones con más crecimiento en esta década requieren de conocimientos científicos o tecnológicos, la mayoría de los trabajadores necesitarán educación superior para estar preparados para los trabajos del futuro. E igual que nuestro gobierno creó escuelas públicas gratuitas y obligatorias a principios del siglo XX para aportar a los trabajadores las habilidades necesarias para la era industrial, nuestro gobierno tiene que ayudar a la fuerza laboral de hoy a adaptarse a las realidades del siglo XXI.

En muchos sentidos, nuestro trabajo debería ser más sencillo que el de los gobernantes de hace un siglo. Por un lado, nuestra red de universidades y centros de estudios superiores existe y está en condiciones de asumir la llegada de más estudiantes. Y, desde luego, no hace falta convencer a los americanos del valor de la educación superior. El porcentaje de jóvenes que se licencian en la universidad ha subido constantemente década tras década, desde cerca del 16 por ciento en 1980 hasta casi un 33 por ciento en la actualidad.

Para lo que sí necesitan ayuda inmediata los americanos es para hacer frente al cada vez mayor costo de los estudios universitarios —algo de lo que Michelle y yo somos muy conscientes (durante los primeros diez años de nuestro matrimonio, los pagos mensuales de los créditos que habíamos contraído para nuestros estudios universitarios fueron bastante mayores que los de nuestra hipoteca). Durante los últimos cinco años, el promedio de los costos de matriculación en las universidades públicas para licenciaturas de cuatro años, ajustados para tener en cuenta la inflación, ha subido de un 40 por ciento. Para absorber este costo, los estudiantes se endeudan cada vez más, lo que obliga a muchos de ellos a descartar carreras en campos poco lucrativos como la enseñanza. Y se estima que cada año doscientos mil estudiantes con capacidad de acceder a la universidad deciden no hacerlo porque no encuentran forma de pagarla.

Hay cierto número de pasos que podemos dar para controlar los costos y facilitar el acceso a la educación superior. Los estados pueden limitar los aumentos anuales de las matrículas en las universidades públicas. Para muchos estudiantes no tradicionales, las escuelas técnicas y los cursos por Internet puede suponer una opción asequible para continuar formándose en una economía que cambia constantemente. Y los estudiantes pueden insistir en que sus instituciones centren sus esfuerzos de recaudación de fondos en mejorar la calidad de la enseñanza y no en construir nuevos estadios de fútbol americano.

Pero no importa lo mucho que nos esforcemos por controlar el costo cada vez mayor de la educación, seguiremos teniendo que dar a muchos estudiantes y padres más ayuda directa para hacer frente a los gastos de los estudios universitarios, ya sea a través de

becas, créditos a bajo interés, cuentas de estudios con desgravaciones fiscales o desgravación total del costo de la matrícula. Hasta
el momento, el Congreso ha avanzado en dirección totalmente
opuesta, pues ha subido las tasas de interés de los créditos estudiantiles con garantía federal y no ha aumentado la dotación de
las becas para estudiantes de bajos ingresos para mantenerlas a la
par con la inflación. No hay ninguna justificación para esas políticas, no si queremos que las oportunidades para todos y la movilidad social ascendente sigan siendo rasgos característicos de la
economía estadounidense.

Hay un aspecto de nuestro sistema educativo que merece que le
prestemos atención, un aspecto que va directo al corazón de la
competitividad americana. Desde que Lincoln firmó la Ley Morrill
y creó el sistema de universidades financiadas por concesiones de
tierra, las instituciones de educación superior han sido los principales centros de investigación y laboratorios de la nación. Es en
esas instituciones donde hemos formado a los innovadores del
futuro, con el gobierno federal apoyando de forma crítica su
infraestructura —todo desde laboratorios de química hasta los
aceleradores de partículas— y aportando los dólares para investigaciones que podían no tener aplicación comercial inmediata,
pero que podían llevar en último término a grandes descubrimientos científicos.

Aquí también nuestras políticas han apuntado en la dirección
equivocada. En la inauguración del curso de 2006 de la universidad Northwestern entablé una conversación con el doctor Robert
Langer, Profesor Distinguido* de ingeniería química en el MIT y
uno de los científicos más destacados de nuestra nación. Langer no
es un académico que viva encerrado en su torre de marfil. Tiene a
su nombre más de quinientas patentes y sus investigaciones han tenido todo tipo de aplicaciones prácticas, desde los parches de
nicotina a tratamientos para tumores cerebrales. Mientras esperá-

*(N. de la t.) El MIT concede el título de *Institute Professor*, que hemos tradu-
cido por Profesor Distinguido, a algunos de los miembros de su claustro que
cuyo currículo contiene logros especialmente destacables. Habitualmente no más
de una docena de profesores de la institución ostentan ese título.

bamos a que empezase el desfile, le pregunté en qué estaba trabajando y me comentó su investigación sobre la ingeniería de tejidos,
una técnica que prometía hallar una vía nueva y más efectiva de
introducir medicamentos en el cuerpo. Recordé las recientes polé-
micas sobre la investigación con células madre y le pregunté si
la limitación que la Administración Bush había fijado al número
de líneas de células madre era el mayor obstáculo con el que se
encontraba para conseguir avances en su campo. Negó con la
cabeza.

—Tener más líneas de células madre sería sin duda muy útil
—me dijo Langer—, pero el verdadero problema que tenemos es
que se están reduciendo drásticamente las ayudas federales.

Me explicó que quince años atrás entre el 20 y el 30 por ciento
de todas las propuestas de investigación recibía ayuda federal significativa. Ese porcentaje se sitúa hoy alrededor del 10 por ciento.
Para los científicos e investigadores ello significa pasar más tiempo
buscando dinero y menos tiempo investigando. También quiere
decir que cada año se eliminan más y más vías de investigación
prometedoras, especialmente las investigaciones muy arriesgadas
que son las que al final producen los mejores resultados.

El doctor Langer no es el único en sostener esa opinión. Parece
como si cada mes vinieran a mi despacho científicos e ingenieros
para discutir conmigo la cada vez menor participación del gobierno federal en la financiación de las investigaciones científicas
más básicas. Durante las últimas tres décadas el porcentaje del PIB
que supone la financiación federal para las ciencias físicas y matemáticas y para la ingeniería se ha reducido, justo cuando otros
países están aumentando sustancialmente sus presupuestos de investigación y desarrollo. Y como señala el doctor Langer, nuestro
decreciente apoyo a la investigación básica tiene una repercusión
directa en el número de jóvenes que deciden estudiar matemáticas,
ciencia e ingeniería, lo que quizá ayuda a explicar por qué cada
año, China está graduando ocho veces más ingenieros que Estados
Unidos.

Si queremos una economía basada en la innovación, una economía que genere nuevos Google cada año, tenemos que invertir

en nuestros futuros innovadores, ya sea doblando la financiación federal de la investigación básica durante los próximos cinco años, o formando cien mil nuevos ingenieros y científicos durante los próximos cuatro años u ofreciendo becas y ayudas a los investigadores jóvenes más destacados del país. Mantener nuestro liderazgo científico y tecnológico costaría aproximadamente cuarenta y dos mil millones de dólares durante los próximos cinco años. Mucho dinero, es cierto, pero que representa sólo el 15 por ciento del último presupuesto de autopistas federales.

En otras palabras, podemos permitirnos hacer lo que hay que hacer. Lo que nos falta no es dinero, sino comprender que estamos ante una urgencia nacional.

LA ÚLTIMA INVERSIÓN crítica que necesitamos hacer para que Estados Unidos sea más competitivo es una infraestructura energética que nos haga avanzar en dirección a la independencia energética. En el pasado, la guerra o una amenaza directa a nuestra seguridad nacional han hecho que el país se sacuda de su complacencia y llevaron a un aumento de las inversiones en educación y ciencia, con la vista puesta en minimizar nuestras vulnerabilidades. Eso es lo que pasó en el punto culminante de la Guerra Fría, cuando el lanzamiento del satélite Sputnik despertó el temor de que los soviéticos estuvieran adelantándonos tecnológicamente. Como respuesta, el Presidente Eisenhower dobló la ayuda federal a la educación y dio a una generación entera de científicos e ingenieros la formación que necesitaban para liderar avances revolucionarios. Ese mismo año se creó la Agencia de Proyectos de Investigación Avanzados de Defensa, o DARPA, por sus siglas en inglés, que aportó miles de millones de dólares para investigación básica que al final ayudarían a crear el Internet, los códigos de barras y el diseño computarizado. Y en 1961 el Presidente Kennedy lanzaría el programa espacial Apollo, inspirando a más jóvenes por todo el país a entrar en la nueva frontera de la ciencia.

Nuestra situación actual exige que adoptemos la misma postura respecto a la energía. No podría exagerar hasta qué punto nuestra adicción al petróleo condiciona nuestro futuro. Según la Comisión Nacional de Política Energética, si no cambiamos nuestra política energética, la demanda de petróleo de Estados Unidos aumentará un 40 por ciento durante los próximos veinte años. Durante el mismo período, la demanda mundial subirá de al menos un 30 por ciento, conforme países que están desarrollándose muy rápidamente, como China e India, aumenten su capacidad industrial y añadan ciento cuarenta millones de vehículos a sus carreteras.

Nuestra dependencia del petróleo no afecta sólo a nuestra economía, sino que perjudica gravemente nuestra seguridad nacional. Gran parte de los ochocientos millones que gastamos en petróleo extranjero cada día van a parar a algunos de los regímenes más volátiles del mundo, como Arabia Saudita, Nigeria, Venezuela y, de forma indirecta, a Irán. Les damos nuestro dinero porque necesitamos su petróleo, sin que nos importe que sean regímenes despóticos que proyectan desarrollar armas nucleares o hervideros de madrazas que plantan la semilla del terrorismo en las mentes de los jóvenes.

Peor aún, existen graves riesgos de inestabilidad en el suministro. En el Golfo Pérsico, Al Qaeda ha intentado atacar durante años las mal defendidas refinerías de petróleo. Bastaría con que sólo uno de esos ataques contra los grandes complejos petroleros saudíes tuviera éxito para que la economía americana cayera en picada. El propio Osama bin Laden aconseja a sus seguidores que «centren sus operaciones en [el petróleo], especialmente en Irak y el área del Golfo, puesto que eso les matará por estrangulación».

Y luego están las consecuencias medioambientales de nuestra economía basada en los combustibles fósiles. Casi todos los científicos de la Casa Blanca creen que el cambio climático es real, grave y que se ve acelerado por la continua emisión de dióxido de carbono en la atmósfera. Nos enfrentamos al deshielo de los polos, a la subida del nivel del mar, a cambios imprevistos de clima, a huracanes más frecuentes, a tornados más violentos, a interminables tormentas de polvo, a la muerte de los arrecifes de coral, a un aumento de la incidencia de las enfermedades respiratorias y de aquellas que se transmiten a través de los insectos... si todo eso no es una amenaza grave, no sé qué podría serlo.

Hasta ahora, la política energética de la Administración Bush se ha centrado en conceder subsidios a las grandes empresas petroleras y en aumentar las áreas de perforación, combinado con inversiones simbólicas en el desarrollo de combustibles alternativos. Este enfoque tendría sentido si los Estados Unidos contara con abundantes reservas petrolíferas que no hayan sido explotadas con las que pudiera cubrir sus necesidades (y si las empresas petrolíferas no estuvieran obteniendo beneficios récord). Pero esas reservas no existen. Estados Unidos tiene el 3 por ciento de las reservas mundiales de petróleo. Usamos el 25 por ciento del petróleo mundial. No podemos escapar del problema perforando más.

Lo que sí podemos hacer es crear fuentes de energía renovables y más limpias, que sean adecuadas para el siglo XXI. En lugar de conceder subsidios a la industria petrolífera debemos acabar con todas y cada una de las ventajas fiscales que esa industria tiene actualmente y exigir que un 1 por ciento de los ingresos de las compañías petroleras con beneficios trimestrales de más de mil millones de dólares se dediquen a financiar la investigación de energías alternativas y a construir la infraestructura que necesitan. Este tipo de proyecto no sólo daría grandes dividendos económicos, medioambientales y de política exterior, sino que podría ser la manera de formar a toda una nueva generación de científicos e ingenieros norteamericanos y una fuente de nuevas industrias de exportación y de puestos de trabajo bien remunerados.

Países como Brasil ya lo han puesto en práctica. Durante los últimos treinta años, Brasil ha utilizado una mezcla de reglamentación e inversiones directas del gobierno para desarrollar una industria eficiente de biocombustibles. El 70 por ciento de sus nuevos vehículos funcionan hoy con etanol (un compuesto basado en la fermentación del azúcar) en lugar de con gasolina. Sin los mismos cuidados por parte del gobierno, la industria estadounidense del etanol está esforzándose por mantener el ritmo. Los partidarios del libre mercado defienden que las medidas de intervención directa del gobierno brasileño están fuera de lugar en la economía

estadounidense, que se orienta más hacia el mercado. Pero la regulación, si se aplica con flexibilidad y sensibilidad hacia las fuerzas del mercado, puede impulsar la innovación en el sector
privado y las inversiones en el sector energético.

Tomemos como ejemplo el caso de los estándares de consumo
de combustible. Si hubiéramos subido esos estándares regularmente durante las dos últimas décadas, mientras el petróleo era
barato, los fabricantes de automóviles estadounidenses hubieran
invertido en nuevos modelos más eficientes en lugar de en todo te-
rrenos que devoran combustible. Si ese hubiera sido el caso,
ahora, con el aumento de los precios de la gasolina, la industria
automotriz americana sería más competitiva. En vez de ello estamos viendo cómo los competidores japoneses le están ganando la
partida a Detroit. Toyota planea vender cien mil de sus populares
Prius en 2006, mientras que el híbrido de GM no llegará al mercado sino hasta 2007. Y además es de esperar que las compañías
como Toyota tengan más éxito que los fabricantes estadounidenses en el floreciente mercado chino, puesto que China ya ha establecido estándares de consumo de combustible más altos que los
nuestros.

La conclusión de todo esto es que los automóviles de bajo consumo y los combustibles alternativos como el E85, fabricado con
un 85 por ciento de etanol, son el futuro de la industria automovilística. Y las empresas americanas pueden ser parte de ese futuro si
tomamos lo antes posible algunas medidas difíciles. Durante años,
los fabricantes estadounidenses de automóviles y la UAW (Unión
de Trabajadores Automovilisticos, por sus siglas en inglés) se han
opuesto a estándares de consumo de combustible eficiente más
altos porque rediseñar los coches cuesta dinero y Detroit ya va con
la lengua afuera por los enormes costos de salud de sus empleados
jubilados y la fuerte competencia de sus rivales. Así que, durante mi
primer año en el Senado, propuse una ley que llamé «Cobertura
de salud por híbridos». La propuesta de ley propone un trato a los
fabricantes de automóviles estadounidenses: a cambio de ayuda
federal para hacer frente a los altos costos de salud de los trabajadores jubilados, las tres empresas automovilísticas más grandes

reinvertirán todo lo que se ahorren en desarrollar vehículos con un consumo de combustible más eficiente.

Las inversiones agresivas en fuentes de combustible alternativas también pueden llevar a la creación de miles de nuevos puestos de trabajo. Dentro de diez o veinte años esa vieja fábrica de Maytag en Galesburg podría volver a abrir sus puertas convertida en una refinería de etanol de celulosa. A unas cuadras, es posible que un grupo de científicos trabajen en un laboratorio de investigación diseñando una nueva célula de hidrógeno. Y en la acera de enfrente una nueva empresa automovilística podría estar produciendo a toda máquina nuevos vehículos híbridos. Los nuevos puestos de trabajo creados podrían ocuparse con trabajadores americanos formados con nuevas habilidades y una educación de primera clase desde la escuela elemental hasta la universidad.

Pero no podemos permitirnos el lujo de dudar más tiempo. Vi con mis propios ojos lo que puede pasarle a una nación que depende del extranjero en sus fuentes de energía en verano de 2005, cuando el senador Dick Lugar y yo visitamos Ucrania y nos reunimos con el recién elegido presidente del país, Viktor Yushchenko. La historia de la elección de Yushchenko había sido noticia en todo el mundo: presentándose contra el partido del gobierno, que se había plegado durante años a los deseos de la vecina Rusia, Yushchenko sobrevivió a un intento de asesinato, a unas elecciones compradas y a las amenazas de Moscú hasta que el pueblo ucraniano finalmente se levantó en lo que se llamó la «Revolución Naranja», una serie de manifestaciones pacíficas que condujeron finalmente a la instauración de Yushchenko como presidente.

Tuvo que ser un momento emocionante para la ex república soviética y, de hecho, en todos los lugares a donde fuimos, se hablaba de liberalización democrática y reformas económicas. Pero en nuestras conversaciones con Yushchenko y su gobierno pronto se nos hizo muy obvio que Ucrania tenía un grave problema: seguía dependiendo totalmente de Rusia para todo su petróleo y gas natural. Rusia ya había indicado que tenía intención de retirar a Ucrania el privilegio de comprar esta energía a precios por debajo del mercado, una decisión que provocaría que los precios del petróleo destinado a la calefacción de los hogares se triplicasen precisamente durante los meses de invierno que precedían a las elecciones parlamentarias. Las fuerzas pro-rusas del país sabían que el tiempo jugaba a su favor, pues a pesar de toda la elocuente retórica, todas las banderas naranjas, todas las manifestaciones y toda la valentía de Yushchenko, Ucrania seguía estando a la merced de su antiguo amo.

Una nación que no controla sus fuentes de energía no controla su futuro. Puede que Ucrania no pudiera hacer nada más, pero la nación más rica y poderosa del mundo sin duda sí puede.

EDUCACIÓN. CIENCIA Y tecnología. Energía. Inversiones en estas tres áreas clave serían fundamentales para hacer de los Estados Unidos una nación más competitiva. Por supuesto, ninguna de estas inversiones brindará resultados de la noche a la mañana. Será un proceso controvertido. La inversión en investigación y desarrollo y en educación costará dinero en un momento en que nuestro presupuesto federal ya está muy forzado. Para aumentar la eficiencia en el consumo de combustible de los automóviles americanos o instaurar una paga vinculada al rendimiento para los profesores de las escuelas públicas habrá que superar la desconfianza de unos trabajadores que ya se sienten asediados. Y los debates sobre la bondad de los vales escolares o sobre la viabilidad de las células de hidrógeno como combustible no dejarán de existir.

Pero aunque los medios que usemos para conseguir estos fines estén sujetos a un debate profundo y abierto, los fines en sí mismos no deben ser objeto de disputa. Si no hacemos nada, nuestra posición competitiva en el mundo empeorará. Si actuamos con decisión, nuestra nación será menos vulnerable a los altibajos de la economía, nuestra balanza comercial mejorará, el ritmo de las innovaciones tecnológicas de Estados Unidos se acelerará y el trabajador americano estará mejor posicionado para adaptarse a la economía global.

Y aun así, ¿bastará con eso? Asumiendo que seamos capaces de resolver algunas de nuestras diferencias ideológicas y hacer que la economía de Estados Unidos siga creciendo, ¿podré mirar directamente a los ojos de aquellos trabajadores de Galesburg y decirles que la globalización es buena para ellos y para sus hijos?

Esa era la cuestión que me daba vueltas en la cabeza durante el debate de 2005 sobre el Tratado de Libre Comercio de América Central, o CAFTA. Visto aisladamente, el tratado no era una amenaza para los trabajadores americanos, pues las economías de los países de América Central a los que afectaba, todas ellas sumadas, eran equivalentes a la de New Haven, Connecticut. Abría nuevos mercados para los productos agrícolas estadounidenses y prometía una muy necesaria inversión extranjera en países pobres como Honduras o la República Dominicana. Había algunos problemas con el acuerdo, pero en general, la economía estadounidense salía ganando con el CAFTA.

Cuando me reuní con representantes de los sindicatos, sin embargo, no querían ni oír hablar del tema. En lo que a ellos se refería, el NAFTA había sido un desastre para los trabajadores estadounidenses y el CAFTA prometía ser más de lo mismo. Lo que hacía falta, decían, no era sólo libre comercio, sino comercio justo: mayor protección de los trabajadores en los países que comerciaban con Estados Unidos, incluido el derecho a formar sindicatos y la prohibición del trabajo infantil. Pedían también que esos países mejoraran sus estándares medioambientales, que pusieran fin a los subsidios gubernamentales injustos a sus exportaciones y eliminaran los aranceles a los productos estadounidenses, que existieran mayor protección a la propiedad intelectual estadounidense y que —en el caso de China en particular— se pusiera fin a la devaluación artificial de su moneda que situaba en desventaja a las empresas estadounidenses.

Como la mayoría de demócratas, yo apoyo firmemente todas esas cosas. Y sin embargo, me sentí obligado a decirles a los representantes de los sindicatos que ninguna de esas medidas cambiaría las realidades subyacentes de la globalización. Provisiones más severas sobre las condiciones laborales o medioambientales en una propuesta de ley de comercio internacional podían contribuir a aumentar la presión sobre los países extranjeros para que siguieran mejorando las condiciones de sus trabajadores, lo mismo que los esfuerzos por conseguir compromisos de los minoristas americanos para que sólo vendan productos fabricados por trabajadores que hubieran recibido un salario justo. Pero esas medidas no eliminarán la enorme diferencia que existe entre lo que cobra por hora un trabajador americano y lo que cobran los trabajadores en Honduras, Indonesia, Mozambique o Bangladesh, países en los que trabajar en una fábrica en condiciones insalubres o draconianas se suele considerar un cambio a mejor en la escala económica.

Del mismo modo, es posible que la disposición de China a dejar que su moneda se aprecie puede elevar el precio de los productos manufacturados allí, haciendo con ello que los productos estadounidenses se vuelvan algo más competitivos. Pero una vez tenido todo en cuenta, China seguirá teniendo más exceso de mano de obra en sus zonas rurales que todos los habitantes de Estados Unidos, lo que quiere decir que Wal-Mart seguirá teniendo allí proveedores durante mucho, mucho tiempo.

En mi opinión necesitamos una nueva forma de enfrentarnos a la cuestión del comercio, una nueva visión que tenga en cuenta estas realidades.

Y mis hermanos y hermanas de los sindicatos asienten y me dicen que están interesados en escuchar mis ideas pero, mientras tanto, ¿pueden contar conmigo para que vote «no» al CAFTA?

De hecho, el debate básico en torno al libre comercio sigue siendo prácticamente igual desde principios de la década de 1980, y habitualmente los trabajadores y sus aliados han llevado las de perder. La idea predominante entre los gobernantes, la prensa y la comunidad empresarial es que el libre comercio es bueno para todas las partes implicadas. Puede que en un momento dado, dicen, se pierdan puestos de trabajo estadounidenses por causa del comercio y eso cree ciertas dificultades y problemas a nivel local. Pero por cada mil puestos de trabajo industriales que se pierden debido al cierre de una fábrica, el mismo número o un número aun mayor se crean en nuevos sectores de servicios en expansión gracias a la nueva economía.

Al acelerarse el ritmo de la globalización no han sido sólo los sindicatos los que se han preocupado por las perspectivas a largo plazo para los trabajadores estadounidenses. Los economistas han apuntado que en todo el mundo —también en China e India— parece que cada vez se necesita más crecimiento económico para crear el mismo número de puestos de trabajo como consecuencia de la cada vez mayor automatización y del aumento de la productividad. Algunos analistas se preguntan si una economía estadounidense cada vez más orientada hacia el sector de servicios puede conseguir el mismo aumento de la productividad y, por tanto, los mismos aumentos del nivel de vida que hemos visto en el pasado. De hecho, durante los últimos cinco años, las estadísticas muestran constantemente que los sueldos de los puestos de trabajo americanos que se pierden son mayores que los sueldos de los puestos de trabajo que se crean.

Y aunque aumentar el nivel de educación de los trabajadores americanos mejorará su habilidad para adaptarse a la economía global, una mejor educación no necesariamente les protegerá de la competencia cada vez mayor. Incluso si Estados Unidos produjera el doble de programadores informáticos per cápita que China, India o cualquier país de Europa del este, el vasto número de nuevas entradas en el mercado global significa que siempre habrá más programadores en el extranjero de los que hay en Estados Unidos, todos ellos disponibles para cualquier empresa a través de conexión de banda ancha por un sueldo cinco veces menor.

En otras palabras, puede que el libre comercio haga crecer el pastel económico global, pero no hay ninguna ley que diga que la parte que reciben los trabajadores de Estados Unidos será cada vez mayor.

Siendo así, es fácil comprender por qué algunos querrían detener la globalización, congelar el *status quo* y aislarnos de las perturbaciones económicas. En una parada en Nueva York durante el debate del CAFTA, le mencioné a Robert Rubin, el que fue secretario del Tesoro durante la presidencia de Clinton y al que había conocido durante mi campaña, algunos de los estudios que había estado leyendo. Sería difícil encontrar un demócrata más comprometido con la globalización que Rubin, un hombre que no sólo había sido uno de los banqueros más influyentes de Wall Street durante décadas, sino que durante buena parte de los noventa contribuyó a definir el rumbo de las finanzas mundiales. Además, es una de las personas más amables y sencillas que conozco. Así que le pregunté si al menos algunos de los miedos que me habían comunicado los trabajadores de Galesburg estaban fundamentados, particularmente si era cierto que si nos abrimos por completo a competir con el resto del mundo por la mano de obra barata, no había forma de evitar un descenso a largo plazo del nivel de vida en Estados Unidos.

—Es una pregunta difícil —dijo Rubin—. La mayoría de los economistas te dirán que no existe un límite intrínseco al número de nuevos puestos de trabajo que puede generar la economía estadounidense, pues el ingenio humano no tiene límites. La gente inventa nuevas industrias, nuevas necesidades y deseos. Creo que los economistas tienen razón. Históricamente ha sido siempre así. Por supuesto no hay garantías de que esa pauta se vaya a repetir en esta ocasión. Teniendo en cuenta el ritmo de los cambios tecnológicos, el tamaño de los países contra los que competimos y los diferenciales de costos con esos países, puede que veamos surgir una dinámica nueva. Así que supongo que es posible que aunque lo hagamos todo bien sigamos enfrentándonos a algunos desafíos.

Le sugerí que esa respuesta no iba a tranquilizar a nuestros amigos de Galesburg.

—He dicho que es posible, no que sea probable —dijo—. Tiendo a ser cautelosamente optimista y creo que si ponemos nuestras finanzas en orden y mejoramos nuestro sistema educativo, a sus hijos les irá bien. De todas formas, hay una cosa que yo le diría a la gente de Galesburg y que *es* cierta. Cualquier esfuerzo proteccionista será contraproducente y hará que sus hijos salgan peor parados.

Agradecí que Rubin reconociera que los trabajadores americanos podían tener motivos legítimos de preocupación respecto a la globalización. Según he podido comprobar, la mayoría de los líderes sindicales han reflexionado mucho sobre el tema y no se puede dejar a un lado sus argumentos tachándolos de no ser más que un mero intento proteccionista.

Aun así, la idea básica de Rubin era innegable: podemos intentar ralentizar la globalización, pero no podemos pararla. La economía de Estados Unidos está ahora tan integrada con la del resto del mundo y el comercio digital está tan extenso que es difícil imaginar, y mucho más difícil de poner en práctica, un régimen proteccionista efectivo. Unos aranceles sobre las importaciones de acero pueden aliviar temporalmente a los productores de acero estadounidenses, pero harán que todos los fabricantes de Estados Unidos que usen acero en sus productos se vuelvan menos competitivos en el mercado mundial. Es difícil «comprar americano» cuando un videojuego vendido por una empresa estadounidense ha sido desarrollado por ingenieros de software japoneses y manufacturado en México. Los agentes de la patrulla fronteriza de Estados Unidos no pueden cerrar el paso a los servicios de un centro de atención al cliente instalado en la India ni impedir que un ingeniero eléctrico de Praga envíe su trabajo por e-mail a una empresa de Dubuque. Cuando hablamos de comercio, quedan muy pocas fronteras en pie.

Esto no quiere decir, sin embargo, que podamos bajar los brazos y decirle a los trabajadores que se las apañen como puedan. Le hice esta reflexión al Presidente Bush hacia el final del debate sobre el CAFTA, cuando invitó a un grupo de senadores, yo entre ellos, a la Casa Blanca para hablar sobre ese tema. Le dije al Presidente que creía en los beneficios del comercio y que no dudaba que la Casa Blanca pudiera conseguir los votos necesarios para aprobar ese acuerdo en particular. Pero dije que la resistencia al CAFTA tenía que ver no tanto con los detalles específicos del acuerdo como con la creciente inseguridad del trabajador americano. A menos que halláramos estrategias para contrarrestar esos miedos y enviáramos una señal inequívoca a los trabajadores americanos de que el gobierno estaba de su parte, el sentimiento proteccionista no dejaría de crecer.

El Presidente escuchó educadamente y dijo que le gustaría que le explicase mis ideas. Mientras tanto, dijo, esperaba poder contar con mi voto.

No pudo contar con él. Acabé votando contra el CAFTA, que fue aprobado en el Senado por 55 votos contra 45. Mi voto no me produjo ninguna satisfacción, pero sentí que era el único modo de hacer que constase mi protesta ante la poca atención que yo consideraba que la Casa Blanca prestaba a quienes salen perdiendo en el mercado de libre comercio. Al igual que Bob Rubin, soy optimista respecto a las perspectivas a largo plazo de la economía estadounidense y confío en la capacidad de los trabajadores estadounidenses para trabajar en un entorno de libre comercio, pero sólo si distribuimos tanto los costos y los beneficios de la globalización de forma más justa entre toda la población.

LA ÚLTIMA VEZ que nos enfrentamos a una transformación económica tan destructiva como la que se nos presenta hoy, Roosevelt condujo la nación a un gran pacto social, un trato en el que participaron el gobierno, las empresas y los trabajadores y que resultó en una prosperidad y seguridad económica que alcanzó a amplios sectores de la población y que se prolongó durante más de cincuenta años. Para el trabajador americano medio, esa seguridad se basaba en tres pilares: la posibilidad de encontrar un trabajo cuyo sueldo fuera suficiente para mantener una familia y ahorrar para emergencias; un paquete de prestaciones sanitarias y de jubilación aportado por la empresa, y una red de seguridad dispuesta por el gobierno —Seguridad Social, Medicaid y Medicare, subsidio de desempleo y, en menor medida, protecciones federales como la bancarrota y las pensiones— que pudiera amortiguar la caída para aquellos que sufrieran de reveses a lo largo de sus vidas.

Ciertamente el impulso detrás del New Deal implicaba cierta solidaridad social: la idea de que las empresas eran responsables por sus empleados y que si el destino o los errores propios hacían que alguno de nosotros cayera, la gran comunidad que era los Estados Unidos estaría allí para ayudarle a levantarse.

Pero este pacto se basaba también en el reconocimiento por parte de todos de que un sistema que distribuyera los riesgos y las recompensas podía mejorar el funcionamiento del mercado. Roosevelt comprendió que los sueldos decentes y las prestaciones para los trabajadores crearían una base de consumidores de clase media que estabilizarían la economía americana e impulsarían su expansión. Y Roosevelt supo ver que todos estaríamos más dispuestos a aceptar riesgos en nuestras vidas —cambiar de empleo o fundar empresas o aceptar la competencia de otros países— si sabíamos que en caso de fracaso contamos con cierta red de seguridad.

Y eso es lo que nos ha dado la Seguridad Social, el elemento básico de la legislación que salió del New Deal, una forma de seguro social que nos protege del riesgo. Compramos seguros privados en el mercado constantemente pues, por mucha confianza en nosotros mismos que tengamos, sabemos que las cosas no siempre salen como planeamos: nuestro hijo puede enfermarse, la empresa para la que trabajamos puede cerrar, uno de nuestros padres puede desarrollar Alzheimer o nuestra cartera de valores puede desplomarse. Cuanto mayor sea el grupo de personas que contraen el seguro, más se distribuye el riesgo, cuanto mayor sea la cobertura, menor el costo. A veces, sin embargo, no es posible comprar en el mercado privado seguros para ciertos riesgos, habitualmente porque las empresas no lo consideran rentable. A veces el seguro que tenemos a través de nuestro trabajo no es suficiente y no podemos permitirnos pagar otro. A veces se producen tragedias inesperadas y resulta que no teníamos el seguro adecuado. Por todos estos motivos, pedimos al gobierno que tome la iniciativa y cree un seguro para nosotros, un seguro que incluya a la mayoría de los americanos.

Hoy el pacto que Roosevelt ayudó a construir está empezando a desmoronarse. En respuesta a la creciente competencia extranjera y a las presiones de un mercado de valores que insiste en aumentar los rendimientos cada trimestre, los patronos están automatizando procesos, reduciendo su número de empleados y trasladando fábricas al extranjero, todo lo cual hace que los trabajadores estén más expuestos a perder su trabajo y les da menos poder de negociación para conseguir salarios más altos o mayores prestaciones. Aunque el gobierno federal ofrece generosas desgravaciones fiscales para las empresas que le ofrecen cobertura de salud a sus empleados, las empresas han transferido los altísimos costes a sus empleados a través de cuotas más altas, copagos y desgravaciones; mientras tanto, la mitad de los pequeños negocios, donde trabajan millones de americanos, no puede permitirse ofrecer a sus empleados ningún tipo de seguro. De forma similar, las empresas están abandonando el tradicional plan de pensiones definido por sus prestaciones a planes 401(k), a veces utilizando los tribunales de bancarrota para no tener que hacer frente a las obligaciones de pago de pensiones contraídas con sus empleados.

La suma de todos estos factores suponen un duro golpe para las familias. Los sueldos del trabajador americano promedio a duras penas se han mantenido a la par con la inflación de las dos últimas décadas. Desde 1988 los costos promedio de cuidado de salud de una familia se han cuadruplicado. Los índices de ahorro privado están más bajos que nunca. Y los niveles de deuda personal de los americanos nunca han estado más altos.

En lugar de usar el gobierno para disminuir el impacto de estas tendencias, la respuesta de la Administración Bush ha consistido en potenciarlas. Esa es la idea básica tras la Sociedad de la Propiedad: si liberamos a los empleadores de sus obligaciones hacia los trabajadores y desmantelamos lo que queda de los programas gubernamentales de la red de seguridad del New Deal, la magia del mercado se encargará del resto. Si la filosofía que guía el sistema tradicional de seguro social puede describirse como «Todos estamos juntos en esto», la filosofía que gobierna la Sociedad de la Propiedad parece ser «Estás solo».

Es una idea tentadora, de una elegante simplicidad, que nos libera de cualquier obligación hacia los demás. Sólo tiene un problema: no funciona, al menos no para aquellos que ya se están quedando atrás en la economía global.

Tomemos como ejemplo el intento de la Administración de privatizar la Seguridad Social. La Administración afirma que el mercado de valores ofrecerá a los particulares un rendimiento mayor de su inversión y, si se miran las cifras globales, están en lo cierto. Históricamente la Seguridad Social sube al ritmo del costo de la vida y el mercado sube mucho más. Pero en el mercado de valores es imposible evitar que haya ganadores y perdedores, gente que compró Microsoft temprano o Enron tarde. ¿Qué hará la Sociedad de la Propiedad con los perdedores? A menos que estemos dispuestos a ver a ancianos morir de hambre en las calles, debemos cubrir sus gastos de jubilación de una u otra forma, y puesto que no sabemos de antemano quiénes seremos los perdedores, tiene sentido que todos aportemos un poco a un fondo que nos ofrezca un mínimo ingreso garantizado en nuestra tercera edad. Eso no quiere decir que no animemos a los individuos a que adopten estrategias de inversión más arriesgadas y que rindan mayores beneficios, pues deben hacerlo. Sólo quiere decir que deben hacerlo con el resto de sus ahorros y no con los que pongan en la Seguridad Social.

El mismo principio vale para la iniciativa de la Administración para conseguir que se produzca un trasvase de los planes de cobertura de salud de empresa o gubernamentales hacia cuentas de ahorro de salud. Puede que la idea tuviera sentido si la suma que cada individuo recibiera fuera suficiente para comprar un plan de pensiones decente a través de su empleador y si esa suma se incrementase para mantener el ritmo de la inflación y de la subida de los costos médicos. Pero ¿y si trabajas para un empleador que no ofrece ningún seguro médico? O ¿y si la teoría de la Administración sobre la inflación en materia de salud resulta estar equivocada y al final los altos costos médicos no son consecuencia de la actitud descuidada de la gente hacia su salud ni de un deseo irracional de comprar más de lo que necesitan? Entonces la «libertad de escoger» significará sólo que los empleados se llevan la peor parte de los futuros aumentos de los costos de la asistencia médica y que la cantidad de dinero en sus cuentas de ahorro de salud cada año les permitirá comprar menos cobertura.

En otras palabras, la Sociedad de la Propiedad no se molesta en repartir los riegos y beneficios de la nueva economía entre todos los americanos. En vez de ello, simplemente incrementa la desigualdad de la sociedad actual en la que el ganador se lo lleva todo. Si tienes salud o eres rico o simplemente tienes suerte, conseguirás todavía más de lo que tienes. Si eres pobre o estás enfermo o tienes mala suerte, no tendrás a nadie a quien acudir para que te ayude. Esa no es una receta válida para conseguir un crecimiento sostenido ni para mantener fuerte a la clase media americana. Ciertamente no es una receta que lleve a la cohesión social. Va en contra de los valores que dicen que a todos nos interesa el triunfo de cualquiera de nosotros.

Nosotros no somos así.

POR FORTUNA HAY otra manera de ver las cosas, un enfoque que recupera el pacto social de Roosevelt para hacer frente a las necesidades de un nuevo siglo. En toda área donde los trabajadores son vulnerables —salarios, pérdida de empleo, jubilación y salud— hay buenas ideas, algunas viejas, otras nuevas, que ayudarían mucho a hacer que los americanos se sintieran más seguros.

Empecemos con los salarios. Los americanos creen en el trabajo —no sólo como un medio de ganarse la vida sino como una forma de dar a sus vidas un propósito y una dirección, orden y dignidad. El viejo programa de asistencia social de Ayuda a Familias con Hijos Dependientes a menudo entraba en contradicción con ese valor, lo que contribuye a explicar no sólo lo poco popular que fue sino también por qué muchas veces acababa aislando a aquellas mismas personas a las que quería ayudar.

Por otro lado, los americanos también creen que cualquiera que trabaje a tiempo completo debe ganar lo suficiente para mantenerse a sí mismo y a sus hijos. Pero muchas personas que se encuentran en los escalones más bajos de la economía —principalmente trabajadores no cualificados en el pujante sector de servicios— ya no pueden cubrir ni siquiera esas necesidades básicas.

Las políticas del gobierno pueden ayudar a esos trabajadores con sólo un impacto mínimo en la eficiencia de los mercados. Para empezar, podemos subir el salario mínimo. Puede que sea cierto —como algunos economistas sostienen— que cualquier incremento grande en el salario mínimo desincentiva la contratación de nuevos trabajadores. Pero cuando el salario mínimo no se ha cambiado en nueve años y tiene menos poder adquisitivo real en dólares de lo que tenía en 1955, de modo que alguien trabajando a jornada completa en un trabajo que paga el salario mínimo no gana lo suficiente para poder salir de la pobreza, esos argumentos tienen poca fuerza. El Crédito Fiscal al Salario, un programa patrocinado por Ronald Reagan que aporta a los trabajadores con sueldos más bajos la posibilidad de conseguir un poco más de ingresos a través de la legislación fiscal, debería expandirse y generalizarse para que más familias puedan beneficiarse de él.

Para ayudar a que los trabajadores se adapten a una economía que cambia rápidamente, es hora de poner al día los actuales sistemas de seguros de desempleo y ayudas a la recapacitación laboral. De hecho, hay toda una serie de buenas ideas sobre cómo crear un sistema más completo de ayudas a la formación laboral. Por ejemplo, esa ayuda se podría extender a las industrias del sector de servicios, crear cuentas de educación flexibles que los empleados pudieran usar para reciclarse, u ofrecer ayudas a la recapacitación para los trabajadores de sectores vulnerables a la deslocalización antes de que perdieran sus empleos. Y en una economía en la que en el trabajo que se ha perdido pagaban más que en el trabajo que se ha creado, podríamos probar también el concepto de seguro de salario, que aportaría el 50 por ciento de la diferencia entre el antiguo salario de un trabajador y su nuevo salario durante un plazo de entre uno y dos años.

Por último, para ayudar a que los trabajadores consigan mejores sueldos y más prestaciones, necesitamos volver a igualar el terreno de juego entre los sindicatos y los empresarios. Desde principios de la década de 1980 los sindicatos han ido perdiendo terreno constantemente, no sólo por los cambios de la economía sino también porque las leyes laborales en vigor —y la composición de la Junta Nacional de Relaciones Laborales— dan muy poca protección a los trabajadores. Cada año, más de veinte mil trabajadores son despedidos o pierden su salario simplemente por intentar organizar sindicatos o afiliarse a ellos. Eso debe cambiar. Deben establecerse penas más contundentes para los empresarios que despidan o discriminen a trabajadores que estén vinculados con los sindicatos. Los patronos deben reconocer un sindicato si la mayoría de los trabajadores firma documentos de autorización en las que manifiesta su deseo de que el sindicato les represente. Y debe haber disponible mediación federal para ayudar a que un jefe y un nuevo sindicato alcancen un pacto dentro de un período razonable de tiempo.

Las asociaciones de empresarios defienden que una fuerza de trabajo sindicada hará que la economía estadounidense pierda flexibilidad y competitividad. Pero es precisamente porque existe un entorno global más competitivo por el que es de esperar que los trabajadores sindicados quieran cooperar con sus jefes, siempre que obtengan una recompensa justa del aumento de la productividad que consigan.

Al igual que las políticas del gobierno pueden aumentar los salarios de los trabajadores sin dañar la competitividad de las empresas estadounidenses, también pueden reforzar sus posibilidades de conseguir una jubilación digna. Debemos empezar con el compromiso de respetar el carácter esencial de la Seguridad Social y garantizar su solvencia. Los problemas con el fondo de inversión de la Seguridad Social son reales pero manejables. En 1983, enfrentados a un problema similar, Ronald Reagan y el Portavoz de la Cámara de Representantes, Tip O'Neill, se reunieron y diseñaron un plan bipartidista que estabilizó el sistema durante los siguientes sesenta años. No hay ningún motivo por el que hoy no podamos hacer lo mismo.

En lo que al sistema de jubilación privado se refiere, debemos reconocer que los planes de prestaciones definidas están en declive, pero también debemos insistir en que las empresas cumplan los compromisos adquiridos con sus trabajadores y jubilados. Es necesario reformar las leyes de bancarrota para que los beneficiarios de pensiones pasen al primer puesto de la cola de acreedores, de modo que las empresas no puedan apelar al Capítulo 11 sólo para dejar tiesos a sus trabajadores. Más aun, la nueva legislación debería obligar a las empresas a financiar adecuadamente sus fondos de pensiones, en parte para que al final no sean los contribuyentes quienes acaben pagando la cuenta.

Y si los americanos van a depender de planes de contribución definida como el 401(k) como complemento a la Seguridad Social, entonces el gobierno debería intervenir para hacer que estén al alcance de todos los americanos y para que sean más efectivos como incentivo al ahorro. Gene Sperling, antiguo asesor económico de Clinton, ha propuesto la creación de un 401(k) universal en el que el gobierno iguale las contribuciones que hagan en cada nueva cuenta de jubilación las familias de ingresos bajos y moderados. Otros expertos han sugerido el simple (y gratuito) método de hacer que los empleadores apunten por defecto a sus empleados en sus planes 401(k) con el nivel más alto de contribuciones posible; la gente podría aun así contribuir menos que el máximo o borrarse del plan y no participar en él en absoluto. Pero los datos demuestran que cambiando la regla, las tasas de participación de los empleados en los planes de pensiones aumentan dramáticamente. Como complemento a la Seguridad Social debemos tomar las mejores y más económicas de estas ideas y empezar a movernos hacia un sistema de pensiones más sólido y de ámbito universal que no sólo fomente el ahorro sino que haga que los americanos participen más de los frutos de la globalización.

Por vital que sea subir los salarios de los trabajadores americanos y mejorar la seguridad de su jubilación, quizá la tarea que más nos urge es reparar nuestro averiado sistema de salud. A diferencia de la Seguridad Social, los dos principales programas de salud gubernamentales —Medicaid y Medicare— sí están rotos. Si no introducimos reformas, hacia 2050 estos dos programas de ayuda social, junto con la Seguridad Social, podrían crecer hasta consumir un porcentaje tan alto de nuestra economía nacional como hoy consume el presupuesto federal entero. La adición de una increíblemente cara prestación de recetas de medicamentos que sólo ofrece cobertura limitada y no hace nada para controlar el costo de los medicamentos ha empeorado gravemente la situación. Y el sistema privado ha evolucionado hasta convertirse en un tapiz de burocracias ineficientes, papeleo sin fin, proveedores desbordados y pacientes insatisfechos.

En 1993 el Presidente Clinton se lanzó a la difícil tarea de conseguir un sistema de cobertura universal, pero su intento fue frustrado. Desde entonces, el debate público ha llegado a un punto muerto en el que los de la derecha piden una fuerte dosis de disciplina de mercado a través de Cuentas de Ahorro de Salud, y los de la izquierda defienden un sistema de salud nacional único, similar a los que existen en Europa y Canadá, y los expertos de todo el espectro político recomiendan una serie de reformas razonables pero modestas al sistema actual.

Ya va siendo hora de que salgamos de este impasse reconociendo unas cuantas simples verdades.

Dada la cantidad de dinero que gastamos en salud (más per cápita que ninguna otra nación) tendríamos que poder garantizar una cobertura básica a absolutamente todos los americanos. Pero no podemos sostener las actuales tasas de inflación de los precios del cuidado de salud año tras año. Tenemos que contener los costos de todo el sistema, incluidos los de Medicare y Medicaid.

Los americanos cambian de trabajo con cada vez más frecuencia. Cada vez tienen más posibilidades de pasar por períodos de desempleo y son más propensos a trabajar a tiempo parcial o a trabajar por su cuenta. Por todo ello, la cobertura de salud no puede pasar ya sólo por sus empleadores. Tiene que ser portátil.

El mercado por sí sólo no puede resolver nuestros problemas de salud, en parte porque se ha demostrado incapaz de crear conjuntos de asegurados lo suficientemente grandes como para mantener los costos individuales a un nivel aceptable, y en parte porque el cuidado de salud no es como otros productos o servicios (cuando tu niño se pone enfermo, no vas a varios hospitales buscando la mejor relación calidad precio).

Y, por último, cualquier reforma que implementemos debe ofrecer fuertes incentivos para mejorar la calidad, el énfasis en la prevención y la administración más eficiente de los cuidados médicos.

Teniendo presentes estos principios, permítanme ofrecer un ejemplo de lo que sería un plan de reforma serio del sistema de salud. Podríamos empezar por hacer que un grupo no partidista como el Instituto de Medicina de la Academia Nacional de las

Ciencias (IOM) determine cómo debería ser un plan de salud de alta calidad y cuánto debería costar. Al diseñar este plan modelo, el IOM examinaría cuáles de los actuales planes de cobertura aportan los mejores cuidados de la manera más eficiente posible. En particular, el plan modelo se enfocaría en la cobertura de la atención primaria, la prevención, la atención en caso de catástrofe y el tratamiento de dolencias crónicas como el asma o la diabetes. En total, el 20 por ciento de los pacientes necesitan el 80 por ciento de los cuidados, y si podemos prevenir las enfermedades antes de que se produzcan a través de intervenciones simples como hacer que los pacientes controlen sus dietas o se tomen sus medicinas regularmente, podemos mejorar dramáticamente los resultados para los pacientes y así ahorrarle al sistema mucho dinero.

A continuación permitiríamos que cualquiera pudiera comprar este plan de salud modélico ya sea a través de uno de los fondos de seguros que existen para empleados federales o a través de una serie de nuevos fondos creados en cada estado. Compañías privadas como Blue Cross Blue Shield y Aetna podrían competir por ofrecerle cobertura de salud a los miembros de estos fondos, pero cualquier plan que ofrezcan tendría que cumplir los criterios de alta calidad y control de costos propuestos por la IOM.

Para reducir todavía más los costos se exigiría que las aseguradoras y proveedores que participan en Medicare, Medicaid o en los nuevos planes, aceptaran formularios electrónicos, registros electrónicos y sistemas actualizados de información sobre errores cometidos, todo lo cual reduciría dramáticamente los costos administrativos y el número de errores médicos y sucesos adversos (lo que a su vez reduciría también los costosos procesos legales por mala praxis médica). Estas sencillas medidas, según algunos expertos, bastarían para reducir el costo total de la salud hasta un 10 por ciento o incluso más.

Con el dinero que ahorraríamos gracias al mayor énfasis en la prevención y a los menores costos administrativos y derivados del descenso de los pleitos por negligencia profesional, aportaríamos un subsidio a las familias de bajos ingresos que quisieran comprar el plan modelo a través de su fondo estatal y podríamos ofrecer una cobertura inmediata y universal a todos los niños sin seguro.

Si fuera necesario, podríamos conseguir los fondos para pagar esos seguros reestructurando las desgravaciones fiscales que los empleadores utilizan para ofrecer cobertura de salud a sus empleados: seguirían disfrutando de esas desgravaciones para los planes que habitualmente se ofrecen a los trabajadores, pero se examinaría si es necesario que también desgraven los seguros médicos de lujo de los ejecutivos que no aportan ningún beneficio extra a su salud.

Lo que quiero con este ejercicio no es afirmar que hay una fórmula fácil para arreglar nuestro sistema de salud. No la hay. Habrá que ocuparse de muchos detalles antes de que podamos ir hacia un plan como el que he descrito aquí. En concreto, tendremos que asegurarnos de que la creación de nuevos fondos comunes estatales no provoque que los empleadores abandonen los planes de cobertura de salud que ofrecen a sus empleados. Y es posible, por supuesto, que haya otros modos más efectivos y elegantes de mejorar nuestro sistema de salud.

Lo que quiero decir es que si de verdad queremos que todo el mundo tenga una cobertura de salud adecuada, hay formas de lograrlo sin agotar el tesoro federal ni recurrir al racionamiento.

Si queremos que los americanos acepten los rigores de la globalización, entonces tendremos que aceptar ese compromiso. Una noche, hace cinco años, a Michelle y a mí nos despertó el llanto de nuestra hija Sasha. Sasha tenía entonces sólo tres años, así que no era raro que se despertara a mitad de la noche. Pero había algo en la forma en la que lloraba, en cómo no se calmaba con nada, que nos preocupó. Al final llamamos a nuestro pediatra, que aceptó recibirnos en su despacho al despuntar el alba. Después de examinarla, nos dijo que podría ser meningitis y nos envió inmediatamente a urgencias.

Resultó que Sasha tenía meningitis, aunque una forma de la enfermedad que respondía a los antibióticos intravenosos. Si no se la hubieran diagnosticado a tiempo podría haber perdido el oído o incluso haber muerto. Michelle y yo pasamos tres días con nuestro bebé en el hospital, contemplando cómo las enfermeras la sujetaban mientras el doctor le hacía una punción lumbar. La oíamos llorar y rezábamos para que no empeorase.

Ahora Sasha está bien, saludable y feliz como debe estarlo una niña de cinco años. Pero todavía me estremezco cuando pienso en aquellos tres días, en cómo mi mundo se encogió hasta enfocarse en un solo punto y en cómo no me interesaba nada ni nadie fuera de las cuatro paredes de la sala del hospital ni mi trabajo ni mi agenda ni mi futuro. Y eso me hace pensar que a diferencia de Tim Wheeler, el trabajador del acero que conocí en Galesburg y cuyo hijo necesitaba un transplante de hígado, a diferencia de millones de americanos que han pasado por una experiencia similar, yo en aquellos momentos tenía un trabajo y un seguro médico.

Los americanos están dispuestos a competir con el mundo. Trabajamos más duro que los ciudadanos de cualquier otra nación rica. Somos más tolerantes a la inestabilidad económica y estamos dispuestos a aceptar más riesgos personales para salir adelante. Pero sólo podemos competir si nuestro gobierno realiza las inversiones necesarias para que tengamos oportunidades y si sabemos que nuestras familias cuentan con una red de seguridad que no las dejará caer.

Ese sí es un pacto con el pueblo americano que vale la pena cerrar.

INVERSIONES PARA HACER de los Estados Unidos una nación más competitiva y un nuevo pacto social. Si perseguimos esos dos objetivos conjuntamente, ambos muestran el camino a un futuro mejor para nuestros hijos y nietos. Pero el rompecabezas tiene una última pieza, una pregunta persistente que aparece en todos y cada uno de los debates políticos de Washington.

¿Cómo hacemos para pagarlo?

Al final de la presidencia de Bill Clinton conocíamos la respuesta. Por primera vez en casi treinta años disfrutamos de grandes superávit presupuestarios y el déficit nacional descendía rápidamente. De hecho, el presidente de la reserva federal, Alan Greenspan, expresó preocupación por el hecho de que la deuda estuviera pagándose demasiado rápido, limitando con ello el margen de acción que tenía la Reserva Federal para controlar la política económica. Incluso después de que estallara la burbuja de las punto-com y de que la economía absorbiera el impacto del 11 de septiembre podríamos haber pagado la cuota inicial de una serie de inversiones que nos condujeran por el camino del crecimiento económico y de la creación de oportunidades para todos los americanos.

Pero ese no es el camino que elegimos. En lugar de ello nuestro Presidente nos dijo que podríamos luchar dos guerras, aumentar el presupuesto militar en un 64 por ciento, proteger el país, gastar más en educación, aprobar un plan de recetas médicas para la tercera edad y al mismo tiempo bajar varias veces y de forma importante los impuestos. Nuestros líderes en el Congreso nos dijeron que podrían compensar el aumento de costos reduciendo el despilfarro y la corrupción del gobierno, a pesar de que el número de proyectos con partidas presupuestarias superfluas aumentó un asombroso 74 por ciento.

El resultado de esta negación colectiva de la realidad es la situación presupuestaria más delicada que hemos tenido en muchos años. Ahora tenemos un déficit presupuestario anual de casi trescientos mil millones de dólares, sin contar los más de ciento ochenta mil millones de dólares que tomamos prestados cada año del Fondo de Inversión de la Seguridad Social, todo lo cual se añade inmediatamente a nuestra deuda nacional. Esa deuda es ahora de nueve billones de dólares o, lo que es lo mismo, de aproximadamente treinta mil dólares por cada hombre, mujer y niño del país.

Y la deuda en sí no es lo más preocupante. Parte de ella podría justificarse si hubiéramos gastado el dinero en inversiones que nos hicieran más competitivos, como reformar nuestras escuelas, mejorar el sistema de banda ancha o instalar surtidores de E85 por todo el país. Podríamos haber usado el superávit para apuntalar la Seguridad Social o para reestructurar nuestro sistema de salud. En vez de ello, la gran mayoría de la deuda es consecuencia directa de los recortes fiscales del Presidente, el 47,4 por ciento de los cuales beneficiaron al 5 por ciento con mayores ingresos, el 36,7 por ciento de los cuales beneficiaron al 1 por ciento con mayores ingresos y el 15 por ciento de los cuales fueron al 0,1 por ciento más rico, gente que gana 1,6 millones de dólares al año o más.

En otras palabras, hemos agotado el límite de la tarjeta de crédito nacional sólo para que los que más se benefician de la economía global se puedan llevar una parte aún más grande del pastel.

Hasta ahora hemos sobrevivido a esta montaña de deudas porque los bancos centrales extranjeros —especialmente el de China— quieren que sigamos comprando los productos que exportan. Pero ese crédito fácil no durará para siempre. En algún punto del futuro los extranjeros dejarán de prestarnos dinero, las tasas de interés subirán y nos gastaremos la mayor parte de lo que genere este país pagando nuestras deudas.

Si de verdad queremos evitar ese futuro, entonces tenemos que empezar a salir del agujero hoy mismo. Sobre el papel, al menos, sabemos lo que debemos hacer. Podemos suprimir o fusionar los programas no esenciales. Podemos frenar el gasto de salud. Podemos eliminar las desgravaciones fiscales que ya no resultan útiles y cerrar los vacíos legales que permiten que las empresas eviten pagar impuestos. Y podemos volver a poner en vigor una ley que existió durante la presidencia de Clinton —llamada *Paygo*— que prohíbe que salga dinero del tesoro federal, ya sea en forma de nuevos gastos o de bajas de impuestos, sin compensar de algún modo esos fondos que se pierden con nuevos ingresos o recortes de gastos.

Aun adoptando todas estas medidas será difícil salir de la situación fiscal en la que nos hemos metido. Probablemente tendremos que posponer algunas inversiones que sabemos que son necesarias para mejorar nuestra competitividad en el mundo y darle prioridad a ayudar a las familias americanas a las que les cuesta trabajo salir adelante.

Pero al tomar estas difíciles medidas debemos reflexionar sobre la lección de los últimos seis años y preguntarnos si nuestros presupuestos y nuestra política fiscal reflejan de verdad los valores que decimos defender.

«Si en este momento hay una guerra de clases en los Estados Unidos, entonces mi clase la está ganando.»

Estaba sentado en el despacho de Warren Buffett, presidente de Berkshire Hathaway y el segundo hombre más rico del mundo. Ya me habían hablado de la sencillez de los gustos de Buffett, sabía que todavía vivía en la misma modesta casa que había comprado en 1967 y que había enviado a sus hijos a las escuelas públicas de Omaha.

Aun así, me sorprendí un poco al entrar en un edificio normal de Omaha y pasar a lo que parecía ser el despacho de un agente de seguros, con las paredes forradas de falsos paneles de madera, unos cuantos cuadros y nadie a la vista. «Pase atrás», había dicho una voz de mujer, así que doblé una esquina del despacho para encontrarme con el Oráculo de Omaha en persona, riéndose de algo con su hija, Susie, y su asistente, Debbie, con el traje un poco arrugado y sus pobladas cejas asomándose por encima de la montura de sus gafas.

Buffett me había invitado a Omaha para hablar sobre política fiscal. Concretamente quería saber por qué Washington seguía bajándole los impuestos a la gente que estaba en su tramo de ingresos cuando la nación estaba quebrada.

—El otro día hice unos cálculos —me dijo mientras nos sentábamos en su despacho—. Aunque nunca he utilizado refugios fiscales ni a especialistas en impuestos, este año pagaré un porcentaje efectivo de impuestos más bajo que mi recepcionista. De hecho, estoy bastante seguro de que pago menos que el americano medio. Y si el Presidente se sale con la suya, pagaré todavía menos.

La baja tasa impositivo que paga Buffet es consecuencia de que, como pasa con la mayoría de los americanos ricos, casi todos sus ingresos proceden de dividendos y de ganancias del capital, que son ingresos por inversiones. Y desde 2003 pagan sólo un 15 por ciento de impuestos. El salario de la recepcionista, en cambio, paga casi el doble de impuestos una vez se cuenta el FICA.* Para Buffett, esa diferencia era una barbaridad.

---

*(N. de la t.) Siglas de Federal Insurance Contributions Act, ley que establece un impuesto sobre trabajadores y empleadores y para financiar los programas federales dedicados a los jubilados, incapacitados e hijos de trabajadores fallecidos.

—El libre mercado es el mejor mecanismo jamás creado para utilizar de forma efectiva y productiva los recursos —me contó—. El gobierno no lo hace particularmente bien. Pero al mercado no se le da bien distribuir la riqueza que crea de manera justa o inteligente. Una parte de esa riqueza debe recanalizarse hacia la educación —de modo que la próxima generación tenga oportunidades en la vida— a mantener las infraestructuras y a aportar algún tipo de red de seguridad para aquellos a los que les toca perder en la economía de mercado. Y lo lógico es que aquellos que nos hemos beneficiado más del mercado seamos los que paguemos la mayor parte.

Pasamos la hora siguiente hablando de globalización, de las compensaciones que recibían los ejecutivos, del empeoramiento del déficit comercial y de la deuda nacional. Le inquietaba particularmente la anunciada propuesta de Bush de suprimir el impuesto de sucesiones, un paso que él creía, terminaría impulsando la creación de una aristocracia basada en la riqueza en lugar de en el mérito.

—Si eliminas el impuesto de sucesiones —dijo— lo que haces es entregar la dirección de los recursos del país a gente que no se ha ganado esa dirección. Es como escoger el equipo olímpico de 2020 seleccionando a los hijos de todos los ganadores de los juegos del 2000.

Antes de marcharme, le pregunté a Buffett cuántos de sus colegas multimillonarios compartían sus puntos de vista. Se echó a reír.

—La verdad sea dicha, no muchos —respondió—. Tienen esa idea de que es «su dinero» y que se merecen hasta el último centavo. No tienen en cuenta la inversión pública que nos permite vivir como vivimos. Tómeme a mí como ejemplo. Resulta que tengo talento para decidir dónde poner el capital. Pero mi capacidad para usar ese talento depende por completo de la sociedad en la que he nacido. Si hubiera nacido en una tribu de cazadores, este talento mío sería bastante inútil. No corro rápido ni soy particularmente fuerte. Probablemente hubiera acabado siendo la cena de algún animal salvaje.

—Pero tuve la suerte de nacer en un tiempo y un lugar en el que la sociedad valora mi talento, me brindó una buena educación para que pudiera desarrollarlo y dispuso el sistema financiero que me permite dedicarme a lo que me gusta hacer y a ganar un montón de dinero en el proceso. Lo menos que puedo hacer es ayudar a pagar todo eso.

Puede resultar sorprendente oír hablar así al capitalista más importante del mundo, pero la opinión de Buffett no es necesariamente consecuencia de que posea un corazón bondadoso, sino que más bien refleja una compresión de que lo bien que respondamos a la globalización no dependerá solamente de que identifiquemos cuáles son las políticas correctas. Tendremos que cambiar de actitud y recuperar la predisposición de poner el bien común y el interés de las generaciones futuras por delante del oportunismo del corto plazo.

En particular, tenemos que dejar de fingir que todas las bajas de impuestos —o todas las subidas— son iguales. Acabar con los subsidios a empresas que no tienen ninguna función económica discernible es una cosa; reducir las prestaciones a los niños pobres es algo totalmente distinto. En un momento en que las familias comunes están presionadas por todas partes, el impulso de mantener sus impuestos tan bajos como sea posible es honorable y justo. Lo que ya no es tan honorable es la predisposición de los ricos y poderosos a utilizar este sentimiento contrario a los impuestos en beneficio propio, o la forma en que el Presidente, el Congreso, los cabilderos y los comentaristas conservadores han asociado en la mente de los votantes los auténticos problemas impositivos que sufre la clase media con la más que manejable carga impositiva que tienen los ricos.

Esta confusión se ha hecho especialmente patente en el debate que gira en torno a la abolición del impuesto de sucesiones. Tal y como está estructurado actualmente, un matrimonio puede dejar en herencia hasta cuatro millones de dólares sin pagar ningún tipo de impuesto; en 2009, siguiendo la ley actual, la cifra se elevará a siete millones de dólares. Es por ello que actualmente el impuesto sólo afecta al 1 por ciento más rico de la población y en

2009 afectará sólo a un tercio de ese 1 por ciento. Y puesto que abolir por completo el impuesto de sucesiones le costaría al Tesoro de Estados Unidos cerca de un billón de dólares, sería difícil pensar en una baja de impuestos que respondiera menos a las necesidades de los americanos medios y fuera más en contra de los intereses a largo plazo de la nación.

Sin embargo, gracias a una astuta campaña de marketing del Presidente y sus aliados, el 70 por ciento de la nación se opone hoy al «impuesto sobre la muerte». Acuden a mi despacho grupos de granjeros que insisten en que el impuesto de sucesiones va a acabar con las granjas familiares, a pesar de que el Departamento de Hacienda es incapaz de señalar una sola granja en todo el país que haya tenido que cerrar por culpa del «impuesto sobre la muerte». Mientras tanto, vienen a mí presidentes de empresas que me dicen que es fácil para Warren Buffett estar a favor del impuesto de sucesiones —aunque le impusieran a su herencia un impuesto del 90 por ciento le seguirían quedando algunos miles de millones de dólares para dejarle a sus hijos— pero que el impuesto es tremendamente injusto para aquellos con patrimonios de «sólo» diez o quince millones de dólares.

Las cosas claras: los ricos tienen muy poco de qué quejarse en Estados Unidos. Entre 1971 y 2001, mientras el promedio de sueldos y salarios del trabajador promedio prácticamente no ha subido, los ingresos de la centésima parte más rica del 1 por ciento más rico se han multiplicado casi por cinco. La distribución de la riqueza es hoy mucho más sesgada y los niveles de desigualdad más altos que en cualquier otro momento desde los Años Dorados, los años entre 1865 y 1901. Estas tendencias ya estaban en marcha durante los noventa. Las políticas impositivas de Clinton simplemente las frenaron un poco. Las bajas de impuestos de Bush las han empeorado.

Señalo estos datos no —como diría un argumentario republicano— para despertar la envidia entre clases sociales. Admiro a muchos americanos muy ricos y no les guardo ni una pizca de rencor por su éxito. Sé que muchos, si no todos, se lo han ganado trabajando duro, construyendo empresas, creando puestos y ofreciendo valor a sus clientes. Simplemente creo que aquellos que más nos hemos beneficiado de esta nueva economía somos los que estamos en mejores condiciones de sobrellevar la obligación de asegurarnos de que todo niño americano tenga la oportunidad de conseguir ese mismo tipo de éxito. Y quizá yo posea cierto tipo de sensibilidad del Midwest, heredada de mi madre y sus padres, una sensibilidad que Warren Buffett parece compartir también: que llegado a cierto punto uno ya tiene suficiente, que se puede experimentar el mismo placer con un Picasso colgado en un museo que con uno en la pared de tu guarida, que puedes conseguir una comida excelente en un restaurante por menos de veinte dólares, y que cuando el traje que llevas cuesta más que el salario anual del americano promedio, te puedes permitir pagar un poco más que los demás en impuestos.

Más que nada es esa sensación de que a pesar de que existan entre nosotros grandes diferencias de riqueza, nos levantamos y caemos juntos, esa sensación de que no podemos permitirnos perder. Ahora que el ritmo del cambio se acelera y que algunos se levantan y muchos caen, esa sensación de que existe un vínculo común entre nosotros es más difícil de mantener. Jefferson no se equivocaba del todo al temer la visión de futuro que Hamilton tenía para el país, pues siempre hemos mantenido un delicado equilibrio entre el interés propio y el de la comunidad, entre el mercado y la democracia, entre la concentración de riqueza y poder y la posibilidad de que todos tengamos la oportunidad de alcanzar el éxito. Creo que en Washington hemos roto ese sutil equilibrio. En la capital todos nos afanamos por recaudar dinero para financiar nuestras campañas, los sindicatos están debilitados, la prensa anda distraída y los cabilderos de los poderosos presionan a fondo para conseguir todos las ventajas posibles. Hay muy pocas voces que se eleven sobre todo ese ruido para recordarnos quiénes somos y de dónde venimos, pocas voces que se atrevan a volver a proclamar el vínculo que nos une a todos.

Ese era el subtexto del debate a principios de 2006, cuando un escándalo de sobornos provocó que se renovaran los esfuerzos por reducir la influencia de los cabilderos en Washington. Una de las propuestas habría acabado con la práctica de dejar que los senadores viajaran en jets privados pagando tan sólo la tarifa más barata de primera clase comercial. Esa disposición tenía muy pocas posibilidades de ser aprobada. Sin embargo, mi equipo me dijo que como portavoz demócrata sobre la reforma ética, debería vetarme a mí mismo el uso de esos aviones.

Sé que era lo correcto, pero no voy a mentir: la primera vez que me programaron una gira por cuatro ciudades durante dos días volando en aviones comerciales, sentí algunos remordimientos. El tráfico hasta O'Hare estaba infernal. Cuando llegué al aeropuerto, me encontré con que el vuelo a Memphis se había retrasado. Un niño tiró zumo de naranja en mi zapato.

Entonces, mientras hacía cola, se me acercó un hombre que debía andar por la media treintena, vestido con chinos y una camiseta de golf, y me dijo que esperaba que el Congreso hiciera algo respecto a la investigación con células madre ese año. Me han diagnosticado Parkinson en sus primeras fases, dijo, y tengo un hijo de tres años. Es probable que nunca pueda jugar a lanzarle la pelota. Sé que puede que sea demasiado tarde para mí, pero no hay ningún motivo para que otros tengan que pasar por lo que yo estoy pasando.

Estas son las historias que te pierdes, pensé, cuando vuelas en jet privado.

Capítulo Seis

Fe

D OS DÍAS DESPUÉS de conseguir que el partido demó-
crata escogiera mi candidatura al Senado de los Estados
Unidos, recibí un e-mail de un doctor de la Facultad de
Medicina de la Universidad de Chicago.

«Felicidades por su aplastante y ejemplar victoria», escribió el
doctor. «Fue un placer votar por usted y le avanzo que estoy plan-
teándome seriamente votar por usted en las elecciones generales.
Le escribo para plantearle las dudas que podrían impedir al final
que le diera mi apoyo.»

El doctor se describió a sí mismo como un cristiano que sabía
que sus convicciones eran exhaustivos y «totalizadores». Su fe le
llevaba a oponerse firmemente al aborto y al matrimonio homosexual, pero también a cuestionarse la idolatría del libre mercado y
el recurso fácil a la fuerza militar que parecían caracterizar buena
parte de la política exterior del Presidente Bush.

La razón por la que el doctor consideraba la posibilidad de
votar por mi oponente no era mi posición sobre el aborto como
tal. Había leído un texto que la gente de mi campaña había puesto
en mi página web que sugería que yo lucharía contra «los ideólogos de extrema derecha que quieran arrebatarle a la mujer el derecho a elegir». Por ello, me escribió lo siguiente:

Percibo que posee usted un arraigado sentido de la justicia y
de la precaria posición que la justicia ocupa en toda política. Sé

también que usted es un portavoz de las denuncias de los que no tienen voz. También percibo que usted es una persona justa que valora mucho la razón... Sean cuales sean sus convicciones, si realmente cree que aquellos que se oponen al aborto son ideólogos movidos por un perverso deseo de causar sufrimiento a las mujeres, entonces usted, en mi opinión, no está siendo justo... Sabe que estamos entrando en una época en la que existen grandes posibilidades para el bien para el mal, unos tiempos en que nos esforzamos por encontrarle un sentido a una política común en un contexto plural, en que no estamos seguros de nuestras razones en lo que se refiere a situaciones que afectan a los demás... No le pido en este punto que usted se oponga al aborto, sino sólo que al hablar de este tema se exprese con justicia y objetividad.

Entré en mi página web y encontré las palabras que le habían ofendido. No eran mías; mi equipo las había escrito para resumir mi posición favorable al derecho a elegir durante las primarias demócratas, en unos momentos en que algunos de mis oponentes cuestionaban mi determinación de proteger el precedente de *Roe vs. Wade*. Dentro de la burbuja que es la política dentro del partido demócrata, era metralla estándar, diseñada para azuzar los ánimos de las bases. El razonamiento detrás de esa frase era que la noción de implicar a la otra parte en el debate era inútil y que cualquier ambigüedad sobre el tema era sinónimo a la debilidad y que, enfrentados como estábamos con la estrategia implacable y sin cuartel de las fuerzas contrarias al aborto, simplemente no podíamos permitirnos el lujo de la debilidad.

Al releer la carta del doctor, sin embargo, siento una punzada de vergüenza. Desde luego, pensé, hay gente en el movimiento antiabortista a la que no guardo la menor simpatía, gente que acosa a las mujeres que entran en las clínicas o les impide el acceso, gente que mientras grita a todo pulmón pone en la cara de esas mismas mujeres fotos de fetos destrozados, gente que amenaza e intimida y en ocasiones recurre a la violencia.

Pero esos manifestantes antiabortistas no eran los que de vez en cuando aparecían en mis reuniones de campaña. Los que me encontraba yo solían aparecer cuando iba a las pequeñas comunidades del sur del estado. Tenían expresión cansada pero decidida y montaban guardia frente al edificio en que se celebrara la reunión, esgrimiendo frente a ellos sus carteles manuscritos como si fueran escudos. No gritaban ni trataban de interferir en el acto, aunque aun así ponían nervioso a mi equipo. La primera vez que un grupo de estos manifestantes hizo su aparición, mi equipo de avanzadilla se puso en estado de alerta. Cinco minutos antes de que yo llegara al lugar, llamaron al coche en el que yo iba y me sugirieron que entrara por detrás para evitar un enfrentamiento.

—No quiero entrar por detrás —le dije al colaborador que conducía—. Diles que vamos a entrar por la puerta principal.

Giramos para entrar en el aparcamiento de la biblioteca y nos encontramos con siete u ocho manifestantes reunidos a lo largo de una verja: varias mujeres mayores y lo que parecía una familia —un hombre y una mujer con dos niños pequeños. Salí del coche, caminé hacia el grupo y me presenté. El hombre me dio la mano un poco dubitativo y me dijo su nombre. Parecía de mi edad, llevaba jeans, una camisa a cuadros y una gorra de los Cardinals de St. Louis. Su mujer también me estrechó la mano, pero las ancianas se mantuvieron a distancia. Los niños, quizá de nueve o diez años, me miraron de arriba a abajo sin ocultar su curiosidad.

—¿Quieren pasar ustedes dentro? —les pregunté.

—No, gracias —respondió el hombre. Me entregó un panfleto y añadió—. Señor Obama, quiero que sepa que estoy de acuerdo con usted en mucho de lo que dice.

—Le agradezco que me lo diga.

—Y sé que usted es cristiano y tiene familia.

—Es cierto.

—En ese caso ¿cómo puede apoyar el asesinato de bebés?

Le dije que comprendía su posición pero que no podía estar de acuerdo con él. Le expliqué que creía que pocas mujeres tomaban la decisión de interrumpir un embarazo frívolamente; que toda mujer embarazada sentía la fuerza de los principios morales en conflicto y que en su conciencia se debatía en un sentido y otro antes de tomar esa decisión que le rompía el corazón; que yo temía que una prohibición del aborto llevara a las mujeres a abortar de todos modos pero en condiciones poco seguras, como ya hicieron en otros tiempos en este país y seguían haciendo hoy en países que perseguían a los doctores que practicaban abortos y a las mujeres que buscaban sus servicios. Le sugerí que quizá podríamos ponernos de acuerdo en cómo reducir el número de mujeres que sentían la necesidad de practicar abortos.

El hombre me escuchó educadamente y luego me mostró un panfleto con estadísticas en las que aparecía la cifra de niños no-natos que, según él, eran sacrificados cada año. Tras unos pocos minutos, le dije que tenía que ir a dentro a hablar con la gente que había venido a verme y les pregunté de nuevo si querían pasar. De nuevo el hombre rehusó. Cuando me giré para irme, su mujer me dijo:

—Rezaré por usted. Rezaré para que cambie de opinión.

Ni mi opinión ni mis ideas cambiaron ese día, ni lo harían en los días siguientes. Pero sí que pensé en aquella familia al escribir mi respuesta al doctor y agradecerle su e-mail. Al día siguiente cir-culé su e-mail entre mi equipo e hice que se cambiara la página web para que anunciara en términos claros pero sencillos mi posi-ción favorable a la libertad de elección. Y esa noche, antes de irme a dormir, yo también recé una oración: recé para ser capaz de con-ceder a los demás la misma presunción de buena voluntad que el doctor me había concedido a mí.

SALTA A LA VISTA que los americanos somos un pueblo reli-gioso. Según las encuestas más recientes, el 95 por ciento de los americanos cree en Dios, más de dos tercios pertenecen a alguna iglesia, el 37 por ciento se define como cristianos comprometidos y mucha más gente cree en ángeles que en la evolución. Y la religión no se limita sólo a los lugares de culto. Los libros que proclaman la llegada del juicio final venden millones de ejemplares, la música cristiana llena las listas del *Billboard* y en las afueras de todas las grandes metrópolis emergen gigantescas megaiglesias que ofrecen de todo, desde reuniones de solteros hasta clases de yoga y Pilates. Nuestro Presidente menciona regularmente cómo Cristo le cambió la vida y los jugadores de fútbol americano señalan al cielo después de cada tanto, como si Dios estuviera cantando las jugadas desde el banquillo celestial.

Por supuesto, esa religiosidad no es nueva. Los puritanos llegaron a nuestras costas huyendo de la persecución religiosa y para practicar sin impedimentos su estricta rama del calvinismo. Cada tanto un renacimiento evangélico se apodera de la nación y las sucesivas olas de inmigrantes se han ayudado de la fe para anclar sus vidas en el mundo nuevo y extraño al que llegaban. El sentimiento y el activismo religioso han desencadenado algunos de nuestros movimientos políticos más poderosos, desde el abolicionismo, pasando por el de defensa de los derechos civiles, hasta el populismo de pradera de William Jennings Bryan.

Aun así, si hace cincuenta años hubiera usted preguntado a los principales expertos culturales de la época cuál sería el futuro de la religión en los Estados Unidos, sin duda le habrían dicho que estaba en decadencia. La vieja religión se marchitaba, decían, víctima de la ciencia, del alto nivel educativo de la población en general y de las maravillas de la tecnología. Puede que la gente respetable siguiera acudiendo a la iglesia cada domingo, puede que los predicadores y los sanadores siguieran trabajando el circuito del renacimiento del sur, y puede que el miedo al «comunismo ateo» ayudara a alimentar el macartismo y el Terror Rojo pero, en su mayor parte, la práctica religiosa tradicional —y ciertamente el fundamentalismo religioso— se consideraba incompatible con la modernidad. Como máximo se consideraba tan sólo como un refugio de las penalidades de la vida para los pobres y la gente sin educación. Incluso las monumentales cruzadas de Billy Graham eran tratadas por los expertos y los académicos como un anacronismo curioso, como vestigios de un tiempo pasado que tenían poco que ver con el trabajo serio de dirigir una economía moderna o dar forma a la política exterior.

Llegados los sesenta, muchos líderes importantes tanto protestantes como católicos concluyeron que si las instituciones religiosas americanas querían sobrevivir, tendrían que volver a ser «relevantes» en esos tiempos cambiantes, adaptando la doctrina eclesiástica a la ciencia y articulando un evangelio social que tratase de las cuestiones materiales de la desigualdad, el racismo, el sexismo y el militarismo americano.

¿Qué sucedió? En parte siempre se exageró el enfriamiento del sentimiento religioso entre los americanos. En este punto, al menos, la crítica conservadora al «elitismo liberal» lleva bastante razón: cómodamente arrellanados en sus sillones en las universidades y grandes centros urbanos, los académicos, periodistas y proveedores de cultura popular simplemente no se dieron cuenta de la importancia que todo tipo de expresiones de religiosidad seguían teniendo en todo el país. De hecho, el fracaso de las principales instituciones culturales a la hora de reconocer el impulso religioso del país contribuyó a fomentar cierto grado de capacidad emprendedora religiosa que no se da en ningún otro lugar del mundo industrializado. Apartado de los medios y del ojo público pero vibrante de vitalidad, por todo el centro del país emergió un universo paralelo, un universo no sólo de renacimientos y ministerios pujantes, sino también de televisión, radio, universidades, editoriales y entretenimiento cristiano, todo lo cual permitía a los devotos ignorar la cultura popular de la misma forma que ella los estaba ignorando a ellos.

La reticencia que sienten muchos evangélicos a verse envueltos en política —su devoción interior a la salvación individual y su deseo de darle al César lo que es del César— podría haber continuado para siempre de no ser por los trastornos sociales de los sesenta. En la mente de los cristianos sureños, la decisión de un distante tribunal de desmantelar la segregación parecía ser parte de un gran plan que incluía la eliminación de la oración en las escuelas: un ataque por varios flancos a los pilares de la vida tradicional sureña. Por todo el país el movimiento feminista, la revolución sexual, la cada vez mayor presencia de *gays* y lesbianas en la escena pública y, más que ninguna otra cosa, la sentencia de la Corte Suprema en *Roe vs. Wade* parecían desafiar directamente las enseñanzas de la Iglesia sobre el matrimonio, la sexualidad y el papel apropiado de hombres y mujeres. Los conservadores cristianos se sintieron asediados y víctimas de las burlas de los demás, lo que hizo que les resultara imposible seguir aislándose de las tendencias culturales y políticas de la nación. Y aunque fue Jimmy Carter el que primero utilizaría el lenguaje del cristianismo evangélico en la política nacional moderna, fue el partido republicano, con su creciente énfasis en la tradición, el orden y los «valores familiares», el que mejor situado estaba para recoger esa cosecha de evangélicos recién llegados a la política y movilizarlos contra la ortodoxia liberal.

No hay necesidad de volver a contar aquí la historia de cómo Ronald Reagan, Jerry Falwell, Pat Robertson, Ralph Reed y por último Karl Rove y George W. Bush movilizaron a esa infantería cristiana. Baste decir que hoy los cristianos evangélicos blancos (junto con los católicos conservadores) forman el núcleo de las bases del partido republicano, un núcleo de partidarios que una red de púlpitos y medios amplificados por la tecnología moderna mantiene constantemente movilizados. Son sus temas —el aborto, el matrimonio *gay*, la oración en las escuelas, el diseño inteligente, Terri Schiavo, el colgar los Diez Mandamientos en los tribunales, la educación en casa, los planes de vales escolares y la composición de la Corte Suprema— los que acostumbran a copar los titulares y forman las fracturas que dividen la política americana. La mayor diferencia en afiliación a un partido entre americanos blancos no es entre hombres y mujeres ni entre los que residen en los llamados estados rojos y los que lo hacen en estados azules, sino entre los que asisten regularmente a la iglesia y los que no. Los demócratas, mientras tanto, se afanan por «comprender la religión», incluso a pesar de que un segmento clave de sus votantes mantiene una orientación tenazmente secular y teme —sin duda con razón— que el programa de una nación cristiana no tenga sitio para ellos ni para sus elecciones de vida.

Pero la cada vez mayor influencia de la derecha cristiana no explica por completo el fenómeno. Puede que la Mayoría Moral y la Coalición Cristiana hayan sabido llegarle al descontento de muchos cristianos evangélicos, pero eso no quita mérito a la habilidad del cristianismo evangélico no para sobrevivir sino para prosperar en una nación moderna y de alta tecnología. En unos momentos en que las principales iglesias protestantes están perdiendo fieles a toda velocidad, las iglesias evangélicas no confesionales crecen a pasos agigantados y consiguen de sus fieles unos niveles de compromiso y colaboración que ninguna otra institución americana puede igualar. Su fervor se ha integrado en la vida cotidiana.

Este éxito tiene diversas explicaciones, desde lo bien que los evangélicos han hecho el marketing de la religión, hasta el carisma de sus líderes. Pero su éxito también apunta a que existe una demanda del producto que venden, una demanda que va más allá de cualquier causa o tema concreto. Parece que cada día miles de americanos cumplen los quehaceres de su día —llevan a los niños a la escuela, conducen hasta el trabajo, vuelan a una reunión de negocios, van de compras a un centro comercial, tratan de mantener su dieta— y llegan a la conclusión de que les falta algo. Deciden que su trabajo, sus posesiones, sus diversiones y todos sus asuntos no son suficiente. Buscan que su vida tenga sentido, buscan construir un marco narrativo que la explique, algo que alivie su soledad crónica o les eleve por encima de las agotadoras e implacables penas de la vida cotidiana. Necesitan tener la seguridad de que hay alguien ahí fuera que se preocupa por ellos, alguien que los escucha. Necesitan saber que su destino no es pasar a toda velocidad por una autopista que lleva a la nada.

Si comprendo algo de este movimiento que propone un mayor compromiso religioso es porque es un camino que yo mismo he recorrido.

No crecí en una familia religiosa. La religión lo impregnó todo durante la infancia de mis abuelos maternos, que procedían de Kansas: a mi abuelo lo criaron sus abuelos, bautistas devotos, después de que su padre desapareciera y su madre se suicidara, mientras que los padres de mi abuela —que tenían un rango ligeramente superior en el escalafón de la sociedad de una pequeña ciudad durante la Gran Depresión (su padre trabajaba en una refinería de petróleo y su madre era maestra de escuela)— eran metodistas practicantes.

Pero quizá por la misma razón que mis abuelos acabaron por irse de Kansas y emigrar a Hawai, la fe religiosa nunca anidó en sus corazones. Mi abuela fue siempre demasiado racional y demasiado tozuda para aceptar algo que no podía ver, sentir, tocar o contar. Mi abuelo, el soñador de nuestra familia, poseía el tipo de alma inquieta que podría haber encontrado consuelo en la religión si no fuera porque otra serie de rasgos —una rebeldía innata, una completa incapacidad para disciplinar sus apetitos y una gran tolerancia hacia las debilidades de los demás— impedían que se tomara nada demasiado en serio.

Esta combinación de rasgos —el pétreo racionalismo de mi abuela, la jovialidad de mi abuelo y su incapacidad de juzgar a los demás o a sí mismo con demasiada dureza— la heredó mi madre. Su propia experiencia de niña aficionada a los libros y sensible que creció en pequeñas ciudades de Kansas, Oklahoma y Texas contribuyó a reforzar el escepticismo que había heredado. Los recuerdos de los cristianos que poblaron su infancia no eran agradables. De vez en cuando, y sólo para que yo lo supiera, hablaba de los predicadores moralistas que decían que tres cuartas partes de las personas del mundo no eran más que ignorantes paganos condenados al castigo eterno y que acto seguido insistían en que el cielo y la tierra habían sido creados en siete días a pesar de todas las pruebas astrofísicas que tenían en su contra. Recordaba a las respetables señoras que acudían a la iglesia y a las que les faltaba tiempo para despreciar a aquellos que no alcanzaban los niveles de decoro que ellas consideraban necesarios, a pesar de que ellas mismas tenían pequeños y sucios secretos; recordaba a los padres que iban a misa y que luego proferían insultos raciales y que le sacaban a sus trabajadores hasta el último centavo.

Para mi madre, la religión organizada disfrazaba demasiado la estrechez de miras como piedad y embozaba la crueldad y la opresión bajo la capa de la rectitud.

Pero no por ello dejó de darme instrucción religiosa. Opinaba que un conocimiento funcional de las grandes religiones del mundo era parte imprescindible de una educación completa. En nuestra casa la Biblia, el Corán y el Bhagavad Gita compartían estante con los libros de mitología griega, escandinava y africana. En Pascua o en Navidad mi madre me arrastraba a la iglesia, igual que me arrastraba a un templo budista, a las celebraciones del año nuevo chino, a un santuario sintoísta o a los antiguos cementerios hawaianos. Sin embargo, se me dio a entender que esas muestras religiosas no requerían ningún compromiso continuado por mi parte, ningún tipo de introspección o autoflagelación. La religión era producto de la cultura humana, me explicaba ella, no su fuente, sólo una forma más —y no necesariamente la mejor— de las muchas formas en que el hombre intenta controlar lo que no conoce y comprender las verdades más profundas de la vida.

En suma, mi madre ya veía la religión a través del prisma de la antropóloga en que se convertiría. Lo consideraba un fenómeno que había que respetar, pero que debía observarse desde cierta distancia. Más aún, siendo niño raramente entré en contacto con gente que pudiera ofrecerme una visión sustancialmente distinta de la fe. Mi padre estuvo ausente durante prácticamente toda mi infancia, pues se divorció de mi madre cuando yo tenía sólo dos años. En cualquier caso, aunque mi padre había sido educado como musulmán, para cuando conoció a mi madre era ya un ateo convencido que pensaba que la religión no era más que superstición, como los cuentos de los curanderos a los que había visto en las aldeas keniatas en las que pasó su juventud.

Cuando mi madre se volvió a casar fue con un indonesio con la misma vena escéptica, un hombre que creía que la religión no resultaba particularmente útil a la hora de abrirse paso en el mundo y que había crecido en un país que mezclaba fácilmente su fe islámica con restos de hinduismo, budismo y antiguas tradiciones animistas. Durante los cinco años que pasaría viviendo con mi padrastro en Indonesia, me enviaron primero a la escuela católica del barrio y luego a una escuela mayoritariamente musulmana; en ambos casos a mi madre le preocupó mucho más si estaba aprendiendo bien las tablas de multiplicar que si estaba aprendiendo el catecismo o preguntándome qué significaba la llamada a la oración vespertina del muecín.

Y, sin embargo, a pesar de todas sus profesiones de secularismo, mi madre fue en muchos sentidos la persona más espiri-
tualmente viva que jamás he conocido. En ella la amabilidad, la
caridad y el amor eran sentimientos casi instintivos y se pasó la
mayor parte de su vida poniéndolos en práctica, a veces incluso
cuando iba en contra de su propio interés. Sin la ayuda de textos
religiosos ni de autoridades externas, trabajó duro para incul-
carme los valores que muchos americanos aprenden en la escuela
dominical: honestidad, empatía, disciplina, postergación de la gratificación y trabajo duro. Le enfurecían la pobreza y la injusticia y
despreciaba a quienes, permanecían indiferentes frente a ellas.

Y, lo más importante, poseía una capacidad innata para maravillarse, una reverencia por la vida y su naturaleza preciosa y tran-
sitoria que sólo puede describirse adecuadamente como devoción.
En el transcurso del día se encontraba con alguna pintura, leía un
verso o escuchaba una música que hacía que se le humedecieran
los ojos. A veces, cuando estaba creciendo, me despertaba en mitad
de la noche para que viera lo espectacular que estaba la luna o me
hacía cerrar los ojos mientras caminábamos juntos al anochecer
para que oyera el ruido de las hojas arrastradas por el viento. Le
encantaban los niños —cualquier niño— y se los sentaba en el
regazo y les hacía cosquillas o jugaba con ellos o les examinaba
las manos, señalando el milagro de los huesos y los tendones y
la piel, deleitándose con las verdades que allí hallaba. En todas
partes veía misterios y se regocijaba de la pura y maravillosa ra-
reza de la vida.

Sólo en retrospectiva, claro, comprendo en toda su amplitud
hasta qué punto este espíritu suyo ha influido en mí, cómo me
ayudó a salir adelante a pesar de no tener un padre en casa, cómo
me guió a través de los rocosos arrecifes de mi adolescencia y
cómo me marcó, de forma invisible, el camino que había de seguir
al final. Puede que mi padre fuera lo que alimentaba mis grandes
ambiciones —por mi conocimiento de sus éxitos y fracasos, por
mi deseo no formulado de conseguir ganar de algún modo su
amor, y por mi resentimiento e ira hacia él— pero fue la fe fundamental de mi madre —en la bondad de la gente y en el valor
inmenso de esta breve vida que se nos ha dado a cada uno

de nosotros— lo que canalizó esas ambiciones. Fue buscando confirmar sus valores que estudié filosofía política, tratando de encontrar tanto un lenguaje como un sistema de acción que me permitiera ayudar a construir comunidades y alcanzar la justicia real. Y fue por llevar a la práctica esos valores que, después de la universidad, acepté trabajar como organizador comunitario para un grupo de iglesias de Chicago que trataban de mitigar los problemas de paro, drogas y desesperación que había en sus parroquias.

Ya he explicado en un libro anterior cómo ese trabajo en Chicago me ayudó a madurar, cómo mi trabajo con los pastores y los laicos allí acentuó mi voluntad de entrar en la vida pública, cómo fortificó mi identidad racial y confirmó mi fe en que la gente normal puede hacer cosas extraordinarias. Pero mis experiencias en Chicago me obligaron también a enfrentarme a un dilema que mi padre nunca resolvió por completo en su propia vida: el hecho que yo carecía de comunidad y tradiciones sobre las que cimentar mis creencias más profundas. Los cristianos con quienes trabajaba se reconocían en mí; sabían que conocía el Libro y que compartía sus valores y cantaba sus himnos. Pero sentían que una parte de mí permanecía distante, apartada, como un observador entre ellos. Me di cuenta de que si no daba un contenedor a mis creencias, si no profesaba un compromiso hacia una comunidad de fe en concreto, en cierto sentido estaría siempre condenado a permanecer al margen, libre del mismo modo que mi madre fue libre, pero también solo de la misma forma en que ella estaba sola a fin de cuentas.

En esta vida hay cosas mucho peores que esa libertad. Mi madre vivió feliz como ciudadana del mundo, forjando una comunidad de amigos allí donde iba, encontrando el sentido de la vida en su trabajo y sus hijos. Puede que yo también me hubiera contentado con una vida así si no hubiera sido por las particulares características históricas de la iglesia negra, características que me ayudaron a liberarme de parte de mi escepticismo y a aceptar de lleno la fe cristiana.

Por un lado me atrajo la capacidad que tiene la tradición religiosa afroamericana para desencadenar cambios sociales. Por necesidad, la iglesia negra tenía que ofrecer su ministerio a la totalidad de la persona. Por necesidad, la iglesia negra rara vez podía permitirse el lujo de separar la salvación individual de la salvación colectiva. Tenía que ser el centro político, económico y social de la comunidad además de encargarse de su vida espiritual; comprendía de una forma muy directa la llamada bíblica a dar de comer al hambriento, a dar ropas al que va desnudo y a desafiar a los poderosos y grandes de este mundo. En la historia de su lucha pude ver que la fe era más que un consuelo para los cansados o un seguro contra la muerte. Más bien era una fuerza activa y palpable en el mundo. En el trabajo cotidiano de los hombres y mujeres que me encontraba en la iglesia, en su habilidad de «encontrar un camino donde no lo hay» y conservar la esperanza y la dignidad en las circunstancias más extremas, yo veía como se manifestaba la Palabra.

Y quizá fue a raíz de este contacto íntimo con las dificultades y privaciones, de este cimentar la fe en la lucha, que la iglesia históricamente negra me hizo comprender una segunda cosa: que la fe no quiere decir que no tengas dudas ni que te apartes del mundo. Mucho antes de que se pusiera de moda entre los evangelistas televisivos, el típico sermón negro reconocía libremente que todos los cristianos (también los pastores) podían experimentar la misma avaricia, resentimiento, lujuria e ira que experimentan todos los demás. Las canciones de *gospel*, el baile y las lágrimas y gritos proceden de la liberación, reconocimiento y finalmente canalización de esas emociones. En la comunidad negra la línea entre pecadores y salvados era más difusa; los pecados de los que iban a la iglesia no eran muy distintos de aquellos de los que no iban, y por ello era igual de posible hablar de ellos con humor que condenarlos. Tenías que ir a la iglesia precisamente porque eras parte de este mundo, no porque te apartaras de él; ricos y pobres, pecadores y salvados, tenían que acercarse a Cristo precisamente porque tenían pecados que debían redimir, porque eran humanos y necesitaban para nuestro viaje un aliado que elevara los valles y rebajara los montes y que enderezara todos esos escabrosos senderos.

Al comprender que el compromiso religioso no exigía que

dejara de pensar de forma crítica ni que me desentendiera de la batalla por la justicia social y económica ni que me retirara del mundo de ninguna otra forma, pude caminar un día por el pasillo central de la Trinity United Church of Christ para ser bautizado. Fue una elección, no una epifanía, y las preguntas que tenía no desaparecieron por arte de magia. Pero al arrodillarme bajo la cruz en la parte sur de Chicago sentí que el espíritu de Dios me invitaba a acercarme. Me sometí a Su voluntad y me consagré a descubrir Su verdad.

DENTRO DEL SENADO las discusiones sobre fe son rara vez difíciles. A nadie se le pregunta cuál es su afiliación religiosa; pocas veces he oído invocar el nombre de Dios durante los debates. El capellán del Senado, Barry Black, es un hombre sabio y de mucho mundo, ex jefe de los capellanes de la marina, un afroamericano que creció en uno de los barrios más duros de Baltimore y que lleva a cabo sus limitadas obligaciones —conducir la oración matinal, acoger sesiones voluntarias de estudio de la Biblia, dar consejo espiritual a aquellos que lo buscan— con un espíritu infatigable de calidez e inclusión. La oración del desayuno de los miércoles es totalmente voluntaria, bipartidista y ecuménica (el senador Norm Coleman, que es judío, es actualmente el coordinador del lado republicano); uno de los asistentes, por turno, escoge un pasaje de las escrituras y dirige los grupos de debate. Al oír la sinceridad, apertura, humildad y buen humor con la que durante esos desayunos hasta los senadores más abiertamente religiosos —hombres como Rick Santorum, Sam Brownback o Tom Coburn— comparten sus experiencias espirituales personales, uno siente la tentación de creer que la religión tiene un impacto saludable en la política, que constituye un límite a las ambiciones personales, un lastre que equilibra el buque ante los cambiantes vientos de los titulares y de las necesidades políticas.

Más allá de las refinadas fronteras del Senado, no obstante, cualquier discusión sobre religión y su papel en la política puede resultar mucho menos educada. Tomen como ejemplo a mi oponente republicano en 2004, el embajador Alan Keyes, que desplegó un argumento nuevo para atraer votantes en los últimos días de la campaña:

—Cristo no votaría por Barack Obama —proclamó el señor Keyes— porque Barack Obama ha votado de una forma que Cristo hubiera considerado inconcebible.

No era la primera vez que el señor Keyes hacía ese tipo de afirmaciones. Después de que mi oponente republicano original se vio obligado a retirarse tras algunos embarazosos descubrimientos sobre su divorcio, el partido republicano de Illinois, incapaz de elegir un candidato local, decidió recurrir al señor Keyes. Que el señor Keyes procediera de Maryland, nunca hubiera vivido en Illinois, nunca hubiera ganado unas elecciones y que incluso muchos miembros del partido republicano nacional lo consideraran insoportable no importó a los líderes del partido. Un republicano, colega mío en el senado estatal, me dio una explicación muy franca de los motivos de esa estrategia:

—Hemos puesto a nuestro propio negro conservador educado en Harvard para que se presente contra otro negro liberal educado en Harvard. Puede que no gane, pero al menos te quitará ese halo de la cabeza.

El propio señor Keyes tenía plena confianza en sus posibilidades. Doctor de Harvard, protegido de Jeane Kirkpatrick y embajador de Estados Unidos en el Consejo Social y Económico de Naciones Unidas bajo Ronald Reagan, había entrado a la escena pública al presentarse dos veces como candidato al Senado de Estados Unidos por Maryland y otras dos veces a la nominación presidencial del partido republicano. En las cuatro elecciones había perdido estrepitosamente, pero esas derrotas no habían disminuido en nada la reputación del señor Keyes a ojos de sus partidarios; para ellos, las derrotas electorales simplemente confirmaban su inquebrantable fidelidad a los principios conservadores.

De lo que no había duda es de que sabía hablar. Sin quitarse el sombrero, el señor Keyes podía pronunciar una disquisición gramaticalmente impecable sobre casi cualquier tema. En el podio, durante los discursos, cobraba fuerza hasta exhibir una fiera

intensidad, con todo su cuerpo estremeciéndose, el sudor resbalándole por el ceño, los dedos apuñalando el aire y su voz aguda
temblando de emoción al convocar a los fieles a luchar contra las
fuerzas del mal.

Desgraciadamente para él, ni su intelecto ni su elocuencia bas-
taban para suplir algunos de sus defectos como candidato. Por
ejemplo, a diferencia de la mayoría de los políticos, el señor Keyes
no hacía el menor esfuerzo por ocultar lo que él consideraba su
clara superioridad intelectual y moral. Con su postura recta, sus
modales casi teatralmente formales y unos párpados caídos que le
hacían parecer siempre aburrido, parecía una mezcla de predica-
dor de Pentecostés y William F. Buckley.

Más aún, esa confianza en sí mismo desactivaba los circuitos
de autocensura que hacen que la mayoría de la gente pueda ir por
el mundo sin meterse constantemente en peleas. El señor Keyes
decía lo primero que se le pasaba por la cabeza y llevaba con tozuda lógica a sus últimas conclusiones cualquier idea que tenía. Ya
en desventaja por haber empezado tarde, por la falta de fondos y
por su condición de político que intentaba representar a una comunidad que no era la suya, consiguió en el transcurso de sólo tres
meses ofender prácticamente a todo el mundo. Dijo que todos los
homosexuales —incluida la hija de Dick Cheney— eran «hedonis-
tas egoístas» y que la adopción por parte de parejas homosexuales
llevaba inevitablemente al incesto. Dijo del cuerpo de periodistas
de Illinois que eran una herramienta de los «anti matrimonio y
anti vida». Me acusó a mí de adoptar una posición «de propietario de esclavos» en mi defensa del derecho al aborto y me llamó
«marxista académico de ala dura» por mi apoyo a la cobertura de
salud universal y a otros programas sociales, y luego añadió, como
si no hubiera sido suficiente, que puesto que yo no era descen-
diente de esclavos que no era un afroamericano de verdad. En un
determinado momento consiguió molestar incluso a los republicanos conservadores que le habían reclutado para Illinois recomen-
dando —quizá en un intento de conseguir el voto negro— que se
establecieran reparaciones en la forma de la completa abolición
del impuesto sobre la renta para todos los negros que descendie-

ran de esclavos. («¡Esto es un desastre!», exclamó un comentario puesto en el foro del Illinois Leader, una página web de la derecha más dura. «¡¡¡QUÉ PASA CON LOS BLANCOS!!!»)

En otras palabras: Alan Keyes era el oponente ideal; todo lo que tuve que hacer fue cerrar la boca y empezar a preparar la ceremonia de juramento del cargo. Y, sin embargo, conforme avanzaba la campaña, noté que el señor Keyes me irritaba como poca gente podía irritarme. Cuando nuestros caminos se cruzaron durante la campaña, tuve que suprimir muchas veces el poco caritativo impulso de o bien burlarme de él o bien de retorcerle el pescuezo. Una vez, cuando nos encontramos en un desfile indio del Día de la Independencia, le toqué el pecho con el dedo mientras le decía algo, una conducta de macho alfa en la que no había recaído desde la secundaria y que los observadores periodistas de los noticieros capturaron perfectamente; el momento fue reproducido a cámara lenta en las noticias vespertinas. En los tres debates que sostuvimos antes de las elecciones, yo estuve a menudo cohibido, irritable y descomunalmente tenso, un hecho que el público (que llegados a ese punto ya había descartado al señor Keyes) no apreció, pero que causó no poca inquietud a algunos de mis partidarios. «¿Por qué dejas que ese tipo te altere?», me preguntaban. Para ellos, el señor Keyes era un chiflado, un radical, y no valía la pena considerar seriamente sus argumentos.

Lo que no entendían es que yo no podía evitar tomarme al señor Keyes en serio. Decía hablar en nombre de mi religión y aunque no me gustaba lo que salía de su boca, me veía obligado a admitir que sus opiniones eran compartidas por muchos dentro de la iglesia cristiana.

Su argumento era algo así: Estados Unidos fue fundado con los principios gemelos de la libertad dada por Dios y la fe cristiana. Sucesivas administraciones liberales secuestraron el gobierno federal y lo pusieron al servicio del materialismo ateo, disminuyendo poco a poco —a través de regulaciones, programas de atención social casi socialistas, leyes sobre las armas, asistencia obligatoria a las escuelas públicas y el impuesto sobre la renta (el «impuesto sobre los esclavos», según lo llamaba el señor Keyes)— la libertad

individual y atacando los valores tradicionales. Los jueces liberales contribuyeron a esa decadencia moral pervirtiendo la Primera
Enmienda y convirtiéndola en la separación entre Iglesia y Estado, y
permitiendo toda clase de conductas aberrantes —particularmente
el aborto y la homosexualidad— que amenazan con destruir la familia. Lo que hacía falta para que se produjera una renovación
en los Estados Unidos estaba claro: la devolución de la religión
en general —y del cristianismo en particular— al lugar que le correspondía en el centro de la vida pública y privada, hacer que la
ley fuera acorde a los preceptos religiosos y restringir drásticamente el poder del gobierno federal de legislar en áreas que no estaban prescritas por la Constitución o por los mandamientos de
Dios.

En otras palabras, Alan Keyes representaba la esencia de las
ideas de la derecha religiosa de este país, desnudas de cualquier
salvedad, compromiso o excusa. Dentro de su propia lógica, era
una concepción totalmente coherente y le daba al señor Keyes la
certeza y la fluidez de un profeta del Antiguo Testamento. Y aunque me resultaba sencillo desmontar sus argumentos constitucionales y políticos, sus lecturas de las Escrituras me ponían a la
defensiva.

El señor Obama dice que es cristiano, decía el señor Keyes, y
sin embargo está a favor de un estilo de vida que la Biblia considera una abominación.

El señor Obama dice que es cristiano, pero está a favor de la
destrucción de vidas inocentes y sagradas.

¿Qué podía decir yo? ¿Que una lectura literal de la Biblia era
una locura? ¿Que el señor Keyes, católico romano, debía ignorar
las enseñanzas del Papa? Ese era un terreno al que no quería aden-
trarme, así que ofrecí la respuesta liberal tradicional en este tipo
de debates: que vivimos en una sociedad plural y que no puedo
imponer mis ideas religiosas a otros, que me presentaba a senador
de Estados Unidos por Illinois y no a ministro de la iglesia en
Illinois. Pero incluso mientras contestaba era perfectamente consciente de la acusación implícita del señor Keyes: que yo permanecía inmerso en las dudas, que mi fe estaba adulterada, que yo no
era un cristiano de verdad.

EN CIERTO SENTIDO, mi dilema con el señor Keyes refleja el dilema más amplio al que el liberalismo se ha enfrentado en su intento de responder a la derecha religiosa. El liberalismo nos enseña a ser tolerantes con las creencias religiosas de los demás mientras esas creencias no dañen a nadie ni infrinjan el derecho de otros a tener creencias distintas. Mientras las comunidades religiosas se limiten a mantenerse dentro de sus límites y la fe quede limpiamente confinada a un tema de consciencia individual, esa tolerancia no se pone a prueba.

Pero la religión rara vez se practica en solitario; la religión organizada, al menos, es un asunto muy público. Puede que su religión impulse a los fieles a evangelizar siempre que puedan. Puede que sientan que un estado secular promueve valores que ofenden directamente a sus creencias. Puede que quieran que la sociedad en general valide y refuerce sus puntos de vista.

Y cuando los creyentes se afirman políticamente para conseguir sus fines, los liberales se ponen nerviosos. Puede que aquellos que estamos en cargo electo intentemos evitar conversar sobre valores religiosos, temerosos de ofender a alguien, y digamos que, sean cuales sean nuestras creencias personales, los principios constitucionales hacen que estemos atados de manos en cuestiones como el aborto o la oración en las escuelas. (Los políticos católicos de cierta generación parecen especialmente cautelosos, quizá porque alcanzaron la madurez en una época en que grandes capas sociales de los Estados Unidos todavía se preguntaban si John F. Kennedy acabaría acatando órdenes del Papa.) Algunos en la izquierda (aunque no los que ocupan cargos electos) van todavía más allá y quieren eliminar por completo la religión de la plaza pública, por considerarla inherentemente irracional, intolerante y, por tanto, peligrosa. También apuntan que, con su énfasis en la salvación personal y en la supervisión de la moral privada, el discurso religioso les ha dado a los conservadores una coartada para ignorar cuestiones de moral pública, como la pobreza o la corrupción empresarial.

Puede que esas estrategias de evasión funcionen para los

progresistas si su oponente es Alan Keyes pero, a la larga, creo que nos equivocaríamos si no reconociéramos el poder que tiene la fe en las vidas del pueblo americano y no iniciáramos un debate serio sobre como reconciliar la fe con nuestra moderna democracia plural.

Para empezar, sería un error político. Hay un montón de gente religiosa en este país, entre ella la mayoría de los demócratas. Cuando abandonamos el campo del discurso religioso, cuando ignoramos el debate sobre lo que significa ser un buen cristiano, un buen musulmán o un buen judío, cuando discutimos sobre religión sólo en el sentido negativo de dónde debería y dónde no debería practicarse y no en el sentido positivo de lo que nos dice de las obligaciones que nos tenemos los unos a los otros, cuando nos alejamos de los actos religiosos y de los medios religiosos porque asumimos que no seremos bien recibidos… otros llenan ese vacío. Y es muy probable que esos otros tengan la visión más aislacionista de la fe o que utilicen cínicamente la religión para justificar sus objetivos partidistas.

Todavía más importante es que la incomodidad que algunos progresistas sienten ante cualquier resquicio de religiosidad nos ha impedido muchas veces hablar de forma efectiva de ciertos temas en términos morales. Parte del problema es retórico: si podamos del lenguaje todo su contenido religioso abandonamos el imaginario y la terminología mediante la cual millones de americanos entienden tanto su moral personal como la justicia social. Imaginen el Segundo Discurso Inaugural de Lincoln sin la referencia a «los juicios del Señor», o el discurso de King, «Tengo un sueño» sin referencia a «todos los hijos de Dios». Su apelación a una verdad más elevada ayudó a inspirar lo que parecía imposible y a hacer que la nación avanzara hacia un destino común. Por supuesto, la religión organizada no tiene el monopolio de la virtud, y no hace falta ser religioso para lanzar alegatos morales ni para apelar al bien común. Pero no debemos abstenernos de lanzar esos alegatos ni de pronunciar esos discursos —no debemos abandonar las referencias a nuestras ricas tradiciones religiosas— para evitar ofender a alguien.

Nuestro fracaso como progresistas a la hora de conectar con

los pilares morales de la nación no sólo es culpa de la retórica. Nuestro miedo a parecer «sermoneadores» también nos puede llevar a no tener en cuenta el papel que esos valores y esa cultura pueden desempeñar para ayudarnos a combatir algunos de nuestros problemas sociales más urgentes.

Después de todo, los problemas de la pobreza y el racismo, de la gente sin cobertura de salud y los parados, no son sólo cuestiones técnicas que se solucionarán con el plan de diez puntos perfecto. Son problemas que surgen de la indiferencia social y de la insensibilidad individual, del deseo de aquellos en los escalones más altos de la escala social de mantener su riqueza y su estatus a cualquier precio. Son problemas que se alimentan también de la desesperación y capacidad autodestructiva de aquellos que están en la parte más baja de esa misma escala.

Para solucionar estos problemas hará falta cambiar la política del gobierno; también será necesario cambiar mentes y corazones. Creo que es necesario mantener las pistolas lejos de los barrios pobres de las ciudades y que nuestros líderes deben tener el valor de decírselo a la cara a los grandes fabricantes de armas. Pero también creo que cuando un pandillero dispara indiscriminadamente a una multitud porque siente que alguien le ha faltado el respeto, el problema que tenemos es moral. No sólo tenemos que castigar a ese hombre por su crimen, sino que tenemos que reconocer que existe un vacío en su corazón, un vacío que puede que los programas del gobierno por sí solos jamás puedan llenar. Creo que las leyes contra la discriminación se deben aplicar a rajatabla; también creo que una transformación de la conciencia y un compromiso real con la diversidad por parte de los presidentes de las empresas de la nación podría conseguir resultados más rápidos que un batallón de abogados. Creo que debemos invertir más dólares en educar a niños y niñas pobres y creo que debemos darles información sobre contraceptivos para evitar embarazos no deseados, reducir las tasas de abortos y asegurar que todo niño que nace es querido y celebrado. Pero también creo que la fe puede reforzar el sentido de la responsabilidad de un joven y la reverencia que todos los jóvenes deberían sentir hacia el acto de intimidad sexual.

No estoy proponiendo que todos los progresistas se afanen

ahora por incorporar terminología religiosa, ni que abandonemos
la lucha por conseguir cambios institucionales en favor de los «mil
puntos de luz».* He visto cuántas veces las exhortaciones a la virtud privada no son más que excusas para no hacer nada. Más aun,
pocas cosas son más obvias que las falsas expresiones de fe, como
la del político que se presenta en una iglesia negra cuando llegan
las elecciones y aplaude (sin seguir bien el ritmo) cuando canta el
coro de *gospel* o salpica unas pocas citas de la Biblia para sazonar
un discurso político absolutamente seco.

Sugiero que si los progresistas logramos abandonar algunos de
nuestros prejuicios, podríamos reconocer los valores que tanto religiosos como seculares comparten en lo que a la dirección moral
y material de nuestro país se refiere. Podríamos reconocer que la
llamada al sacrificio a favor de la próxima generación, la necesidad de pensar en términos del prójimo y no sólo de «yo», resue-
nan poderosamente en las congregaciones religiosas de todo el
país. Necesitamos tomarnos la fe en serio no sólo para bloquear a
la derecha religiosa sino para movilizar a las personas de fe en el
gran proyecto de renovación de los Estados Unidos.

Y ya está empezando a pasar. Pastores de megaiglesias como
Rick Warren y T. D. Jakes utilizan su enorme influencia para luchar contra el SIDA, promover la ayuda al Tercer Mundo y tratar
de detener el genocidio en Darfur. Los autodenominados «evangélicos progresistas», como Jim Wallis y Tony Campolo, están blan-
diendo el mandamiento bíblico de ayudar a los pobres como
medio de movilizar a los cristianos en contra los recortes presupuestarios a los programas sociales y contra las cada vez mayores
desigualdades de este país. Y por toda la nación, iglesias individuales como la mía patrocinan programas para cuidar a los niños
durante el día, construyen centros para la tercera edad y ayudan a
ex delincuentes a rehacer sus vidas.

Pero esas asociaciones entre el mundo religioso y el mundo secular todavía son muy recientes y habrá que trabajar mucho para

---

*(N. de la t.) Expresión usada por George H. W. Bush para referirse al
voluntariado.

consolidarlas. Tendremos que hablar abiertamente de las tensiones y suspicacias a ambos lados de la falla religiosa y ambas partes deberán aceptar unas reglas básicas sobre las cuales se sustentara la colaboración.

El primer y más difícil paso para algunos cristianos evangélicos será de reconocer el papel fundamental que ha jugado la cláusula de separación entre Iglesia y Estado no sólo en el desarrollo de nuestra democracia sino también en el robustecimiento de la práctica religiosa. Muchos de los que critican esa separación desde la derecha cristiana creyendo que es un invento de un puñado de jueces liberales de los sesenta, están equivocados, pues procede directamente de los redactores de la Declaración de Derechos y los antepasados de la iglesia evangélica de hoy.

Muchos de los principales partícipes de la Revolución, entre ellos Franklin y Jefferson, eran deístas que —aunque creían en Dios todopoderoso— cuestionaban no sólo los dogmas de la Iglesia cristiana sino los preceptos básicos del propio cristianismo (incluyendo la divinidad de Cristo). Jefferson y Madison en particular abogaban por lo que Jefferson denominó un «muro de separación» entre la iglesia y el estado, como medio de proteger la libertad individual en las creencias y la práctica religiosa, de proteger al estado de las luchas sectarias y de defender la religión organizada de la intromisión o las influencias indebidas del estado.

Por supuesto, no todos los Padres Fundadores estaban de acuerdo; hombres como Patrick Henry y John Adams lanzaron toda una serie de propuestas encaminadas a usar la fuerza del estado para promover la religión. Pero aunque fueron Jefferson y Madison los que impulsaron e hicieron aprobar el estatuto de libertad religiosa de Virginia que se convertiría en el modelo de las cláusulas religiosas de la Primera Enmienda, estos estudiosos de la Ilustración no fueron los paladines más efectivos de la separación entre Iglesia y Estado.

En realidad, los grandes defensores de la separación fueron baptistas como el reverendo John Leland y otros evangélicos. Fueron ellos los que concitaron el apoyo popular necesario para hacer que esas provisiones se aprobasen. Lo hicieron porque se encontraban por fuera del orden establecido; porque su estilo de predicación exuberante atraía a las clases bajas; porque su evangelización de todos los recién llegados —incluidos los esclavos— amenazaba al orden establecido; porque no eran gente que respetase el rango ni los privilegios, y porque eran perseguidos y despreciados constantemente por la iglesia anglicana dominante en el sur y por las órdenes congregacionalistas del norte. No sólo tenían motivos para temer que cualquier patrocinio estatal de la religión iría en detrimento de su libertad como minoría religiosa, de practicar su culto, sino que creían también que la vitalidad religiosa se marchita inmediatamente cuando la religión se torna obligatoria o es patrocinada por el estado. En palabras del reverendo Leland, «Sólo el error necesita que el gobierno lo apoye; a la verdad le puede ir y le irá mejor sin él».

La fórmula de libertad religiosa de Jefferson y Leland funcionó. No sólo nos hemos ahorrado las luchas religiosas que siguen azotando al mundo, sino que las instituciones religiosas han seguido creciendo, un fenómeno que algunos observadores atribuyen directamente a la ausencia de una iglesia oficial y, por tanto, al fomento indirecto de la experimentación religiosa y de la participación voluntaria. Más aún, dada la cada vez mayor diversidad de la población de Estados Unidos, los peligros del sectarismo nunca han sido mayores. Fuera lo que fuera esta nación en el pasado, ya no somos una nación sólo cristiana; también somos una nación judía, musulmana, budista, hindú y atea creyente.

Pero asumamos incluso por un momento que sólo hubiera cristianos dentro de nuestras fronteras. ¿Qué cristianismo enseñaríamos en las escuelas? ¿El de James Dobson o el de Al Sharpton? ¿Qué pasajes de las Escrituras deberían guiar nuestra política pública? ¿Deberíamos seguir el Levítico, que sugiere que la esclavitud está bien pero que comer mariscos es una abominación? ¿Y qué tal el Deuteronomio, que sugiere lapidar a tu hijo si se aparta de la fe? ¿O quizá deberíamos ser fieles al Sermón de la Montaña, un pasaje tan radical que es poco probable que nuestro Departamento de Defensa sobreviviera a su aplicación?

Eso nos lleva a otra cuestión: la forma en la que los puntos de vista religiosos deben influir en el debate público y servir de guía a los cargos electos. Sin duda los seculares se equivocan cuando piden a los creyentes que dejen la religión en la puerta antes de entrar en la plaza pública; Frederick Douglass, Abraham Lincoln, William Jennings Bryan, Dorothy Day, Martin Luther King, Jr. —de hecho, la mayor parte de los grandes reformadores de la historia americana— no sólo estaban motivados por la fe sino que repetidamente recurrieron al lenguaje religioso para defender sus causas. Decir que los hombres y mujeres no deberían traer su «moralidad personal» a los debates públicos es, en la práctica, absurdo. Nuestra ley, por definición, es una codificación de la moralidad y buena parte de ella está basada en la tradición judeocristiana.

Lo que sí exige nuestra democracia deliberativa y plural es que los que están motivados por la religión trasladen sus preocupaciones a unos valores universales en lugar de específicos a cada religión. Se requiere que sus propuestas estén abiertas a debate y sean permeables a la razón. Si me opongo al aborto por motivos religiosos y quiero aprobar una ley prohibiendo esa práctica, no puedo simplemente esgrimir las enseñanzas de mi iglesia o invocar la voluntad de Dios y esperar que eso zanje la cuestión a mi favor. Si quiero que otros me escuchen, tengo que explicar por qué el aborto viola algún principio que afecta a personas de cualquier fe, incluyendo a los que carecen de ella.

A quienes creen en la infalibilidad de la Biblia, como sucede con muchos evangélicos, esas reglas de debate les deben parecer un ejemplo más de la tiranía del mundo secular y material sobre lo sagrado y lo eterno. Pero en una democracia plural, no tenemos otra opción. Casi por definición, la fe y la razón operan en dominios distintos e implican caminos diferentes para conocer la verdad. La razón —y la ciencia— implica la acumulación de conocimientos basados en realidades que todos podemos aprehender. La religión, en cambio, se basa en verdades que no se pueden probar a través del entendimiento humano normal, es «creer en cosas que no se han visto». Cuando los profesores de ciencia insisten en no enseñar en sus clases el creacionismo o el diseño inteligente no están diciendo que el conocimiento científico sea superior ni más importante que las verdades de la religión. Simplemente reiteran que cada camino hacia el conocimiento implica reglas distintas y que esas reglas no son intercambiables.

La política difícilmente puede ser considerada una ciencia, pues se basa en la razón menos veces de las que quisiéramos. Pero en una democracia pluralista se aplican las mismas distinciones. La política, igual que la ciencia, se basa en la capacidad de persuadirnos los unos a los otros de buscar objetivos comunes basados en una realidad común. Más aún, la política (a diferencia de la ciencia) implica compromisos: es el arte de lo posible. La religión, de un modo intrínseco, no deja lugar al compromiso. Insiste en lo imposible. Si Dios ha hablado, entonces los fieles tienen que vivir según los edictos de Dios, sin importar cuales sean las consecuencias. Basar la vida en unos compromisos tan inflexibles puede ser algo sublime; basar nuestra política en esos compromisos sería algo muy peligroso.

La historia de Abraham e Isaac nos ofrece un ejemplo sencillo pero muy poderoso. Según la Biblia, Dios le ordena a Abraham que le ofrende a su «único hijo, Isaac, a quien amas» en sacrificio. Sin discutir, Abraham lleva a Isaac a la cima de un monte, lo ata al altar y levanta el cuchillo, dispuesto a actuar como Dios le ha ordenado.

Por supuesto, sabemos que la historia acaba bien: Dios envía a un ángel que detiene a Abraham en el último momento. Abraham ha pasado la prueba de fe que le había impuesto Dios. Se convierte en un modelo de fidelidad al Señor, y su gran fe es recompensada a lo largo de generaciones de su familia. Y sin embargo es justo decir que si cualquiera de nosotros viera a un Abraham del siglo XXI levantando el cuchillo en la terraza de su edificio de apartamentos, llamaríamos a la policía; lucharíamos con él para detenerle; e incluso si viéramos como en el último momento baja el cuchillo, aun así esperaríamos que el Departamento de Menores y Servicios Familiares le retirara la custodia de Isaac y le acusara de maltrato infantil. Lo haríamos porque Dios no se revela a Sí mismo ni a Sus ángeles a todos nosotros al mismo tiempo. Nosotros no oímos lo que oye Abraham ni vemos lo que Abraham ve, por más auténticas y ciertas que sean sus experiencias. Así que lo mejor que podemos hacer es actuar según aquellas cosas que sí nos es dado a conocer a todos, aceptando que una parte de las cosas que sabemos que son ciertas —como individuos o comunidades de fe— posiblemente serán ciertas sólo para nosotros.

Por último, cualquier reconciliación entre la fe y el pluralismo democrático requiere cierto sentido de la proporción. Eso no es totalmente ajeno a la doctrina religiosa; incluso los que afirman que la Biblia es infalible distinguen entre los diversos edictos de las Escrituras, basándose en la idea de que algunos pasajes —los Diez Mandamientos, por decir algo, o la fe en la divinidad de Cristo— son críticos para la fe cristiana, mientras que otros son producto de las condiciones culturales de la época y pueden modificarse para ser adaptados a la vida moderna. El pueblo americano comprende este hecho instintivamente y es por eso que la mayoría de católicos practican el control de la natalidad y por lo que algunos de los que se oponen al matrimonio *gay* se oponen igualmente a que se apruebe una enmienda constitucional que lo prohíba. Obviamente, los líderes religiosos no tienen por qué tener esto en cuenta al dirigirse a sus rebaños, pero sí que tienen que tenerlo en cuenta en sus políticas.

Si cierto sentido de la proporción debe guiar el activismo cristiano, también debe guiar a quienes patrullan las fronteras entre la iglesia y el estado. No toda mención de Dios en público es un intento de derribar el muro de separación. Como la Corte Suprema ha reconocido con mucho acierto, el contexto es importante. Es más que dudoso que los niños que recitan el *Pledge of Allegiance* se sientan oprimidos por murmurar la expresión «bajo Dios», yo, al menos, no me sentí oprimido. Permitir que se usen propiedades escolares para reuniones de grupos de oración voluntarios formados por los alumnos no debería ser una amenaza más, igual que no es una amenaza para los demócratas el que el club republicano de la secundaria utilice esas mismas propiedades. E incluso no es imposible que ciertos programas basados en la fe —que tuvieran como objetivo a los ex delincuentes o a quienes abusan de substancias ilegales— ofrezcan un medio singularmente poderoso de resolver problemas y, por tanto, merezcan ayuda pública, administrada con cuidado y con atención a las características concretas de cada situación.

ESTOS PRINCIPIOS BÁSICOS para debatir sobre la fe dentro de una democracia no lo incluyen todo. Sería útil, por ejemplo, que en los debates sobre cuestiones religiosas —como en todo el discurso democrático— pudiéramos resistir la tentación de suponer que los que no están de acuerdo con nosotros actúan de mala fe. Al juzgar lo persuasivos que son ciertos argumentos morales, debemos estar atentos a las incoherencias que existen en su aplicación: como regla general, tiendo a estar más dispuesto a escuchar a aquellos que se sienten ultrajados por la indecencia de que haya personas sin casa que a aquellos que se sienten ultrajados por la indecencia de los videos musicales. Y tenemos que reconocer que a veces nuestra discusión tiende a ser más sobre quién toma la decisión final que si es realmente lo correcto, ya sea que necesitamos que el brazo coercitivo del estado nos obligue a aplicar nuestros valores o si es mejor dejar la cuestión en manos de la conciencia individual y al paso del tiempo.

Está claro que aunque aplicásemos estas normas a rajatabla tampoco resolveríamos todos los conflictos. La disposición de muchos de los que se oponen al aborto a hacer una excepción en casos de violación e incesto indica que aceptan torcer un poco el principio para tener en cuenta las consideraciones prácticas; la disposición de hasta los más ardientes abogados de la libertad de elección de la mujer a aceptar algunas restricciones en abortos en embarazos avanzados señala que reconocen que el feto es más que una mera parte del cuerpo y que la sociedad tiene cierto interés en su desarrollo. Sin embargo, entre aquellos que creen que la vida empieza en la concepción y aquellos que consideran que el feto es una prolongación del cuerpo de la mujer hasta el momento del nacimiento se llega rápidamente a un punto en que el compromiso es imposible. En ese punto, lo mejor que podemos hacer es asegurarnos que sea la persuasión y no la violencia o la intimidación lo que determine el resultado político... y que reenfoquemos al menos parte de la energía que volcamos en el tema a conseguir reducir el número de embarazos no deseados mediante una educación adecuada (incluyendo enseñar la abstinencia), la contracepción, la adopción o cualquier otra estrategia que cuente con un apoyo amplio y haya demostrado que funciona.

Para muchos cristianos practicantes esa misma incapacidad de compromiso se aplica al matrimonio *gay*. A mí esa postura me parece muy problemática, particularmente en una sociedad en la que se sabe que hombres y mujeres cristianos han cometido adulterio y violado su fe de muchas otras maneras sin que ello conllevara ningún tipo de pena civil. Demasiadas veces me he sentado en una iglesia y he escuchado cómo el pastor vilipendiaba a los *gays* para hacer un chiste. «¡Eran Adán y Eva, no Adán y Evo!» grita, usualmente cuando el sermón no le está saliendo demasiado bien. Creo que la sociedad americana puede guardar un lugar especial para la unión de un hombre y una mujer como la unidad de crianza de hijos más común de todas las culturas. Pero no estoy dispuesto a aceptar que el estado le niegue a ciudadanos americanos la posibilidad de una unión civil que confiera derechos equivalentes a aquella en cuestiones tan básicas como visitas en el hospital o cobertura de seguros simplemente porque la persona a la que aman sea del mismo sexo, ni tampoco estoy dispuesto a aceptar una interpretación de la Biblia que considera que un oscuro versículo de la Epístola a los Romanos es más importante y define más lo que es el cristianismo que el Sermón de la Montaña.

Quizá estoy más sensibilizado por este tema porque he visto el dolor que mi propia despreocupación ha generado. Antes de mi elección, durante los debates con el señor Keyes, recibí un mensaje telefónico de una de mis más fervientes partidarias. Era propietaria de un pequeño negocio, madre y una persona amable y generosa. También era una lesbiana que había mantenido una relación monógama con su pareja durante los últimos diez años.

Sabía cuando decidió apoyarme que yo me oponía al matrimonio entre personas del mismo sexo y me había oído defender que, en ausencia de un amplio consenso, tanta insistencia en el tema del matrimonio no era más que una distracción de otras medidas más factibles para prevenir la discriminación contra *gays* y lesbianas. Me había dejado el mensaje telefónico porque había oído que en una entrevista de radio había hecho referencia telefónica a mis tradiciones religiosas al explicar mi postura sobre ese asunto. Me dijo que mis comentarios le habían dolido; sentía que al introducir la religión en el debate estaba diciendo que ella, y otras como ella, eran de algún modo malas personas.

Me sentí terrible y la llamé para decírselo. El hablar con ella me hizo recordar que no importa cuánto los cristianos que se oponen a la homosexualidad digan que odian el pecado y aman al pecador, pues sus juicios causan dolor a buenas personas, personas que están hechas a la imagen de Dios y que a menudo son más fieles al mensaje de Cristo que aquellas que las condenan. Y me hizo recordar que es mi obligación, no sólo como funcionario electo en una sociedad pluralista sino también como cristiano, permanecer abierto a la posibilidad de que mi negativa a apoyar el matrimonio *gay* sea una equivocación, igual que no puedo estar seguro de mi infalibilidad en mi apoyo al derecho al aborto. Debo admitir que puede que me haya contagiado de los prejuicios y predilecciones de la sociedad y los haya atribuido erróneamente a Dios; que la llamada de Jesús a que nos amemos los unos a los otros puede exigir una conclusión distinta; y que dentro de unos años puede que se me vea como alguien que estaba en el lado equivocado de la historia. No creo que esas dudas me conviertan en un mal cristiano. Creo que me hacen humano, limitado en mi comprensión de la voluntad de Dios y por ello proclive al pecado. Cuando leo la Biblia lo hago con el convencimiento de que no es un texto estático sino la Palabra Viva y que debo estar constantemente abierto a nuevas revelaciones, vengan de una amiga lesbiana o de un doctor que se opone al aborto.

NO QUIERO DECIR con ello que mi fe no me sirva de ancla. Hay algunas cosas de las cuales estoy absolutamente seguro: la

Regla de Oro, la necesidad de luchar contra la crueldad en todas sus formas, el valor del amor y la caridad, de la humildad y la amabilidad.

Esas creencias se hicieron patentes hace dos años, cuando volé hasta Birmingham, Alabama, para pronunciar un discurso en el Instituto de Derechos Civiles de la ciudad. El instituto está justo enfrente de la iglesia bautista de la calle 16, el lugar en que, en 1963, cuatro niños pequeños —Addie Mae Collins, Carole Robertson, Cynthia Wesley y Denise McNair— perdieron la vida al estallar una bomba colocada por supremacistas blancos durante las clases de la escuela dominical. Antes de mi charla pude visitar la iglesia. Me saludaron en la puerta el joven pastor y varios diáconos, que me mostraron la todavía visible cicatriz en la pared que había dejado la bomba al estallar. Vi el reloj de la parte de atrás de la iglesia, todavía congelado en las 10:22 a.m. Estudié los retratos de las cuatro niñas.

Después de la visita, el pastor, los diáconos y yo nos cogimos las manos y oramos juntos en el santuario. Me dejaron sentarme en uno de los bancos y concentrarme en mis pensamientos. ¿Cómo debió ser para los padres cuarenta años atrás, me pregunté, sabiendo que sus preciosas hijas les habían sido arrebatadas por una violencia tan arbitraria y a la vez tan malvada? ¿Cómo pudieron soportar la angustia a menos que supieran que el asesinato de sus hijas ocultaba algún propósito superior, que se podía dar algún sentido a su inconmensurable pérdida? Esos padres debieron ver cómo acudía gente de toda la nación a expresarles su pésame, cómo llegaban condolencias de todo el planeta, debieron ver como Lyndon Johnson anunciaba en la televisión nacional que había llegado el momento de vencer, debieron ver como el Congreso aprobó finalmente la Ley de Derechos Civiles de 1964. Conocidos y extraños debieron asegurarles que sus hijas no habían muerto en vano —que habían despertado la conciencia de la nación y contribuido a liberar a un pueblo; que la bomba había reventado la presa y había dejado que la justicia se precipitase como una catarata de agua y que la recta vía avanzase como un poderoso torrente. Y aun así, ¿sería todo eso consuelo suficiente para aplacar su dolor, para evitar caer en la locura y en la ira eterna, a menos que supieran también que sus hijas han ido a un lugar mejor?

Pienso en mi madre y sus últimos días, después de que el cáncer se hubiera extendido por su cuerpo y se hiciera claro que no había vuelta atrás. Me había confesado en el transcurso de su enfermedad que todavía no estaba lista para morir, que todo había sido tan repentino que le había cogido por sorpresa, como si el mundo físico que tanto amaba se hubiera vuelto contra ella, la hubiera traicionado. Y aunque luchó con valor, soportó el dolor y la quimioterapia con entereza y buen humor hasta el final, más de una vez vi una brizna de miedo en sus ojos. Más que miedo al dolor o a lo desconocido, creo que lo que la asustaba era la absoluta soledad de la muerte, la noción de que en su último viaje, en esta última aventura, no tendría a nadie con quién compartir sus experiencias, nadie que pudiera maravillarse con ella de la capacidad que el cuerpo tenía de inflingirse dolor a sí mismo o que se riera con ella de lo absurdo de la vida cuando a uno se le empieza a caer el pelo y se le cierran las glándulas salivales.

Esos eran mis pensamientos cuando salí de la iglesia y pronuncié mi discurso. Más tarde esa misma noche, de vuelta en Chicago, me senté en la mesa del comedor, mirando cómo Malia y Sasha se reían y se peleaban y se resistían a comerse la comida y luego hacían que su madre las persiguiera escaleras arriba para bañarlas. Solo en la cocina, mientras fregaba los platos, me imaginé a mis dos hijas creciendo y sentí el dolor que todo padre debe sentir en uno u otro momento, el deseo de capturar cada instante de presencia de tus hijos y no dejarlo ir nunca, de preservar cada gesto, de congelar durante toda la eternidad la visión de sus rizos o la sensación de sus dedos al agarrar los tuyos. Pensé en que Sasha me había preguntado en una ocasión qué sucedía cuando moríamos —«Yo no quiero morirme, papá», había añadido con total naturalidad— y yo la abracé y le dije «Te queda mucho, mucho tiempo hasta que tengas que preocuparte por eso», con lo que pareció darse por satisfecha. Me pregunté si debería haberle dicho la verdad, que no estaba seguro de lo que sucedía cuando morimos más de lo que estaba seguro de dónde reside el alma o de qué hubo antes del *Big Bang*. Subiendo las escaleras, sin embargo, supe lo que deseaba: que mi madre estuviera de algún modo con aquellas cuatro niñas, que pudiera de algún modo abrazarlas y encontrar alegría en sus espíritus.

Sé que al arropar a mis hijas esa noche conseguí captar un trocito del cielo.

Capítulo Siete

Raza

EL FUNERAL SE CELEBRÓ en una gran iglesia, una reluciente estructura geométrica que ocupaba más de cuatro cuidadas hectáreas. Se decía que su construcción había costado treinta y cinco millones de dólares y es cierto que hasta el último dólar de esa cantidad estaba a la vista: había una sala de banquetes, un centro de conferencias, un estacionamiento con 1200 puestos, un sistema de sonido de última generación y un estudio de televisión con equipo de edición digital.

Dentro del santuario de la iglesia se habían reunido ya unos cuatro mil dolientes, la mayoría de ellos afroamericanos, muchos de ellos profesionales de uno u otro tipo: doctores, abogados, contables, educadores y agentes inmobiliarios. En el escenario, senadores, gobernadores y grandes figuras de la industria se mezclaban con líderes negros como Jesse Jackson, John Lewis, Al Sharpton y T. D. Jakes. Afuera, bajo un brillante sol de octubre, miles más aguardaban en las tranquilas calles adyacentes: parejas de ancianos, hombres solitarios, mujeres solas con cochecitos, algunos saludando a las comitivas de vehículos que pasaban de vez en cuando, otros en pie en tranquila contemplación, todos ellos aguardando para presentar sus últimos respetos a la diminuta mujer de pelo gris que yacía en el ataúd dentro de la iglesia.

El coro cantó y el pastor pronunció la oración inicial. El ex Presidente Clinton se levantó para hablar y describió lo que había sido para él como un chico blanco del Sur ir en autobuses segregados, cómo el movimiento de derechos civiles que se inició con Rosa Parks le había liberado a él y a sus vecinos blancos de su propia hipocresía. Lo a gusto que se sentía Clinton ante un público negro y el afecto casi mareante que ese público sentía por él era una muestra de reconciliación, de perdón, de una curación aunque fuera parcial de las graves heridas del pasado.

En muchos sentidos, ver como un hombre que era a la vez el ex líder del mundo libre e hijo del Sur reconocía la deuda que tenía con una costurera negra fue un tributo adecuado al legado de Rosa Parks. De hecho, la magnífica iglesia, la multitud de funcionarios electos negros, la evidente prosperidad de muchos de los que asistieron como público y mi propia presencia en el escenario como senador de los Estados Unidos, los orígenes de todo ello podían rastrearse hasta ese día de diciembre de 1955 en el que, con tranquila determinación e imperturbable dignidad, la señora Rosa Parks se negó a ceder su asiento en un autobús. Al honrar a Rosa Parks honramos también a otros, a los miles de mujeres y hombres y niños de todo el Sur cuyos nombres no aparecen en los libros de historia y cuyas historias se han perdido en los lentos remolinos del tiempo, pero cuyo valor y gracia ayudaron a liberar a un pueblo.

Y, sin embargo, sentado escuchando al ex presidente y a la procesión de personas que le siguieron, mi mente iba una y otra vez a las escenas de devastación que habían dominado las noticias hacía tan sólo dos meses, cuando el huracán Katrina golpeó la costa del Golfo y sumergió a Nueva Orleans bajo las aguas. Recordé las imágenes de las madres adolescentes llorando o maldiciendo frente al Superdome de Nueva Orleans, con sus niños lánguidos apoyados en su cadera. Recordé a las ancianas en sillas de ruedas, con las cabezas echadas hacia atrás por el calor y sus maltrechas piernas expuestas bajo vestidos rotos. Pensé en las imágenes que habían emitido los noticiarios de un cuerpo solitario que alguien había colocado junto a un muro, inmóvil bajo la endeble dignidad que le daba una sábana; y pensé en las escenas de hombres jóvenes con los pantalones subidos y las piernas metidas en las oscuras aguas que llevaban en sus brazos cuanto habían podido tomar de las tiendas cercanas y en cuyos ojos brillaba la chispa del caos.

Yo estaba fuera del país cuando el huracán Katrina llegó al Golfo, en camino de regreso de un viaje a Rusia. Una semana después de la tragedia inicial, sin embargo, viajé a Houston para unirme a Bill y Hillary Clinton, además de a George H. W. Bush y su esposa Barbara, para anunciar el inicio de una colecta en nombre de las víctimas del huracán y para visitar a algunos de los veinticinco mil evacuados que habían sido alojados en el Astrodome de Houston y en el adjunto Centro Reliant.

La ciudad de Houston realizó un trabajo impresionante en la creación de instalaciones de emergencia para acomodar a tanta gente, colaborando con la Cruz Roja y la FEMA para alimentarlas, vestirlas, alojarlas y darles atención médica. Pero mientras caminábamos entre las filas de camastros que ahora llenaban el Centro Reliant estrechando manos, jugando con los niños y escuchando las historias que nos contaba la gente, me resultó obvio que muchos de los supervivientes del Katrina fueron abandonados mucho antes de que llegara el huracán. Eran las caras de cualquier barrio pobre de cualquier ciudad americana, las caras de la pobreza negra: los parados y los casi parados, los enfermos y los que pronto lo estarían, los débiles y los ancianos. Una joven madre habló de tener que entregar a su hijo a un autobús lleno de extraños. Ancianos me describieron tranquilamente las casas que habían perdido y como no tenían seguro ni familia que les pudiera ayudar. Un grupo de hombres jóvenes insistió en que los diques los habían volado los que querían eliminar a los negros de Nueva Orleans. Una mujer alta y delgada, que llevaba una camiseta de los Astros que le iba dos tallas grande, me agarró del brazo y me estiró hacia ella.

—No teníamos nada antes de la tormenta —me susurró—. Ahora tenemos menos que nada.

En los días siguientes volví a Washington y me pegué al teléfono intentando asegurar la mayor cantidad posible de suministros de emergencia y donaciones. En las reuniones del Caucus Demócrata del Senado, mis colegas y yo hablamos sobre posibles iniciativas legislativas. Yo aparecí en los programas de noticias del domingo por la mañana rechazando la noción de que la Administración hubiera actuado lentamente porque las víctimas del Katrina eran negras —«la incompetencia no distingue color», dije— pero insistiendo en que la inadecuada planificación de la Administración demostraba cierto grado de distancia e indiferencia hacia los problemas de los barrios pobres de las ciudades, problemas que necesitaban soluciones urgentes. Una tarde a última hora, nos unimos a los senadores republicanos en lo que la Administración Bush consideró una sesión de información confidencial sobre la respuesta federal a la crisis. Acudió el gabinete casi al completo, junto con el presidente de la Junta de Jefes de Estado Mayor, y durante una hora los Secretarios Chertoff, Rumsfeld y el resto rezumaron con confianza —y no mostraron ni asomo de arrepentimiento— al recitar el número de evacuaciones que se habían realizado, las raciones militares que se habían distribuido y las tropas de la Guardia Nacional que se habían desplegado. Unas pocas noches después vimos al Presidente Bush en aquella extraña plaza inundada de luz reconociendo el legado de injusticia racial que la tragedia había contribuido a exponer y proclamando que Nueva Orleans volvería a levantarse.

Y ahora, sentado en el funeral de Rosa Parks, casi dos meses después de la tormenta, después del ultraje y la vergüenza que sintieron los americanos a lo largo de todo el país durante la crisis, después de los discursos y los e-mails y los memorandos y las reuniones del Caucus, después de los especiales en televisión y de los ensayos y de la extensa cobertura de los periódicos, parecía como si no hubiera pasado nada. Los coches seguían en los tejados. Seguían descubriéndose cadáveres. Llegaban historias del Golfo que decían que los grandes contratistas estaban haciéndose con contratos por valor de cientos de millones de dólares, saltándose las leyes de salarios predominantes y de discriminación positiva y contratando inmigrantes ilegales para reducir costos. La sensación de que la nación estaba pasando por un momento de transformación —de que se había agitado su conciencia después de un largo sueño y de que lanzaría una renovada guerra contra la pobreza— había muerto rápidamente.

Y estábamos allí sentados, en aquella iglesia, haciendo el

panegírico de Rosa Parks, recordando victorias que pertenecían al pasado, sepultadas en la nostalgia. Se estaba tramitando la legislación necesaria para colocar una estatua de la señora Parks bajo la cúpula del Capitolio. Habría un sello conmemorativo que llevaría su imagen, y un incontable número de calles, escuelas y bibliotecas por todo el país sin duda serían bautizadas con su nombre. Me pregunté qué pensaría Rosa Parks de todo aquello, si las estatuas y los sellos podrían convocar su espíritu o si su memoria exigía algo más.

Pensé en lo que aquella mujer de Houston me había susurrado y me pregunté como éramos juzgados, en aquellos días después de que reventara el dique.

LA PRIMERA VEZ que hablo con la gente, algunos me citan una línea de mi discurso en la Convención Nacional Demócrata de 2004 que pareció tocar un punto sensible: «No hay una América negra y una América blanca y una América latina y una América asiática: sólo hay los Estados Unidos de América.» Para ellos, esa frase captura una visión de un país por fin libre del pasado de Jim Crow y la esclavitud, de los campos de internamiento de japoneses y de los braceros mexicanos, de las tensiones laborales y de los conflictos culturales, un país que cumpla la promesa del doctor King de que no seremos juzgados por el color de nuestra piel sino por nuestro carácter.

En un sentido no tengo otra opción que creer en esta visión de los Estados Unidos. Como hijo de un hombre negro y una mujer blanca, nacido en el crisol de culturas que es Hawai, con una hermana que es medio indonesia pero a la que suelen tomar por mexicana o puertorriqueña y con un cuñado y un sobrino de ascendencia asiática; con algunos parientes consanguíneos que se parecen a Margaret Thatcher y otros a los que podrían confundir con Bernie Mac, de modo que las reuniones familiares en Navidad parecen una especie de pleno de la Asamblea General de Naciones Unidas, nunca he tenido la opción de restringir mis lealtades según la raza ni de medir mi valía según la de mi tribu.

Más aún, creo que parte del genio de los Estados Unidos ha sido siempre su capacidad para absorber a los recién llegados, para forjar una identidad nacional a partir del dispar grupo que llegó a nuestras orillas. En esto nos ha ayudado una Constitución que, a pesar de estar manchada por el pecado original de la esclavitud, tiene grabada en su mismo núcleo la idea de la igualdad de los ciudadanos ante la ley; y un sistema económico que, más que ningún otro, ha ofrecido oportunidades a todos los recién llegados, sin importar sus estatus, título o rango. Por supuesto, los sentimientos racistas y supremacistas han minado repetidamente estos ideales; los poderosos y los privilegiados han explotado o fomentado los prejuicios para conseguir sus propios fines. Pero gracias a los reformadores, desde Tubman a Douglass y desde Chavez a King, estos ideales de igualdad han ido dando forma a la manera en la que nos comprendemos a nosotros mismos y nos han permitido formar una nación multicultural como no existe otra en toda la Tierra.

Por último, esas líneas en mi discurso describen la realidad demográfica del futuro de los Estados Unidos. En Texas, California, Nuevo México y el Distrito de Columbia las minorías ya son mayoría. Otros doce estados tienen poblaciones con más de un tercio de ciudadanos latinos, negros y/o asiáticos. Los americanos latinos son ya cuarenta y dos millones y constituyen el grupo demográfico de mayor crecimiento, pues constituyen la mitad del crecimiento total de la población entre 2004 y 2005; la población asiático americana, aunque mucho menor, ha experimentado un alza similar y se espera que aumente más de un 200 por ciento durante los próximos cuarenta y cinco años. Poco después de 2050, según las proyecciones de los expertos, Estados Unidos dejará de ser un país mayoritariamente blanco, lo que tendrá unas consecuencias para nuestra economía, nuestra política y nuestra cultura que todavía no podemos anticipar del todo.

Aun así, cuando escucho a comentaristas que interpretan mi discurso en el sentido de que hemos llegado a una «política posracial» o que ya vivimos en una sociedad que no hace distinciones basadas en el color de la piel, debo añadir una advertencia. Decir que somos un solo pueblo no quiere decir que la raza ya no importe. No significa que se haya ganado la lucha por la igualdad o que los problemas a los que las minorías se enfrentan hoy en este país se los hayan creado ellas mismas. Todos conocemos las estadísticas: en casi todos los indicadores socioeconómicos, desde mortalidad infantil hasta expectativa de vida pasando por tasa de empleo o de propiedad de vivienda, los afroamericanos y los latinos siguen estando muy rezagados respecto a sus homólogos blancos. En los consejos de dirección de las empresas de todo el país las minorías están escandalosamente poco representadas; en el Senado de Estados Unidos sólo hay tres latinos y dos asiáticos (ambos de Hawai), y al escribir estas líneas yo soy el único afroamericano de la cámara. Dar a entender que nuestras actitudes raciales no juegan ningún papel en esas disparidades es cerrar los ojos a nuestra historia y a nuestra realidad actual... y es también eludir la responsabilidad que tenemos de rectificar aquello que está mal.

Más aun, aunque mi propia educación difícilmente puede considerarse la típica de un afroamericano —y aunque, en buena parte gracias a la suerte y a las circunstancias, ocupo ahora una posición que me aísla de la mayoría de baches y golpes que debe soportar el hombre negro medio— puedo recitar la usual letanía de pequeños agravios con los que me he tenido que enfrentar durante mis cuarenta y cinco años: guardias de seguridad siguiéndome mientras compro en grandes almacenes, parejas blancas que me entregan las llaves de su auto mientras estoy frente a un restaurante esperando al valet, patrullas de la policía que me hacen parar sin motivo aparente... Sé lo que es que haya gente que me diga que no puedo hacer algo por mi color y conozco la amargura de la ira reprimida. Sé también que Michelle y yo debemos estar continuamente alerta contra algunas de las líneas argumentales debilitantes que nuestras hijas podrían absorber —de la televisión, la música, sus amigos y la calle— sobre lo que cree el mundo que son y lo que el mundo imagina que deberían ser.

Pensar con claridad sobre la raza, pues, requiere que veamos el mundo en una pantalla partida. No debemos perder de vista el tipo de país que queremos pero también debemos ver directamente a América tal y como es, para reconocer los pecados de nuestro pasado y los desafíos del presente sin vernos atrapados en el cinismo o la desesperación. En el transcurso de mi vida he experimentado un profundo cambio en las relaciones raciales. Lo he sentido con la misma claridad con la que uno siente un cambio de temperatura. Cuando escucho a gente en la comunidad negra negar esos cambios creo que no sólo deshonran a aquellos que lucharon por nosotros sino que también nos pretenden arrebatar el deber de acabar el trabajo que otros empezaron. Pero por mucho que insista en que las cosas van mejor, soy consciente también de la siguiente verdad: que vayan mejor no quiere decir que vayan bien.

Mi campaña al Senado de Estados Unidos es una muestra de algunos de los cambios que han tenido lugar tanto en la comunidad negra como en la blanca de Illinois durante los últimos veinticinco años. Para cuando me presenté, Illinois ya había elegido a varios negros a cargos estatales, entre ellos un interventor del estado y fiscal general (Roland Burris), una senadora de los Estados Unidos (Carol Moseley Braun) y un secretario de estado, Jesse White, que había sido el que más votos había conseguido en el estado tan sólo dos años atrás. Debido al éxito de estos pioneros, mi campaña no fue una novedad. Puede que ser negro no me favoreciera para ganar, pero al menos mi raza no me cerró por completo cualquier posibilidad de triunfo.

Más aún, el tipo de votante que al final gravitó hacia mi campaña desafió las teorías habituales. El día en que anuncié mi candidatura al Senado de Estados Unidos, por ejemplo, tres de mis colegas blancos del senado estatal se acercaron a mí para expresar su apoyo a mi candidatura. No se trataba precisamente de lo que en Chicago llamamos «liberales de la orilla del lago», los demócratas que se supone que conducen Volvos, toman lattes y beben vino blanco, de los que los republicanos disfrutan tanto burlándose y que son los que se supone que debían adherirse a una causa perdida como la mía. Esos tres senadores no eran así, sino tres tipos de clase trabajadora, de mediana edad —Terry Link del condado de Lake, Denny Jacobs de las Quad Cities y Larry Walsh del condado de Will— que representaban comunidades suburbanas mayoritariamente blancas y mayoritariamente de clase trabajadora fuera de Chicago.

Esos tres hombres me conocían bien, y eso, claro, ayudó; los cuatro habíamos trabajado juntos en Springfield durante los siete años anteriores y jugábamos al póquer todas las semanas durante la temporada de sesiones. También ayudó que todos ellos se enorgullecieran de su independencia y que por tanto estuvieran dispuestos a seguir conmigo a pesar de la presión de candidatos blancos con más posibilidades.

Pero no fue sólo nuestra relación personal lo que los llevó a apoyarme (aunque la fuerza de mi amistad con esos hombres —todos los cuales crecieron en unos barrios y en unas épocas en las que la hostilidad hacia los negros no era inusual— sí decía algo sobre la evolución de las relaciones entre las razas). Los senadores Link, Jacobs y Walsh son políticos duros y experimentados; no tenían ningún interés en apoyar a un perdedor ni en arriesgar su propia posición política. Lo cierto era que todos creían que yo iba a «vender» bien en sus distritos, una vez sus electores me conocieran y fueran más allá de mi nombre.

No se formaron ese juicio a ciegas. Durante siete años me vieron interactuar con sus electores, en el capitolio del estado o en visitas a sus distritos. Vieron como madres blancas me entregaban a sus hijos para hacernos fotos y vieron como los veteranos de la Segunda Guerra Mundial me daban la mano después de que pronunciara unas palabras en su convención. Presintieron lo que yo había necesitado una vida de experiencias para saber: que fueran cuales fueran los prejuicios que los americanos blancos siguieran teniendo, la inmensa mayoría de ellos hoy en día pueden —si se les da el tiempo necesario— ver más allá de la raza para formarse una opinión sobre la gente.

No es que los prejuicios se hayan desvanecido. Nadie —negro, blanco, latino o asiático— es inmune a los estereotipos que nuestra cultura produce, especialmente los estereotipos sobre la criminalidad negra, la inteligencia negra o la ética de trabajo negra. En general los miembros de todas las minorías siguen evaluándose según su grado de asimilación, según lo mucho que su forma de hablar, vestir o comportarse se ajuste a la cultura blanca dominante, y cuanto más se aleja una minoría de esos indicadores externos, más se vuelve objeto de asunciones negativas. La internalización por parte de los blancos de las normas antidiscriminación durante las últimas tres décadas —por no mencionar la decencia más básica— impide que la mayoría de los blancos actúen conscientemente según esos estereotipos en sus interacciones diarias con personas de otras razas. Pero no es realista creer que esos estereotipos no tienen ningún impacto acumulativo en las decisiones a menudo instantáneas sobre quién es contratado y quién ascendido, sobre quién es detenido y quién es procesado, sobre qué opina de ese cliente que acaba de entrar en su tienda o sobre la composición demográfica de la escuela a la que van sus hijos.

Yo sostengo, sin embargo, que en nuestra realidad actual, esos prejuicios están mucho menos afianzados que antes y, por tanto, son susceptibles de refutación. Puede que un adolescente negro que camina por la calle suscite miedo en una pareja blanca, pero si resulta ser un amigo de la escuela de su hijo, puede que le inviten a cenar. Puede que un hombre negro tenga dificultades para encontrar un taxi entrada la noche, pero si es un ingeniero de software competente, Microsoft no se lo pensará dos veces antes de contratarlo.

No puedo demostrar estas afirmaciones. Las encuestas de actitudes raciales son notoriamente poco fiables. Y si estoy en lo cierto, tampoco resultará de mucho consuelo para muchas minorías. Después de todo, pasarse el día refutando estereotipos puede ser un trabajo agotador. Es la carga extra que muchas minorías, y especialmente los afroamericanos, sienten tan a menudo en sus quehaceres diarios, la sensación de que no queda nada de buena voluntad hacia nosotros como grupo en Estados Unidos y que como individuos debemos demostrarlo todo cada día empezando desde cero, sabiendo que raramente nos concederán el beneficio de la duda y que no nos conceden margen de error. Abrirse paso en un mundo así hace que los niños negros tengan que sobreponerse a más nervios que los demás el primer día que cruzan el umbral de una clase predominantemente blanca y que las mujeres latinas tengan que luchar contra sus propias dudas al presentarse a una entrevista de trabajo para una empresa mayoritariamente blanca.

Pero lo más importante, y lo más difícil, es resistirse a la tentación de dejar de luchar. Muy pocas minorías pueden aislarse totalmente de la sociedad y, desde luego, no en la forma en que los blancos pueden, si quieren, vivir evitando el contacto con personas de otras razas. El peligro para las minorías es que decidan emular ese aislamiento bajando las persianas psicológicas y asumiendo siempre lo peor.

—¿Por qué tengo que hacer el esfuerzo de sacar a los blancos de su ignorancia sobre nosotros? —me dicen algunos negros—. Hace trescientos años que lo intentamos y no funciona.

A eso respondo que entonces la única alternativa es rendirse a lo que ha sido en lugar de luchar por lo que puede ser.

Una de las cosas que más valoro de representar a Illinois es la manera en que ha hecho que cambien mis propias ideas sobre actitudes raciales. Durante mi campaña al Senado, por ejemplo, viajé con el senador de Illinois, Dick Durbin, en una gira por treinta y nueve ciudades del sur del estado. Una de las escalas programadas fue en una ciudad llamada Cairo, en la punta sur del estado, donde se encuentran los ríos Mississippi y Ohio, una ciudad que se hizo famosa durante los sesenta y principios de los setenta por ser uno de los principales focos de conflictos raciales de todo el Sur profundo. Dick visitó Cairo por primera vez durante esa época. Trabajaba para el entonces Teniente del Gobernador, Paul Simon, que le envió allí para que investigara cómo bajar las tensiones. Cuando nos acercábamos a la ciudad, Dick recordó aquel viaje. Al llegar le advirtieron que no usara el teléfono de la habitación de su hotel porque el operador era miembro del Consejo de Ciudadanos Blancos. Los tenderos blancos prefirieron cerrar sus negocios antes que ceder a las demandas de que contratasen a negros que les hacían quienes los boicoteaban. Los residentes negros le contaron las penas que pasaban para integrar sus escuelas, le hablaron de su miedo y frustración y le contaron historias sobre linchamientos y suicidios en la cárcel, sobre tiroteos y disturbios.

Para cuando llegamos a Cairo no sabía qué esperar. Aunque era mediodía, la ciudad parecía desierta, con sólo un puñado de tiendas abiertas en la calle principal y unas cuantas parejas de ancianos saliendo de lo que parecía una clínica. Al doblar una esquina llegamos a un gran aparcamiento, donde nos esperaba un grupo de unas cien personas. Una cuarta parte de ellos eran negros, casi todos los demás blancos.

Todos llevaban prendidos botones azules en los que se leía OBAMA AL SENADO DE LOS ESTADOS UNIDOS.

Ed Smith, un hombretón grande y campechano que era el director regional para el Midwest de la Unión Internacional de Trabajadores y que había crecido en Cairo, se acercó a nuestra furgoneta sonriendo de oreja a oreja.

—¡Bienvenidos! —dijo, estrechándonos la mano apenas salimos del autobús—. Espero que tengan hambre porque les tenemos preparada una barbacoa fantástica y mi madre será nuestra cocinera.

No pretendo saber qué pasaba exactamente por la cabeza de las personas blancas que había en el grupo aquel día. La mayoría eran de mi edad o mayores y, por tanto, debían al menos recordar, si es que no habían tomado parte en lo que sucedió, aquella época más triste de treinta años atrás. Sin duda muchos de ellos estaban allí porque Ed Smith, uno de los hombres más poderosos de la región, quería que estuvieran allí; puede que otros hubieran acudido sólo por la comida o para ver el espectáculo de un senador de Estados Unidos y un candidato al Senado haciendo campaña en su ciudad.

Lo que sí sé con certeza es que la barbacoa fue magnífica, que nos lo pasamos muy bien charlando y que la gente pareció genuinamente contenta de tenernos allí. Durante más o menos una hora comimos, hicimos y nos hicieron fotos y escuchamos las preocupaciones de la gente. Hablamos sobre qué se podía hacer para impulsar la economía de la zona y para que le llegara más dinero a las escuelas. Nos hablaron de sus hijos e hijas que iban camino de

Irak y de la necesidad de demoler un viejo hospital en ruinas que se había convertido en un peligro en el centro de la ciudad. Y para cuando nos marchamos, se había creado una relación entre nosotros —nada que nos fuera a cambiar la vida, pero sí una relación lo bastante fuerte como para debilitar nuestros prejuicios y reforzar nuestros mejores impulsos. En otras palabras, se creó un vínculo de confianza.

Sobra decir que muchas veces ese tipo de confianza entre razas es sólo temporal. Si no se cuida, se muere. Puede que dure sólo mientras las minorías permanezcan quietas y encajen en silencio las injusticias. O puede que acabe con ella una campaña bien orquestada de anuncios negativos en los que aparezcan trabajadores blancos desplazados por la discriminación positiva o la noticia de que un policía le ha disparado a un joven latino desarmado.

Pero momentos como aquel en Cairo son importantes porque van más allá de su tiempo y lugar puntual: la gente de todas las razas lleva esos momentos a sus hogares y lugares de culto; esos momentos amparan una conversación con sus hijos o colegas de trabajo y son como unas olas que pueden desgastar, lenta pero constantemente, el odio y la suspicacia que genera el aislamiento.

Hace poco, tras un día de largos discursos y actos en la zona, me vi conduciendo por el sur de Illinois con mi director de campo para esa zona, un joven blanco llamado Robert Stephan. Era una noche preciosa de primavera y las aguas del ancho Mississippi y sus orillas relucían bajo la luz brillante y lejana de la luna llena. Las aguas me recordaban Cairo y todas las demás ciudades junto al río, los asentamientos que habían prosperado y decaído junto con el tráfico de las barcazas y las historias a menudo tristes, duras y crueles que habían sido depositadas allí, donde confluían los libres y los esclavos, donde se encontraban los mundos de Huck y de Jim.

Le mencioné a Robert que habíamos conseguido avanzar en el derribo del viejo hospital de Cairo —nuestra oficina se había reunido ya con el departamento de salud del estado y con los funcionarios locales— y le conté la historia de mi primera visita a la ciudad. Robert había crecido en el sur del estado y empezamos a hablar de las actitudes raciales de sus vecinos y amigos. Me dijo que la semana anterior un grupo de gente influyente le había invitado a unirse a ellos en un pequeño club social de Alton que estaba a tan sólo un par de manzanas de la casa en la que había crecido. Robert nunca había ido a ese lugar, pero parecía agradable. Sirvieron la comida y el grupo estaba charlando animadamente cuando Robert se dio cuenta de que de las cincuenta personas aproximadamente que había en la sala ni una sola era negra. Como en Alton un cuarto de la población es afroamericana, Robert creyó que era extraño y preguntó a los hombres por ello.

Es un club privado, contestó uno de ellos.

Al principio Robert no comprendió lo que le decían. ¿Ningún negro ha pedido ser socio? Cuando le respondieron con silencio, dijo: «Es 2006, por el amor de Dios.»

Los hombres se encogieron de hombros. Siempre ha sido así, le dijeron. No se permite la entrada a negros.

Ese fue el momento en que Robert dejó caer la servilleta sobre su plato, dio las buenas noches, y se marchó.

Supongo que podría quejarme de esos hombres del club y considerar su actitud una prueba de que los blancos siguen manteniendo una hostilidad latente contra las personas de mi raza. Pero no quiero conferir a esa hipocresía un poder que ya no tiene.

Prefiero pensar en Robert y en el pequeño pero difícil gesto que hizo. Si un hombre joven como Robert puede hacer el esfuerzo de nadar contra las corrientes de la costumbre y el miedo y hacer lo que sabe que es correcto, entonces a mí me corresponde recibirle en el otro lado y ayudarle a llegar a la orilla.

MI ELECCIÓN NO fue sólo facilitada por la evolución de la actitud racial de los votantes blancos de Illinois, sino que también reflejaba cambios en la comunidad afroamericana del estado.

Una medida de estos cambios se podía ver en el tipo de apoyo que mi campaña recibió al principio. De los primeros quinientos mil dólares que recaudé durante las primarias, casi la mitad procedieron de profesionales negros o negocios de propiedad negra. Fue una emisora de radio de propiedad negra, la WVON, la primera en referirse a mi campaña en las ondas de Chicago, y fue una revista semanal de propiedad negra, *N'Digo*, la primera que me dedicó su portada. Una de las primeras veces que necesité un jet privado para la campaña, fue un amigo negro quien me lo prestó.

Hace una generación no existía esa capacidad. Aunque Chicago siempre ha tenido una de las comunidades empresariales negras más efervescentes del país, en los sesenta y setenta sólo un puñado de hombres hechos emprendedores —John Johnson, el fundador de *Ebony* y *Jet;* George Johnson, el fundador de Johnson Products; Ed Gardner, el fundador de Soft Sheen; y Al Johnson, el primer negro del país propietario de una franquicia de GM— hubieran sido considerados ricos según los estándares de la población blanca.

Hoy no sólo la ciudad está llena de doctores, dentistas, abogados, contables y otros profesionales negros, sino que los negros ocupan también algunos de los puestos más importantes de las empresas de Chicago. Los negros son propietarios de cadenas de restaurantes, de bancos de inversión, de agencias de relaciones públicas, de fondos de inversión inmobiliarios y de estudios de arquitectura. Pueden permitirse vivir en los barrios que quieran y enviar a sus hijos a las mejores escuelas privadas. Se les recluta activamente para formar parte de consejos cívicos y apoyan generosamente todo tipo de caridades.

Estadísticamente, el número de afroamericanos que ocupan el 20 por ciento superior de la escala de ingresos sigue siendo relativamente pequeño. Más aún, todos los profesionales y empresarios negros de Chicago pueden contar los obstáculos que han tenido que superar por culpa de su raza. Pocos emprendedores afroamericanos han heredado la riqueza suficiente o han podido contar con inversores que les ayudaran a lanzar sus negocios o a defenderse de un repentino empeoramiento de la economía. Pocos dudan de que si fueran blancos estarían más cerca de conseguir sus objetivos.

Y aun así estos hombres y mujeres no utilizan la raza como una muleta ni la discriminación como excusa para el fracaso. De hecho, lo que caracteriza a esta nueva generación de profesionales negros es que se niegan a aceptar límites a lo que pueden conseguir. Cuando un amigo que había sido el mejor vendedor de bonos de la oficina de Chicago de Merrill Lynch decidió fundar su propio banco de inversiones, su objetivo no era convertirse en la empresa negra líder en su área, sino convertirse en la empresa líder en su área, punto. Cuando otro amigo decidió abandonar un puesto directivo en General Motors para fundar su propia empresa de parqueo en colaboración con Hyatt, su madre pensó que se había vuelto loco.

—Ella no podía concebir nada mejor que tener un puesto de directivo en GM —me dijo él— porque esos trabajos eran imposibles para la gente de su generación. Pero yo sabía que quería construir algo que fuera mío.

Esa sencilla noción —que los sueños no tienen límite— es tan fundamental para entender a los Estados Unidos que parece casi banal. Pero en los Estados Unidos negros, la idea representa una ruptura radical con el pasado, una ruptura de las cadenas psicológicas de la esclavitud y Jim Crow. Quizá sea el principal legado del movimiento de derechos civiles, un regalo de líderes como John Lewis y Rosa Parks que se manifestaron y movilizaron y soportaron amenazas, arrestos y palizas para ampliar las puertas de la libertad. Y es también una herencia de esa generación de madres y padres afroamericanos cuyo heroísmo fue menos dramático pero no menos importante: padres que trabajaron toda su vida en trabajos que les quedaban demasiado pequeños, sin quejarse, haciendo economías, ahorrando para comprar una pequeña casa; padres que se privaron de cosas para que sus hijos pudieran tomar clases de baile o ir a una excursión de la escuela; padres que entrenaban equipos de las Pequeñas Ligas y horneaban pasteles de cumpleaños y luchaban con los profesores para que sus hijos no fueran apuntados en los cursos menos exigentes; padres que arrastraban a sus hijos a la iglesia cada domingo, les zurraban en el trasero cuando se pasaban de la raya y los apoyaban con un amor capaz de resistir cualquier cosa que la sociedad pudiera echarles encima.

Es a través de ese camino de movilidad social ascendente tan
quintaesencialmente americano que la clase media negra se ha
cuadruplicado en el transcurso de una generación y que la tasa de
pobreza entre los negros se ha reducido a la mitad. Mediante un
proceso similar de trabajo duro y compromiso familiar, los latinos
han conseguido avances similares: de 1979 a 1999 el número de
familias latinas que se consideran clase media ha subido de más de
un 70 por ciento. Las esperanzas y expectativas de estos trabajadores negros y latinos son difíciles de distinguir de las de sus homólogos blancos. Son la gente que hace que nuestra economía
funcione y nuestra democracia florezca: los profesores, mecánicos,
enfermeras, técnicos informáticos, trabajadores de línea de producción, conductores de autobús, carteros, directores de tiendas,
plomeros y reparadores que constituyen el vibrante corazón de los
Estados Unidos.

Y, sin embargo, a pesar de todos los progresos de las últimas
cuatro décadas, sigue existiendo una terca distancia entre el nivel
de vida de los trabajadores negros, latinos y blancos. El sueldo
medio de un negro es el 75 por ciento del sueldo medio de un
blanco; el sueldo medio de un latino es el 71 por ciento del sueldo
medio de un blanco. El valor medio neto de un ciudadano negro es
de unos 6.000 dólares, el de un latino es de unos 8.000 dólares. El
de un blanco es de 88.000 dólares. Cuando les despiden o se ven
enfrentados a una emergencia familiar, los negros y los latinos tienen menos ahorros a los que recurrir y los padres tienen menos
posibilidades de ayudar a sus hijos. Los negros y los latinos de
clase media incluso pagan más por sus seguros, es menos probable
que sean propietarios de su vivienda y tienen peor salud que los
americanos en general. Es posible que las minorías estén cada vez
más cercanos a vivir el sueño americano, pero ese sueño puede
tornarse rápidamente en pesadilla.

Cómo eliminar esa diferencia persistente —y qué papel debe
jugar el gobierno en esa eliminación— es una de las mayores controversias de la política americana. Pero debería haber algunas estrategias en las que todos estuviéramos de acuerdo. Podríamos
empezar por completar el trabajo que el movimiento de los dere-

chos civiles dejó incompleto —es decir, aplicar las leyes contra la discriminación en áreas tan básicas como el empleo, la vivienda y la educación. Cualquiera que crea que eso ya no es necesario debería darse una vuelta por el complejo de oficinas en el que trabaja y contar cuántos negros hay allí, aunque sea en empleos poco cualificados, o pasarse por la sede de algún sindicato local y preguntar cuántos negros hay matriculados en cursos de formación, o leerse alguno de los recientes estudios que muestran que los agentes inmobiliarios siguen apartando a los potenciales clientes negros de los vecindarios mayoritariamente blancos. A menos que viva en un estado sin muchos residentes negros, creo que convendrá en que algo no anda bien.

Bajo las últimas administraciones republicanas, la aplicación de las leyes sobre derechos civiles ha sido, en el mejor de los casos, tibia. Y, bajo la actual Administración, ha sido inexistente. O peor aún, contraproducente, si se tiene en cuenta la insistencia de la División de Derechos Civiles del Departamento de Justicia en denominar las becas universitarias o los programas de enriquecimiento educativo dirigidos a estudiantes pertenecientes a minorías como «discriminación inversa», sin que les importe la poca representación que esas minorías tengan en una institución o área de estudio y sin que les importe tampoco el escasísimo perjuicio que el programa le causa a los estudiantes blancos.

La situación debería preocupar a todas las fuerzas del espectro político, incluso las que se oponen a la discriminación positiva. Los programas de discriminación positiva, si están bien diseñados, pueden dar a minorías muy cualificadas posibilidades que de otro modo no tendrían, todo ello sin disminuir las oportunidades de los estudiantes blancos. Dada la escasez de doctorandos negros y latinos en matemáticas y en ciencias físicas, por ejemplo, un modesto programa de becas para minorías interesadas en conseguir estudios de posgrado en estos campos (objeto de una reciente investigación del Departamento de Justicia) no hará que los estudiantes blancos se queden fuera de esos cursos, pero más bien aumentará el fondo de talento que necesitará el país para prosperar en una economía basada en la tecnología. Y diré todavía más:

como abogado que ha trabajado en casos de derechos civiles, puedo afirmar que allí donde hay pruebas convincentes de discriminación prolongada y sistemática por parte de las grandes empresas, sindicatos o ramas del gobierno municipal, el único remedio que funciona y está disponible es fijar objetivos y calendarios para la contratación de minorías.

Muchos americanos no están de acuerdo por una cuestión de principios. Dicen que nuestras instituciones nunca deberían tener en cuenta la raza, ni siquiera para ayudar a los que fueron discriminados en el pasado. Está bien, entiendo sus argumentos y no espero que el debate se decida pronto. Pero eso no debería impedir al menos que si siempre que dos personas igual de cualificadas, una de una minoría y la otra blanca, se presentan a un trabajo casi siempre se prefiere a la blanca, el gobierno haga algo para remediar la situación a través de sus fiscalías y sus tribunales.

También deberíamos estar de acuerdo en que la responsabilidad de paliar esa diferencia no corresponde sólo al gobierno. Las minorías, a nivel individual y colectivo, también son responsables de ello. Muchos de los factores sociales y culturales que afectan negativamente a los negros, por ejemplo, simplemente reflejan de forma exagerada problemas que afectan a los Estados Unidos en general: demasiada televisión (el hogar negro promedio tiene la televisión encendida once horas diarias), demasiado consumo de venenos (los negros fuman más y comen más comida malsana) y falta de interés en el éxito en los estudios.

Luego está el colapso del hogar negro con padre y madre, un fenómeno que esta sucediendo a un ritmo tan rápido que comparado con el resto de la sociedad americana lo que era una diferencia de grado se ha tornado una diferencia de clase. Este fenómeno muestra que los hombres negros consideran triviales el sexo y la educación de los hijos y eso hace que los niños negros estén en una posición más vulnerable. No hay ninguna excusa para ello.

Tomados en conjunto, estos factores impiden el progreso. Más aún, aunque la acción del gobierno puede ayudar a cambiar algunas actitudes (puede animar, por poner un ejemplo, a que las cadenas de supermercados que tienen productos frescos abran tiendas en barrios negros, lo cual ayudaría mucho a cambiar los hábitos alimenticios de la gente), ese cambio de actitud tiene que empezar en casa, en el barrio y en los lugares de culto. Las instituciones comunitarias, en especial la iglesia históricamente negra, tienen que ayudar a las familias a inculcar de nuevo en los jóvenes la reverencia por el éxito académico, animarlos a adoptar un estilo de vida más saludable y revigorizar las normas sociales tradicionales sobre las virtudes y obligaciones de la paternidad.

Pero al final puede que la herramienta más importante para eliminar la diferencia entre los trabajadores blancos y los que pertenecen a minorías tenga poco que ver con la raza. Hoy en día los problemas de los negros y latinos trabajadores y de clase media no son fundamentalmente distintos de los problemas de sus homólogos blancos: recortes de empleos, traslado de procesos al extranjero, automatización, congelación de salarios, el desmantelamiento de las pensiones y los seguros de salud aportados por el empleador y escuelas que no enseñan a los jóvenes las habilidades que necesitan para competir en una economía global. (Los negros han sido particularmente vulnerables a estas tendencias, puesto que son los que más dependen de los puestos de trabajo de manufacturas industriales y son los menos dados a vivir en las comunidades suburbanas en las que se están generando nuevos empleos.) Y lo que ayudaría a los trabajadores pertenecientes a minorías son las mismas cosas que ayudarían a los trabajadores blancos: la posibilidad de ganar un salario digno y de recibir la educación y formación que conducen a los puestos que ofrecen ese salario; leyes laborales y fiscales que devuelvan el equilibrio a la distribución de la riqueza de la nación, y seguro de salud, guarderías y pensiones con las que la gente trabajadora pueda contar cuando las necesite.

Esta pauta —de una marea que eleva los barcos de las minorías— ha sido cierta en el pasado. El progreso de la anterior generación de latinos y afroamericanos pudo darse principalmente porque las mismas oportunidades que permitieron que se creara la clase media blanca se abrieron por primera vez también a las minorías. Se beneficiaron, como todo el mundo, de una economía en crecimiento y de un gobierno que quería invertir en su gente. Y el mercado de trabajo abierto, el acceso al capital y los programas como las subvenciones Pell y los créditos Perkins no sólo beneficiaron directamente a los negros; los salarios más altos y una mayor sensación de seguridad entre los blancos les hicieron menos reticentes a las demandas de igualdad que planteaban las minorías.

La misma fórmula vale hoy. Tan recientemente como 1999 la tasa de desempleo negro llegó a su record mínimo y los ingresos negros alcanzaron su record máximo no porque hubiera ningún aumento en la contratación por discriminación positiva ni porque se produjera un súbito cambio en la ética de trabajo negra, sino por el *boom* de la economía y porque el gobierno adoptó unas pocas y modestas medidas —como la expansión de la Rebaja Fiscal del Impuesto sobre la Renta— para repartir mejor la riqueza. Si quieren conocer el secreto de la popularidad de Bill Clinton entre los afroamericanos, no hace falta mirar más allá de esas estadísticas.

Pero esas mismas estadísticas deberían también forzar a aquellos de nosotros interesados en la igualdad racial a reevaluar los costos y beneficios de nuestras estrategias actuales. Incluso si seguimos defendiendo que la discriminación positiva es una herramienta útil, aunque limitada, para ofrecer oportunidades a las minorías infrarrepresentadas, deberíamos pensar en gastar más de nuestro capital político en convencer al país de hacer las inversiones necesarias para asegurar que todos los niños lleguen a sacar las calificaciones necesarias para graduarse de la secundaria. Si lo lográramos, habremos hecho más que la discriminación positiva por ayudar a los niños negros y latinos que más lo necesitan. Por el mismo motivo tenemos que apoyar programas específicos dirigidos a eliminar las disparidades de salud existentes entre las minorías y los blancos (algunos datos sugieren que incluso sin tener en cuenta el nivel de ingresos y de seguros, las minorías siguen recibiendo peor atención médica), pero un plan de cobertura de salud universal haría más por eliminar las disparidades de salud entre blancos y minorías que cualquier otro programa que podamos diseñar.

Que el gobierno se centre en lo universal en lugar de en una u otra raza no sólo es la política correcta, sino que además da votos. Recuerdo un día en que estaba con uno de mis colegas demócratas del senado estatal de Illinois escuchando a otro senador —un afro-americano al que llamaré John Doe y que representaba un distrito urbano y pobre— pronunciar un apasionado y largo discurso sobre por qué la eliminación de ciertos programas suponía un caso escandaloso de racismo. Tras unos pocos minutos, el senador blanco (que tenía uno de los historiales de voto más liberales de toda la cámara) se giró hacia mí y me dijo:

—¿Sabes qué es lo que me pasa con John? Cada vez que abre la boca hace que me sienta más blanco.

En defensa de mi colega negro señalé que no siempre es fácil para un político negro calibrar qué tono adoptar —¿demasiado enfadado? ¿no lo suficientemente enfadado?— al hablar de las enormes dificultades a las que se enfrentaban sus electores. Aun así, el comentario de mi colega blanco era interesante. Para bien o para mal, los blancos han agotado sus reservas de culpa. Hasta los más objetivos entre ellos, aquellos a los que de verdad les gustaría que se acabasen las desigualdades raciales y se aliviase la pobreza, tienden a reaccionar mal ante las afirmaciones de victimización racial o ante las demandas de razas específicas basadas en la historia de discriminación racial de este país.

En parte es así por lo bien que los republicanos han alimentado la política del resentimiento, por ejemplo exagerando descaradamente los efectos negativos de la discriminación positiva sobre los trabajadores blancos. Pero principalmente es una cuestión de mero interés propio. La mayoría de los blancos americanos se figuran que ellos nunca han contribuido a discriminar a nadie y ya tienen suficientes problemas propios de los que preocuparse. También saben que con la deuda nacional acercándose a los nueve billones y con déficits anuales de casi trescientos mil millones de dólares, el país tiene que dedicar los pocos y valiosos recursos que tiene a ayudarles a ellos.

Como resultado, las propuestas que sólo benefician a las minorías y dividen a los americanos entre «nosotros» y «ellos» pueden arañar unas pocas concesiones a corto plazo cuando los costos para los blancos no son demasiado altos, pero no pueden servir de base para el tipo de coaliciones políticas amplias y sostenidas que se necesitan para transformar el país. Son las estrategias universales que puedan ayudar a todos los americanos (escuelas que enseñen, trabajos con buen sueldo, salud para todo el que la necesite, un gobierno que ayude después de una inundación), junto con medidas que aseguren que nuestras leyes se apliquen por igual a todo el mundo y por tanto lleven a la práctica los ideales que la gran mayoría de los americanos sostienen (por ejemplo, aplicando mejor las leyes de derechos civiles que ya existen), las que sí pueden servir de base para esas coaliciones, incluso si tales estrategias ayudan desproporcionadamente a las minorías.

Ese cambio de énfasis no es fácil: cuesta librarse de los viejos hábitos y siempre existe el miedo por parte de muchas minorías de que si no se sigue agitando el tema de la discriminación racial, pasada y presente, la población blanca se olvidará de ella y se perderá todo lo que se ha ganado con tanto esfuerzo. Comprendo ese temor. En ninguna parte está escrito que la historia se mueva en línea recta y en tiempos de dificultades económicas es posible que los imperativos de la igualdad racial se dejen de lado.

Aun así, cuando vuelvo la vista a lo que tuvieron que superar las generaciones pasadas de las minorías, me siento optimista sobre la capacidad de la próxima generación para continuar consolidándose en la sociedad. Durante la mayor parte de nuestra historia reciente los negros han visto que la escalera de ascenso social era resbaladiza para ellos y puede que se haya admitido a regañadientes a los latinos en casas de bomberos y en las suites ejecutivas. Pero a pesar de todo ello, la combinación de crecimiento, inversión gubernamental y amplios programas para fomentar la movilidad social ascendente y un compromiso modesto para aplicar el sencillo principio de la no discriminación fue suficiente para llevar a la gran mayoría de negros y latinos al nivel económico básico de la sociedad en el transcurso de una sola generación.

Necesitamos recordar que hemos conseguido esa hazaña. Lo notable no es el número de minorías que no han conseguido llegar a la clase media, sino el número que lo ha conseguido a pesar de tenerlo todo en su contra; lo extraordinario no es la ira y la amargura que los padres de color han transmitido a sus hijos, sino el grado hasta el cual esas emociones han remitido. El saber eso nos da algo sobre lo cual debemos trabajar. Nos dice que podemos conseguir más cosas.

LAS ESTRATEGIAS UNIVERSALES que abordan los problemas a los que se enfrentan todos los americanos pueden ayudar mucho a eliminar la distancia que separa a negros, latinos y blancos, pero hay dos aspectos de las relaciones raciales en Estados Unidos que requieren atención especial, temas que avivan las llamas de los conflictos raciales que socavan los progresos conseguidos. Con respecto a la comunidad afroamericana, el tema es el deterioro de las condiciones de vida de los que viven en los barrios pobres de la ciudad. Con respecto a los latinos, el tema son los trabajadores indocumentados y la tormenta política que rodea a la inmigración.

Uno de mis restaurantes favoritos de Chicago es un lugar llamado MacArthur's. Está lejos del centro, en la parte más occidental de la parte oeste, en la calle Madison. Es un espacio sencillo y muy iluminado con mesas de madera clara con capacidad para quizá cien personas. Cualquier día de la semana se pueden ver más o menos esa cantidad de personas haciendo cola —familias, adolescentes, grupos de mujeres con aspecto de matronas y ancianos— todos esperando su turno, como si fuera una cafetería, para recibir sus platos de pollo frito, siluro, arroz con habichuelas, hojas verdes de berza, pastel de carne picada, pan de maíz y otros clásicos de la cocina soul. Como le dirá cualquier cliente, vale la pena esperar.

El propietario del restaurante, Mac Alexander, es un hombre grande y fornido de sesenta y pocos años con cada vez menos pelo gris, bigote y que bizquea un poco tras sus gafas, lo que le da un aire pensativo, como de profesor. Es un veterano de guerra, nacido en Lexington, Mississippi, que perdió la pierna izquierda en Vietnam. Después de su convalecencia, su mujer y él se mudaron a

Chicago, donde él asistió a cursos empresariales mientras trabajaba en un almacén. En 1972 abrió Mac's Records y contribuyó a fundar la Asociación de Mejora de los Negocios de la Parte Oeste, implicándose en remediar los problemas de lo que él llama su «pequeño rincón del mundo».

No hay duda de que ha triunfado. Su tienda de discos prosperó, abrió un restaurante y contrató a residentes del barrio para trabajar en él; empezó a comprar y rehabilitar edificios del vecindario para ponerlos en alquiler. Es por el esfuerzo de hombres como Mac que el paisaje de la calle Madison no es tan sombrío como uno supondría por la reputación de la parte oeste de Chicago. Hay tiendas de ropa y farmacias y parece que hay una iglesia en cada manzana. Si se aparta de la calle principal encontrará los mismos pequeños *bungalows* con el césped bien cortado y los mismos parterres de flores que hay en la mayor parte de los barrios de la ciudad.

Pero si sigue caminando unas pocas manzanas más en cualquier dirección experimentará usted una cara distinta del mundo de Mac: los grupos de hombres jóvenes apostados en las esquinas lanzando miradas furtivas de arriba a abajo; el sonido de las sirenas mezclándose con los sistemas de sonido de los autos a todo volumen; los edificios oscuros tapiados con listones de madera y los símbolos de pandillas dibujados frenéticamente; la basura por todas partes, arrastrada por los remolinos del viento invernal. Hace poco el Departamento de Policía de Chicago colocó cámaras y luces intermitentes permanentes sobre las farolas de Madison, bañando todas las manzanas en una perpetua luz azul. Los que viven en Madison no se quejaron, pues las luces azules parpadeantes les resultan muy familiares. Son sólo un recordatorio más de algo que todos saben: que el sistema inmunológico de la comunidad se ha desmoronado casi por completo. Se ha debilitado por las drogas, los tiroteos y la desesperación. Y a pesar del esfuerzo de personas como Mac, un virus ha contagiado al barrio y está echando a perder a un pueblo.

—El crimen no es nada nuevo en la parte oeste —me dijo Mac una noche mientras íbamos a ver uno de sus edificios—. Es decir, en los setenta la policía no se tomaba en serio la vigilancia de los barrios negros. Mientras los problemas no salpicaran a los barrios blancos, no les preocupaban. La primera tienda que abrí, en Lake con Damen, la debieron robar ocho o nueve veces seguidas.

»Hoy la policía responde mejor —continuó Mac—. El comandante es un buen hombre, hace lo que puede. Lo que pasa es que está desbordado, como todos los demás. Mira, los chicos de aquí, simplemente no les importa nada. La policía no les asusta y la cárcel tampoco. Más de la mitad de los jóvenes de por aquí ya tienen antecedentes. Si la policía arresta a diez tipos en una esquina, otros diez ocupan su puesto en menos de una hora.

»Eso es lo que ha cambiado... la actitud de estos niños. En realidad no les puedes culpar porque la mayoría no tienen nada en casa. Sus madres no les pueden enseñar nada porque muchas de esas mujeres son todavía niñas. El padre está en la cárcel. No hay nadie que los guíe, que los haga ir a la escuela y les inculque el respeto. Así que esos niños básicamente se educan ellos mismos en la calle. Eso es lo único que conocen. La pandilla es su familia. Por aquí no hay puestos de trabajo excepto en el tráfico de drogas. No me interpretes mal, sigue habiendo muchas familias buenas por aquí... no necesariamente tienen mucho dinero, pero hacen lo que pueden para que sus hijos no se metan en líos. Pero están rodeadas. Cuanto más tiempo se quedan, más sienten que sus hijos están en peligro. Así que en cuanto pueden se mudan a otro barrio. Y eso hace que las cosas vayan a peor.

»No sé —dijo Mac negando con la cabeza—. Sigo pensando que podemos dar la vuelta a la situación. Pero para serte sincero, Barack, a veces es difícil no pensar que la cosa no tiene remedio. La situación es dura... y se vuelve más dura cada día que pasa.

Me llegan muchos comentarios de este tipo desde la comunidad afroamericana, comentarios que reconocen que las condiciones de vida en el corazón de los barrios pobres de las ciudades están cayendo drásticamente. A veces la conversación se centra en estadísticas: la mortalidad infantil (que entre los americanos negros pobres es igual a la que se da en Malasia), o el desempleo negro (que se estima en más de un tercio en algunos barrios de

Chicago), o el número de hombres negros que van a pasar en algún punto de sus vidas por el sistema de justicia penal (uno de cada tres a nivel nacional).

Pero la mayor parte de las veces la conversación versa sobre historias personales que me ofrecen como demostración de que se ha producido una ruptura fundamental en una parte de nuestra comunidad y que me cuentan con una mezcla de tristeza e incredulidad. Una profesora me explicó lo que sintió cuando un niño de ocho años le lanzó insultos obscenos a gritos y amenazó con agredirla. Un abogado de turno de oficio me contó los pavorosos antecedentes penales de un chico de quince años y la tranquilidad con la que sus clientes predicen que no llegarán vivos a los treinta. Un pediatra me habló de padres adolescentes que no creen que sea malo darle a sus bebés papitas fritas para desayunar o que admiten que dejan a sus niños de cinco y seis años solos en casa.

Estas son las historias de aquellos que no pudieron ir más allá de los confines que les marca su historia, de los barrios dentro de la comunidad negra en los que viven los más pobres de los pobres, de los receptores de todas las cicatrices de la esclavitud y de la violencia de Jim Crow, de la ira internalizada y de la ignorancia forzada, de la vergüenza de hombres que no pueden proteger a sus mujeres ni mantener a sus familias, de niños a los que dijeron que no valían nada cuando estaban creciendo y que no tuvieron nadie a su lado que pudiera remediar el daño que eso les hizo.

Hubo un tiempo, claro, en el que una pobreza intergeneracional como esa todavía podía conmocionar a una nación, cuando la publicación de *The Other America* de Michael Harrington o la visita de Bobby Kennedy al Delta del Mississippi despertaban un sentimiento de ultraje y se convertían en una llamada a la acción. Ya no. Hoy las imágenes de los llamados marginados están por todas partes y se han convertido en algo habitual en la cultura popular americana. En las películas y la televisión son el enemigo habitual de las fuerzas de la ley y el orden; en la música rap y en los videos, en los que se glorifica la vida de las pandillas y se convierte en objeto de imitación para adolescentes blancos y negros (aunque los blancos, al menos, son conscientes de que se trata sólo de una pose); y en las noticias de la noche, donde los estragos de los barrios pobres suelen aportar buenos titulares. En lugar de despertar nuestra simpatía, nuestra familiaridad con las vidas de los negros pobres ha desencadenado espasmos de miedo y franco desprecio. Pero lo que más ha generado es indiferencia. Que los hombres negros llenen nuestras cárceles, que los niños negros no sepan leer o aparezcan muertos en un tiroteo entre pandillas, que los negros desamparados duerman sobre cartones en los parques de la capital de nuestra nación... todo eso nos parece normal, como si fuera parte del orden natural de las cosas. Quizá creamos que resulta trágico, pero no lo vemos como algo de lo que nosotros seamos culpables y desde luego no como algo que pueda cambiar.

El concepto de marginados negros —separados, a parte, ajenos a nosotros en su conducta y sus valores— también ha jugado un papel clave en la política americana moderna. Fue en parte para arreglar los guetos negros que Johnson lanzó la Guerra contra la Pobreza, y fue sobre la base de los fracasos de esa guerra, tanto los reales como los que se percibieron como tales, que los conservadores volvieron a buena parte del país contra el concepto mismo del estado del bienestar social. Dentro de los *think tanks* conservadores creció una auténtica industria que defendía que no sólo las patologías culturales —más que el racismo o las desigualdades estructurales de nuestra economía— eran responsables de la pobreza negra sino que también los programas del gobierno como la asistencia social, unida a jueces liberales que mimaban a los criminales. No sólo no ayudaban a curar esas patologías sino que las volvían todavía peores. En televisión las imágenes de niños inocentes con los vientres distendidos fueron substituidas por las de saqueadores y atracadores negros; las noticias dejaron de centrarse en la empleada del hogar negra que hacía milagros para llegar a fin de mes y pasaron a hablar de la «reina de la asistencia social» que tenía bebés sólo para poder cobrar más dinero. Lo que hacía falta, decían los conservadores, era una buena dosis de disciplina: más policía, más prisiones, más responsabilidad personal y acabar con la asistencia social. Si tales estrategias no podían transformar el gueto negro, al menos lo contendrían y evitarían que el dinero de los contribuyentes trabajadores se dedicara a un caso perdido.

Que los conservadores se ganaran a la opinión pública no debe sorprendernos. Sus argumentos se basaban en una distinción entre pobres «dignos» e «indignos» que tienen una larga y consabida tradición en Estados Unidos, un argumento que a menudo ha cobrado tonos raciales o étnicos y cuyo poder ha aumentado durante las épocas —como los setenta y los ochenta— en que la economía iba mal. La respuesta de los líderes políticos liberales y de los líderes de derechos civiles no resultó adecuada. Preocupados por no culpar a las víctimas históricas del racismo, tendieron a subestimar o ignorar las pruebas de que existían pautas de conductas entre los negros pobres que, en efecto, contribuían a la pobreza intergeneracional. (En el caso más célebre, Daniel Patrick Moynihan fue acusado de racismo a principios de los sesenta cuando dio la voz de alarma sobre el aumento de nacimientos fuera del matrimonio entre los negros pobres.) Esta negación del papel que juegan los valores a la hora de decidir el éxito económico de una comunidad le restó credibilidad e irritó a los blancos de clase trabajadora, sobre todo porque encima de todo, la mayoría de los líderes liberales vivían muy lejos del desorden urbano.

Lo cierto es que la cada vez mayor frustración por las condiciones de vida en los barrios pobres de la ciudad no se restringía sólo a los blancos. En la mayoría de los barrios negros, los residentes que trabajan duro y respetan la ley llevan pidiendo una protección policial más agresiva durante años, pues ellos son los primeros que pueden ser víctimas de la delincuencia. En privado —en las cocinas, en las barberías o al salir de la iglesia— se escucha a menudo cómo la gente negra se queja de la pérdida de la ética en el trabajo, de lo inadecuado del cuidado de los niños por parte de los padres y de la cada vez más inexistente moral sexual con un fervor que haría que la Fundación del Patrimonio se sintiera orgullosa.

En ese sentido, la actitud de los negros en cuanto a las causas de la pobreza crónica es mucho más conservadora de lo que les gustaría admitir a los políticos negros. Lo que no oirá usted nunca, sin embargo, es que los negros utilicen términos como «depredador» para describir a un joven miembro de una banda o «marginadas» al hablar de las madres que recurren a la asistencia social. Ese es un lenguaje que divide el mundo entre aquellos que merecen nuestra preocupación y los que no. Para los americanos negros, esa separación de los pobres no es válida, porque el color de nuestra piel —y las conclusiones que la sociedad en general extrae de ese color— nos hace a todos tan libres, tan respetados, como el menos libre y respetado de nosotros.

Y es que además los negros conocen la otra cara de la historia de la disfuncionalidad de los barrios pobres. La mayoría de los negros que crecieron en Chicago recuerdan la historia colectiva de la gran migración desde el Sur, como después de llegar al Norte se forzó a los negros a vivir en guetos debido a los prejuicios raciales y a los pactos de restricción y acabaron hacinados en viviendas públicas, con escuelas inferiores a la media, parques mal mantenidos, cero protección policial y donde se toleraba el tráfico de drogas. Recuerdan cómo los buenos trabajos se reservaban para otros grupos de inmigrantes y cómo los trabajos en la industria en los que los negros confiaban se evaporaron, de modo que las familias que hasta ese entonces habían logrado permanecer intactas, empezaron a desquebrajarse bajo la presión. Los niños normales comenzaron a caerse por entre las grietas abiertas, hasta que se alcanzó un punto de ruptura y lo que una vez fuera la triste excepción se convirtió en la norma. Saben lo que llevó a ese desamparado al alcohol, porque es su tío. A ese criminal reincidente lo recuerdan cuando era un niño, lleno de vida y capaz de amar, porque es su primo.

En otras palabras, los afroamericanos saben que la cultura es importante, pero saben que la cultura depende de las circunstancias. Sabemos que muchos habitantes de los barrios pobres están atrapados por sus propias conductas autodestructivas, pero esas conductas no son innatas. Y como sabe eso, la comunidad negra sigue convencida de que si Estados Unidos encuentra la voluntad suficiente para hacerlo, las circunstancias de aquellos atrapados en los barrios pobres pueden cambiar y con ellas cambiarán las actitudes individuales de los pobres y se empezará a reparar el daño, si no para esta generación, sí al menos para la siguiente.

Ese conocimiento debería ayudarnos a ir más allá de las trifulcas ideológicas y servir de base para volver a intentar solucionar el problema de los barrios pobres de las ciudades. Podríamos empezar por reconocer que quizá la medida que más podría contribuir a la reducción de esa pobreza es animar a las adolescentes a acabar la secundaria y a que eviten tener niños fuera del matrimonio. En este esfuerzo los programas centrados en la escuela y en la comunidad se han demostrado útiles para reducir los embarazos de niñas adolescentes y deben ampliarse, pero también hace falta que los padres, el clero y los líderes de la comunidad se pronuncien de forma más sistemática sobre este tema.

Tenemos que reconocer también que los conservadores —y Bill Clinton— tenían razón sobre la asistencia social tal y como estaba estructurada antes: al separar los ingresos del trabajo y al no exigir a los receptores de asistencia social nada más que la disposición a soportar a una burocracia intrusiva y que asegurasen que el padre no vivía en la misma casa que la madre de sus hijos, el viejo programa AFDC (Aid to Families with Dependant Children) de ayuda a familia con hijos dependientes, arrebataba a la gente su iniciativa y erosionaba su amor propio. Cualquier estrategia para reducir la pobreza intergeneracional debe centrarse en el trabajo, no en la asistencia social, no sólo porque el trabajo da independencia e ingresos sino también porque el trabajo aporta orden, estructura, dignidad y oportunidades de crecimiento a la vida de las personas.

Pero tenemos que admitir que el trabajo por sí mismo no garantiza que la gente pueda salir de la pobreza. Por todo el país la reforma de la asistencia social ha reducido enormemente el número de personas que dependen del estado, pero también ha aumentado las filas de los trabajadores pobres, con mujeres entrando y saliendo del mercado laboral, atascadas en trabajos que no dan lo suficiente para vivir, forzadas cada día a conseguir cuidados adecuados para sus hijos, una vivienda asequible y cuidados de salud a un precio que puedan pagar, sólo para hallarse siempre a final de mes preguntándose cómo hacer que los pocos dólares que les quedan basten para pagar la comida, el gas y el nuevo abrigo del niño.

Estrategias como la Rebaja Fiscal del Impuesto sobre la Renta, que ayudan a todos los trabajadores de salarios bajos, pueden suponer una mejora enorme en las vidas de estas mujeres y sus hijos. Pero si de verdad queremos romper el ciclo de pobreza intergeneracional, entonces muchas de estas mujeres necesitarán ayuda extra en cuestiones básicas que muchos de los que no viven en los barrios pobres dan por garantizadas. Necesitan más policías y una forma de vigilar sus barrios más efectiva para que ellas y sus hijos puedan disfrutar de un cierto nivel de seguridad personal. Necesitan poder acceder a centros de salud comunitarios que pongan énfasis en la prevención —incluyendo salud reproductiva, asesoramiento nutricional y en algunos casos tratamiento del abuso de substancias. Necesitan una transformación radical de las escuelas a la que asisten sus hijos y acceso a guarderías asequibles que les permitan trabajar a jornada completa o continuar su educación.

Y en muchos casos necesitan aprender a ser madres efectivas. Para cuando muchos niños de los barrios pobres llegan a la escuela, ya están en desventaja. No saben identificar los números básicos, los colores ni las letras del alfabeto, no están acostumbrados a estar sentados quietos ni a participar en un ambiente estructurado, y a menudo cargan con problemas de salud no diagnosticados. No están mal preparados porque no sean amados sino porque sus madres no saben cómo darles lo que necesitan. Programas gubernamentales bien estructurados —consejos prenatales, acceso a cuidados pediátricos regulares, programas de formación para padres, y buenos programas de educación para niños pequeños— han demostrado que pueden suplir esa carencia.

Por último, tenemos que abordar el binomio de criminalidad y desempleo en los barrios pobres de modo que los hombres que viven allí empiecen a cumplir sus responsabilidades. Se cree que la mayoría de los hombres sin empleo de los barrios pobres podrían encontrar trabajo si quisieran, que inevitablemente prefieren el tráfico de drogas, con sus riesgos implícitos pero también con sus potenciales beneficios, a los trabajos mal pagados que se les ofrecen debido a su falta de preparación. De hecho, los economistas que han estudiado el tema —y los hombres jóvenes cuyas vidas están en juego— le dirán que los costos y beneficios de la vida en la calle no son los que dice la mitología popular: en los rangos bajos o medios de la industria, el tráfico de drogas no deja más que el salario mínimo. Para muchos hombres de barrios pobres lo que les impide conseguir buenos empleos no es la ausencia de motivación para dejar la calle, sino el carecimiento de un buen currículo o de habilidades que puedan vender al igual que, cada vez más, el estigma de los antecedentes penales.

No es sino preguntarle a Mac, que ha convertido en parte de su misión dar a los jóvenes de su barrio una segunda oportunidad. El 95 por ciento de sus empleados masculinos son ex delincuentes, incluyendo a uno de sus mejores cocineros, que ha entrado y salido de la cárcel varias veces durante los últimos veinte años por diversos delitos relacionados con las drogas y un cargo de atraco a mano armada. Mac empieza pagándoles ocho dólares la hora y llega hasta quince dólares la hora. No le faltan candidatos. Mac es el primero en admitir que muchos de los chicos llegan con problemas —no están acostumbrados a llegar puntuales al trabajo y muchos de ellos tampoco están preparados a recibir órdenes de un supervisor— y su rotación es muy alta. Pero al no aceptar excusas de los jóvenes que contrata («Les digo que esto es un negocio y que si no quieren el empleo, otros sí lo querrán») ha descubierto que la mayoría se adapta muy rápido. Con el tiempo se van acostumbrando al ritmo de la vida normal: respetar los horarios, trabajar en equipo, hacer lo que les corresponde. Empiezan a hablar de sacarse el diploma de estudios secundarios, quizá de apuntarse a los cursos de preparación a la universidad.

Empiezan a aspirar a algo mejor.

Sería fantástico que hubiera miles de Mac ahí fuera y que el mercado por sí sólo pudiera generar oportunidades para todos los hombres de los barrios pobres de la ciudad que las necesitan. Pero la mayoría de los empresarios no están dispuestos a arriesgarse a contratar ex delincuentes y los que sí lo están, a veces no pueden. En Illinois, por ejemplo, los ex delincuentes no pueden trabajar en escuelas, residencias de ancianos y hospitales —restricciones que reflejan de forma fehaciente nuestra intención de no arriesgar la seguridad de nuestros niños o ancianos— pero también se les prohíbe trabajar como barberos o manicuristas.

El gobierno podría iniciar una transformación de las circunstancias en las que se mueven estos hombres trabajando con contratistas del sector privado para que contrataran y formaran a ex delincuentes en proyectos que puedan beneficiar a la comunidad: quizá mejorar el aislamiento de casas y oficinas para que aprovechen de forma más eficiente la energía, o instalar los cables de banda ancha necesarios para que comunidades enteras entren en la era de Internet. Tales programas cuestan dinero, por supuesto, aunque dado el costo anual de mantener a un recluso, bastaría una pequeña disminución en la reincidencia para que el programa se financiase a sí mismo. No todos los desempleados más recalcitrantes preferirán trabajos de salario bajo a la vida en la calle, y ningún programa de ayuda a los ex delincuentes eliminará la necesidad de encerrar a los criminales más curtidos, aquellos cuyos hábitos de violencia estén demasiado afianzados.

Aun así, podemos asumir que si hay trabajo legal disponible para los jóvenes que hoy se dedican al tráfico de drogas, en muchas comunidades descenderá el índice de criminalidad; podemos asumir también que, en consecuencia, más empleadores ubicarán sus empresas y negocios en esos barrios, con lo que surgirá una economía que se sostendrá a sí misma; y en el curso de diez o quince años las normas empezarán a cambiar y los jóvenes empezarán a creer que de verdad tienen futuro, el índice de matrimonios subirá y los niños podrán crecer en un mundo más estable.

¿Qué valor tendría todo eso para nosotros —el tener un país en el que baje la criminalidad, en el que los niños crezcan mejor, en el que renazcan la ciudades y en el que los prejuicios, el miedo y la discordia que se alimentan de la pobreza negra desaparezcan poco a poco? ¿Pagaríamos por eso lo que hemos pagado por mantener la guerra en Irak el año pasado? ¿Valdría la pena renunciar a abolir el impuesto de sucesiones por ello? Es difícil cuantificar los beneficios de estos cambios. Serían inconmensurables.

Si los problemas de los barrios pobres de las ciudades proceden de nuestro fracaso a la hora de encarar un pasado a menudo trágico, los desafíos de la inmigración despiertan miedos sobre el futuro incierto. La demografía de Estados Unidos cambia inexorablemente y rápida como un rayo y las demandas de los nuevos inmigrantes no entrarán en el paradigma blanco-negro de discriminación y resistencia y culpa y recriminación. Sin embargo, incluso los recién llegados negros y blancos —de Ghana, Ucrania, Somalia o Rumania— llegan a nuestras orillas sin la carga de las dinámicas raciales de otras épocas.

Durante la campaña vi con mis propios ojos las caras de este nuevo país en los mercados indios de la avenida Devon, en la reluciente nueva mezquita en los barrios del sur, en una boda armenia y un baile filipino, en las reuniones del Consejo de Liderazgo Coreanoamericano y en la Asociación de Ingenieros Nigerianos. Allí donde iba me encontraba a inmigrantes que se aferraban a cualquier trabajo y vivienda que pudieran conseguir, que lavaban platos o conducían taxis o trabajaban en la tintorería de sus primos. Ahorraban y creaban empresas y revitalizaban vecindarios en decadencia hasta que podían mudarse a las afueras y criaban niños con un acento que no delataba la procedencia de sus padres sino su partida de nacimiento de Chicago, adolescentes que escuchaban rap e iban de compras al centro comercial y planeaban convertirse en médicos, abogados, ingenieros e incluso políticos.

Por todo el país, esta historia clásica de inmigrantes está repitiéndose una y otra vez, una historia de ambición y capacidad de adaptación, de trabajo duro y educación, de asimilación y movilidad social ascendente. Los inmigrantes de hoy, sin embargo, viven esta historia a una velocidad sin precedente. Se benefician de una nación más tolerante y con más mundo que la que los inmigrantes se encontraban generaciones atrás. Una nación que ha acabado por adorar su mito de la inmigración y, por tanto, los inmigrantes que aquí llegan están más seguros del lugar que ocupan y reivindican con más contundencia sus derechos. Como senador, recibo innumerables invitaciones a dirigirme a estos nuevos americanos, y en ellas a menudo me preguntan por mis opiniones sobre política internacional: ¿Qué opino de la cuestión de Chipre, por ejemplo, o del futuro de Taiwan? A veces les preocupan cosas que afectan al área en el que sus grupos étnicos está muy extendido: los farmacéuticos indioamericanos se quejan de los reembolsos de Medicare y los coreanos propietarios de pequeños negocios presionan para que se cambie el sistema fiscal.

Pero lo que más quieren es afirmar que ellos también son americanos. Siempre que me dirijo a un público de inmigrantes mi equipo me toma amistosamente el pelo después del discurso. Según ellos, mis palabras siempre siguen el mismo esquema de tres partes: «Soy vuestro amigo», «[Rellénese con el nombre del país] ha sido una de las cunas de la civilización» y «Ustedes encarnan el sueño americano». Tienen razón, mi mensaje es sencillo porque al final he comprendido que es mi mera presencia ante estos americanos de nuevo cuño lo que les hace darse cuenta de que importan, de que son votantes importantes para que yo tenga éxito y ciudadanos de pleno derecho que merecen respeto.

Por supuesto, no todas mis conversaciones con inmigrantes siguen esa sencilla pauta. En los tiempos que siguieron al 11 de septiembre mis reuniones con americanos de origen árabe o paquistaní, por ejemplo, eran de carácter mucho más urgente, pues las historias de detenciones y de interrogatorios del FBI y las malas caras de sus vecinos les hacían sentirse inseguros y extranjeros. A ellos les han hecho recordar que la historia de la inmigración en este país tiene un lado oscuro; necesitan garantías específicas de que su ciudadanía significa algo de verdad, de que los Estados Unidos ha aprendido la lección de los campos de internamiento japonés durante la Segunda Guerra Mundial y que estará con ellos si los vientos políticos soplan en una dirección peligrosa.

Es en mis encuentros con la comunidad latina, sin embargo, en barrios como Pilsen y Little Village o en ciudades como Cicero y Aurora, cuando me veo obligado a reflexionar sobre el significado de lo que es Estados Unidos, sobre el significado de la ciudadanía y sobre mis sentimientos, a veces encontrados, sobre los cambios que están sucendiendo.

Por supuesto, la presencia de latinos en Illinois —puertorriqueños, colombianos, salvadoreños, cubanos y sobre todo mexicanos— se remonta a generaciones atrás, cuando los trabajadores del campo empezaron a ascender al norte y se unieron a otros grupos étnicos en trabajos industriales por toda la región. Como otros inmigrantes, se integraron en la cultura aunque, igual que le sucedió a los afroamericanos, su movilidad social ascendente se vio a menudo perjudicada por los prejuicios raciales. Quizá por esa razón los políticos negros y latinos y los líderes de la lucha por los derechos civiles hicieron muchas veces causa común. En 1983, el apoyo latino fue clave para la elección del primer alcalde negro de Chicago, Harold Washington. Ese apoyo fue recíproco, pues Washington ayudó a que se eligieran jóvenes latinos progresistas para la alcaldía de Chicago y la legislatura estatal de Illinois. De hecho, hasta que sus números justificaron finalmente que formaran su propia organización, los legisladores estatales latinos formaron parte oficialmente del Caucus legislativo negro de Illinois.

Fue con este telón de fondo, poco después de que llegase a Chicago, que comencé a formar mis propios lazos con la comunidad latina. Como organizador joven que era, trabajé mucho con líderes latinos en asuntos que afectaban tanto a residentes negros como latinos, desde escuelas que no funcionaban a los vertidos ilegales pasando por niños sin vacunar. Mi interés iba más allá de la política; acabé amando los barrios mexicanos y puertorriqueños de la ciudad —el sonido de la salsa y el merengue saliendo de los apartamentos en las cálidas noches de verano, la solemnidad de la misa en las iglesias que en otros tiempos llenaban polacos, italianos e irlandeses, la frenética y feliz charla viendo partidos de fútbol en el parque, el fresco humor de los hombres detrás del mostrador en la tienda de bocadillos, las ancianas que me cogían la mano y se reían de mis patéticos esfuerzos por hablar español. Hice amigos y aliados para toda la vida en esos barrios. Para mí, por lo menos, el destino de los negros y los latinos iba a estar perpetuamente ligado como la base de una coalición que podía conseguir que Estados Unidos llegase a estar a la altura de sus promesas.

Para cuando regresé de Chicago, no obstante, las tensiones entre negros y latinos en Chicago habían empezado a emerger. Entre 1990 y 2000 la población hispanohablante de Chicago había crecido de un 38 por ciento y ya no se contentaba con ser el aliado menor de una coalición negra-latina. Después de que muriera Harold Washington, una nueva cohorte de funcionarios latinos, afiliados a Richard M. Daley y a los restos de la vieja maquinaria política de Chicago, hicieron su aparición, hombres y mujeres a los que les interesaban menos los altos principios políticos y las coaliciones de arco iris que traducir su cada vez mayor poder político en nuevos contratos y empleos. Mientras los negocios y las calles comerciales de los barrios negros tenían problemas para salir adelante, los negocios latinos prosperaban, ayudados en parte por sus vínculos financieros con sus países de origen y por una base de clientes a los que la barrera del idioma mantenía cautivos. Por todas partes parecía que los trabajadores mexicanos y centroamericanos habían pasado a dominar los trabajos de salario bajo que antes iban a los negros —como camareros y botones, como limpiadores o recepcionistas— y habían avanzado en el gremio de la construcción, que tradicionalmente había excluido a los trabajadores negros. Los negros empezaron a protestar y a sentirse amenazados; se preguntaban si otra vez iban a pasarles por delante unos recién llegados.

No quiero exagerar el cisma. Puesto que ambas comunidades comparten toda una serie de desafíos comunes, desde unas tasas de abandono de estudios exorbitantes hasta una cobertura de salud inadecuada, los negros y los latinos siguen haciendo causa común en su política. Por frustrados que se sientan los negros cada vez que pasan por una obra en un barrio negro y sólo ven trabajadores mexicanos, raramente les oigo culpar a los trabajadores. Usualmente dirigen su ira a los contratistas. Con un poco de esfuerzo, muchos negros expresarán a regañadientes su admiración hacia los inmigrantes latinos, por su firme ética del trabajo y su compromiso con su familia, por su disposición a empezar desde abajo y a aprovechar al máximo lo poco que tienen.

Aun así, no hay forma de negar que muchos negros comparten las mismas ansiedades que los blancos sobre la ola de inmigrantes ilegales que inunda nuestra frontera sur. Tienen la sensación de que lo que pasa hoy es fundamentalmente distinto a lo que sucedió en otros tiempos. No todos esos miedos son irracionales. El número de inmigrantes que entra cada año en el mercado laboral es de una magnitud que no se veía en este país desde hace más de un siglo. Si bien este enorme torrente de trabajadores, la mayoría de ellos no cualificados, proporciona algunos beneficios a toda la economía —especialmente al mantener joven nuestra fuerza de trabajo, a diferencia de una Europa y un Japón cada vez más viejos— también amenaza con reducir todavía más los ya bajos sueldos de los trabajadores industriales y añadir presión a nuestra ya maltrecha red de seguridad. Otros miedos de los americanos nacidos en territorio americano son preocupantemente familiares, ecos de la xenofobia que en otras épocas se dirigió a los italianos, irlandeses y eslavos que acababan de bajar del barco: miedo de que los latinos sean demasiado distintos, en cultura y en temperamento, para integrarse por completo al modo de vida americano; miedos de que con los cambios demográficos que están teniendo lugar, los latinos le arrebaten el control a quienes están acostumbrados a tener el poder político.

Para la mayoría de los americanos, sin embargo, las preocupaciones sobre la inmigración ilegal van más allá de las consideraciones económicas y son más sutiles que el mero racismo. En el pasado, la inmigración se daba según las reglas que dictaba los Estados Unidos. Se podía extender selectivamente la alfombra de bienvenida dependiendo de las habilidades del inmigrante, de su color o de las necesidades de la industria. El trabajador, fuera chino, ruso o griego, era un extraño en tierra extraña, apartado de su país, sujeto muchas veces a duras limitaciones y obligado a aceptar reglas que no eran las suyas.

Hoy parece que esas condiciones ya no se aplican. Los inmigrantes entran porque la frontera es porosa y no por una política sistemática del gobierno; la proximidad de México, así como la aguda pobreza en que viven muchos de sus ciudadanos, sugiere la posibilidad de que el cruce de fronteras no pueda ralentizarse y mucho menos detenerse. Los satélites, las tarjetas telefónicas y las transferencias bancarias, así como la enormidad del floreciente mercado latino, hacen que al inmigrante le resulte hoy más sencillo mantener los vínculos lingüísticos y culturales con el país en el que nació (Univisión, una cadena hispanohablante, se jacta de ser la cadena con más audiencia de Chicago). Los americanos nacidos en territorio americano sospechan que son ellos, y no los inmigrantes, los que se están viendo obligados a adaptarse. De esta forma el debate sobre la inmigración no viene a tratar sólo de una pérdida de empleos, sino también de una pérdida de soberanía. Viene a ser otro ejemplo —igual que el 11 de septiembre, la gripe aviar, los virus informáticos y las fábricas que se trasladan a China— de que Estados Unidos parece incapaz de controlar su propio destino.

Fue en esta atmósfera tan volátil —con pasiones desatadas a ambos lados del debate— cuando el Senado de Estados Unidos consideró, en la primavera de 2006, una amplia reforma de la ley de inmigración. Con cientos de miles de inmigrantes protestando en las calles y un grupo de autoproclamados vigilantes llamados los *Minutemen* apresurándose a defender la frontera sur, de un punto de vista político había mucho en juego para los demócratas, los republicanos y para el Presidente.

Bajo la dirección de Ted Kennedy y John McCain, el Senado redactó una ley de compromiso con tres componentes principales. La propuesta proponía aumentar la vigilancia en la frontera y, a través de una enmienda que yo escribí junto con Chuck Grassley, hacía mucho más difícil que las empresas contrataran inmigrantes ilegales. La propuesta también reconocía la dificultad de deportar a doce millones de inmigrantes sin papeles y en vez de ello creaba un largo proceso de once años a través del cual muchos de ellos podían alcanzar la ciudadanía. Por último, la propuesta incluía un programa de trabajadores invitados que permitía que doscientos mil trabajadores extranjeros entraran en el país para empleos temporales.

En conjunto, creo que era una ley que valía la pena apoyar. Aun así, la provisión sobre los trabajadores invitados me inquietaba. Básicamente era una concesión a las grandes empresas, un medio para que pudieran dar trabajo a inmigrantes sin tener que concederles los derechos que implicaba la ciudadanía. Era un medio para que las empresas obtuvieran los beneficios del traslado de sus fábricas al extranjero sin tener que irse al extranjero. Para remediar este problema, conseguí introducir una frase que exigía que todo trabajo fuera ofrecido primero a los trabajadores americanos y que los empleadores no hicieran competencia desleal a los trabajadores americanos pagándole a los trabajadores extranjeros menos de los que le pagarían a un americano. La idea era asegurarnos de que las empresas buscaran trabajadores temporales extranjeros sólo cuando hubiera escasez de mano de obra.

Era claramente una enmienda destinada a ayudar a los trabajadores americanos, por lo cual todos los sindicatos la apoyaron vigorosamente. Pero tan pronto como se incluyó esa provisión en la ley, algunos conservadores, dentro y fuera del Senado, empezaron a atacarme porque, según ellos, exigía «que se pagase más a los trabajadores extranjeros que a los americanos».

Un día en la cámara del Senado me crucé con uno de mis colegas republicanos que había pronunciado esa acusación. Le expliqué que la ley de hecho protegería a los trabajadores americanos, pues los empleadores no tendrían ningún incentivo para contratar a trabajadores invitados si tenían que pagarles los mismos sueldos que pagaban a los trabajadores americanos. El republicano, que había sido tajante al oponerse a cualquier ley que legalizara la situación de los inmigrantes ilegales, sacudió la cabeza.

—Mis amigos de la pequeña empresa seguirán contratando inmigrantes —dijo—. Todo lo que hace tu enmienda es que tengan que pagarles más.

—Pero ¿por qué iban a contratar inmigrantes en lugar de trabajadores americanos si tienen que pagarles el mismo sueldo? —le pregunté.

Me sonrió.

—Porque, hay que reconocerlo, Barack, esos mexicanos están dispuestos a trabajar más duro que los americanos.

Que uno de los opositores a la ley de inmigración pudiera hacer ese tipo de comentarios en privado mientras en público fingía defender a los trabajadores americanos indica el grado de cinismo e hipocresía que existe en el debate sobre la inmigración. Pero con el público en un estado muy susceptible —con Lou Dobbs y los locutores de radio de todo el país echando leña al fuego de su miedo y angustias— no puedo decir que me sorprenda que la ley de compromiso se haya encallado en la Cámara de Representantes después de salir del Senado.

Y, si voy a ser honesto, debo admitir que no soy totalmente inmune a los sentimientos nacionalistas. Cuando veo como ondean banderas mexicanas en las manifestaciones a favor de la inmigración a veces siento un toque de resentimiento patriótico. Cuando me veo obligado a usar un traductor para comunicarme con la persona que me está arreglando el auto, siento cierto grado de frustración.

En una ocasión, cuando un debate sobre la inmigración empezó a calentarse en el Capitolio, un grupo de activistas visitó mi despacho y solicitó que patrocinara una propuesta de ley particular que legalizara el estatus de treinta mexicanos que habían sido deportados, dejando tras de sí esposas o hijos que sí tenían el estatus de residentes legales. Uno de mis empleados, Danny Sepulveda, un joven de ascendencia chilena, se reunió con ellos y les explicó que aunque simpatizaba con su situación y aunque era uno de los principales patrocinadores de la ley de inmigración en el Senado, no me sentía cómodo, por mis principios, patrocinando una ley que seleccionara a sólo treinta personas de los millones que estaban en una situación similar, otorgándoles una dispensa especial. Algunos miembros del grupo se exaltaron y dijeron que a mí no me preocupaban ni las familias de los inmigrantes ni sus hijos, que me importaban más las fronteras que la justicia. Un activista acusó a Danny de haber olvidado de donde venía, de no ser realmente latino.

Cuando me enteré de lo que había pasado me enfadé y me sentí frustrado. Quise llamar a ese grupo y explicarles que la ciudadanía americana es un privilegio y no un derecho, que sin fronteras dignas de ese nombre y sin el respeto por la ley, que son las mismísimas razones por las cuales han venido a los Estados Unidos, las oportunidades y protección que se brinda a los que residen en este país se verían erosionadas; y que, además, en ningún caso toleraba que se maltratase a mi equipo, especialmente a uno de los miembros de mi equipo que con más ahínco defendía su causa.

Fue precisamente Danny quien me convenció de no llamarles, pues con razón sugirió que podría ser contraproducente. Unas semanas después, un sábado en la mañana asistí a un taller de naturalización en la iglesia de St. Pius en Pilsen, patrocinado por el congresista Luis Gutierrez, el Sindicato Internacional de Trabajadores de Servicios y varios de los grupos de defensa de los inmigrantes que habían acudido a mi oficina. Había miles de personas reunidas fuera de la iglesia, entre ellas familias jóvenes, parejas de ancianos y mujeres con coches; dentro, la gente estaba sentada en silencio en los bancos de la iglesia, teniendo las banderitas americanas que los organizadores habían repartido, esperando a que les llamara uno de los voluntarios que les explicaría cómo empezar el largo proceso de convertirse en ciudadanos.

Mientras caminaba por el pasillo central algunas personas me sonrieron y saludaron, otras inclinaron la cabeza a modo de tentativo saludo cuando les ofrecí la mano y me presenté. Conocí a una mujer mexicana que no hablaba inglés pero cuyo hijo estaba en Irak; reconocí a un joven colombiano que trabajaba como valet en un restaurante local y me enteré de que estaba estudiando para entrar en la universidad. En un momento dado, una niña de siete u ocho años se acercó a mí, con sus padres justo de trás ella, y me pidió un autógrafo; estaba estudiando el gobierno en la escuela, me dijo, y quería enseñárselo a su clase.

Le pregunté cómo se llamaba. Me dijo que se llamaba Cristina y que estaba en tercero. Le dije a sus padres que debían estar muy orgullosos de ella. Y mientras veía como Cristina les traducía mis palabras al español, comprendí de nuevo que Estados Unidos no tiene nada que temer de estos recién llegados, que han venido por los mismos motivos que otras familias vinieron hace ciento cincuenta años, que todos aquellos que escaparon de las hambrunas y la estricta jerarquía social de Europa, todos aquellos que puede que no tuvieran los documentos adecuados ni los contactos necesarios ni habilidades únicas que ofrecer, pero que trajeron con ellos una fe inagotable en una vida mejor.

Tenemos el derecho y el deber de proteger nuestras fronteras. Podemos recordarles a los que ya están con nosotros que la ciudadanía comporta obligaciones: un lenguaje común, unas lealtades comunes, un propósito común y un destino común. Pero en último término el mayor peligro para nuestro modo de vida no es que nos veamos arrollados por gente que no tiene el mismo aspecto que nosotros o todavía no habla nuestro idioma. El verdadero peligro es que no sepamos reconocer la humanidad de Cristina y de su familia, que les neguemos los derechos y oportunidades que damos por sentados, y toleremos la hipocresía de una clase servil en nuestro seno. O, dicho de forma más general, el mayor peligro vendrá si no hacemos nada mientras las desigualdades siguen aumentando. Esa desigualdad sigue fallas raciales y por tanto alimenta los enfrentamientos raciales y en un momento en el que nuestra nación se vuelve cada vez más negra y latina, ni nuestra democracia ni nuestra economía pueden tolerarla más.

Ese no es el futuro que quiero para Cristina, me dije a mí mismo al decirles adiós a ella y a su familia. Ese no es el futuro que quiero para mis hijas. Su América será más diversa, su cultura más políglota. Mis hijas aprenderán español y serán mejores por ello. Cristina aprenderá sobre Rosa Parks y comprenderá que la vida de una costurera negra está entrelazada con la suya. Puede que los temas a los que tengan que enfrentarse mis niñas y Cristina no tengan la misma diáfana claridad moral de un autobús segregado, pero de una forma u otra su generación será puesta a prueba —igual que la señora Parks fue puesta a prueba y los Freedom Riders fueron puestos a prueba, igual que todos somos puestos a prueba— por esas voces que quisieran dividirnos y hacer que nos volviéramos los unos contra los otros.

Y cuando se les ponga a prueba, espero que Cristina y mis hijas hayan leído la historia de este país y reconozcan que les ha sido entregado algo de incalculable valor.

Estados Unidos es lo suficientemente grande para que quepan todos sus sueños.

Capítulo Ocho

El mundo más allá
de nuestras fronteras

INDONESIA ES UNA nación de islas, más de diecisiete mil en total, esparcidas a lo largo del ecuador entre los océanos Índico y Pacífico, entre Australia y el mar del Sur de China. La mayoría de los indonesios son de raza malaya y viven en las islas más grandes, que son Java, Sumatra, Kalimantan, Sulawesi y Bali. En las islas más orientales, como Ambon, y la parte indonesia de Nueva Guinea la gente es, en grado diverso, de ascendencia polinesia. El clima de Indonesia es tropical y sus selvas rebosaban en otros tiempos de especies exóticas, como el orangután y el tigre de Sumatra. Hoy esas selvas están desapareciendo rápidamente, víctimas de los leñadores, los mineros y los cultivos de arroz, té, café y aceite de palma. Privados de su hábitat natural, los orangutanes son hoy una especie en peligro de extinción y no quedan más que unos cientos de tigres de Sumatra en libertad.

Con más de doscientos cuarenta millones de personas, la población de Indonesia es la cuarta del mundo, tras China, India y Estados Unidos. Más de setecientos grupos étnicos residen dentro de las fronteras del país y se hablan más de 742 lenguas. Casi el 90 por ciento de la población indonesia es musulmana, lo que la convierte en la mayor nación musulmana del mundo. Indonesia es el único miembro asiático de la OPEP, aunque como consecuencia de una infraestructura anticuada, reservas agotadas y un elevado consumo interno es hoy un importador neto de petróleo. El idioma nacional es el indonesio. La capital es Yakarta. Su moneda es la rupia.

La mayoría de los americanos no son capaces de localizar Indonesia en un mapa.

Esa ignorancia sorprende a los indonesios, pues durante los últimos sesenta años el destino de su nación ha estado estrechamente ligado a la política exterior de los Estados Unidos. Gobernada por una sucesión de sultanatos y dividida en varios reinos durante la mayor parte de su historia, el archipiélago se convirtió en una colonia holandesa —las Indias Orientales Holandesas— en el siglo XVII, un estatus que mantendría durante más de tres siglos. Pero en los meses que condujeron a la Segunda Guerra Mundial, las grandes reservas petrolíferas de las Indias Orientales Holandesas se convirtieron en uno de los objetivos principales del expansionismo japonés. Japón se había aliado con las potencias del Eje y se enfrentaba a un embargo de petróleo impuesto por Estados Unidos, así que tenía que conseguir petróleo como fuera para su ejército y su industria. Después del ataque a Pearl Harbor, Japón se movió rápidamente para hacerse con la colonia holandesa, una ocupación que continuaría durante el resto de la guerra.

Tras la rendición japonesa en 1945, un incipiente movimiento nacionalista indonesio declaró la independencia del país. A los holandeses no les hizo gracia e intentaron recuperar su antigua colonia. Siguieron cuatro años de guerra sangrienta. Al final los holandeses se rindieron a la creciente presión internacional (el gobierno estadounidense, preocupado por la expansión del comunismo bajo la bandera del anticolonialismo, amenazó a Holanda con cortarle los fondos del Plan Marshall) y reconoció la soberanía de Indonesia. El principal líder del movimiento independentista, un personaje extravagante y carismático llamado Sukarno, se convirtió en el primer presidente del país.

Sukarno sería una gran decepción para Washington. Junto con Nehru de la India y Nasser de Egipto fundó el movimiento de los no alineados, un esfuerzo de las naciones recién liberadas del yugo colonial por conseguir marcar una ruta distinta de la dispuesta por Occidente o el bloque soviético. El partido comunista de Indonesia, aunque no estuvo nunca en el poder, creció en tamaño e influencia. El propio Sukarno aumentó la retórica antioccidental, nacionalizó industrias clave, rechazó la ayuda de los Estados Unidos y estrechó los lazos con los soviéticos y China. Con las fuerzas de Estados Unidos enfangadas en Vietnam y con la teoría del dominó todavía como dogma de la política exterior estadounidense, la CIA empezó a ayudar en secreto a varios movimientos insurgentes dentro de Indonesia y cultivó una relación muy estrecha con los oficiales del ejército indonesio, muchos de los cuales habían sido adiestrados en Estados Unidos. En 1965, bajo la dirección del general Suharto, los militares actuaron contra Sukarno y declararon un estado de emergencia. Empezó entonces una purga masiva de comunistas y sus simpatizantes. Según las estimaciones, entre medio millón y un millón de personas fueron asesinadas durante la purga, y otras 750,000 fueron encarceladas u obligadas a exiliarse.

Dos años después de que empezara la purga, en 1967, el mismo año en que Suharto asumió la presidencia, mi madre y yo llegamos a Yakarta como consecuencia de su matrimonio con un estudiante indonesio que había conocido en la universidad de Hawai. Yo tenía seis años, mi madre veinticuatro. Años después mi madre insistiría en que si hubiera sabido lo que había pasado los meses anteriores, jamás habríamos hecho ese viaje. Pero no lo sabía, pues la noticia del golpe y de la purga tardó en llegar a los periódicos americanos. Los indonesios tampoco hablaban de ello. Mi padrastro, que había visto como le revocaban su visado de estudiante mientras estaba todavía en Hawai y que había sido reclutado por el ejército indonesio unos pocos años antes de nuestra llegada, se negaba a hablar de política con mi madre, aconsejándole que era mejor olvidar algunas cosas.

Y, de hecho, olvidar el pasado era fácil en Indonesia. Yakarta era entonces todavía un lugar bastante atrasado y aburrido, con pocos edificios de más de cuatro o cinco pisos, con más triciclos con carrito que autos y en el que el centro de la ciudad y los barrios ricos —con su elegancia colonial y sus exuberantes y bien cuidados jardines— pronto dejaban paso a racimos de pequeñas aldeas con carreteras sin asfaltar y alcantarillas descubiertas, mercados polvorientos y chabolas de barro, ladrillo, contrachapado y chapa de zinc que bajaban por suaves pendientes hasta la orilla de ríos turbios en los que las familias se bañaban y hacían la colada como los peregrinos en el Ganges.

A nuestra familia no le sobraba el dinero en aquellos primeros años; el ejército indonesio no pagaba demasiado a sus tenientes. Vivíamos en una casa modesta en las afueras de la ciudad, sin aire acondicionado, refrigeración ni retretes con cisterna. No teníamos coche. Mi padrastro andaba en motocicleta y mi madre tomaba cada día el minibús que la llevaba a la embajada de Estados Unidos, donde trabajaba como profesora de inglés. Sin dinero para ir a la escuela internacional en la que se matriculaban la mayoría de los expatriados, fui a escuelas locales indonesias y corrí por las calles de la ciudad con los hijos de granjeros, sirvientes, sastres y dependientes.

Con siete u ocho años, nada de eso me preocupaba demasiado. Recuerdo aquellos años como una época feliz, llena de aventuras y misterio, días de perseguir pollos y huir de los búfalos de agua, noches de sombras chinescas e historias de fantasmas y vendedores callejeros trayendo deliciosos caramelos a nuestra puerta. Lo único que yo sabía es que comparados con nuestros vecinos a nosotros nos iba bien: a diferencia de muchos otros, siempre teníamos bastante para comer.

Y quizá más que eso comprendí, incluso siendo tan joven, que el estatus de nuestra familia estaba determinado no sólo por nuestra riqueza sino por nuestros lazos con Occidente. Puede que mi madre despreciase la actitud de los otros americanos en Yakarta que trataban con condescendencia a los indonesios y se negaban a aprender del país que los acogía, pero dado el cambio, estaba contenta de que le pagaran en dólares en lugar de las rupias con las que se le pagaba a sus colegas indonesios de la embajada. Puede que viviéramos como vivían los indonesios, pero a cada tanto mi madre nos llevaba al Club Americano, donde yo podía nadar en la piscina y ver dibujos animados y beber tanta Coca-Cola como quisiera. A veces, cuando mis amigos indonesios venían a casa, les enseñaba libros de fotografías, de Disneylandia o del Empire State Building, que mi abuela me había enviado; a veces mirábamos el catálogo de Sears Roebuck y nos maravillábamos de los tesoros que mostraba. Todo esto, yo lo sabía, formaba parte de mi patrimonio cultural y me separaba de ellos, pues mi madre y yo éramos ciudadanos americanos como éramos, beneficiarios de su poder vivíamos seguros y a salvo bajo su manto protector.

Y era difícil no ver la magnitud de ese poder. El ejército estadounidense desarrollaba maniobras conjuntamente con el ejército indonesio y también entrenaba a sus oficiales. El Presidente Suharto recurrió a un equipo de economistas americanos para que diseñaran el plan de desarrollo de Indonesia, basado en principios de libre mercado y en la inversión extranjera. Los consultores de desarrollo americanos hacían siempre cola frente a los ministerios del gobierno y ayudaban a controlar la enorme cantidad de ayuda que se canalizaba hacia el país a través de la Agencia para el Desarrollo Internacional de Estados Unidos y el Banco Mundial. Y aunque la corrupción afectaba a todos los niveles del gobierno —la más mínima interacción con un policía o un burócrata implicaba un soborno y casi todos los bienes o productos que entraban y salían del país, desde el petróleo hasta el trigo pasando por los automóviles, pasaban por empresas controladas por el presidente, su familia o miembros de la junta dirigente— llegaban las cantidades significativas de dinero procedente del petróleo y la ayuda extranjera a las escuelas, carreteras y otras infraestructuras para que la población de Indonesia viera cómo su nivel de vida subía dramáticamente; entre 1967 y 1997 los ingresos per cápita anuales subieron de 50 dólares a 4.600. En lo que a Estados Unidos respecta, Indonesia era un modelo de estabilidad, un proveedor fiable de materias primas, un importador de productos occidentales, un aliado fiel y un bastión contra el comunismo.

Yo estuve lo bastante en Indonesia como para ver en persona algo de esa nueva prosperidad. Cuando el ejército lo licenció, mi padrastro empezó a trabajar para una compañía petrolera americana. Nos mudamos a una casa más grande y conseguimos un auto con chofer, una nevera y una televisión. Pero en 1971 mi madre —preocupada por mi educación y quizá anticipando su distanciamiento de mi padrastro— me envió a vivir con mis abuelos en Hawai. Un año después ella y mi hermana se nos unirían. Los lazos de mi madre con Indonesia nunca se romperían; durante los siguientes veinte años viajaría varias veces hasta allí, trabajando para agencias internacionales durante seis o doce meses cada vez como especialista en el desarrollo de la mujer, diseñando programas para ayudar a las mujeres de las aldeas a que fundaran sus propios negocios o llevaran sus productos al mercado. Pero aunque durante mi adolescencia volví a Indonesia tres o cuatro veces en visitas cortas, mi vida y mi atención gradualmente se apartaron de aquel país.

Así que lo que sé de la subsiguiente historia de Indonesia, lo sé a través de libros, periódicos y lo que me contó mi madre. Durante veinticinco años, a trompicones, la economía indonesia siguió creciendo. Yakarta se convirtió en una metrópolis de casi nueve millones de almas, con rascacielos, barrios bajos, *smog* y un tráfico infernal. Hombres y mujeres dejaron el campo para sumarse a la legión de asalariados que trabajaba en fábricas construidas por el capital extranjero y haciendo productos deportivos para Nike y camisetas para Gap. Bali se convirtió en el lugar de moda para surfistas y estrellas de rock, con hoteles de cinco estrellas, conexión a Internet y una franquicia de Kentucky Fried Chicken. A principios de los noventa, Indonesia era considerada uno de los «tigres asiáticos», la gran historia de éxito del mundo globalizado.

Incluso los aspectos más oscuros de la vida indonesia —su política y su historial de infracciones de los derechos humanos— parecían dar muestras de mejora. En lo que se refiere a la brutalidad, el régimen de Suharto después de 1967 nunca alcanzó el nivel del Irak de Saddam Hussein; con su estilo tranquilo y plácido, el presidente indonesio no atrajo la atención que sí atrajeron dictadores más ostentosos como Pinochet o el Sha de Irán. Pero el gobierno de Suharto fue muy represivo. Eran habituales los arrestos y las torturas de disidentes, no existía una prensa libre y las elecciones eran sólo una fachada sin contenido. Cuando surgieron movimientos étnicos secesionistas en áreas como Aceh, el ejército no sólo atacó a las guerrillas sino que también sembró el terror entre los civiles recurriendo a asesinatos, violaciones e incendios de aldeas. Y durante los setenta y los ochenta todo esto se hizo no sólo con el conocimiento, sino con la aprobación directa, de las sucesivas administraciones estadounidenses.

El fin de la Guerra Fría hizo que Washington empezara a cambiar de actitud. El Departamento de Estado presionó para que cesaran las violaciones de los derechos humanos. En 1992, después de que las unidades militares indonesias masacraran a unos manifestantes pacíficos en Dili, Timor Oriental, el Congreso anuló la ayuda militar al gobierno indonesio. Hacia 1996 los reformistas indonesios tomaron las calles y hablaron abiertamente de corrupción en las altas esferas, excesos del ejército y de la necesidad de que hubiera elecciones libres y justas.

Entonces, en 1997, desapareció el suelo bajo sus pies. Un pánico que afectó a las divisas y a los valores y se extendió por toda Asia se tragó a una economía indonesia debilitada por décadas de corrupción. El valor de la rupia cayó un 80 por ciento en apenas unos meses. Las empresas indonesias que habían tomado créditos en dólares vieron como sus balances se colapsaban. A cambio de un rescate de cuarenta y tres mil millones de dólares, el Fondo Monetario Internacional o FMI —dominado por Occidente— exigió una serie de medidas de austeridad (reducción de los subsidios del gobierno y una subida de las tasas de interés) que hicieron que el precio de productos tan básicos como el arroz o el queroseno casi se doblara. Cuando pasó la crisis, la economía de Indonesia se había contraído un 14 por ciento. Los disturbios y las manifestaciones se sucedieron con tanta rapidez que Suharto se vio obligado a dimitir y en 1998 se celebraron las primeras elecciones libres, a las que concurrieron unos cuarenta y ocho partidos y en las que votaron unos noventa y tres millones de personas.

Superficialmente, al menos, Indonesia ha sobrevivido a las conmociones simultáneas de la debacle económica y la democratización. La bolsa sube como la espuma y se celebraron unas segundas elecciones sin incidentes tras las cuales se produjo un traspaso del poder pacífico. A pesar de que la corrupción sigue siendo endémica y que el ejército continúa siendo importante en la política del país, han aparecido toda una serie de periódicos independientes y de nuevos partidos políticos que pueden canalizar el descontento.

Cierto es, por otra parte, que la democracia no ha conseguido devolver la prosperidad al país. Los ingresos per cápita son casi un 22 por ciento más bajos de lo que fueron en 1997. La diferencia entre ricos y pobres, que siempre fue grande, parece todavía mayor. La sensación de privación que sufre el indonesio medio se ve amplificada por Internet y por la televisión vía satélite, que le transmiten imágenes con todo lujo de detalles de las inalcanzables riquezas de Londres, Nueva York, Hong Kong y París. El sentimiento antiamericano, que en los años de Suharto fue prácticamente inexistente, hoy está muy extendido, gracias en parte a la percepción de que los especuladores de Nueva York y el FMI desencadenaron a propósito la crisis financiera asiática. En una encuesta de 2003, la mayoría de los indonesios tenía mejor opinión de Osama bin Laden que de George W. Bush.

Todo lo cual nos lleva la cuestión de que quizá sea el cambio más profundo que se ha producido en Indonesia: el crecimiento del islam fundamentalista y militante. Tradicionalmente los indonesios practicaban una forma tolerante, casi sincrética, de la fe, muy influida por las tradiciones budistas, hindúes y animistas de épocas anteriores. Bajo la vigilante mirada del gobierno explícitamente secular de Suharto, el alcohol era legal, los no musulmanes practicaban su fe libres de cualquier persecución y las mujeres —que llevaban faldas o *sarongs* mientras iban en autobús o motocicleta al trabajo— poseían los mismos derechos que los hombres. Hoy, los partidos islámicos forman uno de los principales bloques políticos y muchos piden la imposición de la *sharia*, la ley islámica. Financiados con dinero de Oriente Medio hoy hay por todas partes en el campo indonesio clérigos, escuelas y mezquitas wahabitas. Muchas mujeres indonesias han adoptado la forma de cubrirse la cabeza tan familiar en los países musulmanes del norte de África y el Golfo Pérsico; militantes islámicos y autoproclamados «escuadrones contra el vicio» han atacado iglesias, clubes nocturnos, casinos y burdeles. En 2002, una explosión en un club nocturno de Bali mató a más de doscientas personas. En 2004 en Yakarta, y en Bali de nuevo en 2005, se volvieron a producir atentados suicidas similares. Miembros de la Jemaah Islamiah, una organización militante islámica vinculada con Al Qaeda fueron juzgados por los atentados y aunque tres de los relacionados con los atentados fueron condenados a muerte, el líder espiritual del grupo, Abu Bakar Bashir, fue liberado tras pasar veintiséis meses en prisión.

La última vez que visité Bali estuve en una playa a pocos kilómetros del lugar de esos atentados. Cuando pienso en aquella isla, y en toda Indonesia, me asaltan los recuerdos —la sensación del barro bajo mis pies al caminar por los arrozales; la visión del amanecer tras los picos volcánicos; la llamada del muecín por la noche y el olor del humo de la hoguera; el regateo en los puestos de fruta que había en la carretera; el sonido frenético de una orquesta tradicional, con el fuego iluminando los rostros de los músicos—. Me gustaría llevar a Michelle y a mis hijas allí para que compartieran esa parte de mi vida, para que subieran a las ruinas hindúes milenarias del Prambanan o para que nadasen en un río de las colinas balinesas.

Pero sigo postergando ese viaje. Siempre estoy muy ocupado y viajar con niños pequeños nunca es fácil. Y quizá también me preocupa lo que pueda encontrar allí, que el país de mi infancia ya no exista más que en mis recuerdos. Por mucho que el mundo se haya hecho más pequeño, por mucho que haya vuelos directos y cobertura de teléfono móvil y se pueda ver CNN y haya cafés de Internet, Indonesia parece hoy más distante que hace treinta años.

Me temo que se esté convirtiendo en un país de extraños.

EN EL ÁREA de las relaciones internacionales es peligroso extrapolar la experiencia de un solo país. Cada nación tiene su propia historia, geografía, cultura y conflictos que la hacen única. Y aun así en muchos sentidos Indonesia resulta una metáfora muy útil del mundo más allá de nuestras fronteras, un mundo en el que están en permanente conflicto la globalización y el sectarismo, la pobreza y la riqueza, la modernidad y la tradición.

Indonesia también nos da una muestra muy útil de la política exterior estadounidense durante los últimos cincuenta años. A grandes rasgos, lo incluye todo: el papel que jugamos en la liberación

de las antiguas colonias y en la creación de las instituciones que
ayudarían a consolidar el nuevo orden tras la Segunda Guerra
Mundial; nuestra tendencia a ver las naciones y los conflictos a
través del prisma de la Guerra Fría; nuestra incansable defensa del
capitalismo al estilo americano y de las corporaciones multinacionales; la tolerancia y el ocasional apoyo a la tiranía, la corrupción
y la degradación medioambiental cuando servía a nuestros intereses; nuestra convicción, una vez terminada la Guerra Fría, de que
los Big Macs e Internet supondrían el fin de los conflictos históricos; el creciente poder de Asia y el cada vez mayor resentimiento
del mundo hacia Estados Unidos, la única superpotencia; la comprensión de que a corto plazo, al menos, la democratización podría reavivar en lugar de mitigar, los odios étnicos y las divisiones
religiosas y de que las maravillas de la globalización podrían aumentar la volatilidad económica, la propagación de las pandemias
y el terrorismo.

En otras palabras, nuestro historial no es ejemplar —no sólo en
Indonesia sino en todo el mundo—. En ocasiones la política exterior americana ha demostrado visión de futuro y ha servido simul-
táneamente a nuestros intereses, a nuestros ideales y al interés de
otras naciones. En otros casos nuestra política exterior ha sido
equivocada, se ha basado en suposiciones erróneos, ha ignorado
las aspiraciones legítimas de otros pueblos, minado nuestra credibilidad y hecho del mundo un lugar más peligroso.

Esa ambigüedad no debe sorprendernos, pues la política
exterior americana siempre ha sido un manojo de impulsos contradictorios. En los primeros tiempos de la República predominó
a menudo el aislacionismo, pues la nación acababa de salir de
una guerra de independencia y estaba cansada de las intrigas
internacionales.

—¿Por qué —preguntó George Washington en su famoso discurso de despedida— vamos a hermanar nuestro destino con el de
cualquier parte de Europa, atrapando con ello nuestra paz y prosperidad en las redes de ambiciones, rivalidades, intereses, humores
y caprichos europeos?

La opinión de Washington se veía reforzada por lo que él llamó la «situación apartada y distante» de Estados Unidos, una separación geográfica que permitiría a la nueva nación «estar a salvo de daños materiales causados por molestias externas».

Más aún, aunque el origen revolucionario y la forma de gobierno republicana de América harían que viera con buenos ojos a los que buscaban la libertad en cualquier parte del mundo, los primeros líderes de Estados Unidos advirtieron contra cualquier intento idealista de exportar nuestro modo de vida. Según John Quincy Adams, América no debía «ir al extranjero en busca de monstruos que matar» ni «convertirse en la dictadora del mundo». La providencia nos había encargado la tarea de crear un nuevo mundo, no de reformar el viejo. Protegida por un océano y con un continente como botín, Estados Unidos podía servir mejor la causa de la libertad concentrándose en su propio desarrollo, convirtiéndose en un faro de esperanza para las naciones y pueblos del mundo.

Pero aunque tenemos el recelo de los compromisos extranjeros impreso en nuestro ADN, también lo está el impulso de expandirnos, tanto geográfica como ideológica y comercialmente. Muy rápidamente, Thomas Jefferson expresó la inevitabilidad de la expansión más allá de las fronteras de los trece estados originales y su calendario para esa expansión se vio muy acelerado por la compra de Louisiana y la expedición de Lewis y Clark. El mismo John Quincy Adams, que advirtió contra las aventuras estadounidenses en el extranjero, defendió a ultranza la expansión continental y se convirtió en el principal arquitecto de la Doctrina Monroe, que prevenía a las potencias europeas de que se alejaran del hemisferio Occidental. Conforme los soldados y colonos americanos se desplazaban de forma constante hacia el oeste y el suroeste, sucesivas administraciones describieron la anexión de esos territorios como el «destino manifiesto» de Estados Unidos, con lo que querían transmitir la convicción de que esa expansión estaba predestinada y formaba parte del plan de Dios para extender lo que Andrew Jackson denominó la «zona de la libertad» por todo el continente.

Por supuesto, el destino manifiesto también implicó conquistas violentas y sangrientas de tribus nativas americanas que fueron expulsadas a la fuerza de sus tierras y del ejército mexicano que defendía su territorio. Fue una conquista que, igual que sucedió con la esclavitud, contradijo los principios fundacionales del país y que fue justificada en términos explícitamente racistas, una conquista que siempre ha resultado difícil de incorporar del todo a la mitología americana, pero que otros países han sabido ver como lo que fue: una aplicación sistemática del poder en su forma más violenta.

Tras el fin de la Guerra Civil y la consolidación de lo que hoy es la parte continental de Estados Unidos, ese poder fue innegable. Para ampliar los mercados de sus productos, asegurar materias primas para su industria y mantener abiertas las rutas marítimas a su comercio, la nación volvió su atención al extranjero. Nos anexamos Hawai, consiguiendo con ello tener presencia en el Pacífico. La guerra contra España puso bajo control estadounidense a Puerto Rico, Guam y las Filipinas; cuando algunos miembros del Senado se opusieron a la ocupación militar de un archipiélago que está a once mil kilómetros de distancia —una ocupación que implicaría que miles de soldados americanos aplastasen el movimiento independentista filipino— un senador defendió que la incorporación de las Filipinas daría a Estados Unidos una vía de acceso al mercado Chino y conduciría «a un aumento del comercio, la riqueza y el poder». Estados Unidos no se embarcó nunca en el proceso de colonización sistemática que emprendieron los países europeos, pero no tuvo el menor recato en entrometerse en los asuntos de países que consideraba estratégicamente importantes. Theodore Roosevelt, por ejemplo, añadió un corolario a la Doctrina Monroe que decía que Estados Unidos intervendría en cualquier país latinoamericano o caribeño cuyo gobierno no fuera de su agrado. «Estados Unidos no puede elegir si interpretar o no un papel importante en el mundo», dijo Roosevelt. «*Debe* interpretar un papel importante. Lo único que puede decidir es si quiere interpretarlo bien o mal».

Llegados al principio del siglo XX, pues, las motivaciones que impulsaban la política exterior estadounidense no parecían distintas de las demás grandes potencias y estaban dominadas por la *realpolitik* y los intereses comerciales. Entre la población el sentimiento aislacionista siguió siendo muy fuerte, particularmente en lo relativo a conflictos europeos o cuando los intereses vitales de los Estados Unidos no estaban en juego. Pero la tecnología y el comercio hicieron que el mundo fuera cada vez más pequeño y con ello resultó cada vez más difícil determinar qué intereses eran vitales y cuáles no. Woodrow Wilson evitó que Estados Unidos entrara en la Primera Guerra Mundial hasta que los continuos hundimientos de barcos americanos por submarinos alemanes y el colapso inminente del continente europeo hicieron insostenible la neutralidad. Cuando la guerra hubo terminado, América se convirtió en la mayor potencia mundial, pero era una potencia cuya prosperidad Wilson sabía ahora vinculada a que reinase la paz y la prosperidad en tierras lejanas.

Fue para hacer frente a esta nueva realidad que Wilson intentó dar una nueva interpretación a la idea del destino manifiesto de los Estados Unidos. Dijo que para convertir al mundo en un «lugar seguro para la democracia» no bastaba sólo con ganar una guerra, sino que a los Estados Unidos le convenía impulsar la autodeterminación de todos los pueblos y dar al mundo un marco legal que le permitiera evitar futuros conflictos. Como parte del Tratado de Versalles, que detallaba los términos de la rendición alemana, Wilson propuso una Liga de Naciones que mediaría en los conflictos entre países, junto con un tribunal internacional y un derecho internacional que no se aplicaría sólo a los débiles sino también a los poderosos. «En el tiempo presente más que en ningún otro, la democracia debe hacer prevalecer su pureza y su poder espiritual», dijo Wilson. «Sin duda es el destino manifiesto de Estados Unidos liderar el intento de que este espíritu prevalezca.»

Al principio las propuestas de Wilson fueron recibidas con entusiasmo tanto en Estados Unidos como en el resto del mundo. El Senado estadounidense, sin embargo, no compartió ese fervor. El líder del Senado republicano, Henry Cabot Lodge, consideró que la Liga de Naciones —y el mismo concepto de derecho internacional— era un ataque a la soberanía americana, una limitación insensata de la capacidad de Estados Unidos para imponer su voluntad en todo el mundo. Ayudado por los aislacionistas tradicionales de ambos partidos (muchos de los cuales se habían opuesto a la entrada de los Estados Unidos a la Primera Guerra Mundial), así como por la terca negativa de Wilson a llegar a ningún compromiso, el Senado se negó a ratificar la entrada de Estados Unidos en la Liga de Naciones.

Durante los siguientes veinte años Estados Unidos se encerró decididamente en sí misma, redujo su ejército y su marina, se negó a participar en el Tribunal Mundial y no hizo nada mientras Italia, Japón y la Alemania nazi creaban sus maquinarias militares. El Senado se convirtió en un semillero de aislacionismo, que aprobó una Ley de Neutralidad que impedía que Estados Unidos ayudara a los países invadidos por las potencias del Eje e ignoró repetidamente las demandas de entrar en guerra del Presidente mientras los ejércitos de Hitler desfilaban por Europa. Hasta el bombardeo de Pearl Harbor, Estados Unidos no comprendió su terrible error. «Ninguna nación ni ningún individuo estará jamás seguro en un mundo regido por los principios del gansterismo», diría Roosevelt en su discurso nacional después del ataque. «Ya no es posible medir nuestra seguridad en términos de kilómetros en un mapa».

En el período que le siguió a la Segunda Guerra Mundial, Estados Unidos tuvo ocasión de aplicar estas lecciones a su política exterior. Con Europa y Japón en ruinas y con la Unión Soviética desangrada por sus batallas en el Frente Oriental pero ya dando muestras de que pretendía expandir su comunismo totalitario por tantos países como pudiera, Estados Unidos se enfrentaba a una dura elección. Hubo en la derecha quienes dijeron que sólo una acción unilateral y la invasión inmediata de la Unión Soviética podrían acabar con la amenaza comunista emergente. Y aunque el aislacionismo del tipo que predominó en los treinta estaba a esas alturas totalmente desacreditado, hubo en la izquierda algunos que subestimaron la agresión soviética con el argumento de que dado que la Unión Soviética había sufrido el mayor número de bajas en la guerra y había sido determinante en la victoria aliada, se debía ser tolerante con Stalin.

Estados Unidos no tomó ninguno de esos dos caminos. El liderazgo durante la posguerra del Presidente Truman, Dean Acheson, George Marshall y George Kennan diseñó la arquitectura de un nuevo orden de posguerra que hermanaba el idealismo de Wilson con el realismo más descarnado, que reconocía el poder estadounidense pero tenía la humildad de reconocer que no siempre sería capaz de controlar todo lo que sucediera en el mundo. Sí, dijeron aquellos hombres, el mundo es un lugar peligroso y la amenaza soviética es real; Estados Unidos necesitaba mantener su dominio militar y estar dispuesta a usar la fuerza para defender intereses en todo el mundo. Pero incluso el poder de Estados Unidos era limitado y dado que la batalla contra el comunismo era también ideológica, un combate por determinar cuál de los dos sistemas respondía mejor a las esperanzas y sueños de miles de millones de personas en todo el mundo, el poder militar por sí solo no podía garantizar la supremacía americana a largo plazo.

Lo que necesitaba Estados Unidos, pues, eran aliados estables. Aliados que compartiesen sus ideales de libertad, democracia e imperio de la ley, y para quienes fuera importante el mantenimiento del sistema de economía de mercado. Esas alianzas, tanto las militares como las económicas, en las que se entraba por libre decisión y que se mantenían por consentimiento mutuo, fueron más duraderas —y generaron menos resentimiento— que cualquier lista de estados vasallos que el imperialismo americano hubiera podido conseguir. De igual modo, a Estados Unidos le interesaba trabajar con otros países para construir instituciones y promover normas internacionales. Y no porque se creyera ingenuamente que el derecho internacional y los tratados impedirían los conflictos entre naciones o eliminarían la necesidad de que Estados Unidos interviniera militarmente, sino porque cuanto más se reforzasen las normas internacionales y cuanto más demostrase Estados Unidos que estaba dispuesto a moderarse en el ejercicio de su poder, menos conflictos se producirían y más justificadas y legítimas parecerían sus acciones a ojos del mundo cuando sí tuviera que intervenir militarmente.

En menos de una década se había creado la infraestructura de un nuevo orden mundial. Se estableció una política estadounidense de contención de la expansión comunista, apoyada no sólo por el ejército estadounidense sino por acuerdos de seguridad con la OTAN y Japón; se estableció el Plan Marshall para reconstruir las economías arrasadas por la guerra; se concluyeron los Acuerdos de Bretton Woods para estabilizar los mercados financieros mundiales y el Acuerdo General de Tarifas y Comercio para regular el mercado internacional; Estados Unidos apoyó la independencia de las antiguas colonias europeas; se crearon el FMI y el Banco Mundial para que ayudaran a esas nuevas naciones independientes a integrarse en la economía mundial; y se fundaron las Naciones Unidas para que sirvieran de foro en el que debatir la seguridad colectiva y la cooperación internacional.

Sesenta años después podemos ver los resultados de aquella hazaña de posguerra: se ganó la Guerra Fría, se impidió una catástrofe nuclear, se consiguió el fin efectivo de los conflictos entre las grandes potencias militares del mundo y se dio paso a una era de crecimiento económico tanto en el país como en el extranjero sin precedentes.

Son unos logros sobresalientes, quizá el mayor regalo que nos pudo dejar la Gran Generación después de su victoria contra el fascismo. Pero como cualquier sistema construido por el hombre, tenía sus fallos y sus contradicciones; podía caer víctima de las distorsiones de la política, del pecado de la *hubris* o de los efectos corruptores del miedo. Debido a la enormidad de la amenaza soviética y a la conmoción que produjeron las revoluciones comunistas en China y Corea del Norte, los gobernantes americanos contemplaron los movimientos nacionalistas, las luchas étnicas, los esfuerzos de reforma o las políticas de izquierda en cualquier parte del mundo a través del prisma de la Guerra Fría y las amenazas potenciales que presentíamos en todos ellos pesaron más que nuestro compromiso con la libertad y la democracia. Durante décadas toleramos e incluso ayudamos a ladrones como Mobutu y matones como Noriega porque luchaban contra el comunismo. De vez en cuando los servicios secretos de Estados Unidos provocaban la supresión de los líderes democráticos en países como Irán, una acción cuyas trascendentales consecuencias siguen persiguiéndonos hasta el día de hoy.

La política de contención también requería que Estados Unidos reforzarse sus fuerzas armadas hasta que igualasen y luego superasen a las soviéticas y las chinas. Con el tiempo, el «triángulo de hierro» —formado por el Pentágono, los contratistas de defensa y los congresistas en cuyos distritos el departamento de defensa gastaba mucho dinero— amasó un enorme poder y pudo conducir y determinar la política exterior de Estados Unidos. Y aunque la amenaza de una guerra nuclear impediría el enfrentamiento militar directo con nuestras superpotencias rivales, los líderes estadounidenses se acostumbraron a ver los problemas del mundo desde una óptica militar y no desde un punto de vista diplomático.

Y lo más importante, con el tiempo el sistema de posguerra ha sufrido las consecuencias de una politización excesiva y de una falta de diálogo y consenso doméstico. Uno de los puntos fuertes de Estados Unidos justo después de la guerra fue cierto grado de consenso doméstico en lo referente a política exterior. Había, desde luego, diferencias radicales entre republicanos y demócratas, pero las diferencias políticas acababan al llegar a la costa. Se esperaba que los profesionales, estuvieran en la Casa Blanca, el Pentágono, el Departamento de Estado o la CIA, tomaran decisiones basándose en los hechos y en la razón, no en la ideología ni en lo que era mejor para su reelección. Ese consenso, además, incluía también al público en general; programas como el Plan Marshall, que implicaba una inversión masiva de fondos estadounidenses, no podrían haberse producido sin que el pueblo americano confiara plenamente en su gobierno, ni sin que ese propio gobierno estuviera seguro de que se podían confiar en el pueblo y contarle los hechos en que se basaban sus decisiones acerca de cómo gastar sus impuestos o de si enviar o no a sus hijos a la guerra.

Al adentrarnos en la Guerra Fría, los elementos clave de este consenso empezaron a desgastarse. Los políticos descubrieron que podían ganar votos mostrándose más anticomunistas que sus oponentes. Se atacó a los demócratas por «perder China». El macartismo arruinó carreras y aplastó a los disidentes. Kennedy culparía a los republicanos de una inexistente «inferioridad en misiles» durante la campaña en que venció a Nixon, quien a su vez se pasó la vida acusando a sus rivales de ser comunistas. Los presidentes

Eisenhower, Kennedy y Johnson descubrieron que no podían razonar con objetividad por temor a que se les acusara de ser «blandos con el comunismo». Las técnicas de secretismo, espionaje y desinformación que se usaron contra gobiernos y pueblos extranjeros durante la Guerra Fría se convirtieron también en armas de la política doméstica, en un medio de perseguir a los críticos, conseguir apoyo para políticas discutibles o encubrir errores. Traicionamos en casa los mismos ideales que prometimos exportar al extranjero.

Todas estas tendencias llegaron a su punto culminante en Vietnam. Las desastrosas consecuencias de aquel conflicto —para nuestra credibilidad y prestigio en el extranjero, para nuestras fuerzas armadas (que tardarían una generación en recobrarse) y sobre todo para los que combatieron allí— están ampliamente documentadas. Pero quizá la principal baja de aquella guerra fue el vínculo de confianza entre el gobierno americano y su pueblo... y entre los mismos americanos. Gracias a una prensa más agresiva y a las imágenes de las bolsas de cadáveres que llegaron directo a las salas de todas las casas, los americanos empezaron a darse cuenta de que los mejores y más brillantes de Washington no siempre sabían lo que estaban haciendo y no siempre decían la verdad. Cada vez más, buena parte de la izquierda expresó su oposición no sólo a la guerra de Vietnam sino también a los objetivos generales de la política exterior americana. Para ellos, el Presidente Johnson, el general Westmoreland, la CIA, el «complejo industrial-militar» e instituciones internacionales como el Banco Mundial eran manifestaciones de la arrogancia, jingoísmo, racismo, capitalismo e imperialismo americanos. La derecha respondió con la misma contundencia, responsabilizando no sólo de la pérdida de Vietnam sino también del declive del estatus de Estados Unidos en el mundo a la gente que «culpaba a Estados Unidos por todo»: los manifestantes, los *hippies*, Jane Fonda, los intelectuales de la Ivy League y los medios liberales que denigraban el patriotismo, se adhieren a una visión del mundo relativista y minaban la determinación americana de enfrentarse con el comunismo ateo.

Desde luego, se trataba de caricaturas diseñadas por activistas y consultores políticos. La mayoría de los americanos estaban en algún punto en el centro y aunque seguían apoyando la lucha contra el comunismo recelaban de las políticas que implicaban muchas bajas americanas. A lo largo de los setenta y ochenta hubo halcones demócratas y palomas republicanas; en el Congreso, hombres como Mark Hatfield de Oregón y Sam Nunn de Georgia trataron de perpetuar la tradición de una política exterior no partidista. Pero cuando llegaban las elecciones las caricaturas eran las que se grababan en las mentes del público, conforme los republicanos cada vez más tachaban a los demócratas de débiles en cuestiones de Defensa y los que recelaban de las acciones militares o encubiertas en el extranjero hacían del partido demócrata su hogar político.

Fue contra este telón de fondo —una era de división en lugar de una era de consenso— cómo la mayoría de los americanos de hoy forjaron sus opiniones sobre política exterior. Fueron los años de Nixon y Kissinger, cuya política exterior fue tácticamente brillante pero quedó ensombrecida por una política doméstica y unos bombardeos en Cambodia totalmente amorales. Fueron los años de Jimmy Carter, un demócrata que —con su énfasis en los derechos humanos— parecía preparado para combinar las preocupaciones morales con una defensa poderosa, hasta que la crisis del petróleo, la humillación de los rehenes en Irán y la invasión soviética de Afganistán le hicieron parecer ingenuo y poco efectivo.

Y pesando quizá más que nadie está la figura de Ronald Reagan, cuya claridad sobre el comunismo era tan grande como su ceguera hacia otras fuentes de desgracia del mundo. Yo maduré durante la presidencia de Reagan —estudiaba Relaciones Internacionales en Columbia y luego trabajé como organizador comunitario en Chicago— y como muchos demócratas en aquellos tiempos lamentaba el efecto que tenían las políticas de Reagan en el Tercer Mundo: su administración apoyó a la Sudáfrica del apartheid, financió los escuadrones de la muerte de El Salvador y dispuso la invasión de la minúscula y desventurada Grenada. Cuanto más estudiaba la política en torno a las armas nucleares, menos me gustaba la idea de la Guerra de las Galaxias. Por último, el contraste entre la brillante retórica de Reagan y el escabroso asunto del Irán-Contra me dejó mudo.

Pero a veces, en conversaciones con algunos de mis amigos de izquierda, me encontré en la curiosa situación de tener que defender algunos de los aspectos del punto de vista de Reagan. No comprendía por qué, por ejemplo, a los progresistas nos tenía que preocupar menos la opresión de los países comunistas que la brutalidad del régimen chileno. Nadie pudo convencerme de que las multinacionales estadounidenses y el comercio internacional fueran los únicos responsables de la pobreza en el mundo: nadie forzaba a los líderes corruptos del Tercer Mundo a robar a sus pueblos. Puede que no me gustase el crecimiento de nuestras fuerzas armadas impulsado por Reagan pero, en vista de la invasión soviética de Afganistán, lo cierto es que mantenernos por delante de ellos en términos de poder militar parecía muy razonable. En otras cosas estaba completamente de acuerdo con Reagan: se enorgullecía de nuestro país, respetaba a nuestras fuerzas armadas, tenía una visión clara de los peligros más allá de nuestras fronteras e insistía en que no había equivalencias fáciles entre Oriente y Occidente. Y cuando el muro de Berlín cayó hecho pedazos, tuve que reconocer el mérito del anciano caballero, aunque nunca hubiera votado por él.

Mucha gente —incluidos muchos demócratas— sí votó por Reagan, lo que llevó a los republicanos a afirmar que su presidencia había restaurado el consenso en política exterior. Por supuesto, ese consenso no se puso a prueba; Reagan libró su guerra contra el comunismo casi siempre a través de intermediarios y la financió haciendo crecer el déficit, evitando que entraran en combate tropas estadounidenses en el extranjero. Sucedió que con el fin de la Guerra Fría, sin embargo, la fórmula de Reagan ya no parecía adecuada para el nuevo mundo que había surgido. George H. W. Bush retornó a una política exterior «realista» más tradicional y con ello consiguió manejar sin sobresaltos la disolución de la Unión Soviética y dirigir de forma muy capaz la primera Guerra del Golfo. Pero con la atención del público americano centrada en la economía doméstica, su habilidad para construir coaliciones internaciones o para proteger con buen criterio el poder estadounidense no bastó para salvar su presidencia.

Para cuando Bill Clinton llegó al cargo, la opinión ortodoxa afirmaba que la política exterior americana post Guerra Fría sería más cuestión de comercio que de tanques y se basaría más en proteger la propiedad intelectual de los americanos que en proteger sus vidas. El propio Clinton comprendió que la globalización no sólo implicaba nuevos desafíos económicos, sino también nuevos retos de seguridad. Además de impulsar el libre comercio y de reforzar el sistema financiero internacional, su administración trabajó duro para acabar con los viejos y enconados conflictos de las Balcanes e Irlanda del Norte y para que la democracia prosperara en Europa del Este, América Latina, África y las repúblicas de la antigua Unión Soviética. Pero a ojos del público, la política exterior en los noventa carecía de una idea unificadora o de un gran imperativo. La intervención militar de Estados Unidos parecía no ser más que una cuestión de elección, no una necesidad: el producto de nuestro deseo de dar una lección a los estados canalla, quizá; o resultado de intereses humanitarios por la obligación moral que teníamos de ayudar a somalíes, haitianos, bosnios u otros pueblos desvalidos.

Entonces llegó el 11 de septiembre y los americanos sintieron que su mundo se caía patas arriba.

EN ENERO DE 2006 subí a un avión de carga militar modelo C-130 y despegué en mi primer viaje a Irak. Dos de mis compañeros de viaje —el senador Evan Bayh de Indiana y el congresista Harold Ford, Jr. de Tennessee— ya habían hecho ese mismo viaje antes y me advirtieron que los aterrizajes en Bagdad podían ser un poco incómodos. Para evitar el potencial fuego hostil, los vuelos militares que aterrizaban o despegaban de la capital iraquí realizaban una serie de maniobras de evasión que te revolvían el estómago. Mientras nuestro avión avanzaba a velocidad de crucero en la brumosa mañana era difícil sentir preocupación. En asientos de tela, con el arnés de seguridad puesto, la mayoría de los pasajeros se durmieron, con sus cabezas oscilando contra el fondo de la cincha naranja que había en el centro del fuselaje. Un miembro de la tripulación parecía jugar a un videojuego, otro revisaba plácidamente nuestro plan de vuelo.

Habían pasado cuatro años y medio desde que me enteré de que un avión había chocado contra el World Trade Center. Cuando sucedió estaba en Chicago, conduciendo hacia una audiencia legislativa estatal en el centro de la ciudad. Las noticias que oí en la radio de mi coche fueron breves y supuse que debía haber sido un accidente, una pequeña avioneta que se habría desviado de su rumbo. Para cuando llegué a la reunión, el segundo avión ya se había estrellado y nos dijeron que teníamos que evacuar el edificio. En la calle la gente se reunía en grupos y miraba hacia el cielo y hacia la Torre Sears. Más tarde, en mi despacho jurídico, unos pocos miramos inmóviles las imágenes dantescas que aparecían en la pantalla de televisión: un avión, oscuro como una sombra, desapareciendo en la masa de vidrio y metal; hombres y mujeres aferrándose a los bordes de las ventanas que luego se dejaban caer; los gritos y sollozos de la gente en el suelo y al final las sobrecogedoras nubes de polvo que taparon el sol.

Durante las siguientes semanas hice lo que hicieron la mayoría de los americanos: llamé a amigos de Nueva York y Washington D.C., envié donaciones, escuché el discurso del Presidente y lloré por los muertos. Y para mí, como para la mayoría de nosotros, el 11 de septiembre fue algo muy personal. No fue sólo la magnitud de la destrucción lo que me afectó ni los recuerdos de los cinco años que había pasado en Nueva York, recuerdos de calles y paisajes ahora reducidos a escombros. Más bien fue la intimidad de imaginar las acciones cotidianas que las víctimas del 11 de septiembre debieron realizar en las horas previas al atentado, las rutinas diarias que conforman nuestra vida en el mundo moderno: el tomar un avión, los empujones al salir de un tren, el comprar un café y el periódico del día en el quiosco, la charla trivial en el ascensor... Para la mayoría de americanos, esas rutinas representaban una victoria del orden sobre el caos, la expresión concreta de nuestra fe en que mientras hagamos ejercicio, nos pongamos el cinturón de seguridad, tengamos un empleo con seguro médico y evitemos ciertos barrios, nuestra seguridad está garantizada y nuestras familias están protegidas.

Ahora el caos llamaba a la puerta. Tendríamos que actuar de forma distinta, comprender el mundo de forma distinta. Tendríamos que responder a la llamada de la nación. En la semana siguiente a los ataques vi como el Senado votaba por 98-0 y la Cámara de Representantes por 420-1 conceder al Presidente la autoridad para «usar toda la fuerza adecuada y necesaria contra aquellas naciones, organizaciones o personas» que hubieran estado detrás de los ataques que habíamos sufrido. Los jóvenes americanos demostraron su voluntad de servir a su país y el interés en el ejército y las solicitudes para entrar en la CIA se dispararon. Y no estábamos solos. En París, *Le Monde* tituló su portada diciendo «*Nous sommes tous Américains*» («Todos nosotros somos americanos»). En Cairo los fieles acudieron a las mezquitas para ofrecernos sus oraciones. Por primera vez desde su fundación en 1949, la OTAN invocó el Artículo 5 de su tratado, aceptando que el ataque contra uno de sus miembros «será considerado un ataque contra todos ellos». Con la justicia de nuestra parte y el mundo a nuestro lado, expulsamos al gobierno talibán de Kabul en poco más de un mes. Los operativos de Al Qaeda huyeron, fueron capturados o murieron.

En aquellos momentos pensé que la Administración había empezado bien, pues se había mostrado firme sin perder la mesura y había cumplido los objetivos con el mínimo de bajas (sólo después sabríamos el grado hasta el cual el error de no poner la suficiente presión militar sobre las fuerzas de Al Qaeda en Tora Bora pudo llevar a la huida de bin Laden). Y así, junto con el resto del mundo, esperé con anhelo lo que supuse que vendría a continuación: el anuncio de la política exterior estadounidense para el siglo XXI, una política que no sólo adaptaría nuestra planificación militar, operaciones de inteligencia y defensas interiores a la amenaza de las redes terroristas, sino que construiría un nuevo consenso internacional alrededor de los desafíos que suponían las amenazas transnacionales.

Esa nueva política no llegó nunca, y en su lugar todo lo que recibimos fue una serie de políticas caducadas de tiempos pasados, a las que se sacó el polvo, se reunió de cualquier manera y se les cambiaron las etiquetas. El «Imperio del mal» de Reagan se convirtió en el «Eje del mal». La versión de Theodore Roosevelt de la Doctrina Monroe —la noción de que teníamos derecho a suprimir preventivamente aquellos gobiernos que no nos gustasen— se convirtió en la Doctrina Bush, sólo que ahora no se limitaba al hemisferio occidental sino que abarcaba todo el globo. El Destino Manifiesto volvía a estar de moda; lo único que hacía falta, según Bush, era la potencia de las armas americanas, la determinación americana y una «coalición de los dispuestos».

Quizá lo peor de todo sea que la Administración Bush resucitó un tipo de políticas que no se habían visto desde el final de la Guerra Fría. Como el derrocamiento de Saddam Hussein se convirtió en la prueba práctica de la doctrina de Bush sobre la guerra preventiva, aquellos que criticaban las razones de la Administración para la invasión fueron acusados de ser «blandos contra el terrorismo» o de tener una conducta «poco americana». En lugar de ofrecer un balance honesto de las ventajas y desventajas de la campaña militar, la Administración lanzó una ofensiva de relaciones públicas: tergiversó informes de los servicios de inteligencia para que apoyasen el ataque, subestimó temerariamente tanto los costos como la cantidad de tropas necesarias para la acción militar y agitó la amenaza del hongo atómico.

Esa estrategia de relaciones públicas funcionó. Para otoño de 2002, la mayoría de los americanos estaban convencidos de que Saddam Hussein poseía armas de destrucción masiva y al menos un 66 por ciento creía (erróneamente) que el líder iraquí estaba implicado personalmente en los ataques del 11 de septiembre. El apoyo a la invasión de Irak —y el índice de popularidad de Bush— rondaba el 60 por ciento. Con el ojo puesto en las elecciones de mitad de mandato, los republicanos recrudecieron sus ataques y presionaron para que se votara para autorizar el uso de la fuerza contra Saddam Hussein. Y el 11 de octubre de 2002, veintiocho de los cincuenta demócratas del Senado se unieron a todos los republicanos menos uno y le entregaron a Bush el poder que quería.

Aunque comprendo la presión a la que estaban sometidos los demócratas, me decepcionó ese resultado. Yo también había sentido esa misma presión. Hacia el otoño de 2002 ya había decidido presentarme al Senado de Estados Unidos y sabía que una posible guerra en Irak sería un tema importante en mi campaña. Cuando un grupo de activistas de Chicago me preguntó si estaba dispuesto a hablar en una gran manifestación contra la guerra planeada para octubre, muchos de mis amigos me aconsejaron no adherirme de un modo tan público a un tema tan volátil. No sólo la idea de la invasión era cada vez más popular, sino que, juzgando objetivamente los hechos, yo no estaba seguro de que estuviera tan diáfanamente claro que había que oponerse a la guerra. Como la mayoría de los analistas, yo suponía que Saddam tenía armas químicas y biológicas y que quería desarrollar armas nucleares. Había infringido repetidamente las resoluciones de la ONU y había burlado a los inspectores de armas y yo creía que eso no podía quedar sin castigo. Nadie discutía, además, que masacraba a su propio pueblo. A fin de cuentas, pues, no me cabía la menor duda de que el mundo y el pueblo iraquí estarían mucho mejor sin él.

Pero lo que intuía, sin embargo, era que la amenaza que suponía Saddam no era inminente y que los motivos que la Administración esgrimía en favor de la guerra eran endebles e ideológicos, y sabía, además, que la guerra en Afganistán estaba todavía lejos de haber terminado. Y estaba seguro de que si decidíamos emprender una acción militar unilateral precipitada en lugar de apostar por la trabajosa vía de la diplomacia, las inspecciones coercitivas y las sanciones inteligentes, Estados Unidos no podría conseguir un amplio apoyo internacional para sus políticas.

Así que pronuncié ese discurso en la manifestación contra la guerra. A las dos mil personas que se reunieron en la Federal Plaza de Chicago les expliqué que a diferencia de algunos entre ellos yo no me oponía a todas las guerras, que mi abuelo se había alistado el día después del bombardeo de Pearl Harbor y que había combatido en el ejército de Patton. También dije que «después de contemplar la masacre y la destrucción, el polvo y las lágrimas, me adherí a la promesa de esta Administración de cazar y erradicar a aquellos que mataban a inocentes en nombre de la intolerancia» y que «yo mismo tomaría las armas sin dudarlo un instante para evitar que volviera a pasar una tragedia como la que habíamos vivido».

Lo que de ningún modo podía apoyar era «una guerra idiota, una guerra apresurada, una guerra basada no en la razón sino en la pasión, no en los principios sino en la política». Y añadí:

Sé que incluso si tenemos éxito en la guerra contra Irak será necesario que Estados Unidos ocupe el país durante quién sabe cuánto tiempo. Y no sabemos cuánto costará eso ni cuáles serán las consecuencias de esa ocupación. Sé que una invasión de Irak sin motivos claros y sin un amplio apoyo internacional empeorará el conflicto en el Oriente Medio, provocará que el mundo árabe siga sus peores, y no sus mejores, instintos y reforzará la capacidad de Al Qaeda de captar nuevos reclutas.

El discurso fue bien recibido. Los activistas circularon el texto por Internet y me gané la reputación de decir lo que pensaba en temas complicados, una reputación que me ayudaría a superar unas duras primarias demócratas. Pero en aquel tiempo no tenía cómo saber si mi evaluación de la situación en Irak era acertada. Cuando finalmente se lanzó la invasión de Irak y las fuerzas de Estados Unidos avanzaron hasta Bagdad sin que nadie las detuviese, cuando vi caer la estatua de Saddam y vi al Presidente en la cubierta del *U.S.S. Abraham Lincoln* con una pancarta tras él que rezaba «Misión cumplida», empecé a sospechar que quizá me había equivocado y respiré aliviado al ver las pocas bajas americanas que había habido.

Y ahora, tres años después —cuando el número de bajas americanas es superior a los dos mil y el de heridos superior al de dieciséis mil; después de doscientos cincuenta mil millones gastados directamente en la guerra y cientos de miles de millones más que habrá que gastar en años venideros para hacer frente a la deuda contraída y para cuidar a los veteranos discapacitados; después de dos elecciones nacionales y un referéndum constitucional en Irak y después de decenas de miles de muertes iraquíes; después de ver cómo el sentimiento antiamericano llegaba a máximos históricos en todo el mundo y cómo Afganistán empezaba a deslizarse otra vez hacia el casos— allí estaba, volando hacia Bagdad como miembro del Senado, sobre mis hombros parte de la responsabilidad de averiguar cómo solucionar ese caos.

Al final el aterrizaje en el Aeropuerto Internacional de Bagdad no fue tan malo, aunque agradecí que no pudiéramos mirar por las ventanillas mientras el C-130 se sacudía y viraba y cabeceaba al descender. En tierra nos esperaba nuestro oficial de escolta del Departamento de Estado, junto con un grupo de soldados con rifles al hombro. Después de darnos una charla sobre seguridad, registrar nuestros grupos sanguíneos y ponernos cascos y chalecos de *kevlar*, nos subimos en dos helicópteros Black Hawk y nos dirigimos a la Zona Verde volando bajo y atravesando kilómetros de campos embarrados y yermos cruzados por estrechas carreteras y salpicados de pequeños bosquecillos de palmeras y de refugios de cemento no muy altos, muchos de ellos aparentemente vacíos, otros demolidos hasta los cimientos. Al fin alcanzamos Bagdad, una metrópolis de color tierra que seguía un patrón circular, con el río Tigris dibujando una ancha franja turbia en su centro. Incluso desde el aire la ciudad parecía erosionada y maltrecha. El tráfico en las calles era escaso, aunque en casi todos los tejados se podían ver antenas parabólicas que, junto con el servicio de telefonía móvil, habían sido una de las cosas que los funcionarios estadounidenses habían mostrado como prueba de los éxitos de la reconstrucción.

Yo iba a pasar sólo un día y medio en Irak, la mayor parte de él en la Zona Verde, un área de dieciséis kilómetros de ancho en el centro de Bagdad que fue en otros tiempos el corazón del gobierno de Saddam Hussein pero que ahora era un complejo controlado por los Estados Unidos, con el perímetro protegido por muros prefabricados de hormigón y alambre de espino. Los equipos dedicados a la reconstrucción nos explicaron lo difícil que resultaba proteger el suministro eléctrico y la producción de petróleo contra los sabotajes de los insurgentes; los oficiales de inteligencia describieron la amenaza creciente que suponían las milicias sectarias y su infiltración en las fuerzas de seguridad iraquíes. Más tarde nos reunimos con miembros de la Comisión Electoral Iraquí, que entusiasmados nos dijeron que en las recientes elecciones había habido una participación muy alta y durante una hora escuchamos al embajador estadounidense, Khalilzad, un hombre sagaz y elegante que había visto muchas cosas en su vida, hablarnos de la delicada diplomacia itinerante en que andaba metido para intentar que las facciones chiítas, sunitas y kurdas pactaran algún tipo de gobierno de unidad que pudiera prosperar.

Por la tarde tuvimos ocasión de comer con algunos de los soldados en un gran comedor militar que estaba justo al lado de la piscina de lo que había sido el palacio presidencial de Saddam. Eran una mezcla de fuerzas regulares, reservistas y unidades de la Guardia Nacional, procedían de ciudades grandes y pequeñas, había negros, blancos y latinos, muchos de ellos en su segundo o tercer turno de servicio. Hablaban con orgullo mientras nos contaban lo que sus unidades habían conseguido —construir escuelas, proteger plantas eléctricas, dirigir patrullas entrenados por soldados iraquíes recién entrenados, mantener las líneas de suministro en las regiones más apartadas del país... Una y otra vez, me hacían la misma pregunta: ¿Por qué la prensa de Estados Unidos sólo informaba de los atentados y los asesinatos? Se estaba progresando, insistieron. Yo tenía que conseguir que la gente en casa supiera que su trabajo no era en vano.

Hablando con aquellos hombres y mujeres era fácil comprender su frustración, pues todos los americanos con los que hablé en Irak, fueran militares o civiles, me impresionaron por su dedicación, su habilidad y su sincero reconocimiento no sólo de los errores que se habían cometido sino también de las dificultades de la tarea que les quedaba por hacer. De hecho, toda la empresa que habíamos acometido en Irak era un monumento a la capacidad creativa, riqueza y habilidad técnica americanas; en la Zona Verde o en cualquiera de las grandes bases de Irak o Kuwait uno no podía evitar maravillarse por la capacidad de nuestro gobierno para erigir ciudades enteras en un territorio hostil, comunidades autosuficientes que contaban con electricidad y alcantarillado propios, cableado de datos, redes inalámbricas, pistas de baloncesto y tiendas de helados. Y más allá de eso, uno no podía evitar ver esa cualidad tan peculiar que es el optimismo americano y que se manifestaba hasta en el último rincón, la ausencia de cinismo a pesar del peligro, los sacrificios y los al parecer interminables obstáculos, la insistencia en que cuando todo haya pasado, nuestras acciones habrán resultado en una vida mejor para una nación y un pueblo que apenas conocíamos.

Y, sin embargo, tres conversaciones durante mi visita me recordaron lo quijotesca que era nuestra labor en Irak, cómo, a pesar de toda la sangre americana, dólares y buenas intenciones, estábamos construyendo una casa sobre arenas movedizas. La primera conversación tuvo lugar cuando empezaba a caer el sol, momento en que nuestra delegación celebró una conferencia de prensa con un grupo de corresponsales extranjeros en Bagdad. Después de la ronda de preguntas y respuestas les pedí a los periodistas si querrían quedarse para charlar un poco extraoficialmente. Yo quería saber cómo era la vida más allá de la Zona Verde. Aceptaron encantados, pero me advirtieron que no podían quedarse más de cuarenta y cinco minutos. Se estaba haciendo tarde y, como la mayoría de los residentes de Bagdad, evitaban desplazarse después de que se hubiera puesto el sol.

Como grupo, eran jóvenes, la mayoría en la veintena o en los inicios de la treintena, todos vestidos con ropa tan informal que se les hubiera podido tomar por estudiantes universitarios. En sus rostros, sin embargo, se leía la tensión a la que estaban sometidos: hasta ese momento, ya habían muerto sesenta periodistas en Irak. De hecho, al principio de nuestra charla se disculparon por estar un poco desconcentrados; acababan de enterarse de que uno de sus colegas, una reportera del *Christian Science Monitor* llamada Jill Carroll, había sido secuestrada y habían encontrado a su chofer muerto al borde de una carretera. Ahora estaban todos llamando a sus contactos y tratando de descubrir dónde la retenían. Me dijeron que ese tipo de violencia era habitual en Bagdad, aunque usualmente eran los propios iraquíes los que se llevaban la peor parte. El enfrentamiento entre chiítas y sunitas se había generalizado, se había vuelto menos estratégico, menos comprensible, y mucho más aterrador. Ninguno de ellos creía que las elecciones fueran a mejorar significativamente la situación de inseguridad. Les pregunté si creían que una retirada de las tropas estadounidenses suavizaría las tensiones, esperando que me dijeran que sí. Pero en lugar de ello negaron con la cabeza.

—Si eso pasa, creo que el país entrará en guerra civil en cuestión de semanas —me dijo uno de los periodistas—. Puede que haya cien mil o quizá doscientos mil muertos. En estos momentos somos lo único que mantiene este país unido.

Esa noche, nuestra delegación acompañó al embajador Khalilzad a cenar en la casa del presidente interino de Irak, Jalal Talabani. La seguridad fue extrema conforme nuestro convoy se abrió paso a través de un laberinto de barricadas hasta salir de la Zona Verde. Una vez afuera, toda nuestra ruta estaba vigilada por soldados americanos, apostados a intervalos de una manzana, y se nos dijo que no nos quitáramos ni los chalecos ni el casco durante todo el trayecto.

Al cabo de diez minutos llegamos a una gran mansión donde nos recibió el presidente y varios miembros del gobierno interino iraquí. Todos eran hombres fornidos, la mayoría de cincuenta o sesenta años. Sonreían mucho, pero sus ojos no transmitían ninguna emoción. Reconocí sólo a uno de los ministros —el señor Ahmed Chalabi, el chiíta educado en Occidente que, como líder del partido del Congreso Nacional Iraquí en el exilio, había suministrado a las agencias de inteligencia de Estados Unidos y a los dirigentes del gobierno de Bush alguna de la información en la que se basó la decisión de invadir Irak, información por la que el grupo de Chalabi recibió millones de dólares y que resultó ser falsa. Desde entonces Chalabi había perdido el favor de sus amigos estadounidenses, habían aparecido datos que señalaban que había pasado información secreta estadounidense a los iraníes y Jordania todavía tenía una orden de busca y captura interpuesta contra él después de que hubiera sido condenado *in absentia* por treinta y un cargos de desfalco, robo, malversación de fondos de los depositarios y especulación monetaria. Pero parecía haber caído de pie, pues inmaculadamente vestido y acompañado por su hija, ya adulta, allí estaba, como ministro interino en funciones para el petróleo.

No hablé mucho con Chalabi durante la cena. En vez de eso me senté junto al ex ministro interino de economía. Parecía un hombre impresionante y hablaba con conocimiento de causa sobre la economía de Irak, sobre la necesidad de aumentar su transparencia y reforzar su ordenamiento legal para atraer inversiones extranjeras. Al final de la tarde mencioné la impresión favorable que me había causado a uno de los miembros del personal de la embajada.

—Es inteligente, de eso no hay duda —dijo el funcionario—. Pero claro, es también uno de los líderes del Partido SCIRI. Controlan el ministerio del Interior, que a su vez controla a la policía. Y la policía, bueno... ha habido problemas con la infiltración de las milicias en la policía. Hay acusaciones de que están secuestrando a líderes sunitas, que los cuerpos aparecen a la mañana siguiente, ese tipo de cosas... —La voz del funcionario se apagó y se encogió de hombros—. Trabajamos con lo que tenemos.

Esa noche me costó dormir; en vez de eso vi el partido de los Redskins, transmitido vía satélite a la casa de atrás que en otros tiempos estuvo reservada para Saddam y sus invitados. Varias veces le bajé volumen al televisor y escuché cómo el ruido de los morteros rompía el silencio. A la mañana siguiente tomamos un Black Hawk hasta la base de los marines en Faluya, en la provincia de Anbar, la árida parte oeste de Irak. Algunos de los combates más sangrientos contra la insurgencia habían tenido lugar en Anbar, dominada por los sunitas, y la atmósfera de la base era mucho más lúgubre que en la Zona Verde. Tan sólo el día anterior, cinco marines habían muerto durante una patrulla a causa de las bombas en la carretera o por armas de fuego. Las tropas allí también parecían menos experimentadas, la mayoría de poco más de veinte años, muchos todavía con espinillas y los cuerpos sin formar típicos de la adolescencia.

El general a cargo del campamento había organizado una sesión informativa y escuchamos mientras los oficiales de mayor rango de la base nos explicaban el dilema al que se enfrentaban las tropas estadounidenses: mediante su superior capacidad cada día arrestaban más y más líderes insurgentes, pero igual que sucedía con las pandillas de Chicago, por cada insurgente que arrestaban parecía que había dos dispuestos a ocupar su lugar. Parecía que la economía, y no sólo la política, alimentaba a la insurgencia. El gobierno central había descuidado Anbar y el desempleo masculino oscilaba alrededor del 70 por ciento.

—Por dos o tres dólares puedes pagarle a un niño para que coloque una bomba —dijo uno de los oficiales—. Ahí fuera eso es mucho dinero.

Para cuando acabó la sesión informativa se había extendido una ligera neblina que retrasó nuestro vuelo a Kirkuk. Mientras esperábamos, mi encargado de política exterior, Mark Lippert, se alejó para charlar con uno de los oficiales más veteranos de la unidad, mientras que yo entablé conversación con uno de los mayores responsables de la estrategia de contrainsurgencia en la región. Era un hombre de voz suave, bajo y con gafas; era fácil imaginarlo como un profesor de matemáticas de cualquier instituto. De hecho, resultó que antes de unirse a los marines había pasado varios años en Filipinas como miembro de los Cuerpos de Paz. Mucho de lo que había aprendido allí tenía que aplicarse en la estrategia militar en Irak, me dijo. No tenía ni de lejos el número de personas capaces de hablar el árabe necesarias para construir vínculos de confianza con la población local. Necesitábamos mejorar la sensibilidad cultural de las tropas estadounidenses, desarrollar una relación a largo plazo con los líderes locales y acoplar equipos de reconstrucción a las fuerzas de seguridad, de modo que los iraquíes pudieran ver beneficios concretos a los esfuerzos estadounidenses. Todo eso llevaría tiempo, dijo, pero creía que se produciría un cambio a mejor si los militares adoptaban estas prácticas por todo el país.

Nuestro oficial de escolta nos indicó que el helicóptero ya estaba listo para despegar. Le deseé al mayor suerte y me dirigí a la furgoneta. Mark vino tras de mí y le pregunté qué había aprendido en su conversación con el oficial veterano.

—Le pregunté qué creía que teníamos que hacer para mejorar nuestra situación en Irak.

—¿Y qué te ha dicho que es lo mejor que podríamos hacer?
—Marcharnos.

La historia de la implicación de América en Irak será analizada y debatida durante muchos años. De hecho, es una historia que todavía se está escribiendo. En estos momentos la situación allí se ha deteriorado hasta tal punto que parece que ya ha estallado una guerra civil de baja intensidad, y aunque creo que todos los americanos —prescindiendo de cual fuera su opinión sobre la decisión original de invadir— desean que se produzca un desenlace decente en Irak, no puedo decir con sinceridad que sean optimistas sobre el futuro a corto plazo.

Tengo claro que en esta fase será la política —los cálculos de aquellos hombres duros y fríos con los que cené— y no la aplicación de la fuerza de Estados Unidos lo que decidirá qué sucederá en Irak. Creo también que nuestros objetivos estratégicos en este punto deben estar bien definidos: conseguir algo parecido a la estabilidad en Irak, asegurarnos que aquellos que están en el poder no sean hostiles a Estados Unidos e impedir que Irak se convierta en una base de actividad terrorista. Para conseguir estos objetivos creo que conviene tanto a americanos como iraquíes que se inicie una retirada progresiva de las tropas estadounidenses hacia finales de 2006, aunque la cuestión de cuándo se podrá completar esa retirada es una cuestión de probabilidades —sobre cuál será la habilidad del gobierno iraquí para garantizar al menos la seguridad y los servicios más básicos a su pueblo, sobre el grado en que nuestra presencia fomenta la insurgencia y sobre las posibilidades de que sin nuestras tropas Irak se sumerja en una guerra civil abierta—. Cuando marines oficiales curtidos en mil batallas nos aconsejan que nos marchemos y periodistas extranjeros escépticos nos aconsejan que nos quedemos, no hay una respuesta fácil.

Aun así, no es demasiado pronto para sacar algunas conclusiones de nuestras acciones en Irak. Nuestras dificultades allí no proceden solamente de la mala ejecución de la operación, sino que reflejan un error de concepto. El hecho es que casi cinco años después del 11 de septiembre y quince años después de la desintegración de la Unión Soviética, Estados Unidos sigue sin tener una política coherente de seguridad nacional. En lugar de unos principios rectores lo único que tenemos es una serie de decisiones *ad hoc* de dudosos resultados. ¿Por qué invadir Irak y no Corea del Norte o Birmania? ¿Por qué intervenir en Bosnia y no en Darfur? ¿En Irán es nuestro objetivo cambiar el régimen, desmantelar la capacidad nuclear iraní, impedir la proliferación nuclear o las tres cosas? ¿Estamos decididos a usar la fuerza siempre que un régimen despótico aterrorice a su pueblo y, si es así, cuánto tiempo nos quedamos allí para asegurarnos de que la democracia eche raíces? ¿Cómo tratamos a países como China, que están liberalizando su economía pero no su sistema político? ¿Trabajamos siempre a través de Naciones Unidas o sólo cuando Naciones Unidas esté dispuesta a ratificar las decisiones que hemos tomado de antemano?

Quizá alguien dentro de la Casa Blanca tenga respuestas claras a estas preguntas. Pero nuestros aliados —y también nuestros enemigos— ciertamente no las conocen. Y lo que es todavía peor, tampoco las conoce el pueblo americano. Sin una estrategia bien definida que el público apoye y el mundo comprenda, Estados Unidos carecerá de la legitimidad —y en última instancia del poder— que necesita para hacer el mundo más seguro de lo que es hoy. Necesitamos un marco revisado para nuestra política exterior que rivalice en ambición y amplitud de miras con las políticas post Segunda Guerra Mundial de Truman, un marco que recoja los desafíos y aproveche las oportunidades de un nuevo milenio, un marco que guíe el uso de la fuerza y exprese nuestros ideales y compromisos más profundos.

No pretendo decir que tengo esta gran estrategia apuntada en un papel en el bolsillo. Pero sé en lo que creo y puedo sugerir unas pocas cosas con las que estoy convencido que todo el pueblo americano estará de acuerdo y que pueden servir como punto de partida para un nuevo consenso.

Para empezar, tenemos que entender que cualquier retorno al aislacionismo —o a una política exterior que niegue la necesidad de enviar tropas americanas al extranjero en algunas ocasiones—

no funcionará. El impulso de retirarnos del mundo sigue siendo una corriente subterránea poderosa en ambos partidos, especialmente cuando hay bajas americanas de por medio. Después de que se arrastraran cuerpos de soldados americanos por las calles de Mogadiscio en 1993, por ejemplo, los republicanos acusaron al Presidente Clinton de utilizar tropas americanas en misiones mal planeadas. Fue en parte debido a la experiencia en Somalia que el candidato George W. Bush prometió en las elecciones de 2000 no volver jamás a invertir los recursos militares de Estados Unidos en «construcción de naciones». Comprensiblemente, las acciones de la Administración Bush en Irak han provocado una reacción todavía mayor. Según una encuesta del Centro de Investigaciones Pew, casi cinco años después de los ataques del 11 de septiembre, el 46 por ciento de los americanos ha llegado a la conclusión de que Estados Unidos debería «ocuparse de sus propios asuntos a nivel internacional y dejar que los demás países se valgan por sí mismos».

La reacción ha sido particularmente violenta entre los liberales, que ven Irak como la repetición de los errores que América cometió en Vietnam. La frustración con Irak y con las cuestionables tácticas que la Administración ha usado para fundamentar su decisión de ir a la guerra ha hecho que muchos en la izquierda subestimen la amenaza que suponen los terroristas y la proliferación nuclear. Según una encuesta de enero de 2005, quienes se definían como conservadores tenían 29 puntos más de probabilidad de identificar la destrucción de Al Qaeda como uno de los principales objetivos de la política exterior y 26 puntos más de probabilidad en mencionar también el impedimento de que grupos o naciones hostiles se hagan con armas nucleares. Los tres objetivos principales de política exterior entre los liberales, por otra parte, eran retirar las tropas de Irak, detener la expansión del SIDA y trabajar más estrechamente con nuestros aliados.

Los objetivos que defienden los liberales no están desprovistos de mérito, pero tampoco constituyen una política coherente de seguridad nacional. Es útil recordar que Osama bin Laden no es Ho Chi Minh y que las amenazas a las que se enfrenta Estados Unidos hoy son reales, múltiples y potencialmente devastadoras. Nuestras políticas recientes han hecho empeorar las cosas, pero si nos marchásemos de Irak mañana, Estados Unidos seguiría siendo el objetivo de sus enemigos, dada su posición preeminente en el orden internacional actual. Por supuesto, los conservadores están equivocados si creen que pueden limitarse a eliminar a los «malhechores» y luego dejar que el mundo se las apañe como pueda. La globalización hace que nuestra economía, nuestra salud y nuestra seguridad dependan de acontecimientos que pasan en la otra punta del mundo. Y ninguna otra nación de la Tierra tiene una capacidad mayor que nosotros para conformar el sistema global ni para construir consensos a partir de una serie de reglas internacionales que expandan las zonas de libertad, seguridad personal y bienestar económico. Nos guste o no, si queremos que Estados Unidos sea una nación más segura, tendremos que ayudar a que el mundo sea más seguro.

Lo segundo que debemos aceptar es que el entorno al que nos enfrentamos hoy es fundamentalmente distinto del que existía cincuenta, veinticinco o incluso diez años atrás. Cuando Truman, Acheson, Kennan y Marshall se sentaron a diseñar la arquitectura del mundo posterior a la Segunda Guerra Mundial, su marco de referencia era la competición entre las grandes potencias que había dominado los siglos XIX y XX. En ese mundo, las mayores amenazas a Estados Unidos procedieron de estados expansionistas como la Alemania nazi o la Rusia soviética, que podían desplegar grandes ejércitos y poderosos arsenales para invadir territorios clave, restringir nuestro acceso a recursos críticos y dictar los términos del comercio mundial.

Ese mundo ya no existe. La integración de Alemania y Japón en un sistema mundial de democracias liberales y de economías de libre mercado eliminó para efectos prácticos la amenaza de conflictos entre grandes potencias en el mundo libre. La llegada de las armas nucleares y la «destrucción mutua asegurada» hizo que el riesgo de guerra entre Estados Unidos y la Unión Soviética fuera remoto incluso antes de la caída del muro de Berlín. Hoy, las naciones más poderosas del mundo (incluyendo, hasta cierto punto, la China) —y, lo que es igual de importante, la gran mayoría de las personas que viven en esas naciones— respetan y defienden una serie de reglas que regulan el comercio, la política económica y la resolución legal y diplomática de disputas, aunque a veces, dentro de las fronteras de esos mismos países no se respeten las nociones de libertad y democracia.

La amenaza que viene, pues, procede principalmente de aquellas partes del mundo que están afuera de la economía global donde las «reglas de conducta» internacionales todavía no han echado raíces: el reino de los estados débiles o fallidos, donde no impera la ley sino la arbitrariedad, la corrupción y la violencia endémica; tierras en las que una inmensa mayoría de la población es pobre, inculta y está apartada de la red de información global; lugares en que los gobernantes temen que la globalización les haga perder el poder, mine la cultura tradicional o desplace a las instituciones indígenas.

En el pasado existía la percepción de que Estados Unidos podía ignorar sin riesgo para su seguridad a las naciones e individuos de estas regiones desconectadas. Puede que fueran hostiles a nuestra forma de ver el mundo, que nacionalizaran alguna empresa estadounidense, causaran una subida en el precio de las materias primas, cayeran en la órbita soviética o de la China comunista o incluso que atacaran embajadas o personal militar americano en el extranjero, pero no podían atacarnos donde vivíamos. El 11 de septiembre mostró que eso había cambiado. Las mismas interconexiones que han hecho que el mundo esté más unido han aumentado el poder de quienes quieren destruir ese mundo. Las redes terroristas pueden difundir sus doctrinas en un abrir y cerrar de ojos; pueden atacar los eslabones más débiles del sistema económico mundial, sabiendo que un ataque contra Londres o Tokio tendrá repercusiones en Nueva York o Hong Kong; las armas y tecnología que en otros tiempos fueron patrimonio exclusivo de las naciones estado pueden ahora comprarse en el mercado negro o se pueden bajar sus diseños de Internet; el libre desplazamiento de bienes y personas a través de las fronteras, que es la esencia misma de la economía global, puede utilizarse con fines criminales.

Si las naciones estado ya no tienen el monopolio de la violencia masiva; si de hecho cada vez es más improbable que una nación estado lance un ataque contra nosotros, puesto que tenemos cómo responderles; si resulta que las amenazas más acuciantes y peligrosas son transnacionales —redes terroristas que quieren combatir o perturbar las fuerzas de la globalización, potenciales pandemias como la gripe aviar o cambios catastróficos en el clima del planeta— entonces ¿qué estrategia de seguridad nacional debemos adoptar contra ellas?

Para empezar, nuestro gasto de defensa y la estructura de fuerzas de nuestro ejército deben reflejar la nueva realidad. Desde principios de la Guerra Fría nuestra capacidad de detener la agresión de una nación a otra ha servido como garantía de la seguridad de cualquier nación que se comprometiera a seguir las reglas y normas internacionales. Con la única marina que patrulla el mundo entero, son nuestros barcos los que mantienen las vías marítimas abiertas. Y es nuestro paraguas nuclear el que evitó que Europa y Japón se sumaran a la carrera armamentística durante la Guerra Fría y el que —hasta hace poco, al menos— ha llevado a muchas naciones a concluir que las armas nucleares no valen la pena. Mientras Rusia y China mantengan sus enormes ejércitos y no se quiten el vicio de utilizarlos, y mientras un puñado de estados canalla estén dispuestos a atacar a otras naciones soberanas, como Saddam atacó Kuwait en 1991, habrá momentos en que de nuevo tendremos que desempeñar, así no lo queramos, el papel de policía del mundo. Eso no va a cambiar. Ni debe cambiar.

Por otra parte, ya es hora de que reconozcamos que un presupuesto de defensa y una estructura de fuerzas diseñados principalmente para luchar la Tercera Guerra Mundial ya no tienen sentido de un punto de vista estratégico. El presupuesto de las fuerzas armadas y de defensa de los Estados Unidos en 2005 alcanzó los 522.000 millones de dólares, más que el de los siguientes treinta países sumados. El PIB de los Estados Unidos es mayor que la suma del de los dos países más grandes y que más rápido están creciendo, China e India. Necesitamos mantener una fuerza estratégica que nos permita enfrentarnos a las amenazas de estados canalla como Corea del Norte e Irán y estar a la altura de los desafíos que pueden plantear rivales potenciales como China. De hecho, dado el agotamiento de nuestras fuerzas después de las guerras en Irak y Afganistán, probablemente necesitemos un presupuesto algo mayor en el futuro inmediato sólo para recuperar la capacidad operativa y reponer el equipo perdido.

Pero el desafío más complejo al que tendremos que hacer frente militarmente no es mantenernos por delante de China (igual que nuestro principal reto con China es muy posible que sea económico y no militar). Lo más probable es que ese desafío militar implique desplegar nuestros soldados en las regiones caóticas u hostiles en las que prosperan los terroristas. Eso requiere de un mejor equilibrio entre lo que gastamos en equipos deslumbrantes y lo que invertimos en nuestros hombres y mujeres de uniforme. Será necesario aumentar el tamaño de nuestras fuerzas armadas para mantener unos calendarios de rotación razonables, requerirá mantener a nuestras tropas bien equipadas y formarlas en idiomas, reconstrucción, recopilación de información y habilidades de pacificación que necesitarán para tener éxito en misiones que serán cada vez más complejas y difíciles.

Sin embargo, no bastará con un cambio en la composición de nuestro ejército. Al hacer frente a las amenazas asimétricas a las que nos enfrentaremos en el futuro —procedentes de redes terroristas y del puñado de estados canalla que las apoyan— la estructura de nuestras fuerzas armadas importará al final menos que cómo decidamos usarlas. Estados Unidos no ganó la Guerra Fría sólo porque tuviera más armas que la Unión Soviética, sino porque los valores americanos dominaban el tribunal de la opinión pública internacional, de la que formaban parte las personas que vivían en regímenes comunistas. Y la lucha contra el terrorismo islámico, todavía más que la Guerra Fría, no será sólo una campaña militar, sino una batalla para ganar la opinión pública en el mundo islámico, entre nuestros aliados y en Estados Unidos. Osama bin Laden sabe que no puede derrotar ni incapacitar a Estados Unidos en una guerra convencional. Lo que él y sus aliados sí pueden hacer es infligirnos el suficiente dolor como para provocar una reacción del tipo que hemos visto en Irak: una incursión militar plagada de errores e insensata en un país musulmán, que a su vez dispara las insurgencias basadas en sentimientos religiosos y nacionalistas, lo que a su vez provoca que la ocupación de Estados Unidos tenga que ser larga y difícil, lo que lleva a una cifra cada vez mayor de bajas en las tropas americanas y la población local. Todo esto alimenta el sentimiento antiamericano entre los musulmanes, aumenta las bases entre las que se pueden reclutar potenciales terroristas y hace que el público americano se cuestione no sólo la guerra sino también las políticas que nos han llevado a proyectarnos hacia el mundo islámico.

Ese es el plan de bin Laden para ganar la guerra desde una cueva y, hasta ahora al menos, nosotros hemos interpretado exactamente el papel que había previsto para nosotros. Para cambiar el guión, necesitamos asegurarnos de que sólo utilizaremos la fuerza militar cuando convenga, y no cuando perjudique, a nuestros objetivos estratégicos: inhabilitar el potencial destructor de las redes terroristas y ganar esta batalla global de ideas.

¿Qué quiere decir esto para efectos prácticos? Debemos empezar con la premisa de que Estados Unidos, como todas las naciones soberanas, tiene derecho a defenderse cuando es atacada. En ejercicio de ese derecho, nuestra campaña para eliminar los campos de entrenamiento de Al Qaeda y el régimen talibán que los protegía estuvo plenamente justificada y así lo interpretaron la mayoría de los países islámicos. Puede que fuera preferible contar con el apoyo de nuestros aliados en tales campañas militares, pero nuestra seguridad inmediata no puede depender del consenso internacional; si tenemos que hacerlo solos, el pueblo americano está dispuesto a pagar cualquier precio y sobrellevar cualquier carga para proteger nuestro país.

También creo que tenemos derecho a emprender una acción militar unilateral para eliminar una amenaza *inminente* a nuestra seguridad, mientras entendamos por amenaza inminente a una nación, grupo o individuo que esté activamente preparándose para atacar objetivos estadounidenses (o de aliados con los cuales Estados Unidos tiene acuerdos de defensa mutua), y tienen o tendrán en el futuro inmediato los medios necesarios para llevar a cabo esos ataques. Al Qaeda entra claramente dentro de esta definición y, por tanto, podemos y debemos lanzar ataques preventivos contra ella siempre que surja la ocasión. El Irak de Saddam Hussein no cumplía estos requisitos y por eso nuestra invasión fue un error estratégico. Cada vez que actuemos unilateralmente tenemos que estar seguros de que podemos probar nuestras acusaciones.

Pero más allá de los asuntos de legítima defensa, estoy convencido de que casi siempre será estratégicamente más conveniente actuar de modo multilateral que unilateral cuando se requiera el uso de la fuerza en alguna parte del mundo. Con esto no quiero decir que el Consejo de Seguridad de Naciones Unidas —un cuerpo cuya estructura y funcionamiento muchas veces parece que no ha superado la época de la Guerra Fría— tenga que tener derecho de veto sobre nuestros actos. Tampoco quiero decir que nos juntemos con el Reino Unido y Togo y luego hagamos lo que nos dé la gana. Actuar de forma unilateral significa hacer lo que George H. W. Bush y su equipo hicieron durante la primera Guerra del Golfo: obtener el apoyo de la mayor parte del mundo para nuestras acciones a través de la diplomacia y asegurarnos de que nuestras acciones sirvan para reforzar las normas internacionales.

¿Por qué tenemos que comportarnos así? Porque nadie se beneficia más que nosotros del respeto de las «reglas de conducta» internacionales. Y no podremos convencer a otros de que acaten esas reglas si actuamos como si nosotros no estuviéramos obligados a cumplirlas. Cuando la única superpotencia del mundo contiene voluntariamente su poder y se somete a los estándares de conducta acordados por todos, envía un mensaje claro en el sentido de que esas reglas son importantes y arrebata a los terroristas y a los dictadores el argumento de que tales reglas no son más que una herramienta del imperialismo americano.

Conseguir el apoyo global también comporta que Estados Unidos tenga que sobrellevar una carga menor del operativo militar cuando éste sea necesario y aumenta las posibilidades de éxito. Dado que el presupuesto de defensa de la mayoría de nuestros aliados comparado con el nuestro, es relativamente modesto, compartir la carga militar puede en algunos casos demostrarse poco más que una ilusión, pero en los Balcanes y en Afganistán, nuestros socios de la OTAN han soportado su parte de los riesgos y los costos. Además, en los tipos de conflictos en los que seguramente nos veremos implicados, la operación militar inicial será a menudo menos compleja y costosa que el trabajo que vendrá a continuación —entrenar a las fuerzas de policía locales, restaurar los servicios de electricidad y agua, construir un sistema judicial que funcione, crear una infraestructura de salud pública y planear las elecciones. Los aliados pueden pagar el transporte y aportar su experiencia en estas labores críticas, como han hecho en los Balcanes y Afganistán, pero sólo lo harán si nuestras acciones han obtenido el apoyo internacional desde un buen principio. En términos militares, la legitimidad actúa como un «multiplicador de fuerzas».

Y, lo que es igual de importante, el trabajoso proceso de construir coaliciones nos obliga a escuchar otros puntos de vista y, por tanto, a mirar antes de saltar. Cuando no estemos defendiéndonos de una amenaza directa e inminente casi siempre tendremos tiempo para reflexionar. Nuestro poder militar será entonces una herramienta más entre muchas otras (aunque, eso sí, una herramienta extraordinariamente importante) que utilizaremos para influir en los acontecimientos y hacer prosperar nuestros intereses en el mundo. Nuestro interés en acceder a fuentes de energía clave, en la estabilidad de los mercados financieros, en que se respeten las fronteras internacionales y en evitar el genocidio. Para conseguir esos intereses debemos emprender un análisis realista de los costos y beneficios del uso de la fuerza comparados con los de las demás herramientas de influencia de las que disponemos.

¿Vale le pena asumir los costos de una guerra —en sangre y en dinero— para conseguir petróleo barato? ¿Llevará nuestra intervención en una disputa étnica a un acuerdo político permanente o a un despliegue indefinido en la zona de tropas estadounidenses? ¿Puede resolverse nuestra disputa con un país diplomáticamente o a través de una serie coordinada de sanciones? Si esperamos ganar la gran batalla de ideas que estamos luchando, no podemos ignorar en nuestros cálculos a la opinión pública mundial. Y aunque a veces sea frustrante escuchar las posturas antiamericanas de aliados europeos que se benefician de nuestro manto protector, o escuchar discursos en la Asamblea General de Naciones Unidas diseñados para ocultar, distraer o justificar la inacción, es posible que bajo toda esa retórica haya puntos de vista que puedan iluminar mejor la cuestión y ayudarnos a tomar mejores decisiones estratégicas.

Por último, al implicar a nuestros aliados les hacemos copartícipes de la difícil, metódica, vital y necesariamente cooperativa tarea de limitar las posibilidades que los terroristas tienen de hacer daño. Esa tarea incluye desarticular las redes de financiación de los terroristas y compartir información para cazar a los sospechosos de terrorismo y conseguir situar a infiltrados en sus células. Nuestro continuado fracaso a la hora de coordinar de forma efectiva la recogida de información incluso entre las diversas agencias de Estados Unidos, así como nuestra continuada falta de recursos humanos en los departamentos de inteligencia, es inexcusable. Y, lo que es más importante, tenemos que unir fuerzas para impedir que los terroristas se hagan con armas de destrucción masiva.

Uno de los mejores ejemplos de esa colaboración lo avanzaron en los noventa el senador republicano Dick Lugar de Indiana y el ex senador demócrata Sam Nunn, de Georgia, dos hombres que comprendieron la necesidad de crear y reforzar las coaliciones antes de que surgieran las crisis, y que aplicaron esa comprensión al problema crítico de la proliferación nuclear. La premisa de lo que acabó conociéndose como el programa Nunn-Lugar era simple: después de la caída de la Unión Soviética, la mayor amenaza para Estados Unidos —a parte de que se disparase un misil por accidente— no era un ataque preventivo ordenado por Gorbachev o Yeltsin, sino que llegara material nuclear o conocimientos técnicos para fabricarlo a terroristas o estados canalla como resultado de la caída sin control de la economía rusa, de la corrupción en el ejército, del empobrecimiento de los estados soviéticos y del deterioro y falta de mantenimiento de los sistemas de control. Bajo Nunn-Lugar, Estados Unidos básicamente aportó los recursos

necesarios para arreglar esos sistemas y aunque el programa provocó consternación a los que se habían acostumbrado a pensar
según los esquemas de la Guerra Fría, se ha demostrado una de las
mejores y más importantes inversiones que hemos hecho para pro-
tegernos de la catástrofe.

En agosto de 2005 viajé con el senador Lugar a ver algo de este
trabajo. Era mi primer viaje a Rusia y Ucrania y no pude tener
mejor guía que Dick, un hombre de setenta y tres años que se
mantenía en forma y que tenía un carácter tranquilo y una sonrisa
inescrutable que resultó extremadamente útil durante las interminables reuniones que mantuvimos con altos cargos extranjeros.
Juntos visitamos las instalaciones nucleares de Saratov, donde los
generales rusos nos mostraron con orgullo las nuevas vallas y sistemas de seguridad que acababan de completarse. Después nos sirvieron una comida que consistía de borscht, vodka, estofado de
patatas y un ligeramente inquietante pez de gelatina de molde. En
Perm, en un lugar en que se desmantelaban misiles tácticos SS-24
y SS-25, caminamos por en medio de vainas de misil vacías de dos
metros y medio y miramos en silencio a los enormes y elegantes
misiles todavía activos que ahora estaban almacenados con seguridad y que en otros tiempos apuntaban a las ciudades de Europa.

Y en un barrio residencial tranquilo de Kiev nos dieron una
gira por la versión ucraniana de un Centro de Control de Enfermedades, un modesto edificio de tres plantas que parecía el laboratorio de ciencias de una escuela. A un momento de nuestra
visita, después de haber visto ventanas abiertas por falta de aire
acondicionado y tiras de metal atornilladas a los marcos de las
puertas para evitar que entraran ratones, nos llevaron a un pequeño congelador que no estaba protegido más que por un pre-
cinto de alambre. Una mujer de mediana edad con una bata de
laboratorio y una mascarilla sacó unos pocos tubos de ensayo del
congelador, sacudiéndolos a un palmo de mi cara mientras decía
algo en ucraniano.

—Esto es ántrax —explicó el traductor, apuntando a la
probeta en la mano derecha de la mujer—. Aquella otra —dijo, señalando la mano izquierda— es la peste.

Miré hacia atrás y me di cuenta de que Lugar se había mantenido al fondo de la habitación.

—¿No te apetece verlos más de cerca, Dick? —pregunté, echándome unos pocos pasos atrás yo mismo.

—Los tengo muy vistos —dijo sonriendo.

Hubo momentos de nuestro viaje que recordaron los días de la Guerra Fría. En el aeropuerto de Perm, por ejemplo, un oficial de aduanas de poco más de veinte años nos detuvo durante tres horas porque no le dejamos registrar nuestro avión, lo que hizo que nuestros equipos llamasen a toda prisa a la embajada americana en Moscú y al ministerio de asuntos exteriores ruso. Pero, sin embargo, la mayoría de cuanto vimos —la tienda Calvin Klein y el concesionario Maserati en el centro comercial de la Plaza Roja; la caravana de vehículos todo terreno que salió de frente a un restaurante, conducidos por hombres fornidos con trajes que no les sentaban bien que en otras ocasiones se hubieran afanado a abrir la puerta a un funcionario del Kremlin pero que ahora formaban parte del equipo de seguridad de uno de los millonarios oligarcas rusos; la multitud de adolescentes de aspecto huraño vestidos con camisetas y jeans descaderados, que compartían cigarrillos y la música de sus iPod mientras paseaban por los elegantes bulevares de Kiev, todo subrayaba el al parecer irreversible proceso de integración política y económica entre Este y Oeste.

Ese era parte del motivo, creo yo, por el que a Lugar y a mí nos recibieron tan gratamente en las diversas instalaciones militares. Nuestra presencia no sólo prometía dinero para sistemas de seguridad y vallas y monitores y cosas por el estilo; también indicaba a los hombres y mujeres que trabajaban en esas instalaciones que seguían siendo importantes. Habían prosperado en su carrera, habían sido honrados por perfeccionar las armas de la guerra. Ahora se encontraban a sí mismos presidiendo sobre restos del pasado y sus instituciones ya no eran fundamentales para unos países cuyos ciudadanos se habían volcado por completo en ganar dinero rápido.

Ciertamente así es como se percibió en Donetsk, una ciudad industrial del sudeste de Ucrania en la que nos detuvimos para visitar una instalación dedicada a la destrucción de armas convencionales. La instalación estaba enclavada en el campo y se accedía a ella por una serie de estrechas carreteras que a veces bloqueaban rebaños de cabras. El director de la instalación, un hombre rotundo y alegre, que me recordaba a un superintendente de distrito de Chicago, nos condujo a través de una serie de estructuras oscuras parecidas a almacenes en diversos estados de deterioro en las que cadenas de trabajadores desmantelaban hábilmente toda una serie de minas terrestres y proyectiles de artillería cuyas vainas quedaban apiladas en montañas desordenadas que me llegaban al hombro. Necesitaban ayuda americana, me explicó el director, porque Ucrania no tenía dinero para hacerse cargo de todas las armas que habían quedado allí después de la Guerra Fría y Afganistán. Al paso que iban, el proceso de asegurar y desmantelar esas armas llevaría sesenta años. Mientras tanto las armas seguirían dispersas por todo el país, muchas veces en cabañas sin candados, expuestas a los elementos, no sólo munición sino también explosivos de alta potencia y misiles tierra-aire que se disparan desde el hombro, herramientas de destrucción que acabarían encontrando el modo de llegar a manos de los señores de la guerra en Somalia, de los luchadores tamiles de Sri Lanka o de los insurgentes de Irak.

Mientras hablaba, nuestro grupo entró en otro edificio, en el que unas mujeres que llevaban mascarillas estaban de pie junto a una mesa quitando el hexógeno —un explosivo militar de alta potencia— de diversas municiones y poniéndolo en bolsas. En otra habitación me encontré con dos hombres en camiseta que fumaban junto a una chirriante y vieja caldera y tiraban la ceniza de sus cigarrillos en una alcantarilla abierta por la que corría agua teñida de naranja. Un miembro de nuestro equipo me llamó y me enseñó un póster amarillento pegado en la pared. Era una reliquia de la guerra de Afganistán, nos dijeron: instrucciones sobre cómo esconder explosivos en juguetes para dejarlos en aldeas y que los niños, sin saberlo, los llevaran a casa.

Un testimonio, pensé, de la locura de los hombres.

Una muestra de cómo los imperios se autodestruyen.

HAY UNA ÚLTIMA dimensión de la política exterior de Estados Unidos de la que debemos hablar, la parte que tiene menos que ver con evitar la guerra y más con promover la paz. El año en que yo nací, el Presidente Kennedy dijo en su discurso inaugural: «A aquellos pueblos en las cabañas y aldeas de medio mundo que luchan por librarse del yugo de la miseria generalizada, nos comprometemos a ayudarles a ayudarse a sí mismos durante tanto tiempo como sea necesario, no porque temamos que lo hagan los comunistas, no porque busquemos sus votos, sino porque es lo correcto. Si una sociedad libre no puede ayudar a los muchos que son pobres, no podrá salvar a los pocos que son ricos.» Cuarenta y cinco años después, esa miseria generalizada sigue existiendo. Si queremos cumplir la promesa de Kennedy —y servir con ello a nuestros propios intereses de seguridad a largo plazo— tendremos que ir más allá de un uso más prudente de nuestra fuerza militar. Tendremos que alinear nuestras políticas para ayudar a reducir las esferas de inseguridad, pobreza y violencia en todo el mundo, y tendremos que dar a la gente una participación mayor en el orden global en el que tan bien nos ha ido.

Por supuesto hay quienes discutirán la premisa de la que parto: que cualquier sistema construido a la imagen y semejanza de los Estados Unidos puede aliviar la miseria de los países más pobres. Para estos críticos, la noción que tiene Estados Unidos de cómo debería ser el sistema internacional —libre comercio, mercados abiertos, libre circulación de la información, imperio de la ley, elecciones democráticas, etc.— es simplemente una expresión del imperialismo americano, creada para explotar la mano de obra barata y los recursos naturales de otros países y para infectar a las culturas no occidentales con ideas decadentes. En lugar de adaptarse a las reglas que marca los Estados Unidos, sigue el razonamiento, otros países deberían resistirse a los esfuerzos americanos por expandir su hegemonía; deben, en cambio, seguir su propio camino hacia el desarrollo, tomando ejemplo de populistas de izquierdas como el venezolano Hugo Chávez o regresando a principios de organización social más tradicionales, como la ley islámica.

No creo que se pueda decir simplemente que estos críticos no tienen razón. Después de todo, es cierto que Estados Unidos y sus socios occidentales fueron los que diseñaron el actual sistema internacional; refleja nuestra forma de hacer las cosas —nuestros criterios contables, nuestro lenguaje, nuestro dólar, nuestras leyes de propiedad intelectual, nuestra tecnología y nuestra cultura popular— a la que el mundo ha tenido que adaptarse durante los últimos cincuenta años. Aunque en términos generales el sistema internacional ha producido una enorme prosperidad en los países más desarrollados del mundo, es cierto que ha dejado atrás a mucha gente, una situación que los dirigentes occidentales han ignorado a menudo y que en ocasiones han contribuido a empeorar.

Al final, sin embargo, creo que los críticos del sistema se equivocan al creer que los pobres del mundo saldrán ganando si rechazan las ideas del libre mercado y la democracia liberal. Cuando los activistas en pro de los derechos humanos acuden a mi despacho y me hablan de gente que es encarcelada o torturada por causa de sus creencias, no actúan como agentes del poder americano. Cuando mi primo en Kenia se queja de que no puede encontrar trabajo si no paga un soborno a algún funcionario del partido en el poder, no es que las ideas occidentales le hayan lavado el cerebro. ¿Es que alguien duda que, si se les diera la oportunidad, la mayoría de los norcoreanos preferiría vivir en Corea del Sur y que a la mayoría de los cubanos no les importaría mudarse a Miami?

A nadie, sea de la cultura que sea, le gusta que le avasallen. A nadie le gusta vivir con miedo porque sus ideas son diferentes. A nadie le gusta ser pobre ni pasar hambre y a nadie le gusta vivir en un sistema económico que no recompensa el trabajo individual. El sistema de mercado libre y la democracia liberal que hoy caracteriza la mayor parte del mundo desarrollado no es perfecto. Puede que demasiadas veces refleje los intereses de los poderosos e ignore a los desposeídos. Pero el sistema está sometido a cambios y mejoras constantes y es precisamente por esa apertura al cambio que las democracias liberales de mercado ofrecen a los pueblos de todo el mundo la mejor alternativa hacia una vida mejor.

Nuestro desafío, pues, es asegurarnos que las políticas de Estados Unidos impulsen el sistema internacional hacia una mayor igualdad, justicia y prosperidad, que las reglas que patrocinemos sirvan tanto a nuestros intereses como a los intereses de los países que luchan por salir adelante. Al hacerlo, debemos tener presentes una serie de principios básicos. Primero, debemos recelar de aquellos que creen que nosotros solos podemos liberar a otro pueblo de la tiranía. Estoy de acuerdo con George W. Bush cuando en su segundo discurso inaugural proclamó que existía un anhelo universal de libertad. Pero hay pocos ejemplos en la historia del mundo en que la libertad que ansían los hombres y mujeres haya sido conseguida a través de una intervención extranjera. En casi todos los movimientos sociales exitosos del último siglo, desde la campaña de Gandhi contra el dominio británico hasta el movimiento de Solidaridad en Polonia, pasando por la lucha antiaparheid en Sudáfrica, la democracia ha surgido a partir de un despertar local.

Podemos inspirar e invitar a otras personas a que defiendan sus libertades; podemos usar los foros y acuerdos internacionales para establecer estándares que luego otros deberán seguir; podemos ayudar financieramente a las democracias novatas a que institucionalicen sistemas electorales justos; podemos formar a periodistas independientes y asentar los hábitos de participación cívica; podemos denunciar la situación de los líderes locales cuyos derechos sean violados y podemos aplicar sanciones económicas y presión diplomática a aquellos países que repetidamente violan los derechos de sus propios ciudadanos.

Pero si lo que queremos es imponer la democracia a punta de pistola, inundar de dinero a los partidos cuyas políticas económicas sean más favorables para Washington o caer bajo la influencia de exiliados como Chalabi, que no tienen apoyo local relevante, sólo cosecharemos fracasos. Con ello, además, facilitaremos que los regímenes opresivos hagan creer a sus pueblos que los que luchan por la democracia no son más que títeres de los poderes extranjeros y disminuyendo las posibilidades de que jamás florezca en aquellos países.

El corolario de todo esto es que la libertad necesita algo más que elecciones. En 1941, Roosevelt dijo que ansiaba la llegada de un mundo basado en cuatro libertades esenciales: la de ser libre para decir lo que uno quiera, la de ser libre para profesar la religión que cada uno prefiera, la de verse libre de la necesidad y la de verse libre del miedo. Nuestra propia experiencia nos dice que estas dos últimas libertades —liberarse de la necesidad y del miedo— son un requisito previo de todas las demás. Para la mitad de la población del mundo, los aproximadamente tres mil millones de personas en todo el mundo que viven con menos de dos dólares al día, las elecciones son como máximo un medio, no un fin; un punto de partida, en ningún caso la salvación. A esa gente no le importa una «electocracia», sino conseguir los elementos básicos que conforman una vida aceptable: comida, cobijo, electricidad, asistencia de salud básica, educación para sus hijos y la posibilidad de abrirse paso en la vida sin tener que soportar corrupciones, coacciones o la arbitrariedad del poder. Si queremos ganar la mente y el corazón de la gente de Caracas, Yakarta, Nairobi o Teherán tendremos que hacer mucho más que enviarles urnas. Tendremos que hacer que las reglas internacionales que impulsamos fomenten, y no empeoren, la seguridad material y personal de esos ciudadanos.

Puede que tengamos que mirarnos al espejo. Estados Unidos y otros países desarrollados, por ejemplo, exigen constantemente que los países en vías de desarrollo eliminen los aranceles que protegen a sus empresas de la competencia, a pesar de que nosotros seguimos protegiendo a capa y espada a nuestros electores de las exportaciones que podrían hacer que países pobres salieran de la pobreza. En nuestro celo por proteger las patentes de las empresas farmacéuticas americanas hemos desincentivado la capacidad de países como Brasil de fabricar medicinas genéricas contra el SIDA que podrían salvar millones de vidas. Bajo el liderazgo de Washington, el FMI, diseñado después de la Segunda Guerra Mundial para que sirviera como prestamista de último recurso, ha obligado una y otra vez a países, como por ejemplo Indonesia, que estaban sufriendo una grave crisis financiera, a pasar por dolorosos reajustes (subidas radicales de las tasas de interés, recortes en los gastos sociales del gobierno, fin de los subsidios a industrias clave) que causan enormes penalidades a sus pueblos. Es una medicina muy amarga que a nosotros, americanos, nos costaría tomar.

Otra rama del sistema financiero mundial, el Banco Mundial, tiene reputación de financiar proyectos grandes y caros que sirven para pagar sumas enormes a consultores que están bien relacionados con las élites locales pero que hacen poco por los ciudadanos corrientes, aunque son esos ciudadanos corrientes los que tienen que pagar los créditos cuando vencen. De hecho, los países que se han desarrollado con éxito bajo el actual sistema internacional han ignorado a veces las rígidas recetas económicas de Washington protegiendo a sus nacientes industrias y emprendiendo políticas industriales muy activas. El FMI y el Banco Mundial tienen que darse cuenta de que no hay una sola y única fórmula que funcione para el desarrollo de todos y cada uno de los diferentes países.

No es que la política de «amor duro» tenga nada malo en lo que se refiere a ayudar a los países pobres. Demasiados países pobres están lastrados por leyes de propiedad arcaicas e incluso feudales; en el pasado, demasiados programas de ayuda internacional han servido solamente para llenar el bolsillo de las élites locales y el dinero ha acabado en cuentas de banco suizas. De hecho, durante demasiado tiempo las políticas de ayuda internacionales han ignorado la importancia fundamental que tienen el imperio de la ley y los principios de transparencia para el desarrollo de una nación. En una época en la que las transacciones internacionales dependen de que existan contratos fiables que se cumplan, uno esperaría que el *boom* de la economía global hubiera provocado grandes reformas legales. Pero de hecho, países como la India, Nigeria y China han desarrollado dos sistemas legales: uno para los extranjeros y las élites y otro para la gente corriente que trata de salir adelante.

Y en países como Somalia, Sierra Leone o el Congo, bueno... en esos sitios la ley casi no existe. A veces, cuando pienso en África —los millones de vidas destrozadas por el SIDA, las constantes sequías y hambrunas, las dictaduras, la corrupción que lo invade todo, la brutalidad de las guerrillas formadas por niños de doce años que no conocen nada más que la guerra y los AK-47s que empuñan— me invade la desesperación y el cinismo. Entonces recuerdo que una red contra mosquitos para prevenir la malaria cuesta tres dólares; que un programa voluntario de pruebas de VIH en Uganda ha conseguido reducir de forma notable la incidencia de la enfermedad a un coste de sólo tres o cuatro dólares por prueba; que una mínima muestra de interés internacional —una demostración de fuerza así fuera modesta o la creación de zonas seguras para los civiles— podrían haber detenido la masacre en Ruanda y que algunos países que se consideraban casos perdidos, como Mozambique, han dado pasos importantes hacia la reforma.

Roosevelt acertó cuando dijo que «Como nación podemos enorgullecernos del hecho de tener mucho corazón pero no podemos permitirnos no tener cabeza.» No debemos pretender ayudar a África si en últimas África se demuestra incapaz de ayudarse a sí misma. Pero hay tendencias positivas en África que muchas veces quedan ahogadas por las noticias de desesperación. La democracia se está extendiendo. En muchos lugares la economía crece. Necesitamos construir a partir de esas chispas de esperanza y ayudar a los líderes y ciudadanos comprometidos de toda África a construir el futuro que tanto ellos como nosotros deseamos con desesperación.

Más aún, nos engañamos si creemos, como dijo un comentarista, que «debemos aprender a ver morir a los demás con ecuanimidad» y pensamos que eso no tendrá consecuencias. El desorden engendra desorden; la insensibilidad hacia los demás tiende a extenderse en nuestro propio seno. Y si los imperativos morales no bastan para incitarnos a actuar cuando un continente entero implosiona, sin duda hay razones prácticas por las cuales los Estados Unidos y sus aliados deben preocuparse de los estados fallidos que no controlan sus territorios, no pueden combatir las epidemias y están acabados por las atrocidades y las guerras civiles. Fue precisamente en un estado así de anarquía que los talibanes se apoderaron de Afganistán. Fue en Sudán, donde hoy se produce un lento genocidio, donde bin Laden estableció su base durante muchos años. Y será entre la miseria de las chabolas de cualquier arrabal sin nombre donde surgirá el próximo virus asesino.

Por supuesto, no podemos enfrentarnos solos a unos problemas tan extremos ni en África ni en ninguna parte. Por ese motivo deberíamos pasar más tiempo y gastar más dinero reforzando a las instituciones internacionales para que nos ayuden con ese trabajo. Pero resulta que hemos estado haciendo precisamente lo contrario. Durante años los conservadores en Estados Unidos han utilizado políticamente los problemas de Naciones Unidas: la hipocresía de las resoluciones que escogían sólo a Israel para la condena, la elección kafkiana de naciones como Zimbabue o Libia al Comisionado de Naciones Unidas para los Derechos Humanos y más recientemente todas las mordidas que se han descubierto el programa de petróleo por alimentos.

Estos críticos tienen razón. Por cada agencia de Naciones Unidas que funciona bien (como UNICEF) hay otras que parece no hacer otra cosa que celebrar conferencias, escribir informes y aportar sinecuras para funcionarios internacionales de segunda fila. Pero esos fracasos no son razón suficiente para reducir nuestra presencia en las organizaciones internacionales ni son excusa para el unilateralismo estadounidense. Cuanto más efectivas sean las fuerzas de Naciones Unidas en gestionar las guerras civiles y los conflictos sectarios, menos tendremos que hacer de policía del mundo en las regiones cuya estabilidad queramos preservar. Cuanto más creíble sea la información de la Agencia Internacional de la Energía Atómica, más fácil será movilizar a nuestros aliados para impedir que los estados canalla obtengan armas nucleares. Cuanto mayor sea la capacidad de la Organización Mundial de la Salud, menos tendremos que lidiar con una pandemia en nuestro propio país. A ningún país le interesa más que a nosotros reforzar las instituciones internacionales —no en vano fuimos nosotros quienes propusimos su creación— y es por ello que debemos liderar los esfuerzos para mejorarlas.

Por último, a los que les molesta la perspectiva de trabajar junto a nuestros aliados para resolver los acuciantes desafíos globales a los que nos enfrentamos, permítanme que les sugiera al menos un área en la que podemos actuar unilateralmente y de paso mejorar nuestro estatus en el mundo: perfeccionando nuestra propia democracia y liderando a través del ejemplo. Si continuamos gastando decenas de miles de millones de dólares en sistemas armamentísticos de dudosa utilidad pero no estamos dispuestos a proteger las plantas químicas vulnerables en grandes núcleos urbanos, es más difícil conseguir que otros países protejan sus propias plantas nucleares. Si detenemos a los sospechosos por un tiempo indefinido sin darles juicio o les enviamos en plena noche a otros países en los que sabemos que serán torturados, debilitamos nuestra posición de defensa de los derechos humanos y el imperio de la ley en regímenes despóticos. Cuando nosotros, el país más rico de la Tierra y que consume un 25 por ciento de todos los combustibles fósiles, somos incapaces de aumentar nuestros niveles de eficiencia energética ni siquiera una pequeña fracción para disminuir nuestra dependencia del petróleo saudita y ralentizar el calentamiento global, es lógico que nos cueste mucho convencer a China de que no haga negocios con productores de petróleo como Irán o Sudán y que tampoco ponga demasiado interés en solucionar problemas ambientales que acaban repercutiendo en nuestro propio territorio.

Esta reticencia a tomar decisiones difíciles y vivir según nuestros ideales no sólo mina la credibilidad de Estados Unidos a ojos del resto del mundo, sino que también mina la credibilidad del gobierno de Estados Unidos frente al pueblo americano. Al final lo que determinará el éxito o el fracaso de cualquier política exterior es el recurso más preciado de todos: el pueblo americano y el sistema de autogobierno que hemos heredado de nuestros Fundadores. El mundo fuera de nuestras fronteras es peligroso y complejo; la tarea de reformarlo será lenta y dura y requerirá sacrificios. Tales sacrificios se producirán porque el pueblo americano entiende los desafíos a los que tiene que hacer frente y confía en nuestra democracia. Roosevelt lo comprendió cuando dijo, después del ataque a Pearl Harbor que «este gobierno pondrá su confianza en la resistencia del pueblo americano». Truman lo comprendió y por eso trabajó con Acheson para establecer el Comité para el Plan Marshall, formado por presidentes de empresas, académicos, líderes sindicales, clérigos y otros que pudieran promocionar el plan por todo el país. Parece que se trata de una lección que los líderes de Estados Unidos tienen que volver a aprender.

Me pregunto, a veces, si los hombres y mujeres son de verdad capaces de aprender de la historia, si avanzamos de una fase a la siguiente en un curso ascendente o si simplemente estamos metidos en unos ciclos de crecimiento y crisis, guerra y paz, auge y decadencia. Durante el mismo viaje en que visité Bagdad, pasé una semana viajando por Israel y la franja de Gaza, reuniéndome con altos cargos de ambos lados, intentando dibujar en mi cabeza el mapa del lugar en el que tantos enfrentamientos había habido. Hablé con judíos que habían perdido padres en el Holocausto y hermanos en atentados suicidas; escuché a palestinos hablar de la indignación de los controles y recordar con nostalgia la tierra que habían perdido. Volé en helicóptero sobre la línea que separaba a los dos pueblos y me descubrí incapaz de distinguir las ciudades judías de las palestinas, pues todas parecían frágiles avanzadillas que se mezclaban contra el fondo verde y rocoso de las colinas. Por encima de Jerusalén, mientras miraba la Ciudad Vieja, la Mezquita de la Roca, el Muro de las Lamentaciones y la Iglesia del Santo Sepulcro, reflexioné sobre los dos mil años de guerra y rumores de guerra que ese pequeño trozo de terreno había acabado por representar y medité sobre la insensatez de creer que de algún modo esos conflictos tendrían fin en nuestro tiempo o de que Estados Unidos, a pesar de todo su poder, podría tener un efecto perdurable en la historia del mundo.

No me dejé llevar por esos pensamientos: son los de un hombre viejo. Por difícil que parezca la tarea ante nosotros, creo que tenemos la obligación de esforzarnos al máximo para conseguir la paz en Oriente Medio, no sólo por la gente que vive en la región, sino también por la libertad y la seguridad de nuestros propios hijos.

Y quizá el destino del mundo depende no sólo de lo que suceda en los campos de batalla, sino también tanto o más del trabajo que hagamos en esos lugares tranquilos que necesitan ayuda. Recuerdo cuando vi las noticias del tsunami que había golpeado el sudeste asiático en 2004. Recuerdo las ciudades de la costa oeste de Indonesia arrasadas y los miles de personas que desaparecieron en el mar. Y entonces, en las semanas siguientes, me enorgullecí de mi país al ver cómo los americanos enviaron más de mil millones de dólares en donaciones privadas y cómo los barcos de guerra de Estados Unidos llevaron a la zona a miles de soldados para que colaboraran en la ayuda humanitaria y en la reconstrucción. Según las noticias que aparecieron en los periódicos, el 65 por ciento de los indonesios encuestados consideraban que esa ayuda había hecho que tuvieran una visión más favorable de Estados Unidos. No soy tan ingenuo como para creer que un episodio en la estela de una catástrofe pueda bastar para borrar décadas de desconfianza.

Pero es un comienzo.

Capítulo Nueve

Familia

A PRINCIPIOS DE mi segundo año en el Senado, mi vida había tomado un ritmo manejable. Salía de Chicago el lunes por la noche o a primera hora de la mañana del martes, dependiendo de cuál fuera la programación de votaciones del Senado. Más allá de la visita diaria al gimnasio del Senado y algún esporádico almuerzo o cena con un amigo, los siguientes tres días me los paso realizando una serie de previsibles tareas —partidas presupuestarias de comités, votaciones, comidas con el caucus, intervenciones en el pleno, discursos, fotos con becarios, fiestas de recaudación de fondos, devolver llamadas, escribir cartas, revisar legislación, escribir artículos de opinión, grabar *podcasts*, revisar informes políticos, tomar café con los electores y asistir a una serie de interminables reuniones. La tarde del jueves nos informan desde guardarropía de cuándo será la última votación y a la hora que sea hago cola en las gradas del Senado junto con mis colegas para emitir mi voto, para luego bajar corriendo los escalones del Capitolio en la esperanza de alcanzar a tomar un vuelo que me lleve a casa antes de que las niñas se hayan ido a dormir.

A pesar de esta agotadora agenda, mi trabajo me entusiasma, aunque a veces me produzca frustración. Contrariamente a lo que cree la gente, sólo unas dos docenas de leyes importantes llegan a votarse en el pleno del Senado cada año, y casi ninguna de estas leyes está patrocinada por un miembro del partido en minoría. En consecuencia, la mayoría de mis iniciativas —la formación de distritos de innovación en la enseñanza pública, un plan para ayudar a los fabricantes de automóviles estadounidenses a pagar los costos de salud de sus jubilados a cambio de que aumenten los niveles de eficiencia en el consumo de combustible de sus vehículos, una expansión del programa de las subvenciones Pell para ayudar a los estudiantes con ingresos bajos a hacer frente a los costos de las matrículas universitarias— se atascaron en los comités.

Por otro lado, gracias al increíble trabajo de mi equipo, conseguí incluir en las leyes aprobadas un número muy respetable de enmiendas. Ayudamos a conseguir fondos para los veteranos de guerra sin hogar. Logramos desgravaciones fiscales para las gasolineras que instalaran surtidores de E85. Conseguimos financiación para ayudar a la Organización Mundial de la Salud a monitorear y responder a una potencial pandemia de gripe aviar. Sacamos del Senado una enmienda que prohibía que en la reconstrucción post-Katrina se concedieran contratos sin previa subasta pública, de modo que más dinero acabara directamente en las manos de las víctimas de la tragedia. Ninguna de estas enmiendas transformaría el país, pero me alegré al saber que todas ellas ayudaron a la gente aunque fuera de forma modesta o modificaron la ley en una dirección que se demostraría más económica, más responsable o más justa.

Un día de febrero me encontré de muy buen humor, pues acababa de terminar una audiencia sobre la legislación que Dick Lugar y yo patrocinábamos para restringir la proliferación y el tráfico de armas. Dick no sólo era el principal experto del Senado en temas de proliferación, sino también el presidente del Comité de Asuntos Exteriores del Senado, así que las perspectivas de que se aprobara la ley eran muy buenas. Para compartir las buenas noticias llamé a Michelle desde mi despacho de Washington y le empecé a explicar por qué la ley era muy importante: cómo los misiles tierra-aire disparados desde el hombro podían representar una amenaza para los vuelos comerciales si caían en malas manos, cómo los pequeños arsenales de armas que habían quedado después de la Guerra Fría habían acabado siendo las armas que se utilizaban en conflictos en todo el mundo. Michelle me cortó en seco.

—Tenemos hormigas.

—¿Cómo?

—He encontrado hormigas en la cocina. Y en el baño de arriba.

—Ya . . .

—Necesito que compres trampas para hormigas cuando vengas mañana. Las compraría yo misma, pero tengo que llevar a las niñas a su cita con el médico después de la escuela. ¿Podrás hacerlo?

—Claro. Trampas para hormigas.

—Trampas para hormigas. No te olvides, cariño. Y compra más de una. Oye, me tengo que ir a una reunión. Te quiero.

Colgué el auricular, preguntándome si Ted Kennedy o John McCain compraban trampas para hormigas de camino a casa.

LA MAYORÍA DE la gente que conoce a mi mujer pronto llega a la conclusión de que es una persona extraordinaria. Están en lo cierto: es inteligente, divertida y totalmente encantadora. También es muy bella, aunque no de una forma que los hombres encuentren intimidante ni que moleste a las mujeres; es la belleza vivida de la madre que además trabaja, y no la retocada imagen que vemos en las portadas de las revistas. Muchas veces, después de escuchar su intervención en algún acto o de trabajar con ella en algún proyecto, la gente se me acerca y me dice algo así como «Creo que eres un tipo fantástico, ¿sabes? Pero tu mujer . . . ¡ella sí que es increíble!» Yo asiento, pues estoy convencido de que si alguna vez tengo que presentarme a unas elecciones contra ella, me dará una paliza sin despeinarse.

Afortunadamente para mí, Michelle nunca se meterá en política. «No tengo tanta paciencia», le dice a la gente que le pregunta por ello. Y, como siempre, dice la verdad.

Conocí a Michelle en el verano de 1988, cuando ambos trabajábamos en Sidley & Austin, un gran bufete de abogados con sede en Chicago. Aunque es tres años más joven que yo, Michelle era ya una abogada en entrenamiento, pues había ido a la Facultad de

Derecho de Harvard directamente después de acabar sus estudios universitarios de primer ciclo. Yo acababa de terminar mi primer año en la facultad de Derecho y me habían contratado como asociado durante el verano.

Yo pasaba por un período complicado, de transición, en mi vida. Aunque disfrutaba de mis estudios, todavía albergaba dudas sobre mi decisión de estudiar Derecho. En privado me preocupaba que representara el abandono de mis ideales de juventud, una concesión a las duras realidades del dinero y el poder, una aceptación del mundo tal como era en lugar de una lucha por transformarlo en lo que debía ser.

La idea de trabajar en un bufete de abogados dedicado al derecho mercantil, tan cerca y sin embargo tan lejos de los barrios pobres en los que seguían trabajando mis amigos, aumentó mi miedo. Pero con los préstamos estudiantiles acumulándose rápidamente no podía darme el lujo de rechazar los tres meses de salario que me ofrecía Sidley. Y así, después de alquilar el apartamento más barato que pude encontrar y después de comprar los tres primeros trajes de mi vida y un par de zapatos nuevos que resultaron ser demasiado pequeños y me destrozaron los pies durante las siguientes nueve semanas, llegué al bufete una mañana de junio que lloviznaba y me dirigieron a la oficina de la joven abogada que sería mi asesora durante el verano.

No recuerdo los detalles de aquella primera conversación con Michelle. Recuerdo que era alta —casi de mi altura con los tacones— y adorable, con una forma de ser amable y profesional a juego con su traje y su blusa a medida. Me explicó cómo se distribuía el trabajo en el bufete, a qué tipo de casos se dedicaba cada grupo y cómo contar las horas facturadas. Después de enseñarme mi despacho y enseñarme donde estaba todo en la biblioteca, me puso en manos de uno de los socios y me dijo que me vería a la hora de comer.

Más adelante Michelle me diría que la sorprendí agradablemente cuando entré en su oficina; la fotografía barata que había enviado con mi currículo hacía que mi nariz pareciera un poco grande (más enorme de lo habitual, diría ella) y cuando las secretarias que me habían visto durante las entrevistas le dijeron que era bastante buenmozo: «Me imaginé que lo que las había impresionado era ver a un hombre negro de traje y con empleo». Pero si estaba impresionada, desde luego no lo dejó entrever cuando fuimos a comer. Aprendí que había crecido en la parte sur de Chicago, en un pequeño *bungalow* justo al norte de los barrios en los que yo había trabajado como organizador. Su padre trabajaba para la ciudad como operador de bombeo; su madre fue un ama de casa hasta que sus hijos crecieron y ahora trabajaba como secretaria en un banco. Había ido a la escuela elemental Bryn Mawr, se había metido en la escuela Whitney Young Magnet y luego había seguido a su hermano a Princeton, donde ella había sido una de las estrellas del equipo femenino de baloncesto. En Sidley formaba parte del grupo dedicado a la propiedad intelectual y estaba especializada en el área del entretenimiento; en algún momento, me dijo, pensaba mudarse a Los Ángeles o Nueva York para continuar su carrera.

Oh, Michelle tenía muchos planes entonces, estaba en la vía rápida, sin tiempo para, me dijo, distracciones, y muy especialmente sin tiempo para los hombres. Pero sabía cómo reír de forma brillante y fácil, y me di cuenta de que no parecía tener mucha prisa por regresar a la oficina. Y había algo más, una chispa que pasaba por sus ojos oscuros y redondos siempre que la miraba, la más leve insinuación de incertidumbre, como si, en lo más profundo de su ser, supiera lo frágiles que son en realidad las cosas y que si se dejara ir, así fuera un instante, todos sus planes podrían deshacerse en la nada. De alguna manera, ese detalle, ese rastro de vulnerabilidad, me emocionó. Quise conocer esa parte de ella.

Durante las siguientes semanas nos vimos a diario, en la biblioteca o en la cafetería o en una de las muchas salidas que los bufetes de abogados organizan para sus asociados de verano para convencerles de que si dedican su vida al Derecho habrá algo más que interminables horas dedicadas a revisar documentos. Me llevó a una o dos fiestas, obviando discretamente mi limitada selección de trajes, y trató de que saliese con un par de sus amigas. Pero se negaba a salir conmigo en una cita como Dios manda. No era correcto, decía, puesto que era mi asesora en el bufete.

—Es una pésima excusa —le dije—. Vamos, ¿qué asesoría me

estás dando? Me estás enseñando cómo funciona la fotocopia-
dora. Me estás diciendo qué restaurantes son los mejores. No creo
que los socios consideren que salir conmigo sea infringir de verdad
ninguna política del bufete.

Negó con la cabeza.

—Lo siento —dijo.

—De acuerdo. Renuncio. ¿Qué te parece? Eres mi asesora.
Dime con quién tengo que hablar.

Al final gané por agotamiento. Después de un picnic de empresa me llevó en auto hasta mi apartamento y me ofrecí a com-
prarle un helado en la tienda Baskin-Robbins que había enfrente.
Nos sentamos en la acera y nos tomamos nuestros conos de helado envueltos en el calor pegajoso de la tarde. Le conté que había
trabajado en Baskin-Robbins cuando era adolescente y lo difícil
que era parecer cool vestido con un delantal y un gorrito marrón.
Me dijo que durante dos o tres años, cuando era niña, se había negado a comer cualquier otra cosa que no fuera mantequilla de ca-
cahuete o gelatina. Le dije que me gustaría conocer a su familia.
Me dijo que a ella también le gustaría que los conociese.

Le pregunté si podía besarla. Sabía a chocolate.

Pasamos el resto del verano juntos. Le conté cómo era trabajar
de organizador comunitario y cómo era vivir en Indonesia o hacer
body-surf. Ella me habló de sus amigos de la infancia, de un viaje
a París que había hecho cuando estaba en la escuela secundaria y
de sus canciones favoritas de Stevie Wonder.

Pero no empecé a entender de verdad a Michelle hasta que conocí a su familia. Resultó que visitar el hogar de los Robinson era
como meterte en el set de *Leave It to Beaver*, la popular serie americana de los cincuenta. Estaba Frasier, el padre bondadoso y amable, que jamás se perdía ni un día de trabajo ni un partido de su
hijo. Estaba Marian, la madre guapa y sensible que hacía pasteles
de cumpleaños, mantenía la casa en orden y trabajaba como voluntaria en la escuela para asegurarse de que sus hijos se compor-
tasen bien y que los profesores hacían lo que tenían que hacer.
Estaba Craig, el hermano estrella del baloncesto, alto y simpático
y cortés y gracioso, que trabajaba en un banco de inversión pero

que soñaba con dedicarse a entrenar un equipo algún día. Y estaban los tíos y tías y primos por todas partes, que se pasaban por la casa para sentarse en la mesa de la cocina y comer hasta reventar y contar anécdotas delirantes y escuchar la vieja colección de discos de jazz del abuelo y reírse hasta bien entrada la noche.

Lo único que faltaba era el perro. Marian no quería que un perro le destrozara la casa.

Lo que hacía más impresionante aquella visión de perfección doméstica era el hecho de que los Robinson habían tenido que enfrentarse a dificultades que uno pocas veces ve en televisión en horas de máxima audiencia. Hubo, por supuesto, los temas habituales de la raza: las pocas oportunidades de las que disfrutaron los padres de Michelle, que crecieron en el Chicago de los cincuenta y sesenta; los prejuicios de las inmobiliarias y la sensación de pánico que habían hecho que la mayoría de los blancos se fueran de su barrio; la energía extra que necesitan los padres negros para compensar con sus ingresos más bajos, las calles más violentas, los parques infantiles descuidados y las escuelas indiferentes.

Pero los Robinson tuvieron que enfrentarse a una tragedia mucho más específica. A los treinta años, cuando estaba en la plenitud de la vida, diagnosticaron con esclerosis múltiple al padre de Michelle. Durante los veinticinco años siguientes su estado se fue deteriorando progresivamente pero él siguió cumpliendo sus responsabilidades hacia su familia sin el menor rastro de autocompasión, levantándose una hora antes cada mañana para ir a trabajar, luchando para realizar todos y cada uno de los gestos, desde conducir un auto hasta abrocharse la camisa, pero sin dejar de sonreír y bromear mientras se las apañaba —al principio cojeando y al final con la ayuda de dos muletas y el sudor resbalándole por la calva— para cruzar el parque e ir a ver jugar a su hijo o para cruzar la habitación y darle un beso a su hija.

Después de casarnos, Michelle me ayudaría a comprender el precio oculto que la enfermedad de su padre había cobrado en su familia; lo pesada que había sido la carga que había tenido que llevar su madre; lo cuidadosamente circunscritas que habían estado sus vidas, planeando hasta el último detalle incluso la salida más pequeña para evitar problemas o momentos incómodos; lo aterrador que parecía el azar de la vida bajo todas esas sonrisas y carcajadas.

Pero en aquel entonces yo sólo vi la alegría del hogar de los Robinson. Para alguien como yo, que apenas había conocido a su padre, que había pasado la mayor parte de su vida viajando de un lugar a otro, cuyos parientes estaban dispersos en los cuatro puntos cardinales del mundo, el hogar que Frasier y Marian Robinson habían construido para ellos y sus hijos despertó en mí un deseo de estabilidad y de pertenencia que hasta entonces no era consciente de poseer. Igual que Michelle quizá vio en mí una vida de aventuras, riesgo, viajes a países exóticos, un horizonte más amplio que el que se había permitido tener.

Seis meses después de que Michelle y yo nos conociéramos, su padre murió de repente a consecuencia de las complicaciones de una operación de riñón. Yo volé de vuelta a Chicago y asistí al funeral, con Michelle reposando su cabeza sobre mi hombro. Mientras bajaban el ataúd, le prometí a Frasier Robinson que cuidaría de su niña. Me di cuenta de que de un modo no expresado, todavía provisional, ella y yo nos estábamos convirtiendo ya en una familia.

ACTUALMENTE SE HABLA mucho sobre el declive de la familia americana. Los conservadores sociales afirman que la familia tradicional está asediada, agredida por las películas de Hollywood y los desfiles del orgullo *gay*. Los liberales señalan a los factores económicos —desde salarios bajos a cuidados de guardería inadecuados— que han hecho que las familias se enfrenten a dificultades cada vez mayores. Nuestra cultura popular alimenta el alarmismo al circular historias de mujeres condenadas a ser madres solteras, hombres que no están dispuestos a comprometerse a largo plazo y adolescentes embarcados en interminables escapadas sexuales. Nada parece seguro, como lo era en el pasado, y nuestro papel en la sociedad y nuestras relaciones parecen abiertas a todo.

Con toda la angustia que se ha generado, puede que sea útil

que nos tomemos un respiro, demos un paso atrás para tener una perspectiva más general y recordemos que la institución del matrimonio no está ni mucho menos en peligro de extinción. Aunque es cierto que la tasa de matrimonios lleva bajando desde la década de los cincuenta, parte de ese descenso es consecuencia de que muchos americanos retrasan el matrimonio para acabar sus estudios o consolidar su carrera; a la edad de cuarenta y cinco años, el 89 por ciento de las mujeres y el 83 por ciento de los hombres se habrán casado al menos una vez. Las parejas casadas siguen al frente del 67 por ciento de las familias americanas y la inmensa mayoría de los americanos siguen considerando que el matrimonio es la mejor base para la intimidad personal, la estabilidad económica y la educación de los niños.

Aun así, no se puede negar que la familia ha cambiado durante los últimos cincuenta años. Aunque los porcentajes de divorcios han retrocedido un 21 por ciento desde las cifras récord que alcanzaron en los setenta y principios de los ochenta, la mitad de todos los primeros matrimonios siguen acabando en divorcio. Comparados con nuestros abuelos, toleramos más el sexo premarital, somos más propensos a convivir sin estar casados y es más probable que vivamos solos. También es mucho más probable que criemos a nuestros hijos en hogares no tradicionales; el 60 por ciento de todos los divorcios tienen niños por de medio, el 33 por ciento de todos los niños nacen fuera del matrimonio y el 34 por ciento de los niños no vive con sus padres biológicos.

Estas tendencias son particularmente pronunciadas en la comunidad afroamericana, en la que es justo decir que la familia nuclear está al borde del colapso. Desde 1950 el porcentaje de mujeres negras casadas se ha desplomado del 62 al 36 por ciento. Entre 1960 y 1995 el número de niños afroamericanos que viven con sus padres casados ha caído a menos de la mitad; hoy el 54 por ciento de todos los niños afroamericanos viven en un hogar con un sólo padre, mientras que sólo el 23 por ciento de los niños blancos están en la misma situación.

Para los adultos, al menos, el efecto de estos cambios es muy diverso. Las investigaciones sugieren que, en promedio, las parejas casadas tienen mejor salud, son más ricas y viven vidas más felices, pero nadie puede afirmar que hombres o mujeres se beneficien de estar atrapados en matrimonios malos o abusivos. Ciertamente la decisión que toman muchos americanos de retrasar su matrimonio tiene sentido. No sólo la economía de la información exige más educación sino que los estudios muestran que las parejas que esperan hasta finales de la veintena o la treintena para casarse tienen más posibilidades de seguir casadas que aquellas que se casan jóvenes.

Fueran cuales fueran los efectos sobre los adultos, sin embargo, estas tendencias hasta ahora han sido buenas para nuestros hijos. Muchas madres solteras —incluyendo a la que me educó a mí— realizan un trabajo heroico en beneficio de sus hijos. Aun así, es cuatro veces más probable que los hijos que viven con madres solteras sean pobres que lo sean los hijos que viven en un hogar con sus dos padres. Los niños de hogares monoparentales también tienen más posibilidades de abandonar la escuela y de convertirse en padres en su adolescencia, una tendencia que se confirma incluso si no tenemos en cuenta los ingresos. Y los datos sugieren que, en promedio, a los niños que viven con su padre y madre biológicos les va mejor en la vida que a aquellos que viven con familias políticas o con una pareja de hecho.

A la luz de estos datos, las políticas que refuercen el matrimonio para aquellos que lo escogen y que desincentiven los nacimientos no deseados fuera del matrimonio parecen las más razonables. Por ejemplo, la mayoría de la gente coincide en que ni los programas de asistencia social federales ni el sistema impositivo deberían penalizar a las parejas casadas; aquellos aspectos de la reforma de Clinton y del plan fiscal de Bush que redujeron la penalización al matrimonio disfrutaron de un amplio apoyo por parte de ambos partidos.

Lo mismo vale para la prevención de embarazos en la adolescencia. Todo el mundo está de acuerdo que los embarazos de adolescentes hacen que tanto la madre como el niño estén expuestos a toda una serie de problemas. Desde 1990 la tasa de embarazos adolescentes ha caído de un 28 por ciento, lo que constituye una indiscutible buena noticia. Pero los adolescentes todavía son responsables de casi un cuarto de los nacimientos fuera del matrimonio, y las madres adolescentes son propensas a tener más hijos fuera del matrimonio cuando se hacen mayores. Los programas comunitarios que han demostrado su eficacia para prevenir embarazos no deseados —o promoviendo la abstinencia, o promoviendo el uso adecuado de los contraceptivos— merecen un amplio apoyo.

Por último, investigaciones preliminares demuestran que los talleres de educación matrimonial tienen un impacto real en ayudar a que las parejas casadas permanezcan unidas y para animar a las parejas no casadas que están viviendo juntas a formalizar un vínculo más estable. No tendría que ser muy difícil que todo el mundo estuviera de acuerdo en facilitar el acceso a esos servicios a parejas de bajos ingresos, quizá conjuntamente con formación laboral y prácticas en empresas, cobertura médica y otros servicios ya disponibles.

Pero para muchos conservadores sociales, este enfoque basado en el sentido común no es suficiente. Quieren regresar a una época pasada en la que la sexualidad fuera del matrimonio era motivo de vergüenza y objeto de castigo, en la que obtener un divorcio era mucho más complicado y el matrimonio ofrecía no sólo un medio de desarrollo personal sino también una serie de roles sociales muy definidos tanto a hombres como a mujeres. Tal y como ellos lo ven, cualquier política gubernamental que parezca recompensar o simplemente ser neutral hacia lo que consideran una conducta inmoral —sea proveer medios de control de natalidad a los jóvenes, servicios de aborto a las mujeres, asistencia social a las mujeres solteras o reconocimiento legal de las uniones del mismo sexo— inherentemente devalúa el vínculo matrimonial. Esas políticas nos acercan, sigue su razonamiento, a un mundo nuevo y extraño en el que las diferencias entre los sexos dejarán de existir, el sexo será una actividad puramente recreativa, el matrimonio será desechable, la maternidad será una molestia y la civilización entera se levantará sobre arenas movedizas.

Comprendo el impulso de imponer orden en una cultura en

constante cambio. Y ciertamente valoro mucho el deseo de los padres de proteger a sus hijos de los valores que consideran poco apropiados; es un sentimiento que yo mismo comparto cuando escucho las letras de las canciones que suenan por la radio.

Pero en general guardo poca simpatía hacia aquellos que quieren que el gobierno se embarque en la misión de imponer una determinada moral sexual. Como la mayoría de los americanos, considero que las decisiones sobre sexo, matrimonio, divorcio y educación de los hijos son totalmente personales y creo que están al centro de nuestro sistema de libertades individuales. Cuando esas decisiones personales pueden provocar daño a otros —como sucede con el abuso de menores, el incesto, la bigamia, la violencia doméstica o la falta de pago de la pensión para el mantenimiento de los hijos— la sociedad tiene el derecho y el deber de intervenir. (Aquellos que creen que el feto es una persona incluirían el aborto en esta categoría.) Más allá de eso, no tengo el menor interés en que el Presidente, el Congreso o la burocracia gubernamental se metan en lo que sucede en los dormitorios de Estados Unidos.

Más aún, no creo que reforcemos la familia presionando u obligando a la gente a seguir el modelo de relaciones que nosotros creemos que es mejor para ellos ni castigando a los que no cumplen los criterios de moral sexual que defendemos. Me gusta animar a los jóvenes a que muestren más reverencia hacia el sexo y la intimidad y aplaudo los esfuerzos de los padres, congregaciones y programas de la comunidad que transmiten ese mensaje. Pero no estoy dispuesto a condenar a una adolescente a una vida de sufrimiento negándole acceso a sistemas de control de natalidad. Quiero que las parejas entiendan el valor del compromiso y los sacrificios que comporta el matrimonio, pero no estoy dispuesto a utilizar la fuerza de la ley para mantener unidas a las parejas sin tener en cuenta las circunstancias personales de cada caso.

Quizá me parece que los caminos del corazón son tan variados y mi propia vida tan imperfecta, que no me creo cualificado para ser el árbitro moral de la vida de nadie. Sé perfectamente que en nuestros catorce años de matrimonio Michelle y yo nunca hemos discutido por lo que otras personas hacen con sus vidas.

Sobre lo que *sí* hemos discutido —repetidamente— es sobre cómo equilibrar la vida laboral y familiar de una forma que sea equitativa para Michelle y buena para nuestras hijas. Y no somos los únicos. En los sesenta y principios de los setenta, el hogar en el que creció Michelle era la norma: más del 70 por ciento de las familias tenían a mamá en casa y tenían a papá como único sostén económico de la familia.

Hoy los números son lo contrario. En el 70 por ciento de las familias con hijos trabajan ambos padres o, en el caso de que sean monoparentales, el padre o madre trabaja. El resultado ha sido lo que Karen Kornbluh, mi directora política y experta en la relación entre trabajo y familia, denomina la «familia malabarista» en las que los padres hacen lo imposible por pagar las facturas, cuidar de sus hijos, mantener un hogar y cuidar su relación. Mantener todas esas bolas en el aire se cobra un alto precio en la vida familiar. Como lo explicó la misma Karen cuando era directora del Programa Trabajo y Familia de la Fundación Nueva América y testificó ante el Subcomité del Senado sobre Niños y Familias:

> Los americanos tienen hoy veintidós horas a la semana menos para dedicar a sus hijos que en 1969. Millones de niños quedan bajo tutela de personas sin cualificación cada día, o se quedan solos en casa con la tele como niñera. Las madres trabajadoras pierden una hora de sueño al día intentando que todo cuadre. Los datos más recientes muestran que los padres con hijos en edad escolar llevan un alto grado de estrés —estrés que tiene una importante repercusión en su productividad y su trabajo— si sus trabajos no son flexibles y no pueden contar con un cuidado estable para sus hijos al salir de la escuela.

¿Les suena familiar?

Muchos conservadores sociales sugieren que esta riada de mujeres que abandona el hogar y entra al mercado laboral es una consecuencia directa de la ideología feminista y por tanto puede revertirse si las mujeres entran en razón y vuelven a su papel tradicional de amas de casa. Es verdad que las ideas sobre la igualdad de las mujeres han jugado un papel fundamental en la transformación de los puestos de trabajo; en la mente de la mayoría de americanos, la oportunidad de que las mujeres tengan una carrera, consigan independencia económica y desarrollen su talento al igual que los hombres ha sido uno de los grandes logros de la vida moderna.

Pero para la mujer americana media, la decisión de trabajar no es cuestión simplemente de un cambio de actitud. Es cuestión de llegar a fin de mes.

Considere los hechos. Durante los últimos treinta años, los ingresos medios de los hombres americanos han subido menos de un 1 por ciento después de descontar la inflación. Mientras tanto, el costo de todo, desde la vivienda a la salud pasando por la educación, ha subido sin parar. Lo que ha evitado que una gran parte de las familias americanas se cayeran de la clase media ha sido el sueldo de mamá. En su libro *The Two Income Trap* (La trampa de los dos sueldos), Elizabeth Warren y Amelia Tyagi señalan que el ingreso adicional que las madres llevan al hogar no se emplea en objetos de lujo. En lugar de ello, la mayor parte se dedica a adquirir lo que la familia considera inversiones en el futuro de sus hijos: educación preescolar, matrícula universitaria y, ante todo, casas en barrios seguros con buenas escuelas públicas. De hecho, entre estos costos fijos y los gastos añadidos de una madre trabajadora (particularmente la guardería de los niños y un segundo coche), la familia promedia con dos sueldos tiene menos dinero que gastar —y menos seguridad financiera— que su homóloga de un sólo sueldo treinta años atrás.

Así pues, ¿puede la familia promedia regresar a la vida con un sólo sueldo? No cuando todas las demás familias de la manzana o el edificio ganan dos sueldos y hacen subir los precios de las casas, escuelas y matrículas universitarias. Warren y Tyagi demuestran que si una familia promedia con un sólo sueldo tratara de mantener un estilo de vida de clase media tendría un 60 por ciento menos de dinero que gastar que su homóloga de 1970. En otras palabras, para la mayoría de las familias el que mamá se quede en casa implica vivir en un barrio menos seguro y matricular a sus hijos en una escuela menos competitiva.

La mayoría de los americanos no están dispuestos a ello. Prefieren hacer lo que pueden dadas las circunstancias, conscientes de que el tipo de hogar en el que ellos crecieron —el tipo de hogar en el que Frasier y Marian Robinson criaron a sus hijos— se ha vuelto mucho, muchísimo más difícil de mantener.

Tanto hombres como mujeres hemos tenido que ajustarnos a estas nuevas realidades. Pero es difícil discutir con Michelle cuando insiste en que la carga de la familia moderna la llevan principalmente las mujeres.

Durante los primeros años de nuestro matrimonio, Michelle y yo pasamos por el habitual proceso de ajuste que atraviesan todas las parejas: aprender a leer el humor del otro, aceptar las manías y los hábitos de un extraño. A Michelle le gustaba levantarse temprano y no podía mantener los ojos abiertos pasadas las diez de la noche. Yo era un ave nocturna y podía estar un poco gruñón (insoportable, diría Michelle) durante la primera media hora o así después de levantarme. En parte porque todavía estaba trabajando en mi primer libro y quizá porque había vivido la mayor parte de mi vida como hijo único, a menudo pasaba la tarde escondido en mi oficina en el fondo de nuestro alargado apartamento. Eso que yo consideraba normal, hacía que muchas veces Michelle se sintiera sola. Yo siempre dejaba la mantequilla fuera de la nevera después del desayuno y me olvidaba de cerrar el nudo de la bolsa del pan; Michelle acumulaba multas de estacionamiento como quien colecciona cromos.

Pero en su mayor parte, sin embargo, esos primeros años estuvieron repletos de pequeños placeres: ir al cine, cenar con los amigos, ir de vez en cuando a algún concierto... Trabajábamos duro: yo trabajaba como abogado en un pequeño bufete de los derechos civiles y había empezado a enseñar en la Facultad de Derecho de la Universidad de Chicago, mientras que Michelle había decidido abandonar el Derecho, primero para trabajar en el Departamento de Planificación de Chicago y luego para dirigir la rama de Chicago de un programa de servicios nacional llamado Aliados Públicos. Cuando me presenté a la legislatura del estado nos quedó todavía menos tiempo para estar juntos pero, a pesar de mis largas ausencias y del desagrado que le provocaba la política, Michelle apoyó mi decisión; «Sé que es algo que quieres hacer», me decía. En las noches en que estaba en Springfield hablábamos y nos reíamos por teléfono, compartiendo el humor y las frustraciones de nuestros días separados, y yo me iba a dormir contento sabiendo que nos amábamos.

Entonces nació Malia, un bebé del 4 de julio, tranquila y preciosa, con ojos grandes e hipnóticos que parecieron leer el mundo desde el momento en que se abrieron. Malia llegó en un momento ideal para ambos: la temporada de sesiones se había terminado y además no tenía que dar clases durante el verano, así que pude pasar todas las tardes en casa. Mientras tanto, Michelle había decidido aceptar un trabajo a media jornada en la Universidad de Chicago, para así poder pasar más tiempo con el bebé, y el nuevo trabajo no empezaba sino hasta octubre. Durante tres mágicos meses los dos jugueteamos y nos ocupamos de nuestro nuevo bebé, corriendo a la cuna para asegurarnos de que respiraba, haciéndole sonreír, cantándole canciones y sacándole tantas fotos que empezamos a preguntarnos si tanto *flash* no le dañaría los ojos. De repente, nuestros distintos biorritmos nos resultaron útiles: mientras Michelle disfrutaba de un bien merecido sueño, yo me quedaba despierto hasta la una o las dos de la mañana cambiando pañales, calentando la leche materna y sintiendo la caricia de la respiración de mi hija contra mi pecho cuando la mecía en mis brazos para que se durmiese y me preguntaba cuáles serían sus sueños de bebé.

Pero cuando llegó el otoño —y mis clases empezaron de nuevo, la legislatura volvió a reunirse y Michelle volvió a trabajar— nuestra relación se resintió. Muchas veces yo tenía que irme tres días seguidos e incluso cuando estaba de vuelta en Chicago tenía alguna reunión a la que asistir o exámenes que calificar o informes que escribir. Michelle descubrió que los trabajos a media jornada tienen la manía de expandirse. Encontramos una niñera maravillosa para que cuidara a Malia mientras estábamos trabajando, pero después de contratar a esa empleada a tiempo completo el dinero empezó a escasear.

Cansados y estresados, teníamos poco tiempo para hablar y mucho menos para hablar de amor. Cuando lancé mi poco afortunada campaña a la Cámara de Representantes de Estados Unidos, Michelle no se molestó en hacer de cuenta que la decisión le gustaba. Mi incapacidad de limpiar la cocina de repente pareció menos entrañable. Cuando me despedía de Michelle por la mañana no me llevaba mucho más que un besito en la mejilla. Para cuando nació Sasha —tan bonita y casi tan tranquila como su hermana— mi mujer apenas podía contener su ira hacia mí.

—Sólo piensas en ti —me decía—. Nunca pensé que tendría que llevar sola la familia.

Esas acusaciones me dolieron; creí que estaba siendo injusta. Después de todo, no era como si me fuera de bares con los amigos cada noche. Yo exigía pocas cosas a Michelle: no esperaba que zurciera mis calcetines ni que tuviera lista la cena cada noche cuando llegaba. Siempre que podía, ayudaba con las niñas. Todo lo que pedía a cambio era un poco de ternura. En vez de ello me vi sometido a interminables negociaciones sobre los más mínimos detalles de llevar la casa, largas listas de cosas que tenía que hacer o había olvidado hacer y una actitud que por lo general no era amable. Le recordé a Michelle que comparados con la mayoría de familias, teníamos muchísima suerte. Le recordé también que por muchos que fueran mis defectos, yo la quería a ella y a las niñas más que a ninguna otra cosa en el mundo. Mi amor debería bastar, pensé. Según mi punto de vista, ella no tenía motivo de queja.

Sólo después de reflexionar, cuando los problemas de aquellos años ya habían quedado atrás y las niñas habían empezado la escuela, empecé a comprender por lo que tenía que haber pasado Michelle en aquella época, la lucha tan típica de la madre trabajadora de hoy. Porque no importa lo liberado que me considere —no importa lo mucho que me dijera a mí mismo que Michelle y yo éramos socios iguales y que sus sueños y ambiciones eran tan importantes como los míos— el hecho es que cuando tuvimos nuestras hijas, era de Michelle, y no de mí, de quién se esperaba que hiciera los ajustes necesarios para adaptarse a la nueva situación. Claro, yo ayudé, pero fue siempre en mis propios términos, dependiendo de mi horario. Mientras tanto, ella tuvo que hacer una pausa en su carrera. Era ella la que se aseguraba de que las niñas comieran y se bañaran cada noche. Si Malia o Sasha enfermaban o la niñera no llegaba, era ella la que, la mayoría de las veces, tenía que llamar para cancelar una reunión en el trabajo.

No fue sólo la constante presión de combinar su trabajo y el cuidado de las niñas lo que hizo que la situación de Michelle fuera tan difícil. Fue el hecho de que desde su punto de vista ella no estaba haciendo bien ninguna de las dos cosas. Eso no era cierto, desde luego; sus jefes la adoraban y todo el mundo comentaba lo buena madre que era. Pero alcancé a comprender que en su mente había dos visiones de Michelle en guerra la una con la otra: por un lado estaba el deseo de ser la mujer que había sido su madre, segura, confiable, que creó un hogar y siempre estuvo disponible para sus hijos, y por otro lado estaba el deseo de destacarse en su profesión, dejar su huella en el mundo y convertir en realidad todos aquellos planes de los que me había hablado el día en que nos habíamos conocido.

Al final, es mérito de la fortaleza de Michelle —de su voluntad de sobrevivir a aquellas tensiones y de sacrificarse por mí y por las niñas— que superáramos los malos tiempos. Pero también tuvimos a nuestra disposición recursos que la mayoría de las familias americanas no tienen. Para empezar, el estatus que teníamos Michelle y yo como profesionales hizo posible que pudiéramos reorganizar nuestros horarios para hacer frente a una emergencia (o simplemente tomarnos un día libre) sin que eso supusiera que nos arriesgáramos a perder el trabajo. El 57 por ciento de los trabajadores americanos no pueden permitirse ese lujo; de hecho, la mayoría de ellos no pueden tomarse un día libre para cuidar de un hijo enfermo sin perder la paga o tener que utilizar un día de vacaciones. A los padres que tratan de hacer encajar sus horarios, la flexibilidad que necesitan les obliga muchas veces a aceptar trabajos a media jornada sin posibilidades de promoción y escasos o nulos paquetes de beneficios.

Michelle y yo también teníamos ingresos suficientes como para permitirnos los servicios que permiten suavizar las presiones de ser padres con dos sueldos: cuidados infantiles fiables, más tiempo de

niñera si lo necesitábamos, comida para llevar siempre que no teníamos ni el tiempo ni la energía para cocinar, alguien que viniera
y nos limpiara la casa una vez a la semana y preescolar privado y
campamentos de verano una vez los niños tuvieran edad. Para la
mayoría de las familias americanas todos esos servicios están financieramente fuera de sus posibilidades. El coste de que cuiden
al niño durante el día es particularmente prohibitivo; Estados
Unidos es prácticamente la única nación occidental que no ofrece
servicios de guardería diurna de alta calidad que sean subvencio-
nados por el gobierno a todos sus trabajadores.

Por último, Michelle y yo teníamos a mi suegra, que vive a sólo
quince minutos de nosotros, en la misma casa en la que creció Michelle. Marian está ya a finales de la sesentena, pero parece diez
años más joven y el año pasado, cuando Michelle volvió a trabajar
a tiempo completo, Marian decidió reducir las horas que trabajaba en el banco para poder recoger a las niñas a la salida de la
escuela y cuidarlas todas las tardes. Para muchas familias americanas ese tipo de ayuda simplemente no está disponible. De hecho,
para muchas familias la situación es exactamente la opuesta: alguien en la familia tiene que cuidar de un padre anciano además
de todas las demás responsabilidades familiares.

Por supuesto, es imposible que el gobierno federal garantice a
todas las familias una suegra maravillosa, saludable y medio jubi-
lada que viva cerca. Pero si nos tomamos en serio los valores familiares podemos establecer políticas que hagan que combinar el
trabajo y el ser padres sea más sencillo. Podríamos hacer que la
guardería diurna fuera asequible para todas las familias que la ne-
cesitasen. A diferencia de la mayor parte de los países europeos, la
guardería diurna en Estados Unidos es un asunto caprichoso y caótico. Mejorar el sistema de licencia y formación para guarderías,
aumentar las desgravaciones fiscales federales y estatales por hijo
y ofrecer unos subsidios según el nivel de ingresos a las familias
que los necesiten podrían dar tanto a las familias de clase media
como a las de ingresos bajos un poco de tranquilidad durante el
día y beneficiar a sus jefes por el descenso del absentismo laboral.

También es hora de que rediseñemos nuestras escuelas, no sólo por el bien de los padres trabajadores, sino también para preparar a nuestros hijos para un mundo más competitivo. Incontables estudios confirman los beneficios educativos de los programas de preescolar potentes y es por eso por lo que incluso las familias que tienen a uno de los dos progenitores en casa matriculan a sus niños en ellos. Lo mismo vale para la ampliación de las horas que los niños pasan en la escuela cada día, para los campamentos de verano y para las actividades extraescolares. Hacer que todos los niños tengan acceso a estos beneficios costará dinero, pero como parte de un programa más amplio de reformas escolares, es un coste que como sociedad tenemos que asumir.

Más que ninguna otra cosa tenemos que trabajar con los empleadores para volver más flexibles los horarios laborales. La Administración Clinton dio un paso en esta dirección con la Ley de Baja Familiar y Médica (FMLA), pero esa ley requiere sólo una baja no remunerada y se aplica sólo a empresas con más de cincuenta trabajadores, así que la mayoría de los trabajadores americanos no pueden beneficiarse de ella. Y aunque todas las demás naciones ricas menos una dan algún tipo de baja parental remunerada, la resistencia de la comunidad de empresarios a las bajas remuneradas por ley ha sido feroz, en parte por el temor de que tenga un impacto muy perjudicial sobre las empresas pequeñas.

Con un poco de creatividad deberíamos poder romper este *impasse*. California ha empezado hace poco a dar bajas remuneradas a través de su fondo de seguros de invalidez, con lo que los costes no tienen que asumirlos solamente los empresarios.

También debemos dar a los padres flexibilidad para que puedan cumplir sus necesidades diarias. Muchas grandes empresas ya ofrecen programas de flexibilidad horaria e informan que sus empleados tienen una moral más alta y hay una menor rotación en los empleados. Gran Bretaña ha ideado una nueva forma de enfocar el problema: como parte de una muy popular campaña llamada «Equilibrio entre Vida y Trabajo», los padres con niños menores de seis años tienen derecho a solicitar por escrito a su empleador que les cambien el horario. Los empleadores no tienen por qué acceder a la petición del empleado, pero sí se les exige que se reúnan con el empleado para hablarlo. Hasta ahora, una cuarta parte de todos los padres británicos que tenían derecho a presentar la solicitud han conseguido negociar un horario más compatible con la vida familiar sin que por ello haya disminuido la productividad. Con una combinación de políticas innovadoras como estas, asistencia técnica y mayor concienciación del público, el gobierno puede ayudar a la industria a hacer lo correcto para sus empleados a un costo mínimo.

Por supuesto, ninguna de estas políticas debe desincentivar a las familias que deseen que uno de los padres se quede en casa sin que les importen los sacrificios económicos necesarios. Para algunas familias, eso significará dejar de tener algunas comodidades materiales. Para otras, puede implicar la escolarización a domicilio o mudarse a una comunidad donde el costo de la vida sea menor. En algunas familias será el padre quien se quede en casa, pero en la mayoría seguirá siendo la madre la principal cuidadora.

Sea cual sea el caso, debemos respetar esas decisiones. Si hay una cosa en la que los conservadores sociales llevan razón es que nuestra cultura moderna a veces no sabe apreciar en todo su valor la extraordinaria contribución emocional y financiera —los sacrificios y el simple trabajo duro— de la ama de casa. En lo que se equivocan los conservadores sociales es en insistir que este papel tradicional es innato, el mejor o único modelo de maternidad. Yo quiero que mis hijas puedan escoger qué les parece mejor para ellas y para sus familias. Si tienen o no la posibilidad de elegir dependerá no sólo de sus propios esfuerzos y capacidades. Como Michelle me ha enseñado, también dependerá de que los hombres —y la sociedad americana— respeten sus elecciones y se amolden a ellas.

—¡HOLA, PAPÁ!

—Hola, dulzura.

Es viernes por la tarde y he llegado a casa pronto para cuidar de las niñas mientras Michelle va a la peluquería. Tomo a Malia para abrazarla y me doy cuenta de que hay una chica rubia en la cocina, mirándome a través de unas gafas muy grandes.

—¿Y quién es esta? —pregunto, volviendo a dejar a Malia en el suelo.

—Es Sam. Ha venido a jugar.

—Hola, Sam —le ofrezco a Sam la mano y ella se la queda mirando un rato antes de darme la suya en un apretón desganado. Malia pone los ojos en blanco en un gesto de desaprobación.

—Oye, Papá... no se le da la mano a una niña.

—¿Ah, no?

—No —dice Malia—. Ni siquiera los adolescentes se dan la mano. Puede que no te hayas dado cuenta, pero estamos en el siglo XXI —Malia mira a Sam, que reprime una risita.

—¿Y qué se hace en el siglo XXI?

—Sólo dices «hey». A veces saludas con la mano. Y eso es todo.

—Ya veo. Espero no haberte avergonzado.

Malia sonríe.

—Claro que no, Papá. Tu no lo sabías porque estás acostumbrado a darle la mano a adultos.

—Eso es verdad. ¿Dónde está tu hermana?

—Está arriba.

Voy arriba y me encuentro a Sasha en ropa interior y con un top rosa. Me estira hacia abajo para que la abrace y me dice que no encuentra pantalones cortos. Reviso el vestidor y encuentro un par de pantalones cortos azules puestos encima de la cómoda.

—¿Y estos qué son?

Sasha frunce el ceño pero me arrebata a regañadientes los pantalones cortos y se los pone. A los pocos minutos, se sube a mi regazo.

—Estos pantalones cortos son incómodos, Papá.

Volvemos al vestidor de Sasha, abrimos el cajón otra vez y encontramos otros pantalones cortos, también azules.

—¿Y estos? —le pregunto.

Sasha frunce el ceño otra vez. De pie allí, parece una versión de noventa centímetros de altura de su madre. Malia y Sam se acercan a observar nuestro particular duelo.

—A Sasha no le gustan ninguno de esos pantalones —explica Malia.

Me vuelvo a Sasha y le pregunto por qué. Me mira con expresión de hastío, midiéndome.

—El rosa y el azul no van bien juntos —dice finalmente.

Malia y Sam se ríen. Trato de parecer lo más severo posible, como Michelle haría en esas circunstancias, y le digo a Sasha que se ponga los pantalones. Obedece, pero veo que lo hace sólo por complacerme.

Ninguna de mis dos hijas me toma en serio cuando intento parecer duro.

Como muchos hombres hoy, crecí sin un padre en casa. Mi madre y mi padre se divorciaron cuando yo tenía tan sólo dos años y durante la mayor parte de mi vida le conocí sólo por las cartas que enviaba y por las historias que contaban mi madre y mis abuelos. Hubo hombres en mi vida —un padrastro con el que vivimos cuatro años y mi abuelo, quien junto a mi abuela ayudó a criarme el resto del tiempo— y ambos fueron buenos hombres que me trataron con cariño. Pero mi relación con ellos fue necesariamente parcial, incompleta. En el caso de mi padrastro fue así por el poco tiempo en que convivimos y por su carácter reservado. Y por más cercano que me sintiera a mi abuelo, era un hombre demasiado mayor y con demasiados problemas como para servirme de guía en la vida.

Fueron las mujeres, pues, las que aportaron el equilibrio a mi vida —mi abuela, cuyo tenaz pragmatismo mantuvo a flote a la familia, y mi madre, cuyo amor y claridad de espíritu hicieron que mi mundo y el de mi hermana no perdieran el enfoque. Gracias a ellas nunca carecí de nada importante. De ellas aprendería los valores que me han guiado hasta el día de hoy.

Aun así, conforme me hice mayor, comprendí lo difícil que tuvo que ser para mi madre y mi abuela criarnos sin una presencia masculina fuerte en la casa. También yo sentí la marca que la ausencia de un padre puede dejar en un niño. Decidí que la irresponsabilidad de mi padre hacia sus hijos, la distancia a la que se mantuvo mi padrastro y los fracasos de mi abuelo no debían repetirse en mí y que mis propios hijos tendrían un padre con el que podrían contar.

En el sentido más básico, lo he logrado. Mi matrimonio está intacto y mi familia tiene lo que necesita. Asisto a las reuniones de padres con profesores y a los festivales infantiles, y mis hijas saben que las adoro. Y, sin embargo, de todas las áreas de mi vida, es en mi capacidad como marido y como padre en la que albergo las mayores dudas.

Me doy cuenta que no soy el único. En cierto modo, paso por el mismo tipo de emociones enfrentadas que otros padres experimentan al navegar en una economía siempre en movimiento y entre unas normas sociales cambiantes. Aunque cada vez resulta más difícil hacerla realidad, la imagen del padre de 1950 —que mantiene a su familia con un trabajo de nueve a cinco, se sienta a la mesa para comer la cena que su mujer le prepara cada noche, entrena a equipos de las Ligas Infantiles y sabe usar sus herramientas— domina nuestra cultura de una forma tan poderosa como la figura de la ama de casa ideal. Para muchos hombres hoy, la incapacidad de ser el único sustento de su familia es una fuente de frustración e incluso de vergüenza; no hace falta ser un determinista económico para ver que el alto nivel de desempleo y los salarios bajos son factores que empeoran la falta de compromiso parental y el bajo nivel de matrimonios de los hombres afroamericanos.

Para los hombres trabajadores, no menos que para las mujeres trabajadoras, las condiciones del empleo han cambiado. Sean profesionales con altos salarios u obreros en una línea de producción, se espera de los padres que pasen más horas trabajando que en el pasado. Y estos horarios más exigentes se dan precisamente en un momento en que se espera que los padres se impliquen más activamente en las vidas de sus hijos de lo que sus propios padres lo estuvieron en las suyas.

Pero aunque sé que la distancia entre el ideal de paternidad y la realidad es una situación que muchos comparten, eso no alivia la sensación de que no siempre le doy a mi familia todo lo que podría. El último Día del Padre me invitaron a hablar a la congregación de la iglesia bautista de Salem, en la parte Sur de Chicago. No llevé ningún texto preparado, pero tomé como tema «qué hace falta para ser un hombre adulto». Sugerí que había llegado el momento de que los hombres en general, y los hombres negros en particular, dejaran de poner excusas para no estar allí cuando sus familias los necesitaban. Les recordé a los hombres de la congregación que ser padre significaba mucho más que engendrar un hijo; que incluso aquellos de nosotros que estábamos físicamente en casa muchas veces estábamos ausentes emocionalmente; que precisamente porque muchos de nosotros no tuvimos padres en casa tenemos que redoblar nuestros esfuerzos para romper el ciclo; y que si queremos que nuestros hijos sean exigentes consigo mismos, nosotros tenemos que tener un nivel de autoexigencia todavía mayor.

Al reflexionar sobre lo que dije, a veces me pregunto hasta qué punto yo vivo lo que predico. Después de todo, a diferencia de la mayoría de hombres a los que hablé aquel día, no tengo que tomar varios trabajos ni trabajar de noche en un valeroso esfuerzo por poner comida sobre la mesa. Yo podría encontrar un trabajo que me permitiera estar en casa todas las noches. O podría encontrar un trabajo mejor pagado, un trabajo en el que las larguísimas jornadas revirtieran al menos en algún beneficio para mi familia, como por ejemplo, que Michelle pudiera trabajar menos horas o, por decir algo, la posibilidad de meter mucho dinero en un fondo de inversión para los niños.

En vez de ello, he escogido una vida que tiene unos horarios absurdos, que requiere que esté lejos de Michelle y las niñas durante largos períodos de tiempo y que expone a Michelle a un gran estrés. Me digo a mí mismo que en un sentido más amplio estoy en la política por Malia y Sasha, que mi trabajo hará que el mundo sea un lugar mejor para ellas. Pero esa racionalización parece débil y dolorosamente abstracta cuando me pierdo una de sus fiestas en la escuela por culpa de una votación o si llamo a Michelle para decirle que se ha prorrogado el período de sesiones y tendremos que posponer nuestras vacaciones. De hecho, mi reciente éxito en política no me ayuda a mitigar la culpa: como Michelle me dijo una

vez, bromeando sólo a medias, ver la foto de tu padre en el periódico debe ser bastante bonito la primera vez, pero si pasa constantemente debe convertirse en algo un poco vergonzoso.

Así que hago lo que puedo por rechazar la acusación que flota
en mi mente: que soy egoísta, que hago lo que hago para alimentar mi ego y llenar un vacío en mi corazón. Cuando no estoy fuera
de la ciudad, trato de cenar en casa, para que Malia y Sasha me
cuenten de su día, poder leerles un cuento y arroparlas cuando se
van a dormir. Intento no programar eventos los domingos, en verano utilizo los días libres para llevar a las niñas al zoológico o a
la piscina y en invierno las llevo a visitar un museo o un acuario.
Regaño con suavidad a mis hijas cuando se portan mal y trato de
limitar la cantidad de televisión y de comida malsana que consumen. A todo esto me anima Michelle, aunque en ocasiones tengo
la sensación de que estoy invadiendo un territorio que es suyo, que
con mis ausencias he renunciado a ciertos derechos a interferir en
el mundo que ella ha creado.

Y en lo que a las niñas se refiere, parecen prosperar dadas mis
frecuentes desapariciones. Ello se debe sobre todo a la habilidad
de Michelle como madre; parece que siempre sabe lo que tiene que
hacer cuando se trata de Malia y Sasha, que tiene la habilidad de
establecer límites firmes sin agobiarlas. También ha conseguido
que mi elección al Senado no haya afectado mucho a la rutina de
las niñas, aunque lo que hoy en día se considera una infancia de
clase media normal en Estados Unidos ha cambiado tanto como el
hecho de ser padre. Los días en que los padres simplemente dejaban que su hijo saliera a jugar al parque y le decían que volviera
antes de la hora de cenar pertenecen al pasado. Hoy, con las noticias de secuestros y un aparente temor por cualquier cosa que parezca espontánea o incluso un poco perezosa, los horarios de los
niños rivalizan con los de sus padres. Sus padres conciertan citas
para que jueguen, clases de ballet, de gimnasia, de tenis, de piano,
los inscriben a equipos de fútbol y da la impresión de que cada semana deben asistir a un cumpleaños. Una vez le conté a Malia que
durante toda mi infancia asistí exactamente a dos fiestas de cumpleaños y en ambas no hubo más de cinco o seis niños, gorritos de

cono y un pastel. Me miró como yo solía mirar a mi abuelo cuando me contaba historias de la Gran Depresión, con una mezcla de fascinación e incredulidad.

Es Michelle quien coordina todas las actividades de las niñas con la eficiencia de un general. Yo la ayudo cuando puedo, cosa que aprecia, aunque limita cuidadosamente mis responsabilidades. El día antes de la fiesta de cumpleaños de Sasha este pasado junio se me dijo que comprara veinte globos, suficiente pizza de queso como para alimentar a veinte niños y hielo. Me pareció bastante fácil así que cuando Michelle me dijo que ella se encargaría de comprar las bolsas con regalos para dar al final de la fiesta, le dije que, si quería, me podía encargar yo también de eso. Se echó a reír.

—¡No serías capaz de encargarte de las bolsas de regalos! —dijo—. Permíteme que te explique de que van esas bolsas. Tienes que ir a la tienda de fiestas y escoger las bolsas. Luego tienes que escoger qué poner dentro de las bolsas y las bolsas de los niños tienen que ser diferentes a las de las niñas. Si te lo dejo a ti entrarás en la tienda, caminarás una hora entre los estantes y luego te explotará la cabeza.

Con un poco menos de confianza en mis posibilidades, entré en Internet. Encontré un sitio que vendía globos cerca del gimnasio donde se celebraría la fiesta y una pizzería que prometió que entregaría la pizza a las 3:45 p.m. Para cuando los invitados se presentaron al día siguiente, los globos ya estaban colocados y los refrescos puestos en hielo. Me senté con los otros padres, poniéndome al día y viendo cómo unos veinte niños de cinco años corrían y saltaban y rebotaban contra los aparatos de gimnasia como si fueran una banda de alegres elfos. Sufrí un poco porque a las 3:50 las pizzas todavía no habían llegado, pero el repartidor llegó diez minutos antes de la hora en la que estaba previsto que comieran los niños. El hermano de Michelle, Craig, sabiendo lo mal que lo estaba pasando, me felicitó. Michelle levantó la vista mientras cortaba la pizza y la ponía en platos y me sonrió.

Como gran final, después de que se hubieran acabado la pizza y los zumos, después de haber cantado «cumpleaños feliz» y comido un poco de pastel, el profesor de gimnasia reunió a todos los niños alrededor de un viejo paracaídas multicolor y le pidió a Sasha que se sentara en el centro. A la cuenta de tres, levantamos a Sasha en el aire y cuando cayó la levantamos de nuevo y luego una tercera vez. Y cada vez que se elevaba desde aquella vela hinchada, reía y reía con una expresión de absoluta felicidad.

Me preguntó si Sasha recordará ese momento cuando sea mayor. Probablemente no; yo mismo apenas recuerdo algo de cuando tenía cinco años. Pero sospecho que la felicidad que sintió en aquel paracaídas quedó registrada en ella para siempre, que momentos como esos se acumulan e impregnan el carácter de un niño, convirtiéndose en parte de su alma. A veces, cuando oigo a Michelle hablar sobre su padre, oigo en sus palabras el eco de esa felicidad, el amor y el respeto que Frasier Robinson se ganó no a través de la fama ni de hechos espectaculares sino a través de pequeños actos diarios y cotidianos, un amor que se ganó estando allí cuando le necesitaban. Y me pregunto si mis hijas podrán hablar de mí del mismo modo.

Resulta que el período para crear esos recuerdos acaba muy pronto. Malia ya parece estar avanzando hacia una fase distinta; tiene más curiosidad por los niños y las relaciones, pone más cuidado en la ropa que se pone. Siempre ha sido más madura de lo normal para su edad, extremadamente aguda. En una ocasión, cuando sólo tenía seis años y estábamos paseando junto al lago, me preguntó de sopetón si nuestra familia era rica. Le dije que no éramos ricos de verdad, pero que teníamos mucho más que la mayoría de la gente. Le pregunté por qué quería saberlo.

—Bueno... He estado pensando, y he decidido que no quiero ser muy, muy rica. Creo que quiero llevar una vida sencilla.

Su respuesta me pilló tan de sorpresa que me eché a reír. Me miró y sonrió, pero sus ojos me decían que creía en serio en lo que había dicho.

Pienso muchas veces en aquella conversación. Me pregunto qué opina Malia de mi vida no tan sencilla. Sin duda se da cuenta de que otros padres asisten a los partidos de su equipo de fútbol con más frecuencia que yo. Si eso le molesta, no deja que se le note, pues Malia tiende a proteger a toda costa los sentimientos de otras personas y trata de sacar lo mejor de cada situación. Aun así, me produce poco consuelo pensar que mi hija de ocho años me quiere lo bastante como para pasar por alto mis defectos.

Hace poco las sesiones del Senado acabaron a media semana y pude asistir a uno de los partidos de Malia. Era una tarde agradable de verano y los diversos campos estaban llenos de familias cuando llegué, negros y blancos y latinos y asiáticos de toda la ciudad, mujeres sentadas en sillas plegables, hombres entrenando con sus hijos, abuelos ayudando a los bebés a ponerse en pie. Vi a Michelle y me senté en la hierba tras ella y Sasha vino a sentarse en mi regazo. Malia ya estaba en el campo, parte de un enjambre de jugadoras que rodaban la pelota, y aunque el fútbol no es el deporte que mejor se le da —le saca una cabeza a algunas de sus amigas y sus pies todavía no han crecido para compensar con su altura— juega con un entusiasmo y unas ganas de ganar que hacen inevitable animarla a gritos. A medio tiempo, Malia se acercó a donde estábamos sentados.

—¿Cómo te sientes, campeona?

—Genial —bebió un sorbo de agua—. Papá, tengo una pregunta.

—Dispara.

—¿Podemos tener un perro?

—¿Qué dice tu madre?

—Me dijo que te lo preguntara a ti. Creo que la estoy convenciendo por agotamiento.

Miré a Michelle, que me sonrió y se encogió de hombros.

—¿Qué tal si lo hablamos después del partido? —dije yo.

—De acuerdo —Malia tomó otro sorbo de agua y me besó en la mejilla—. Estoy muy contenta de que estés en casa —me dijo.

Antes de que yo pudiera responder, se dio la vuelta y corrió hacia el campo. Y, por un instante, a la luz de aquella tarde que languidecía, creí ver a mi hija mayor como la mujer en la que se convertiría, como si a cada paso que daba se hiciera más alta, su figura se formase y sus largas piernas la llevaran a vivir su propia vida.

Abracé a Sasha un poco más fuerte en mi regazo. Quizá adivinando lo que sentía, Michelle me tomó la mano. Y recordé lo que Michelle le había dicho a un periodista durante la campaña cuando le preguntó cómo era ser la mujer de un político.

—Es duro —había dicho Michelle. Entonces, según el periodista, añadió con una sonrisa taimada—. Es por eso por lo que Barack me está tan agradecido.

Como siempre, mi mujer tiene razón.

Epílogo

MI JURAMENTO DEL cargo en el Senado de Estados Unidos en enero de 2005 completó un proceso que había empezado el día en que anuncié mi candidatura dos años antes: el cambio de una vida relativamente anónima a una vida muy pública.

Es cierto que muchas cosas han seguido igual. Nuestra familia sigue viviendo en Chicago. Todavía voy a la misma barbería de Hyde Park a que me corten el pelo, Michelle y yo seguimos invitando a casa a los mismos amigos que invitábamos antes de las elecciones y nuestras hijas siguen yendo a los mismos columpios.

Sin embargo, no hay duda de que para mí el mundo ha cambiado profundamente de formas que no siempre me gusta admitir. Mis palabras, mis acciones, mis planes de viaje y mis declaraciones de renta acaban en los periódicos matutinos o en los noticieros nocturnos. Mis hijas tienen que soportar las interrupciones de extraños bienintencionados cada vez que vamos al zoológico. Incluso fuera de Chicago se está volviendo cada vez más difícil pasar desapercibido en los aeropuertos.

Por regla general, me cuesta tomarme muy en serio toda esta atención. Después de todo, todavía hay días en que salgo de casa con una chaqueta de un traje y unos pantalones de otro. Mis pensamientos están mucho menos ordenados y mis días mucho menos organizados de lo que parece por la imagen mía que ahora se proyecta al mundo, lo que de vez en cuando da lugar a momentos cómicos. Recuerdo que el día antes del juramento al cargo mi equipo y yo decidimos celebrar una conferencia de prensa en mi despacho. En aquellos tiempos yo era nonagésimo noveno en veteranía y los periodistas tuvieron que apretujarse en una diminuta oficina de transición en el sótano del edificio de oficinas Dirksen que quedaba justo al otro lado del pasillo de la tienda de suministros de oficina del Senado. Era mi primer día en el edificio y todavía no había votado ni una sola vez, no había presentado una sola ley y, de hecho, ni siquiera me había sentado en mi mesa cuando un periodista muy concienzudo levantó la mano y preguntó:

—Senador Obama, ¿cuál es su lugar en la historia?

Hasta algunos de los demás periodistas se rieron.

Parte de la hipérbole procede de mi discurso en la Convención Demócrata de 2004 en Boston, el momento en el que la opinión pública nacional se fijó en mí por primera vez. De hecho, el proceso por el que se me eligió para pronunciar el discurso inaugural sigue siendo un misterio para mí. Conocí a John Kerry después de las primarias de Illinois, cuando hablé en uno de sus actos de recaudación de fondos y le acompañé a un acto de campaña que pretendía subrayar la importancia de los programas de formación profesional. Unas semanas más tarde me llegó la voz de que la gente de Kerry quería que hablase en la convención, aunque no estaba claro en calidad de qué. Una tarde, mientras conducía desde Springfield de vuelta a Chicago para un acto electoral, la directora de campaña de Kerry, Mary Beth Cahill, me llamó y me dio la noticia. Después de colgar me volví hacia el conductor, Mike Signator.

—Creo que esto es bastante importante —dije.

Mike asintió y dijo:

—Creo que sí.

Antes sólo había estado en otra convención demócrata, la del año 2000 en Los Ángeles. No planeaba asistir a esa convención; acababa de ser derrotado en las primarias demócratas para el puesto del primer distrito congresional de Illinois y estaba decidido a pasar la mayor parte del verano recuperando el trabajo atrasado en el bufete que había dejado desatendido durante la campaña (que además me había dejado más o menos arruinado), así como recuperar el tiempo perdido con una mujer y una hija que me habían visto muy poco durante los seis meses anteriores.

En el último minuto, sin embargo, muchos amigos y partidarios que planeaban ir insistieron en que me uniera a ellos. Tienes que hacer contactos a nivel nacional, me decían, para cuando vuelvas a presentarte y, además, de todas maneras va a ser muy divertido. Aunque no me lo dijeron entonces, me parece que veían el viaje a la convención como una especie de terapia que me podía resultar útil, con la teoría de que lo mejor que puedes hacer cuando te has caído del caballo es volverte a montar en él.

Al final cedí y compré un billete de avión a Los Ángeles. Cuando aterricé tomé el autobús hasta la sucursal de alquiler de coches de Hertz, le entregué a la mujer tras el mostrador mi tarjeta American Express y empecé a buscar en el mapa cómo llegar a un hotel barato que había encontrado cerca de Venice Beach. Tras unos cuantos minutos la mujer de Hertz regresó con una expresión de vergüenza.

—Lo siento, señor Obama, pero su tarjeta ha sido rechazada.

—Eso no puede ser. ¿Puede volver a probar?

—Lo he probado dos veces, señor. Quizá debería llamar a American Express.

Después de media hora al teléfono, un bondadoso supervisor de American Express autorizó el alquiler del coche, pero el episodio fue un presagio de lo que estaba por llegar. Según el presidente del partido en Illinois, al no ser un delegado no podía darme un pase para la pista de la convención, pues ya estaba inundado de solicitudes y lo máximo que podía hacer por mí era darme un pase que me permitiría entrar al recinto, pero no a la pista. Acabé viendo la mayoría de los discursos en los monitores de televisión repartidos por el Staples Center, a veces siguiendo a amigos o conocidos a palcos privados en los que estaba claro que no encajaba. El martes por la tarde comprendí que mi presencia allí no estaba beneficiándome ni a mí ni al partido demócrata y el miércoles por la mañana tomé el primer vuelo de vuelta a Chicago.

Dada la diferencia que había entre el haberme intentado colar en la convención anterior y el pronunciar el discurso inaugural en la siguiente, tenía motivos más que suficientes para preocuparme por si mi aparición en Boston no iba a ir muy bien. Pero quizá porque para entonces ya me había acostumbrado a que pasaran cosas rarísimas en mi campaña, no me puse muy nervioso. Unos pocos días después de la llamada de la señora Cahill estaba otra vez en mi habitación de hotel en Springfield, escribiendo unas notas para un primer borrador del discurso mientras miraba un partido de baloncesto. Pensé que los temas que había tocado durante mi campaña —la disposición de la gente a trabajar duro si se les daba la oportunidad, la necesidad de que el gobierno facilitara que todo el mundo tuviera oportunidades, la fe en que los americanos sentían que debían ayudarse los unos a los otro... Hice una lista de los temas sobre los que podía hablar: salud, educación y la guerra de Irak.

Pero, sobre todo, pensé en la gente que había conocido durante la campaña. Me acordé de Tim Wheeler y su mujer en Galesburg, que trataban de conseguir el transplante de hígado que necesitaba su hijo. Recordé a un hombre joven de East Moline llamado Seamus Ahern, que iba de camino a Irak henchido de deseos de servir a su país mientras su padre le miraba con una expresión mezcla de orgullo y temor. Recuerdo a una joven mujer negra que conocí en Saint Louis y cuyo nombre nunca sabré, pero que me contó cómo había luchado para ir a la universidad a pesar de que nadie en su familia se había graduado de la secundaria.

No fue sólo la lucha de estos hombres y mujeres lo que me emocionó. Más bien fue su determinación, su confianza en ellos mismos, el inagotable optimismo con el que hacían frente a todas las dificultades. Me recordó una expresión que mi pastor, el reverendo Jeremiah A. Wright, Jr. usó una vez en un sermón.

La audacia de la esperanza.

Eso era lo mejor del espíritu americano, pensé: tener la audacia de creer, a pesar de todas las pruebas en contra, que podemos hacer que esta nación desgarrada por los conflictos recupere el sentimiento de comunidad; las agallas de creer que a pesar de todos los reveses que suframos —la pérdida de un trabajo o una enfermedad en la familia o una infancia en la pobreza— seguimos controlando nuestro destino y, por tanto, seguimos siendo responsables por él.

Fue esa audacia, pensé, la que nos unió como pueblo. Era el omnipresente espíritu de la esperanza lo que unía la historia de mi familia con la historia más amplia de los Estados Unidos, y mi propia historia con aquellas de los votantes a los que buscaba representar.

Apagué el partido de baloncesto y empecé a escribir.

UNAS POCAS SEMANAS después llegué a Boston, dormí tres horas y fui de mi hotel al Fleet Center para mi primera aparición en el programa de noticias dominguero, *Meet the Press*. Hacia el final de mi intervención, Tim Russert puso en pantalla un fragmento de una entrevista mía que había publicado en 1996 el *Cleveland Plain-Dealer* y de la que me había olvidado por completo, en la que el periodista me había preguntado —al ser yo alguien que se metía en política como candidato al senado estatal de Illinois— qué opinaba de la Convención Demócrata de Chicago.

> La convención está a la venta, sí... Están esas cenas de diez mil dólares el puesto, clubes para ricos. Creo que cuando el votante medio ve eso, siente, con razón, que le han dejado fuera del proceso. No puede asistir a un desayuno de diez mil dólares. Sabe que los que sí pueden van a tener una influencia que él ni siquiera se puede imaginar.

Después de que la cita desapareciera de pantalla, Russert se volvió hacia mí.

—Ciento cincuenta donantes dieron cuarenta millones para esta convención —dijo—. Usando su propio criterio, es todavía peor que Chicago. ¿Le molesta eso y qué mensaje cree que envía al votante medio?

Contesté que la relación entre política y dinero era un problema para ambos partidos, pero que el historial de voto de John Kerry y el mío indicaban que votábamos según lo que era mejor para el país. Dije que una convención no iba a cambiar eso, aunque sí sugerí que cuanto más impulsaran los demócratas la participación de la gente que se sentía excluída del proceso, más fieles seríamos a nuestros orígenes como partido del ciudadano corriente y más fuertes seríamos como partido.

Para mis adentros, pensé que lo que había dicho en 1996 estaba mucho mejor.

Hubo una época en que las convenciones políticas capturaban la urgencia y el drama de la política, en la que las nominaciones las decidían los delegados en la sala y las votaciones y los tratos entre bambalinas y las presiones; una época en la que las pasiones o los errores podían llevar a una tercera o cuarta ronda de votaciones. Pero esa época pasó hace mucho tiempo. Desde que los resultados de las primarias obligan a los delegados escogidos en ellas a votar en un sentido determinado, se produjo el necesario fin del dominio de los jefes del partido y de los tratos secretos en habitaciones llenas de humo de tabaco. Hoy no quedan sorpresas en la convención. Más bien se ha convertido en un anuncio de una semana de duración para el partido y su nominado, así como en un medio de recompensar a los fieles al partido y a sus principales contribuyentes con cuatro días de comida, bebida, diversión y charlas políticas.

Me pasé la mayor parte de los tres primeros días de la convención cumpliendo mi papel en el espectáculo. Hablé a salas llenas de donantes demócratas importantes y desayuné con delegados de los cincuenta estados. Ensayé mi discurso frente a un monitor, realicé una prueba en el escenario para saber cómo debía representarse, recibí instrucciones sobre dónde ponerme, hacia dónde saludar y cómo sacar el mejor partido de los micrófonos. Mi director de comunicaciones, Robert Gibbs, y yo fuimos arriba y abajo por las escaleras del Fleet Center concediendo entrevistas a veces sólo con un par de minutos de intervalo entre ellas, a ABC, NBC, CBS, CNN, Fox News y NPR, siempre repitiendo los temas que el equipo Kerry-Edwards nos había dado, cada palabra de los cuales había sido sin duda probada en un batallón de encuestas y en una panoplia de grupos de sondeo.

Dado el ritmo vertiginoso de aquellos días, no tuve mucho tiempo para preocuparme de cómo iba a salir mi discurso. No fue hasta la noche del martes, después de que mi equipo y Michelle debatieran durante media hora qué corbata debía ponerme (al final nos decidimos por la corbata que llevaba Robert Gibbs), después de que hubiéramos ido hasta el Fleet Center y escuchado cómo extraños nos gritaban «¡Buena suerte!» y «¡Échales bronca, Obama!», después de que hubiéramos visitado a una amabilísima y graciosísima Teresa Heinz Kerry en su habitación de hotel, no fue hasta que sólo estábamos Michelle y yo entre bastidores viendo por televisión lo que sucedía en el escenario cuando empecé a ponerme un poco nervioso. Le dije a Michelle que sentía el estómago un poco movido. Me abrazó fuerte, me miró a los ojos y me dijo:

—¡No se te ocurra pifiarla, amigo!

Los dos nos reímos. Justo entonces uno de los regidores se acercó a la sala de espera y me dijo que tenía que ir a mi posición. De pie tras la cortina negra, oyendo como Dick Durbin me presentaba, pensé en mi madre y padre y abuelo y lo que habría supuesto para ellos estar en el público. Pensé en mi abuela en Hawai, viendo la convención por televisión porque su espalda no le permitía viajar. Pensé en todos los voluntarios y seguidores míos en Illinois que habían trabajado tan duro por mí.

Señor, me dije, haz que pueda contar bien su historia. Y salí al escenario.

MENTIRÍA SI DIJERA que la reacción positiva a mi discurso en la convención de Boston —las cartas que recibí, la multitud que se presentó a las reuniones cuando volvimos a Illinois— no me resultó personalmente gratificante. Después de todo, me metí en política para poder influir en el debate público, porque creía que tenía algo que decir sobre la dirección en la que teníamos que avanzar como país.

Aun así, el alud de publicidad que siguió al discurso refuerza mi sensación de lo peregrina que es la fama, pues depende de mil azares, de que las cosas se decanten de un lado y no del otro. Sé que no soy mucho más listo de lo que era hace seis años, cuando me quedé tirado temporalmente en LAX. Mi opinión sobre la salud o la educación o la política exterior no es mucho más refinada de lo que era cuando trabajaba en el anonimato como organizador comunitario. Si soy más sabio será principalmente porque he recorrido un poco más del camino que elegí, el camino de la política, y he empezado a ojear a dónde lleva, para bien y para mal.

Recuerdo una conversación que tuve hace casi veinte años con un amigo mío, un hombre mayor que yo que había participado en la lucha por los derechos civiles en Chicago en los sesenta y que era profesor de estudios urbanos en la universidad Northwestern. Yo acababa de decidir, después de tres años de trabajar como organizador comunitario, matricularme en la facultad de Derecho; puesto que era uno de los pocos académicos que yo conocía, le había preguntado si estaría dispuesto a escribirme una carta de recomendación.

Me dijo que con mucho gusto lo haría, pero que antes quería saber qué pensaba hacer con mi título de Derecho. Le mencioné mi interés por el área de los derechos civiles y que en algún punto del futuro podría intentar presentarme a un cargo electo. Asintió y me preguntó si había considerado lo que comportaba tomar ese camino, lo que tendría que estar dispuesto a hacer para llegar a entrar en la revista jurídica de la facultad o para ser socio de un bufete o para ser elegido a ese primer cargo y luego subir en el escalafón. Como regla general, tanto el derecho como la política exigían hacer concesiones, me dijo; no sólo en las cuestiones de las que trataban, sino también en temas más fundamentales: tus valores e ideales. No lo decía para disuadirme, me dijo. Sólo era un hecho. Era por esa poca predisposición a hacer concesiones por la que a pesar de que se habían aproximado a él muchas veces en su juventud para que entrara en política, siempre había dicho que no.

—No es que hacer concesiones sea algo malo de por sí —me dijo—. Simplemente no lo encuentro satisfactorio. Y si algo he descubierto al hacerme mayor es que tienes que hacer aquello que te satisfaga. De hecho, supongo que esa es una de las ventajas de la vejez: finalmente sabes qué es lo que te importa. Es muy difícil saberlo a los veintiséis. Y el problema es que nadie puede responder esa pregunta por ti. Tienes que encontrar la respuesta tú solo.

Veinte años después recuerdo aquella conversación y aprecio las palabras de mi amigo mucho más de lo que las aprecié en ese entonces. Estoy llegando a una edad donde tengo una idea de qué es lo que me satisface y aunque quizá estoy más dispuesto que mi amigo a hacer concesiones en los temas y llegar a acuerdos, sé que lo que me satisface no es el resplandor de las cámaras de televisión ni el aplauso de la multitud. Al contrario, parece que lo que más satisfacción me da hoy procede de saber que de algún modo palpable he podido ayudar a la gente a vivir su vida con cierta medida de dignidad. Pienso en lo que Benjamin Franklin le escribió a su madre, explicándole por qué había dedicado tanto tiempo a la política: «Prefiero que digan "Hizo cosas útiles" a que digan "Murió rico".»

Eso es lo que me satisface ahora, creo: ser útil a mi familia y a la gente que me ha elegido, dejar tras de mí un legado que haga que nuestros hijos puedan vivir sus vidas con más esperanza que nosotros. A veces, trabajando en Washington, siento que lo estoy logrando. Otras veces parece como si mi objetivo se alejara de mí y como si todo lo que hago —las audiencias y los discursos y las conferencias de prensa y los documentos en los que explico mi posición— no fueran más que ejercicios vanidosos que no son útiles para nadie.

Cuando me invade ese sentimiento me gusta correr por el Mall. Habitualmente voy a poco después del crepúsculo, sobre todo en verano y otoño, cuando el aire en Washington es templado y tranquilo y apenas agita las hojas de los árboles. Cuando oscurece no queda casi nadie en la calle: quizá unas pocas parejas dando un paseo o algún desamparado en un banco organizando sus pocas posesiones. Casi siempre me paro frente al monumento a Washington pero a veces sigo adelante, cruzando la calle, hasta el monumento nacional a la Segunda Guerra Mundial y luego sigo por el lado de la piscina reflectante hasta el monumento a los Veteranos de Vietnam y subo las escaleras del monumento a Lincoln.

Por la noche, aquel gran santuario está iluminado y a menudo vacío. De pie entre las columnas de mármol, leo el discurso de Gettysburg y el segundo discurso inaugural. Miro hacia la piscina reflectante e imagino a la multitud acallada por la poderosa cadencia del doctor King y luego, más allá, miro el obelisco iluminado y la reluciente cúpula del Capitolio.

Y en ese lugar pienso en nuestro país y en los que lo construyeron. Los fundadores de esta nación, que de algún modo supieron elevarse más allá de las ambiciones mezquinas y los cálculos egoístas para imaginar una nación que se extendería por todo un continente. Y aquellos como Lincoln y King, que al final dieron su vida para perfeccionar una unión imperfecta. Y todos los anónimos y desconocidos hombres y mujeres, esclavos y soldados y sastres y carniceros que se construyeron una vida para sí mismos y para sus hijos y nietos, ladrillo a ladrillo, riel a riel, mano curtida a mano curtida, para colmar el paisaje de nuestros sueños colectivos.

Yo quiero ser parte de ese proceso.

Mi corazón rebosa amor por este país.

Agradecimientos

ESTE LIBRO NO hubiera sido posible sin la extraordinaria ayuda de varias personas.

Tengo que empezar por mi mujer, Michelle. Si ya es bastante malo ser la esposa de un senador, para ser la esposa de un senador que está escribiendo un libro se tiene que ser más paciente que Job. Michelle no sólo me dio su apoyo emocional durante todo el proceso de escritura, sino que me ayudó a llegar a muchas de las ideas que están reflejadas en este libro. Cada día que pasa comprendo más plenamente la suerte que tengo de compartir mi vida con ella y lo único que puedo hacer es desear que el inmenso amor que siento por ella le consuele un poco de todas las preocupaciones que le causo.

También quiero dar las gracias a mi editora, Rachel Klayman. Incluso antes de que ganara las primarias al Senado, Rachel hizo que Crown Publishers se fijara en mi primer libro, *Dreams from My Father* (Sueños de mi padre) mucho después de que se hubiera agotado. Fue Rachel quien defendió mi propuesta de escribir este libro. Y ha sido Rachel mi compañera constante en el esfuerzo muchas veces difícil pero siempre estimulante de completar este libro. En todos y cada uno de los pasos del proceso editorial ha demostrado su sabiduría, meticulosidad e inagotable entusiasmo. Muchas veces comprendía lo que yo trataba de hacer con el libro antes que de que yo mismo lo comprendiera, y gentil pero firmemente me hacía volver al redil siempre que abandonaba mi propia voz y derivaba hacia la jerga, la hipocresía o el falso sentimentalismo. Lo que es más, se ha mostrado increíblemente paciente con mi despiadada agenda en el Senado y durante mis periódicos ataques de bloqueo de escritor; más de una vez ha tenido que sacrificar sueño, fines de semana o tiempo de vacaciones con su familia para hacer que el proyecto saliera adelante.

En suma: ha sido la editora ideal y se ha convertido en una amiga a la que valoro mucho.

Por supuesto, Rachel no podría haberlo hecho sin el apoyo total de mis otros editores de Crown Publishing, Jenny Frost y Steve Ross. Si el editar consiste en la unión del arte y el comercio, Jenny y Steve se han ido siempre por el lado de hacer que este libro fuera tan bueno como fuera posible. Su fe en este libro les ha llevado a ir más allá de su deber una y otra vez y por ello les estoy enormemente agradecido.

El mismo espíritu ha caracterizado a todas las personas de Crown, que han trabajado muy duro por este libro. Amy Boorstein se ha mostrado infatigable dirigiendo el proceso de producción a pesar de trabajar con un calendario muy ajustado. Tina Constable y Christine Aronson han sido enérgicas defensoras del libro y han programado (y reprogramado) hábilmente fechas para acomodar las exigencias de mi trabajo en el Senado. Jill Flaxman ha trabajado diligentemente con el equipo de ventas de Random House y con los libreros para conseguir que el libro llegara a manos de los lectores. Jacob Bronstein ha producido —por segunda vez— una extraordinaria versión audio del libro en circunstancias que distaban mucho de ser las ideales. A todos ellos les ofrezco mis más sinceras gracias, igual que a los demás miembros del equipo de Crown: Lucinda Bartley, Whitney Cookman, Lauren Dong, Laura Duffy, Skip Dye, Leta Evanthes, Kristin Kiser, Donna Passannante, Philip Patrick, Stan Redfern, Barbara Sturman, Don Weisberg y muchos otros.

Muchos buenos amigos, entre ellos David Axelrod, Cassandra Butts, Forrest Claypool, Julius Genachowski, Scott Gration, Robert Fisher, Michael Froman, Donald Gips, John Kupper, Anthony Lake, Susan Rice, Gene Sperling, Cass Sunstein y Jim Wallis se tomaron la molestia de leer el manuscrito y hacerme valiosísimas sugerencias. Samantha Power merece una mención especial por su extraordinaria generosidad; a pesar de estar en medio del proceso de escribir su propio libro, repasó cada uno de los capítulos como si fueran suyos y me aportó un torrente de comentarios útiles al mismo tiempo que me animaba siempre que mi ánimo decaía.

Varias personas de mi equipo del Senado, entre ellas Pete Rouse, Karen Kornbluh, Mike Strautmanis, Jon Favreau, Mark Lippert, Joshua DuBois y especialmente Robert Gibbs y Chris Lu, leyeron el manuscrito en su tiempo libre y me aportaron sugerencias editoriales, recomendaciones políticas, recuerdos y correcciones. Gracias a todos ellos por literalmente ir más allá del deber.

Una ex miembro de mi equipo, Madhuri Kommareddi, dedicó el verano antes de entrar en la facultad de Derecho de Yale a comprobar los hechos de todo el manuscrito. Su talento y energía me dejan sin palabras. Gracias también a Hillary Schrenell, que se ofreció como voluntaria para ayudarle a Madhuri con la investigación del capítulo sobre política exterior.

Por último quiero dar las gracias a mi agente, Bob Barnett de Williams y Connolly, por su amistad, habilidad y apoyo. Ha hecho un mundo de diferencia.